Performance, Dynamik und Konvergenz im Banking

Robert Conrad

Performance, Dynamik und Konvergenz im Banking

Institutionenökonomische Analyse der Entscheidungsstrukturen in Sparkassen

Springer Gabler

Robert Conrad
München, Deutschland

Diese Dissertation wurde von der Rechts- und Wirtschaftswissenschaftlichen Fakultät der Universität Bayreuth im Januar 2020 angenommen.

ISBN 978-3-658-30739-4 ISBN 978-3-658-30740-0 (eBook)
https://doi.org/10.1007/978-3-658-30740-0

Die Deutsche Nationalbibliothek verzeichnet diese Publikation in der Deutschen Nationalbibliografie; detaillierte bibliografische Daten sind im Internet über http://dnb.d-nb.de abrufbar.

Planung/Lektorat: Carina Reibold
Springer Gabler ist ein Imprint der eingetragenen Gesellschaft Springer Fachmedien Wiesbaden GmbH und ist ein Teil von Springer Nature.
Die Anschrift der Gesellschaft ist: Abraham-Lincoln-Str. 46, 65189 Wiesbaden, Germany

Inhaltsverzeichnis

Abkürzungsverzeichnis

APA	Anwenderplanungsausschuss
BaFin	Bundesanstalt für Finanzdienstleistungsaufsicht
BAG	Bezirks-Arbeitsgemeinschaften
Basel III	Vorschriften des Basler Ausschusses der Bank für Internationalen Zahlungsausgleich (BIZ) zur Regulierung von Banken
BIP	Bruttoinlandsprodukt
BvB	Betriebsergebnis vor Bewertung
BVR	Bundesverband der Deutschen Volksbanken und Raiffeisenbanken
bzw.	beziehungsweise
c. p.	ceteris paribus
DBS	Durchschnittliche Bilanzsumme
d. h.	das heißt
DSGV	Deutscher Sparkassen- und Giroverband
DSV	Deutscher Sparkassenverlag
ebd.	ebenda
EBA	European Banking Authority
ESV	Europäische Sparkassenvereinigung
et al.	und andere
EU	Europäische Union
EUR	Euro
EZB	Europäische Zentralbank
FI	Finanz Informatik
FuE	Forschung und Entwicklung
f./ff.	folgend/fortfolgend
grds.	grundsätzlich
Helaba	Landesbank Hessen-Thüringen

KMU	Kleine und mittlere Unternehmen
Korrel.ko	Korrelationskoeffizient
KfW	Kreditanstalt für Wiederaufbau
KWG	Kreditwesengesetz
LBS	Landesbausparkasse
LWL	Landschaftsverband Westfalen-Lippe
MAK	Mitarbeiterkapazität (Vollzeitstellen)
Max.	Maximum
Med.	Median
MFI	Monetäre finanzielle Institutionen
MiFID	Markets in Financial Instruments Directive
Mio.	Million(en)
mind.	mindestens
NRW	Nordrhein-Westfalen
OA	Obleute-Ausschuss
OBV	Online-Banking-Vertrag
OSPlus	One System Plus (Kernbankensystem der Sparkassen-Finanzgruppe)
OSV	Ostdeutscher Sparkassenverband
PSD2	Payment Services Directive 2
RSGV	Rheinischer Sparkassen- und Giroverband
SB	Selbstbedienung
SCP	Structure-Conduct-Performance (Struktur-Verhalten-Ergebnis)
SEPA	Single European Payments Area
SGVHT	Sparkassen- und Giroverband Hessen-Thüringen
SGVSH	Sparkassen- und Giroverband für Schleswig-Holstein
SIZ	Sparkassen-Informatikzentrum
sog.	sogenannte
SpkG	Sparkassengesetz
SpkG	Sparkassengesetz Nordrhein-Westfalen
SVN	Sparkassenverband Niedersachsen
SVWL	Sparkassenverband Westfalen-Lippe
Tsd.	Tausend
TVöD	Tarifvertrag für den öffentlichen Dienst
vgl.	vergleiche
VöV	Verband öffentlicher Versicherer
WIS	Weltinstitut der Sparkassen
WLSGV	Westfälisch-Lippischer Sparkassen- und Giroverband (vormalige Bezeichnung für SVWL bis Ende 2009)
ZKG	Zahlungskontengesetz

Abbildungsverzeichnis

Einführung 1

Die aus über 500 Unternehmen bestehende Sparkassen-Finanzgruppe zählt mit einem Geschäftsvolumen von etwa 2.800 Mrd. EUR, ca. 50 Mio. Kunden und über 300 Tsd. Mitarbeitern zu den größten Bankengruppen weltweit.[1] Den Kern der Sparkassenorganisation bilden dabei die knapp 400 rechtlich eigenständigen Sparkassen, die gemäß dem Regionalprinzip auf kommunaler Ebene aktiv sind. Die Sparkassenorganisation als eine von drei Säulen des Bankenmarktes in Deutschland zeichnet sich – insbesondere im Vergleich zu Großbanken – durch erhebliche organisatorische und strukturelle Besonderheiten aus. Diese leiten sich wesentlich aus ihrem Zweck – der Erfüllung des öffentlichen Auftrags – und dem Verbundprinzip ab und bestimmen das spezifische Geschäftsmodell.[2]

Der Bankenmarkt in Deutschland sieht sich aufgrund diverser Herausforderungen mit erheblichen strukturellen Anpassungsbedarfen konfrontiert. Große Dynamik entstand in Folge der Finanzkrise am Ende der 2000er Jahre,

[1]Gemäß Jahresbericht der Sparkassen-Finanzgruppe für 2016, vgl. *DSGV* (2017a).

[2]Dieser Zweck ist in den Sparkassengesetzen der Länder normiert. In § 2 Abs. I *SpkG NW* heißt es: „Die Sparkassen haben die Aufgabe, der geld- und kreditwirtschaftlichen Versorgung der Bevölkerung und der Wirtschaft insbesondere des Geschäftsgebietes und ihres Trägers zu dienen." Weiter heißt es in § 2 Abs. II: „Die Sparkassen stärken den Wettbewerb im Kreditgewerbe. Sie fördern die finanzielle Eigenvorsorge und Selbstverantwortung vornehmlich bei der Jugend, aber auch in allen sonstigen Altersgruppen und Strukturen der Bevölkerung. Sie versorgen im Kreditgeschäft vorwiegend den Mittelstand sowie die wirtschaftlich schwächeren Bevölkerungskreise. Die Sparkassen tragen zur Finanzierung der Schuldnerberatung in Verbraucher- oder Schuldnerberatungsstellen bei." Schließlich werden in § 2 Abs. III die Grundzüge der Geschäftsführung definiert: „Die Sparkassen führen ihre Geschäfte nach kaufmännischen Grundsätzen unter Beachtung ihres öffentlichen Auftrags. Gewinnerzielung ist nicht Hauptzweck des Geschäftsbetriebes.".

R. Conrad, *Performance, Dynamik und Konvergenz im Banking*,
https://doi.org/10.1007/978-3-658-30740-0_1

mit der eine deutliche Änderung von regulatorischen und aufsichtsrechtlichen Anforderungen einherging: Insbesondere folgte eine deutliche Ausweitung der Regulierung über den europäischen und den nationalen Gesetzgeber, die zu erheblichen Veränderungen in allen Geschäftsfeldern der Banken führte. Außerdem gerieten die Betriebsergebnisse der Institute durch die geldpolitischen Maßnahmen in Folge der Finanzkrise und die darauf folgende, andauernde Niedrigzinsphase erheblich unter Druck. Insbesondere die Sparkassen sind zur Finanzierung ihres Geschäftsmodells hauptsächlich auf die seit mehreren Jahren rückläufige Zinsmarge angewiesen.[3] Schließlich verlangt auch das sich ändernde Kundenverhalten, das sich etwa in einer stärkeren Nutzung der medialen Kanäle zeigt, eine Überprüfung und Weiterentwicklung der Vertriebsstruktur, die bei den Sparkassen traditionell durch eine starke Rolle des stationären Vertriebs geprägt ist.[4] Auf Ebene der Institute und der weiteren Organisationen in der Sparkassen-Finanzgruppe lassen sich – auch in Reaktion auf die beschriebenen Herausforderungen – deutliche Konsolidierungseffekte feststellen.[5]

Eine wichtige Funktion in der Sparkassen-Finanzgruppe nimmt die verbundübergreifende Zusammenarbeit ein.[6] Die durch die Verbundpartner wahrgenommenen Aufgaben und erbrachten Dienstleistungen sind vielfältig. Sie betreffen beispielsweise die Bereitstellung von Produkten (z. B. durch die

---

[3]Von 2010 bis 2016 ist der Zinsüberschuss der Sparkassen-Finanzgruppe kontinuierlich zurückgegangen, um insgesamt etwa 13 %, vgl. *DSGV* (2009a), (2010b), (2011a), (2012a), (2013a), (2014a), (2015b), (2016a), (2017a), (2018d). So stammten in 2017 73,9 % der operativen Erträge der Sparkassen aus dem Zinsüberschuss, wobei dieser Anteil über den Durchschnitt aller Bankengruppen in Deutschland (69,5 %) und deutlich über dem der Großbanken (57,3 %) liegt, vgl. *Deutsche Bundesbank* (2018c), 38. „Trotz weiterer Volumens- und Laufzeitausweitungen bei der Kreditvergabe, verringerte sich das Ergebnis aus dem unmittelbar zinsbezogenen Geschäft bei den Primärinstitute [in 2017] zum dritten Mal in Folge. Im Vergleich zum Vorjahr fiel es bei den Sparkasse um 5,2 % […].“, *Deutsche Bundesbank* (2018c), 44.

[4]Die Anzahl der Geschäftsstellen der Sparkassen hat sich in den vergangenen zehn Jahren deutlich reduziert, um etwa 16 % auf 13,3 Tsd. Sparkassenstellen einschließlich SB-Standorte in 2017, vgl. *DSGV* (2018l).

[5]Vgl. *DSGV* (2018l), eigene Berechnungen.

[6]Das Verbundprinzip als Modell der Zusammenarbeit ist ebenfalls im Sparkassengesetz Nordrhein-Westfalen definiert. In § 4 *SpkG NW* heißt es: „Die Sparkassen bieten Produkte und Dienstleistungen der für sie zuständigen Einrichtungen und Unternehmen, die Aufgaben für die Sparkassen wahrnehmen (Sparkassen-Finanzgruppe), an. Die Zusammenarbeit mit anderen Geschäftspartnern darf das Verbundprinzip und das Regionalprinzip nicht beeinträchtigen.“.

öffentlichen Versicherer) oder die Bereitstellung der IT-Infrastruktur (z. B. durch den zentralen IT-Dienstleister). Außerdem nehmen die Sparkassenverbände eine wichtige Rolle in der Koordination der Zusammenarbeit innerhalb der Sparkassen-Finanzgruppe sowie als Interessenvertreter der Sparkassen ein, namentlich etwa der Sparkassenverband Westfalen-Lippe (SVWL) für die westfälisch-lippischen Institute oder den Deutschen Sparkassen- und Giroverband (DSGV) als bundesweiter Spitzenverband.

Unter Berücksichtigung relevanter organisationstheoretischer Grundlagen (Kapitel 2) sowie der spezifischen Organisations- und Entscheidungsstrukturen in der Sparkassen-Finanzgruppe (Kapitel 3), sollen die wesentlichen Entwicklungen in der Sparkassenorganisation sowie im Verbandsgebiet Westfalen-Lippe (Kapitel 4) im Betrachtungszeitraum nachvollzogen werden. Die kennzahlenbasierte Betrachtung des Leistungserstellungsprozesses der westfälisch-lippischen Institute stellt die Basis für die anschließenden Analysen dar (Kapitel 5) (siehe Abbildung 1.1). Darauf aufbauend erfolgt die Bildung und Betrachtung von Analyseclustern der Sparkassen in Westfalen-Lippe im Betrachtungszeitraum (Kapitel 6).

Dadurch kann den für die Entwicklung der Institute und der Sparkassen-Finanzgruppe wesentlichen Fragestellungen nachgegangen werden:

- Welche Performance zeigen die westfälisch-lippischen Institute im Ergebnis der aufgezeigten spezifischen Herausforderungen im Betrachtungszeitraum?
- Gibt es erkennbare Muster, mit denen die Institute auf diese Herausforderungen im Betrachtungszeitraum reagieren (z. B. zunehmende Zentralisierung ihrer vertrieblichen Organisationsstruktur)?
- Gehen die erkennbaren Konsolidierungseffekte in der Sparkassen-Finanzgruppe mit einer zunehmenden Konvergenz in der Aufstellung der Institute einher?

Dabei soll betrachtet werden, wie institutsgruppenspezifisch auf die im Betrachtungszeitraum festgestellten strukturellen Anpassungsbedarfe reagiert wurde und welche Unterschiede es zwischen den Institutsgruppen gab. In diesem Kontext sollen die organisationstheoretischen Erkenntnisse (Kapitel 8) abgeleitet werden.

Hinsichtlich der institutionenökonomischen Schlussfolgerungen und der Handlungsempfehlungen (Kapitel 9) sind die Besonderheiten in den Entscheidungsstrukturen der Sparkassen-Finanzgruppe zu berücksichtigen. Dabei nehmen die Sparkassen zwar die wesentliche Rolle ein, sind jedoch in ihren Entscheidungen stets in den Verbund der Sparkassen-Finanzgruppe eingebunden und in diesem Sinne nicht vollständig autonom.

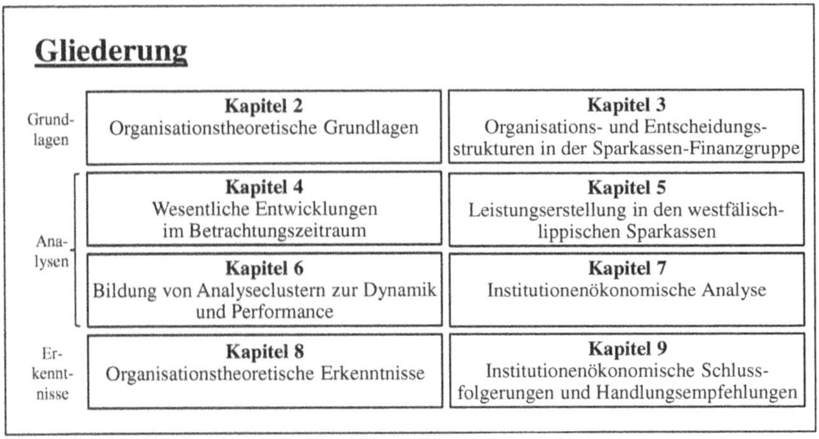

Abbildung 1.1 Grundsätzliche Gliederung der Arbeit

Diese Besonderheit ist auch hinsichtlich einer künftigen Entwicklung der Sparkassenorganisation zu berücksichtigen. Gerade mit Blick auf die strukturellen Anpassungsbedarfe stellt sich Frage, wie die Besonderheiten des Verbundprinzips für die künftige Ausrichtung der Sparkassen-Finanzgruppe nutzbar gemacht werden können.

2 Organisationstheoretische Grundlagen

Die Organisationstheorie bildet die Grundlage für die nachfolgende Beschreibung und Analyse der spezifischen Entscheidungsstrukturen in der Sparkassen-Finanzgruppe. Im Mittelpunkt des organisationstheoretischen Forschungsprogramms stehen Beschreibung und Erklärung von Entstehung, Funktionsweise und Entwicklung der Organisation.[1] Die Organisation kann dabei als ein soziales Gebilde bzw. soziales System verstanden werden.[2] In Anlehnung an *Luhmann* handelt es sich genau genommen um ein soziales System, das aus Entscheidungen besteht.[3] Die Betrachtung stattfindender Entscheidungsprozesse kann auch dabei helfen, die Charakteristika der Organisation als soziales Gebilde besser erfassen zu können.[4]

---

[1]Vgl. *Scherer/Marti* (2014), 18 f. Die Spezifika von Organisationen wird sich gemäß *Luhmann* nur erkennen lassen, wenn man „Organisationen von anderen Arten der Systembildung unterscheiden kann" und wenn man „die besondere Art und Weise angeben kann, in der Organisationssysteme die Differenz von System und Umwelt erzeugen.", *Luhmann* (2011), 38.

[2]Vgl. *Wilz* (2010), 11.

[3]Vgl. *Luhmann* (2011), 123.

[4]*Wilz* bezeichnet dies aufgrund sehr unterschiedlicher Versuche, den Begriff der Organisation zu definieren, als den kleinsten gemeinsamen Nenner der Organisationstheorie, vgl. *Wilz* (2010), 7 f. Vorliegend wird dem Vorschlag von *Wolff* gefolgt, wonach anzuerkennen ist, dass organisationstheoretisch bestimmte Theorieelemente für bestimmte Fragestellungen überlegen sind, ohne dass andere Theoriebestandteile damit automatisch überflüssig werden. Die Gesamtheit der ökonomischen Theorie kann als Werkzeugkasten verstanden werden, wobei zum passenden Problem jeweils das passende Instrument zu identifizieren ist. Ein solches Grundverständnis kann der Ableitung praktischer Handlungsempfehlungen zuträglich sein, vgl. *Wolff* (2000), 32 ff.

R. Conrad, *Performance, Dynamik und Konvergenz im Banking*,
https://doi.org/10.1007/978-3-658-30740-0_2

In der Organisationstheorie haben sich im Zeitverlauf eine Vielzahl von Ansätzen herausgebildet, die bei näherer Betrachtung „in vielen Fällen sogar widersprüchlich zueinander sind.“[5] Es geht daher nachfolgend stärker um die Identifikation und Auswahl geeigneter Theorieelemente als um die Identifikation *der* Theorie der Organisation, was wohl ohnehin zum Scheitern verurteilt wäre. Sofern Theorieelemente im Widerspruch zueinander stehen, ist die Auswirkung auf den theoretischen Erklärungsgehalt aufzuzeigen. Für Beschreibung, Erklärung und Analyse der Organisations- und Entscheidungsstrukturen der Sparkassen-Finanzgruppe wird es insbesondere erforderlich sein, eine theoretische Einordnung vorzunehmen, um im Ergebnis Handlungsempfehlungen ableiten zu können.

Den übergeordneten theoretischen Rahmen bilden die grundlegenden institutionellen Wirkungszusammenhänge für die Organisation (insbesondere Verfügungsrechte und Transaktionskosten), ohne die weder die Organisationsstruktur, die Akteure der Organisation, noch stattfindende Interaktionen theoretisch sinnvoll erfassbar wären (Abschnitt 2.1). Daran anschließend soll die Konstitution der Organisation (Abschnitt 2.2) beleuchtet werden: Akteure schließen sich in der Organisation zusammen, um im Rahmen dieser zu agieren. Diese Aktivität bedarf der Koordination, die über unterschiedliche Maßnahmen (z. B. Funktionalisierung) erfolgen kann (siehe Abbildung 2.1).

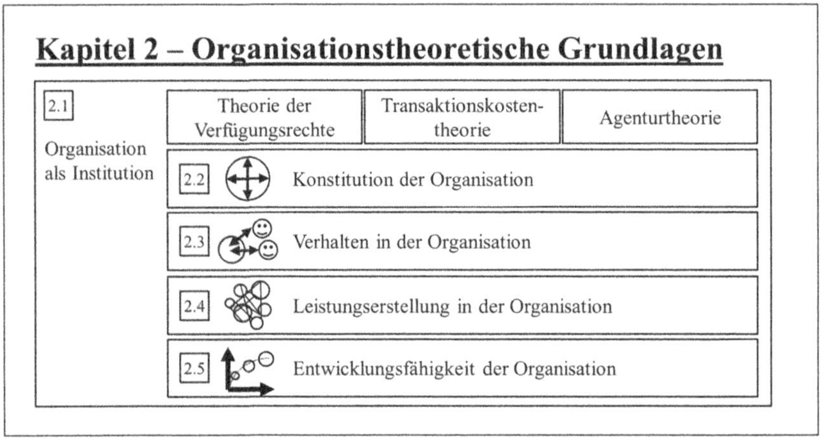

Abbildung 2.1 Gliederung organisationstheoretischer Grundlagen

[5] *Scherer/Marti* (2014), 18 f.

Die Aktivität der Organisation ist abhängig davon, welche Anreize bestehen, damit Akteure Leistungen in die Organisation einbringen. Außerdem sind die Aktivitäten der Organisation von Arbeitsteilung geprägt, ohne die komplexe Leistungserbringungsprozesse nicht realisierbar wären. Dies alles bestimmt, wie Akteure in der Organisation konkret aktiv werden (Abschnitt 2.3).

In der Organisation können Entscheidungskompetenzen grds. zentral oder dezentral angeordnet werden. Außerdem erbringt die Organisation Leistungen nicht isoliert, sondern ist regelmäßig in ein Netzwerk aus Beziehungen zu anderen Organisationen eingebunden. Die Passgenauigkeit des Integrationsgrades bestimmt die Ergebnisse dieser Aktivitäten. Das Vorliegen von Skaleneffekten kann dabei als eines von mehreren relevanten Einflussparametern verstanden werden (Abschnitt 2.4), um die Anordnung von Entscheidungskompetenzen zu überprüfen.

Die Organisation befindet sich in Veränderungs- und Entwicklungsprozessen, die sich nur durch Verlassen einer statischen Betrachtung erfassen lassen. Dabei spielen die organisatorische Trägheit sowie auftretender Veränderungsdruck genauso wie Formen und Quellen der Wissensgenerierung eine Rolle. Außerdem wird unter Einnahme eines evolutorischen Blickwinkels der Frage nachgegangen, in welche Richtung Veränderungs- und Entwicklungsprozesse eigentlich verlaufen (Abschnitt 2.5).

2.1 Organisation als Institution

Vorhandene Marktstrukturen und eine funktionsfähige Rechtsordnung sind die Voraussetzungen, damit Institutionen ökonomische Aufgaben fokussiert erfüllen können.[6] Akteure schließen sich in Organisationen zusammen, um auftretende Unsicherheiten bei wiederkehrenden Entscheidungen zu reduzieren.[7] In wiederkehrenden Entscheidungssituationen entwickeln sich Verhaltensmuster, die aus Sicht von Akteuren einen organisatorischen Zusammenschluss sinnvoll machen

[6]Dies ist der Grund, warum Organisationen im vorliegenden Verständnis erst seit ca. 200 Jahren bestehen, vgl. *Kieser/Walgenbach* (2007), 4 f.

[7]Vgl. *Erlei* et al. (2016), 20.

können.[8] Ein Zusammenschluss führt zu gemeinsamen Regeln und kollektiven Interaktionen, durch die sich Kooperationsvorteile für die Akteure realisieren lassen.[9]

Eine Institution ist dabei ein Vertrag bzw. ein System aus Verträgen oder eine Regel bzw. ein System aus Regeln mit den entsprechenden Durchsetzungsmechanismen.[10] Die Organisation (z. B. eine Sparkasse)[11] umfasst als „personifizierte Kehrseite der Institution" neben den institutionellen Eigenschaften auch deren physische Bestandteile, insbesondere Akteure (z. B. Beschäftigte) und die Sachanlagen (z. B. Sparkassenstellen) (siehe Abbildung 2.2).[12]

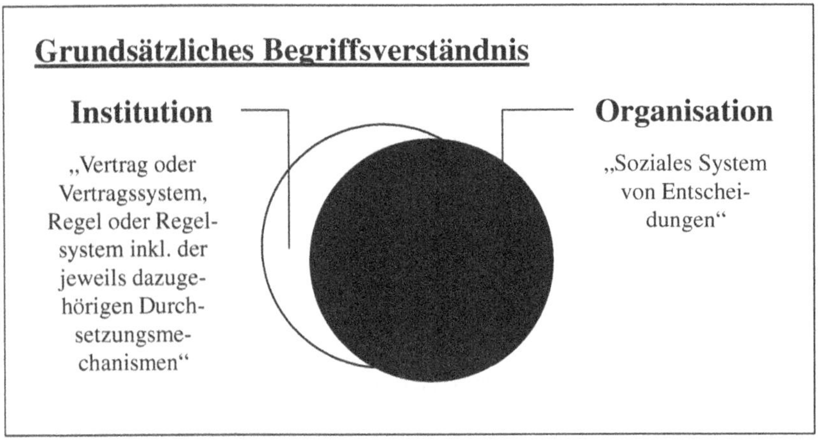

Abbildung 2.2 Grundsätzliches Begriffsverständnis von Institution und Organisation (Eigene Darstellung unter Verwendung von *Erlei* et al. (2016), 20 sowie *Wilz* (2010), 8)

[8]Hierbei kann es sich um Entscheidungen handeln, die andernfalls durch Akteure einzeln zu treffen wären bzw. für einzelne Akteure sich wiederholende Entscheidungen, vgl. *Erlei* et al. (2016), 21.

[9]*Ebd.*

[10]*Erlei* et al. (2016), 20.

[11]Die Unternehmung wird nachfolgend synonym für die Organisation verwendet. Dabei wird angenommen, dass ein Unternehmen jeweils auch die Kriterien für eine Organisation erfüllt, aber nicht jede Organisation ein Unternehmen im Sinne einer betriebswirtschaftlichen Aktivität sein muss.

[12]*Erlei* et al. (2016), 20.

Wesentliche Annahme der institutionenökonomischen Theorie ist der methodologische Individualismus, also die Annahme, dass die Akteure selbstinteressiert agieren. Diese selbstinteressierten Akteure bilden die kleinste Analyseeinheit innerhalb der Organisation.

Die institutionenökonomische Organisationstheorie postuliert, dass die institutionelle Ausgestaltung der Organisation – d. h. insbesondere das spezifische Vertrags- und Regelsystem – einen wesentlichen Erklärungsgehalt für Aktivitäten und die Ergebnisse von Aktivitäten bietet. Sie widmet sich daher der Betrachtung der Effizienz von Institutionen bei Koordinationsproblemen und der Auswirkung von Koordinationsproblemen auf die Konstitution und die Weiterentwicklung einer Organisation.[13] Beispielsweise zeichnet sich eine Organisation in öffentlich-rechtlicher Gestalt bzw. in kommunaler Trägerschaft – etwa eine Sparkasse[14] – durch Spezifika (z. B. wettbewerbliche Besonderheiten) aus.[15] Im Theorieverständnis hat dieser Umstand Auswirkungen auf die Aktivitäten und die Ergebnisse der Organisation einer Sparkasse, die sich von privaten Banken unterscheiden können.

[13]Vgl. *Ebers/Gotsch* (2014), 310 f.

[14]Ende 2017 existierten 390 Sparkassen in Deutschland, vgl. *DSGV* (2018l). Davon befinden sich fünf Institute in nicht kommunaler Trägerschaft. Zwar existieren Unterschiede in den *Governance*-Strukturen dieser Sparkassen, allerdings sind diese ebenso der jeweiligen Region und dem Gemeinwohl verpflichtet, vgl. *Schackmann-Fallis/Weiß* (2017), 347. Eine abweichende Betrachtung dieser Institute ist daher nicht erforderlich. Eine detaillierte Beschreibung der Rolle der Sparkassen in der Sparkassen-Finanzgruppe findet sich in Abschnitt 3.1.

[15]Für die Daseinsvorsorge existieren wettbewerbliche Ausnahmebereiche. In der volkswirtschaftlichen Gesamtrechnung gehört die Daseinsvorsorge – wie andere unternehmerische Tätigkeiten auch – zum Unternehmenssektor. Es fehlen klare Kriterien, um die Daseinsvorsorge mit ihren wettbewerblichen Ausnahmebereichen von anderen unternehmerischen Tätigkeiten klar abzugrenzen. Besonders kritisch wird dies hinsichtlich der Rolle der Landesbanken bewertet, vgl. *Blankart* (2017), 361.

2.1.1 Verfügungsrechte

Den Treibstoff des organisatorischen und marktwirtschaftlichen Handelns bilden die Verfügungsrechte. Dies sind Rechte oder Ressourcen, über die eine Organisation legitim verfügen kann.[16] Zu unterscheiden sind dabei:

- das Nutzungs- oder Handlungsrecht (z. B. die Erteilung einer Banklizenz verbunden mit dem Recht, am Markt aktiv zu werden),
- das Recht, Erträge aus der Nutzung einbehalten zu können (z. B. zur Generierung einer Zinsmarge durch die Sparkassen)[17],
- das Änderungs- oder Verfügungsrecht in Form und Substanz (z. B. Anpassung der Zuständigkeiten in der Aufbauorganisation) sowie
- das Übertragungsrecht (z. B. die Fusion von zwei Sparkassen).[18]

Die teilweise oder vollständige Ausübung der aufgeführten Verfügungsrechte kann durch Regulierung eingeschränkt werden. Typischerweise sind die konkreten Regulierungseingriffe dabei stark von der jeweiligen Marktphase abhängig.[19] In den frühen Phasen der Organisation, der Experimentier- und der Expansionsphase, bilden sich die Regulierungseingriffe erst Schritt für Schritt heraus, insbesondere wenn es in der Expansionsphase starkes und schnelles Wachstum gibt.[20] In der Ausreifungsphase der Organisation werden die Verfügungsrechte dann tendenziell stärker reguliert. Diese Tendenzen verstärken sich in der Stagnations- und Rückbildungsphase noch. Die Regulierung übernimmt dann häufig den Schutz vor auftretenden Substituten und dient der brancheninternen Strukturerhaltung, sofern dies aus Sicht des Gesetzgebers opportun erscheint (z. B. Sicherung von Arbeitsplätzen).[21]

---

[16] Vgl. *Ebers/Gotsch* (2014), 312 ff. Dass die Verfügungsrechte für das Verständnis und die Erklärung wirtschaftlicher Strukturen und Prozesse in den Mittelpunkt gerückt wurden, wird als großer Mehrwert gesehen. Ein wesentliches Problem stellt jedoch die Operationalisierbarkeit dar (insbesondere hinsichtlich der Verfügungsrechtestruktur, der Herleitung der Nutzenfunktionen sowie der Ermittlung von Transaktionskosten), vgl. *Ebers/Gotsch* (2014), 325 f.

[17] Vgl. *Ebers/Gotsch* (2014), 314 f.

[18] *Ebd.*

[19] Vgl. *Gröner* (1983), 220.

[20] *Ebd.*

[21] Vgl. *Gröner* (1983), 222.

Je nach Organisationsstruktur kann die Ausübung von Verfügungsrechten aufgeteilt werden: Während ein inhabergeführtes Unternehmen beispielsweise alle Verfügungsrechte innehat, existiert bei Publikumsgesellschaften eine Trennung zwischen Eignern (Eigentums- und Ertragsrechte) und Leitung (Nutzungs- und Änderungsrechte).[22] Auch Spezialisierung und Arbeitsteilung in der Leistungserbringung gehen typischerweise mit einer Teilung von Verfügungsrechten einher (siehe Abschnitt 2.4). Mit zunehmender Spezialisierung und damit verbundener Arbeitsteilung – z. B. zur Generierung kooperativer Vorteile – besteht die Gefahr einer Ausdünnung bzw. Fragmentierung von Verfügungsrechten.[23] Ausdruck der Weiterentwicklung der Theorie der Verfügungsrechte sind die Transaktionskostentheorie und die Agenturtheorie.[24]

Spezifika existieren in Bezug auf die Verfügungsrechte bzw. der Frage nach einer effizienten Ressourcenallokation.[25] Aufgrund der besonderen Struktur der Eigentumsrechte (insbesondere keine oder eingeschränkte Übertragbarkeit sowie spezifische Wettbewerbssituation), existieren für eine effiziente Ressourcen-Allokation häufig keine ausreichenden Anreize.[26] Die genannten Besonderheiten hinsichtlich einer effizienten Ressourcenallokation, lassen sich allerdings nur in „beschränktem Umfang" alleine auf die Eigentumsform zurückführen.[27] Denn öffentlich-rechtliche Unternehmen verfolgen oft spezifische, was ebenfalls Auswirkungen auf deren Ressourcenallokation hat und beispielsweise mit höheren Informations-, Kontroll- und Durchsetzungskosten einhergehen kann.[28]

2.1.2 Transaktionskosten

Durch konkrete Aktivitäten, die im Zusammenhang mit den genannten Verfügungsrechten stehen (z. B. Herausbildung, Zuordnung oder Durchsetzung),

---

[22]Vgl. *Ebers/Gotsch* (2014), 323.

[23]Vgl. *Ebers/Gotsch* (2014), 327.

[24]Vgl. *Ebers/Gotsch* (2014), 328.

[25]Die Theorie der Verfügungsrechte kann auf öffentlich-rechtliche Unternehmen hin angewendet werden, vgl. *Ebers/Gotsch* (2014), 320 f.

[26]Vgl. *Pommerehne* (1990), 48 ff.

[27]*Ebers/Gotsch* (2014), 322.

[28]Vgl. *Ebers/Gotsch* (2014), 321 f.

entstehen Transaktionskosten.[29] Dabei handelt es sich nicht nur um monetäre Kosten, sondern beispielsweise auch um „aufzuwendende Zeit, Mühe“ für die Organisation.[30] Die Analyse der in Verbindung mit den Verfügungsrechten stehenden Kosten ist Gegenstand der Transaktionskostentheorie.

Bei komplexen Aktivitäten der Organisation und diversen wirtschaftlichen Leistungsbeziehungen, sind Ressourcen nicht oder nicht zu jeder Zeit umfassend zuordenbar. Dem Preismechanismus des Marktes kommt dabei eine wesentliche Koordinationsfunktion zu, um eine wünschenswerte Zuordnung zu befördern. Für eine Reihe von Austauschbeziehungen (z. B. Leistungserbringung im Netzwerk oder Wissenstransfer) existiert ein solcher Preismechanismus jedoch nicht oder nur eingeschränkt. In diesem Fall können hohe Transaktionskosten dazu führen, dass die Nutzung von Verfügungsrechten nicht immer verursachergerecht allokiert wird (z. B. im Fall der Leistungserbringung im Netzwerk, wenn die Aktivität einzelner Akteure nur mit hohem Aufwand *ex ante* zuordenbar ist) (siehe Abschnitt 2.4.2).[31] Dieser Umstand kann mit externen Effekten und damit verbundenen Wohlfahrtsverlusten einhergehen.[32]

Die Organisationsstruktur hat einen großen Einfluss auf den Ablauf von Entscheidungsprozessen und damit auf die Höhe der entstehenden Transaktionskosten. Komplexe Entscheidungsprozesse korrelieren typischerweise auch mit der Höhe anfallender Transaktionskosten. Grundsätzlich weisen hohe Transaktionskosten und ein hohes Maß an externen Effekten auf den Bedarf für eine Überprüfung bzw. Adjustierung institutioneller und organisatorischer Strukturen und Entscheidungsprozesse hin.[33] Die sozialen und technologischen Rahmenbedingungen von Austauschbeziehungen werden unter dem Begriff der Transaktionsatmosphäre subsumiert.[34] Transaktionskosten entstehen nur im Zusammenhang mit existierenden Verfügungsrechten. Wenn entsprechende Verfügungsrechte nicht oder nur eingeschränkt existieren (z. B. beschränkte Möglichkeiten zur Übertragung von Verfügungsrechten bei öffentlich-rechtlichen

---

[29]Dabei sind alle im Austauschprozess entstehenden Aufwendungen zu berücksichtigen (z. B. auch Anbahnungs- und Vereinbarungskosten), vgl. *Picot* (1991), 145 ff.

[30]*Picot* (1991), 145.

[31]Vgl. *Ebers/Gotsch* (2014), 317 f.

[32]Vgl. *Picot* (1991), 145. In seinem vielbeachteten Beitrag *The Problem of Social Cost* thematisierte der spätere Nobelpreisträger *Ronald Coase* das Problem der sozialen Kosten bei auftretenden negativen externen Effekten, vgl. *Coase* (2013)

[33]Vgl. *Picot* (1991), 145 f.

[34]Vgl. *Picot* (1991), 148.

Organisationen), können in diesen Fällen keine Transaktionskosten entstehen.[35] Jedoch können auch eingeschränkte Verfügungsrechte die Existenz von externen Effekten bei einer fehlenden Zuordnung befördern.

Die Transaktionskostentheorie kann bei Fragestellungen der Leistungserstellung zur Anwendung kommen (z. B. welche Leistungen selbst oder im Netzwerk erbracht werden sollen).[36] Je spezifischer ein Prozessschritt der Leistungserstellung ist, desto eher bietet sich tendenziell die Erbringung innerhalb der Organisation selbst an (siehe Abschnitt 2.4.1).[37] Weniger spezifische Prozessschritte oder Prozesseschritte, die nicht die Kerntätigkeit der Organisation betreffen, können tendenziell eher außerhalb der Organisation erbracht werden. Eine solche Differenzierung kann dabei helfen, Transaktionskosten zu reduzieren, es können jedoch auch nachteilige Effekte daraus resultieren (z. B. Abfluss von Wissen).[38]

Die Verfolgung des Transaktionskostenansatzes, mit dem Ziel einer Reduktion von Transaktionskosten, zieht eine schwache Auslese nach sich, d. h., bei einer bestehenden Auswahl wird die effizientere Austauschbeziehung gewählt, die jedoch nicht zwangsläufig die effizienteste Lösung sein muss.[39] Dieser komparative Analyseansatz ist damit – abgesehen von dem Problem der Messung von Transaktionskosten – geeignet, um praktische Empfehlungen für die Organisationsentwicklung ableiten zu können. Um Transaktionskosten zu begrenzen oder zu reduzieren (z. B. Anreiz- oder Kontrollkosten), können organisatorische Maßnahmen ergriffen werden, beispielsweise indem spezifische Institutionen innerhalb oder außerhalb der betreffenden Organisation geschaffen

---

[35]Ist unklar oder strittig, welche Verfügungsrechte in der Organisation vorhanden sind oder wer Träger dieser Rechte ist, entstehen ebenfalls Transaktionskosten.

[36]Vgl. *Picot* (1991), 149. Es wird kritisiert, dass eine Messung der Transaktionskosten aufgrund einer schwierigen oder unklaren Abgrenzung des Begriffes in der Praxis kaum möglich ist, vgl. *Wolff* (2000), 52.

[37]Für die Ermittlung des Grades der Spezifität eines Prozessschrittes kommen verschiedene Verfahren in Betracht, beispielsweise Befragungsmethoden, vgl. *Wolff* (2000), 51.

[38]Vgl. *Wolff* (2000), 41.

[39]Hier kann es insbesondere unter Berücksichtigung von langfristigen Kosten zu Problemen kommen (*lock-in-Effekt*), weil der spätere Wechsel von Transaktionspartnern nicht möglich oder mit hohen Kosten verbunden ist, vgl. *Picot* (1991), 147 ff. Als Ausgangspunkt der Transaktionskostentheorie wird der Aufsatz „The Nature of the Firm" von *Roland Coase* angesehen, in dem erstmals mit transaktionskostentheoretischen Argumenten operiert wurde, vgl. *Coase* (1937).

werden.[40] Um die Transaktionskosten in diesen Fällen zu kontrollieren, benennt *Gröner* zwei Möglichkeiten: zum einen die evolutorische Vertragsgestaltung mit der Definition geeigneter Anpassungsmechanismen für die Kooperationspartner und zum anderen die Einrichtung einer Schiedsinstanz, die durch die Marktteilnehmer selbst geschaffen werden kann.[41] Dies zeigt exemplarisch, dass auf Grundlage der Transaktionskostentheorie konkrete Empfehlungen für die Ausgestaltung der Organisationsstruktur abgeleitet werden können.

Die Amortisationszeit für anfallende Transaktionskosten ist abhängig von der Frequenz der stattfindenden Austausch- und Leistungsbeziehungen.[42] Bei sich wiederholenden Austausch- und Leistungsbeziehungen können anfallende Transaktionskosten je nach Runde unterschiedlich ausfallen.[43] Der Austauschpartner, der in der ersten Runde den Zuschlag erhalten hat, kann von sog. *first-mover-advantages* profitieren.[44] Dieser transaktionsspezifische Wissensvorteil kann bei weiteren Runden von Vorteil sein. Die daraus resultierende Bindungswirkung, die zu Veränderungen der Marktstrukturen – bis hin zur Entstehung monopolartiger Strukturen – führen kann, nennt *Williamson* die „fundamentale Transformation".[45] Bei langfristigen Austausch- und Leistungsbeziehungen zeigen sich besondere Anforderungen aufgrund möglicher Informations- und Garantieprobleme.[46]

2.1.3 Agenturproblem

In Austausch- und Leistungsbeziehungen kann es zwischen Auftraggeber (Prinzipal) und Auftragnehmer (Agent) zu Informationsasymmetrien und damit zu Unsicherheit kommen. Es können Agenturkosten auftreten, die die Austausch- und Leistungsbeziehungen belasten oder stören. *Jensen* und *Meckling* unterscheiden dabei:[47]

---

[40] Vgl. *Picot* (1991), 147.

[41] Die erste Möglichkeit besteht nur dann, wenn keiner der Partner „monopolistische Grenzabweichungen" durchsetzen kann, vgl. *Gröner* (1983), 231.

[42] Vgl. *Picot* (1991), 148.

[43] Vgl. *Picot* (1991), 149.

[44] *Ebd.*

[45] *Williamson* (1990), 70 ff.

[46] Vgl. *Gröner* (1983), 231.

[47] Vgl. *Jensen/Meckling* (1979), 167 ff.

- die Kontrollkosten, die beim Auftraggeber anfallen,
- die Garantiekosten, die beim Auftragnehmer anfallen, sowie
- den zusätzlich auftretenden Wohlfahrtsverlust in Folge von Agenturproblemen.

Zwischen den einzelnen Kostenkategorien besteht ein *trade-off* (z. B. bei steigenden Aufwendungen für die Garantie der Leistungsqualität durch den Auftragnehmer sinken die notwendigen Kontrollkosten durch den Auftraggeber).[48]

Hidden actions können auftreten, wenn die Handlungen des Auftragnehmers durch den Auftraggeber nicht einfach sichtbar sind bzw. Ergebnisse sich nicht direkt den Handlungen zuordnen lassen (z. B. Zusammenarbeit mehrerer Auftragnehmer oder unklarer Zusammenhang zwischen Ursache und Wirkung von Handlungen).[49] *Hidden information* liegen vor, wenn sichtbare Handlungen nicht beurteilt werden können (z. B. weil erforderliches Detailwissen nicht verfügbar ist).[50] Schließlich können *hidden characteristics* entstehen, wenn relevante (nachteilige) Eigenschaften erst *ex post* identifiziert werden (z. B. hinsichtlich der Leistungsfähigkeit).[51]

Analog der Transaktionskosten hat die Organisationsstruktur auch einen Einfluss auf die auftretenden Agenturkosten. Die Komplexität von Organisationsstrukturen und Entscheidungsprozessen beeinflusst die Agenturkosten ebenfalls, da eine hohe Komplexität mit einer Vielzahl einzelner Auftragnehmer-Auftraggeber-Beziehungen einhergeht. Die klare Abgrenzung, wer im Einzelfall als Auftragnehmer und wer als Auftraggeber fungiert, ist gerade bei einer Vielzahl unterschiedlich gerichteter Beziehungen nicht immer ersichtlich.[52] Über die Implementierung von Anreiz- und Informationssystemen innerhalb der Organisation können Agenturkosten reduziert werden.

Die Agenturtheorie hat darüber hinaus Auswirkungen auf die Unternehmensführung, da Agenturprobleme sowohl auf aggregierter organisatorischer Ebene, als auch im Verhältnis von Akteuren zur Organisation sowie zwischen Akteuren innerhalb oder Organisation Relevanz besitzen. Die aus dem Agenturproblem

[48] Vgl. *Picot* (1991), 150.

[49] Vgl. *Picot* (1991), 151 f.

[50] Vgl. *Picot* (1991), 152.

[51] *Ebd.* Bei Austausch- und Leistungsbeziehungen über mehrere Runden ist hierbei allerdings ggf. eine nachgelagerte Berücksichtigung für Folgerunden möglich.

[52] Hiervon könnte beispielsweise auch die verbundübergreifende Zusammenarbeit zwischen Sparkassen, Verbänden und Verbundpartnern in der Sparkassen-Finanzgruppe betroffen sein (siehe Abschnitt 3.2 sowie Abschnitt 3.3 für eine detaillierte Beschreibung).

resultierenden Handlungsspielräume für den jeweiligen Auftragnehmer können – wenn diese unentdeckt bleiben – ausschließlich vom Akteur selber genutzt werden. Daher ist zu berücksichtigen, in welcher Rolle sich der Akteur jeweils befindet.[53] Da die Abgrenzung von Auftragnehmer und Auftraggeber nicht immer einfach ist, sind die Anforderungen an die Unternehmensführung hierbei hoch.[54]

2.2 Konstitution der Organisation

Die Organisation ist eingebettet in einen institutionenökonomischen Rahmen, dessen grundsätzliche Theoriebestandteile Relevanz für alle Betrachtungsebenen (Organisation, Akteur, Netzwerk) entfalten. Im folgenden Kapitel soll die theoretische Konstitution des Inneren der Organisation näher betrachtet werden. Als kleinste Einheit der Organisation wird daher zunächst der bereits verwendete Begriff der Akteure näher beleuchtet (Abschnitt 2.2.1). Anschließend wird das eigentliche Tun der Organisation in Form der Abgrenzung von Handlung und Entscheidung konkretisiert (Abschnitt 2.2.2). Schließlich folgt die Vorstellung der relevanten Konzepte von Struktur und Koordination bei den Aktivitäten der Organisation (Abschnitt 2.2.3).

2.2.1 Akteure

Ein Akteur kann entweder Teil einer Organisation sein (z. B. ein Beschäftigter oder eine Gruppe von Beschäftigten) oder aber die Organisation selbst kann als Akteur wirken (z. B. als Handlungsträger in Bezug zu einer anderen Organisation). In einem Netzwerk von Akteuren gibt es formelle – d. h. offizielle,

[53]Vgl. *Picot* (1991), 150.

[54]Beispielsweise beauftragt der Abteilungsleiter einer Bank einen Beschäftigten mit der Durchführung eines Projektes. Der Beschäftigte ist in diesem Sinne Auftragnehmer. Der Beschäftigte delegiert einzelne Aufgaben des Projekts an andere Beschäftigte seiner Abteilung. Der Beschäftigte fungiert in diesem Fall auch als Auftraggeber. Der Abteilungsleiter des Beschäftigten berichtet dem Vorstand der Bank zum Status des Projekts und fungiert daher als Auftragnehmer. Das Beispiel verdeutlicht, dass sich einzelne Akteure jeweils gleichzeitig in mehreren Auftraggeber- und Auftragnehmer-Rollen befinden können. Die Differenzierung der jeweiligen relevanten Rolle ist nicht trivial. Die Betrachtung wird noch komplexer, wenn externe Akteure (z. B. Dienstleister) in die Aufgabenerfüllung mit einbezogen werden.

innerhalb der Organisation normierte Beziehungen (z. B. die erforderliche Einbeziehung relativer Gremien oder Ausschüsse im Rahmen einer Entscheidungsfindung) und informelle Beziehungen (z. B. ein loser Austausch von Mitarbeitern unterschiedlicher Abteilungen). Teilweise wird das Konzept des Akteurs („Teilnehmers") noch weiter ausgelegt, sodass auch Mitglieder von Anspruchsgruppen (z. B. Kunden) darunter fallen.[55]

Akteure können auch als Umgebung der Organisation verstanden werden, wodurch eine Differenzierung von Organisationshandeln und persönlichen Handlungen der Akteure möglich wird.[56] Es gibt beispielsweise Handlungen eines Akteurs (z. B. des Beschäftigten) für die Organisation, die keine persönlichen Handlungen sind.[57] Verhalten und Verhaltensergebnisse von Akteuren hängen zum einen von den materiellen und immateriellen Ressourcen ab, auf die ein Akteur in der Organisation zurückgreifen kann.[58] Aber zum anderen hat auch die Ausgestaltung der Organisationsstruktur einen wesentlichen Einfluss darauf, in welcher Art und Intensität die Akteure sowie der Ressourceneinsatz gesteuert und kontrolliert werden (siehe Abschnitt 2.2.3).

2.2.2 Entscheidungen

Nicht alle Aktivitäten in Organisationen sind auch Entscheidungen: *Pfister et al.* kennzeichnen die Möglichkeit zur Auswahl zwischen mindestens zwei Optionen als für eine Entscheidung charakteristisch und damit als Gegenstand der Entscheidungsforschung.[59] Die Auswahl zwischen Alternativen kann dabei als Kern

---

[55]Für eine detaillierte Einführung in die verhaltenswissenschaftliche Entscheidungstheorie, vgl. *Berger* et al. (2014)

[56]Vgl. *Berger* et al. (2014), 190 f.

[57]D. h. Handlungen, bei denen der persönliche Zweck nicht im Mittelpunkt steht, *ebd.*

[58]Immaterielle Ressourcen sind auch die (informellen) Austausch- und Leistungsbeziehungen zwischen den Akteuren innerhalb der Organisation. Den sozialen Beziehungen wird neben der institutionellen Organisationsstruktur ein wesentlicher Einfluss zugeschrieben. „It proves to be a powerful factor explaining actors' relative success in the number of areas", vgl. *Adler/Kwon* (2002), 17. Einen Überblick über das Konzept des sozialen Kapitals für die Sozialwissenschaften und die Organisationsforschung geben *Adler/Kwon* (2002)

[59]Entscheidend ist jedoch nicht alleine das Ergebnis einer Auswahl zwischen gegebenen Optionen, vgl. *Pfister* et al. (2017), 2 f.

des Entscheidens verstanden werden.[60] Die Existenz von Alternativen alleine genügt jedoch nicht, für die Analyse von Entscheidungsprozessen ist ebenfalls von Relevanz, wie die Alternativen zustande kommen, über die entschieden wird.[61]

Neben der Verfügbarkeit von Alternativen wird ein vorliegendes „Entscheidungsbewusstsein" – d. h., Akteure wissen, dass sie sich in einer Entscheidungssituation befinden und eine Entscheidung treffen – als Abgrenzungskriterium zu Aktivitäten, die keine Entscheidungen sind, vorgeschlagen.[62] Eine Differenzierung über das Kriterium des Entscheidungsbewusstseins muss jedoch mit Blick auf die Operationalisierbarkeit einer Abgrenzung, wann beispielsweise affektgeleitete und routinierte Aktivitäten vorliegen, kritisch hinterfragt werden.[63] Trotzdem nimmt die Zuordnung von Aktivitäten der Organisation im Rahmen des sog. Zwei-System-Ansatzes eine wichtige Rolle in der Entscheidungstheorie ein.[64] Demnach gibt es ein System, in dem automatische und unbewusste Prozesse ablaufen, und ein weiteres System, in dem kontrolliert bewusste Überlegungen stattfinden.[65]

In Entscheidungssituationen treffen in der Regel unterschiedliche Interessen von Akteuren aufeinander. Daher bedarf es einer Koordination von Entscheidungsprozessen (siehe Abschnitt 2.2.3). Da die Koordinierung von Entscheidungsprozessen jedoch in der Regel nicht dazu führt, dass sich die unterschiedlichen Interessen von Akteuren vollständig harmonisieren, ergibt sich im Rahmen der Entscheidungsfindung regelmäßig der Bedarf, Kompromisse zu schließen und dadurch Interessen auszugleichen. Bei wiederkehrenden Entscheidungen kann durch Standardisierung vermieden werden, dass Akteure jeweils nach neuen Alternativen suchen müssen, um eine Entscheidung zu treffen.[66]

Simon unterscheidet zwischen dem Idealtyp eines rationalen Entscheidungsfindungsprozesses (*Economic Man*) und der Beschreibung tatsächlich ablaufender

---

60 Vgl. *Wilz* (2010), 130.

61 *Ebd.*

62 Dies schließt auch Entscheidungen nach dem „Bauchgefühl" ein, da damit ebenfalls ein bewusstes Entscheiden verbunden ist, vgl. *Pfister* et al. (2017), 3.

63 Vgl. *Wilz* (2010), 129 f.

64 Vgl. *Pfister* et al. (2017), 30.

65 Vgl. *Pfister* et al. (2017), 30 f.

66 Vgl. *Berger* et al. (2014), 206 f.

Entscheidungsfindungen (*Administrative Man*).[67] Aufgrund limitierter Fähigkeiten von Akteuren kommt es in der Realität typischerweise nicht zu einer Suche nach der optionalen Alternative, sondern eine ausgewählte Alternative erfüllt stattdessen ein gewisses Anspruchsniveau. Anspruchsniveauorientierte Entscheidungsregeln – die keine Optimierung zum Ziel haben – können auch dabei helfen, auftretende Zielkonflikte zwischen Akteuren zu verringern oder abzuschwächen.[68] Überschusskapazitäten in der Organisation (*Organizational slack*) können Konflikte ebenfalls reduzieren, da Zielkonflikte insbesondere bei Knappheit auftreten oder sich verschärfen.[69] In der *Varieties of Capitalism*-Forschung wurde in den vergangenen Jahren auch verstärkt das spezifische Entscheidungsverhalten in Banken analysiert.[70] Die meisten Studien fokussieren die Analyse auf Marktstrukturen, Organisationsstrukturen oder Akteurshandeln bzw. kombinieren zwei dieser Elemente.[71]

2.2.3 Struktur und Koordination

Entscheidungsfindungsprozesse innerhalb einer Organisationsstruktur gehen regelmäßig mit einer Einschränkung der Entscheidungsbefugnisse einzelner Akteure im Interesse der Organisation einher.[72] Für die Organisation lassen sich externe Koordinationsmechanismen (z. B. Koordination über den Markt) und interne Koordinationsvorgänge in Abhängigkeit zur Organisationsstruktur unterscheiden.[73]

Eine klassische Struktur für die Sicherstellung interner Koordinationsvorgänge bildet die Hierarchisierung. Eine mögliche Lösung zur Eindämmung auftretender

---

[67]Vgl. *Simon* (1976a). Zu Entscheidungsfindungsprozessen auf Ebene von Akteuren, vgl. Abschnitt 2.3.

[68]Vgl. *Berger* et al. (2014), 210 f. Die Betrachtung von Entscheidungsfindungsprozessen entscheidend geprägt haben *Cyert* und *March*, die das Konzept der Überschusskapazitäten entwickelten, vgl. *Cyert/March* (1963). Eine Kompromissfindung kann erleichtert werden, wenn Überschusskapazitäten in der Organisation vorhanden sind, die eine sog. Anpassungsreserve darstellen, vgl. *Gröner* (1983), 224.

[69]Vgl. *Berger* et al. (2014), 211 ff.

[70]Einen guten Einblick in das Forschungsfeld gibt *Bakir* (2013)

[71]Vgl. *Bakir* (2013), 6.

[72]Vgl. *Deeg/Weibler* (2008), 33.

[73]Vgl. *Gröner* (1983), 222 f. und *Hauser* (1981), 77.

Agenturprobleme bei Entscheidungen bildet in diesem Zusammenhang der Aufbau von Entscheidungshierarchien, indem Organisationen in verschiedene Entscheidungsebenen eingeteilt werden.[74] Akteure einer nachgelagerten Hierarchiestufe erarbeiten dabei einen Entscheidungsvorschlag und bahnen die Entscheidung einer vorgesetzten Stelle an.[75] Wesentliche geschäftspolitische Entscheidungen unterliegen der Überprüfung eines separaten Kontrollgremiums.

Aus Sicht von *Weber* stellt die Hierarchie bzw. bürokratische Verfasstheit die effizienteste Form der Koordination innerhalb der Organisation dar, deren Legitimität sich aus dem Charakter einer nicht personenbezogenen Herrschaft ergibt.[76] Sie begründet sich alleine durch das rationale und zielgerichtete Handeln der Organisation (z. B. die Gewinnmaximierung der Betriebsergebnisse oder die Erfüllung des öffentlichen Auftrags).[77] *Weber* hält diese Form der Koordination im Hinblick auf Präzision, Schnelligkeit und Kontinuität im Vergleich zu anderen Organisationsformen für überlegen.[78]

Die Integrationskraft der Hierarchisierung ist jedoch aufgrund veränderter Autoritätsstrukturen und wachsender Zweifel an deren Legitimität im Zeitverlauf zurückgegangen.[79] Als Grund wird angegeben, dass die Integration von Akteuren in der Organisation nicht ausschließlich eine sachlich-objektive Natur besitzt, sondern auch andere Dimensionen (z. B. soziale Beziehungen) umfasst.[80] Bei der hierarchisch ausgerichteten Koordination können außerdem Identifikationsprobleme entstehen: Wenn sich der Akteur – wie im hierarchischen System postuliert – auf die ihm zugewiesene Stelle konzentriert, gestaltet sich die Identifikation mit anderen Bereichen oder der Organisation insgesamt als schwierig – sie ist schlicht im Konzept nicht vorgesehen und insofern maximal

---

[74]Vgl. *Erlei* et al. (2016), 89.

[75]Diese praktisch vorzufindende Lösung hilft dabei, auftretende Kosten aufgrund von Agenturproblemen zu reduzieren, indem Verfügungsrechte und Entscheidungsmanagement getrennt werden.

[76]Vgl. *Weber* (1989), 225 ff.

[77]Die Bürokratie stellt durch ihre klare Fokussierung auf den Organisationszweck einen deutlichen Fortschritt im Vergleich zu anderen Herrschaftsformen (z. B. Willkürherrschaft) dar.

[78]Vgl. *Weber* (1989), 226 ff. sowie *Deeg/Weibler* (2008), 39.

[79]Im Zuge von Reorganisierungsprozessen kam es daher häufig zu einer Dehierarchisierung, vgl. *Deeg/Weibler* (2008), 157. Zur Entwicklung von Organisationen siehe Abschnitt 2.5.

[80]Vgl. *Deeg/Weibler* (2008), 157 f.

ein Nebenprodukt.[81] Auch die Akzeptanz und das Verständnis für andere Akteure als wichtige Voraussetzung für Kompromisse in der Entscheidungsfindung sind bei der hierarchischen Koordination nicht von Relevanz.

Verbreitet hat sich in der Organisationstheorie daher inzwischen stärker der Ansatz sog. flacherer Hierarchien, um Entscheidungskompetenzen nicht zu stark divergieren zu lassen. Jedoch erweist sich dieses Konzept ebenfalls als nicht problemfrei, denn eine geringere Anzahl von hierarchischen Stufen kann das Machtgefälle innerhalb der Organisation sogar noch erhöhen.[82] Im Konfliktfall kann dies außerdem dazu führen, dass Kompetenzgrenzen durch vorgelagerte Hierarchiestufen deutlich aufgezeigt werden müssen, die ansonsten durch die Akteure nicht mehr wahrgenommen wurden oder verschwommen schienen.[83] Außerdem konnte durch *Reker* gezeigt werden, dass unter Berücksichtigung der regulatorischen Anforderungen die Effektivität in der Aufbauorganisation gefährdet ist, wenn zu viele Hierarchiestufen in einer Organisation existieren.[84]

Die strukturelle Trennung von Eigentum an und Leitung der Organisation sowie der vertraglich vereinbarte Ankauf von Arbeitskraft führt jedoch zwangsläufig zu einem gewissen Maß an Hierarchisierung in der Beziehung zwischen Organisation und Akteur: Beschäftigte (Akteure) verkaufen mit dem Abschluss eines Arbeitsvertrags nicht eine bestimmte Arbeit, sondern ihre Arbeitskraft, weshalb es Aufgabe des Arbeitgebers ist, die erforderliche Arbeit zu spezifizieren.[85] Die (vertragliche) Anerkennung dieser grundsätzlichen hierarchischen Beziehung ist jedoch noch keine Garantie dafür, dass der Beschäftigte die vereinbarten Beiträge auch tatsächlich oder in der erforderlichen Qualität leistet (siehe Abschnitt 2.1.3 für das in diesem Fall relevante Agenturproblem).[86] Die Überwachung, ob ausreichende Beiträge geleistet werden, stellt ein in der Organisationspraxis erhebliches Problem dar. Zudem verhindert eine stark ausgeprägte Arbeitsteilung die Zurechenbarkeit einzelner Ergebnisse zu den konkreten Akteuren.[87] Da deshalb zumeist ein erheblicher Entscheidungsspielraum für Akteure existiert, nutzen Organisationen auch Instrumente außerhalb der Definition von

---

[81]Dieses Problem besteht auch bei flachen Hierarchien, vgl. *Deeg/Weibler* (2008), 160.

[82]Vgl. *Deeg/Weibler* (2008), 160.

[83]*Ebd.*, beispielsweise weil Machgefälle bei sehr vielen Hierarchiestufen gegenüber der direkt vorgelagerten Stufe nur sehr gering ausfallen können.

[84]Vgl. *Renker* (2018), 9.

[85]Vgl. *Berger* et al. (2014), 197 f.

[86]*Ebd.*

[87]*Ebd.*

Kompetenzbefugnissen (z. B. Schulungen), die beispielsweise dazu führen können, dass Akteure aufgrund von Identifikation mit der Organisation und mehr Wissen die intendierten Entscheidungen treffen.[88]

Deeg und *Weibler* differenzieren neben der Hierarchisierung drei weitere Integrationsprinzipien der Organisation:

- die Funktionalisierung,
- die Kultivierung sowie
- die Beziehungsorientierung.[89]

Die Funktionalisierung als Input-Output-Modell betont die technisch-funktionale Dimension im Verhältnis zwischen Akteuren und der Organisation.[90] Dieses Koordinationsprinzip ist eng mit der prozessgesteuerten Produktionsweise (*Taylorismus*) verbunden, die Entscheidungsbefugnisse – im Gegensatz zur Hierarchisierung – auf die sachlich-funktionale Ebene der Organisation begrenzt.[91] Wesentliche Elemente dieses Ansatzes zur Schaffung einer effizienten Organisation sind demnach:[92]

- hohe Spezialisierung durch die strikte Trennung von Leitungstätigkeiten und ausführenden Tätigkeiten,
- hohe Standardisierung durch Zerlegung des Leistungserstellungsprozesses in elementare Routinetätigkeiten,
- hohe Formalisierung der Einzelaufgaben durch Erstellung von Arbeitsrichtlinien und Dokumentationen,
- intensive Kontrolle durch Implementierung fester Kontrollinstanzen,
- Individualisierung von Arbeitsmitteln, indem das bis dato nicht formalisierte Wissen von Akteuren systematisiert, verfeinert und schließlich genutzt wird sowie
- individuelle Leistungsanreize für Akteure, die überdurchschnittliche Einzelleistungen erbringen, zur schrittweisen Steigerung des Leistungsniveaus der gesamten Organisation.

---

[88] Vgl. *Berger* et al. (2014), 197 ff.

[89] Vgl. *Deeg/Weibler* (2008), 157 ff.

[90] Als wesentlich wird dabei das fach- und funktionsorientierte Denken im Selbstverständnis von Führungskräften angesehen, aber kein klassisches Über- und Unterordnungsverhältnis, vgl. *Deeg/Weibler* (2008), 160 f.

[91] Vgl. *Deeg/Weibler* (2008), 161.

[92] Vgl. *Deeg/Weibler* (2008), 55 f.

In der Organisationstheorie ist jedoch sowohl eine Abkehr vom klassischen Herrschaftsmodell (Hierarchisierung) als auch von der Funktionalisierung zu beobachten.[93] Dies zeigt sich beispielsweise im Trend zu offeneren, vernetzten und kooperativen Organisationsstrukturen.[94] Die Ausweitung der Partizipationsrechte von Akteuren dient dazu, die Ziele der Organisation besser erreichen zu können.[95]

Bei den Koordinationsformen der Kultivierung bzw. der Beziehungsorientierung handelt es sich – entgegen der beiden bereits aufgeführten Formen – um sog. wechselseitige Integrationsformen, bei denen die für Akteure relevanten Aspekte für die Koordination deutlich stärker berücksichtigt werden.[96]

Das Konzept der Organisationskultur gewann mit dem stetigen Bedeutungsverlust der einseitigen Integrationsprinzipien an Bedeutung, da Bindungskräfte schwanden und neue Identifikationsquellen für Akteure erforderlich wurden.[97] Wesentlich ist die Erkenntnis, dass Beziehungen zwischen Akteuren die relevante Basis für die Untersuchung von Organisationen sind.[98] Folgende Funktionen der Organisationskultur lassen sich dabei unterscheiden:[99]

- die Integrationsfunktion aufgrund der konsensualen Wirkung auf die Akteure,
- die Koordinationsfunktion über geteilte Vorstellungen zur Organisationskultur durch die Akteure,
- die Motivationsfunktion durch eine handlungslegitimierende Wirkung der Kultur (Sinnfrage),
- die Identifikationsfunktion durch Stärkung des Zugehörigkeitsgefühls,
- die *Signaling*-Funktion nach innen (Aufzeigen von Aufgaben) und nach außen (Aufzeigen der Kultur) und
- die Adaptionsfunktion durch Sichtbarmachung der Vorteilhaftigkeit von Kooperation in der Organisation und Klärung von Bedingungen für die Zusammenarbeit.

---

[93] Vgl. *Luhmann* (2011), 85.

[94] Vgl. *Deeg/Weibler* (2008), 161.

[95] Vgl. *Deeg/Weibler* (2008), 161 f.

[96] Vgl. *Deeg/Weibler* (2008), 73.

[97] Vertiefend zum grundsätzlichen Konzept der Organisationskultur, vgl. *Deeg/Weibler* (2008), 102 ff. Nach *Deeg* und *Weibler* führte die Schwäche der einzelnen Integrationsformen bei isolierter Betrachtung zur wechselseitigen Entwicklung der anderen Ansätze. Daher wird für ein integriertes Modell mit „Wechsel- und Zusammenspiel" der aufgezeigten Prinzipien plädiert, vgl. *Deeg/Weibler* (2008), 179.

[98] Vgl. *Deeg/Weibler* (2008), 167.

[99] Vgl. *Deeg/Weibler* (2008), 107.

In beziehungsorientierten Ansätzen wird die Organisation dabei nicht nur als funktionales Gebilde wahrgenommen, sondern insbesondere die sozialen Komponenten von Beziehungen zwischen Akteuren und im Verhältnis von Akteuren zur Organisation nehmen eine wichtige Rolle ein.[100] Anders als im Prinzip der Kultivierung postuliert der beziehungsorientierte Ansatz stärker die Bedeutung informeller Beziehungen von Akteuren.[101] Für die Organisationspraxis stellt die Beziehungsorientierung jedoch einen gewissen Rückschritt dar, weil sie „nur schwerlich ohne eine gewisse Willkür und ohne Vorurteile zu praktizieren ist", was vor allem an zwangsläufig vorhandenen Sympathien und Antipathien innerhalb sozialer Beziehungen liegt.[102] Stark auf soziale Beziehungen von Akteuren bezogene Koordinationsansätze können auch dazu führen, dass die Rolle der Organisationsstruktur und der Konstruktion von Entscheidungsprozessen auf die Ergebnisse systematisch unterschätzt werden.[103]

Die Koordinationsprinzipien zeigen unterschiedliche Ansätze auf, um mit auftretenden Konflikten in der Organisation umzugehen: Während die einseitigen Integrationsformen Konflikte bereits *ex ante* durch eindeutige Festlegung von Kompetenzen und Aufgaben zu vermeiden versuchen, strebt das Konzept der Organisationskultur die Minimierung auftretender Konflikte aufgrund von geteilten Wertvorstellungen an.[104] Dies gilt auch für den wechselseitigen beziehungsorientierten Ansatz, durch den Konflikte vermieden bzw. die Auswirkungen von Konflikten *ex post* abgemildert werden sollen (z. B. durch eine Veränderung in der Einstellung der Akteure mittels Sympathie).[105]

Anknüpfend an die Differenzierung zwischen einseitigen und zweiseitigen Modellen der Koordination lassen sich – wie durch *Mintzberg* beschrieben – formelle

[100]Vgl. *Deeg/Weibler* (2008), 80.

[101]Vgl. *Deeg/Weibler* (2008), 167.

[102]Die im *Human Relations*-Ansatz propagierte These, wonach es einen engen Zusammenhang zwischen Zufriedenheit und der Leistung von Akteuren gibt, konnte nicht in der gewünschten Klarheit bestätigt werden, vgl. *Deeg/Weibler* (2008), 163 f.

[103]Die zweckrationale Betrachtung und Formalisierung der Abläufe in der Organisation kann zu einer deutlichen Entlastung der Akteure führen. Permanente Nähe kann dagegen auch Stress und Unzufriedenheit erhöhen, vgl. *Deeg/Weibler* (2008) 164 f.

[104]Vgl. *Deeg/Weibler* (2008), 172.

[105]*Ebd.*

bzw. informelle Beziehungstypen in der Organisation zusammenfassend unterscheiden:[106]

- formelle Beziehungstypen, d. h. Weisungsbeziehungen/Hierarchien sowie kodifizierte Ablaufbeziehungen mit Fokussierung auf einseitige Formen der Koordination sowie
- informelle Beziehungstypen, d. h. Austauschbeziehungen zwischen Akteuren in der Organisation mit Fokussierung in zweiseitige Formen der Koordination.

Für die weitere Betrachtung der Organisation wird davon ausgegangen, dass jeweils beide Formen (Koordinationsformen/Beziehungstypen) unter Berücksichtigung der jeweiligen Vor- und Nachteile einen Beitrag für die Erklärung von Entscheidungsprozessen in der Organisation liefern.

2.3 Verhalten in der Organisation

Die Entscheidungsfindung in der Organisation ist nicht nur von der Organisationsstruktur, den Integrationsprinzipien und Beziehungstypen abhängig, sondern auch vom Handeln der Akteure.[107] Auf diesen Blickwinkel fokussiert sich der verhaltenswissenschaftliche Zweig in der Organisationstheorie. In der verhaltenswissenschaftlichen Entscheidungstheorie wird angenommen, dass „Ergebnisse der Entscheidungen von den Charakteristika der Entscheidungsprozesse [...] beeinflusst werden und mit ihnen variieren".[108]

Die verhaltenswissenschaftliche Organisationstheorie baut wesentlich auf den Erkenntnisse von *Simon* auf. Basis ist ein psychologischer Ansatz, der in den Mittelpunkt der Analyse die tatsächlichen Eigenschaften der Handlungen von Akteuren stellt. Außerdem wird die Organisation selbst, in der die Entscheidungsprozesse stattfinden, zur Variable innerhalb der Analyse charakterisiert.[109] Eine Schlüsselfrage lautet dabei, wie begrenzt rational agierende Akteure rationale Entscheidungen für die Organisation treffen können.[110]

---

[106]Vgl. *Mintzberg* (1983), 19 f.

[107]Vgl. *Wilz* (2010), 10.

[108]Vgl. *Berger* et al. (2014), 187 ff. *Simon* nennt dies die „sensitivity of outcomes to process", vgl. *Simon* (1979), 509.

[109]Vgl. *Berger* et al. (2014), 188 ff.

[110]Vgl. *Berger* et al. (2014), 187 f.

2.3.1 Arbeitsteilung

Arbeitsteilung bedeutet, dass das komplexe Problem der Sicherung des Organisationsfortbestands in Teilprobleme zerlegt wird.[111] Die verhaltenswissenschaftliche Entscheidungstheorie geht davon aus, dass einzelne Abteilungen einer Organisation – die arbeitsteilig agieren – lose gekoppelt sind und auch Ziele verfolgen können, die im Widerspruch zueinander stehen.[112]

Die Arbeitsteilung führt aus Sicht der Akteure zu einer Vereinfachung, da bei Entscheidungen nicht alle für die Leistungserstellung relevanten Dimensionen berücksichtigt werden müssen. Für die Gesamtorganisation wird dadurch das Problem von Komplexität und Unsicherheit jedoch nicht gelöst.[113] Einen weiteren dysfunktionalen Effekt der Arbeitsteilung und damit verbundenen Tendenz zu stärkeren Routinen stellt die Beeinträchtigung der Akteure hinsichtlich ihrer Teilnahme- und Leistungsmotivation dar.[114]

Eine Arbeitsteilung kann auch zu einer Verlagerung von Entscheidungskompetenzen führen: Bei heterogenen Präferenzstrukturen führen zentralisierte Entscheidungen dazu, dass die Präferenzen einzelner Akteure übergangen werden.[115] In einem optimalen Zustand werden diejenigen Entscheidungen zentral getroffen, bei denen die Präferenzen von Akteuren weitgehend übereinstimmen und somit das Konfliktpotenzial geringer ist. Für die weiteren Entscheidungen bietet es sich an zu prüfen, ob diese nicht auf einer nachgelagerten Stufe dezentral getroffen werden können (siehe Abschnitt 2.4.1).

2.3.2 Anreize und Beiträge

Ein wesentliches Konzept, um die Bestandsprobleme der Organisation näher zu analysieren, stellt das „Gleichgewicht von Anreizen und Beiträgen" dar.[116] Es wird grundsätzlich davon ausgegangen, dass die Bereitschaft der Akteure, sich in

[111] Vgl. *Berger* et al. (2014), 204 ff.

[112] *Ebd.*

[113] *Ebd.*

[114] *Ebd.*

[115] Vgl. *Eim* et al. (2006), 55.

[116] Die zweite Seite des Bestandsproblems betrifft die Analyse der Entscheidungen in der Organisation, vgl. *Berger* et al. (2014), 187 f.

einer Organisation zu engagieren, begrenzt ist.[117] Die Bereitschaft von Akteuren, sich überhaupt der Organisation anzuschließen, ist vom gegenüberstehenden Anreiz abhängig, den die Organisation bieten kann (z. B. vertraglicher Arbeitslohn, Arbeitsinhalte usw.). Ein Akteur wird so lange Beiträge für die Organisation leisten, solange die gebotenen Anreize mindestens gleichgroß sind.[118] Die Überlebensfähigkeit einer Organisation ist davon abhängig, ob die Balance zwischen Beiträgen und Anreizen aufrechterhalten werden kann, wobei hierbei kein stabiler Zustand zu erwarten ist, sondern laufendes Austarieren erforderlich bleibt.[119] Die Motivationsquellen, damit Akteure Beiträge leisten, sind dabei nicht nur monetärer Natur, sondern betreffen beispielsweise auch soziale Komponenten (z. B. Stellung/Anerkennung in der Gruppe bzw. die Möglichkeit zur Ausübung von Macht).[120]

Sofern sich Anreize und Beiträge im Gleichgewicht befinden, ist der Bestandserhalt – zumindest in Bezug auf dieses Problem – als unkritisch anzusehen (siehe Abbildung 2.3). Besonders kritisch für den Bestandserhalt der Organisation ist es, wenn Akteure zu geringe Beiträge leisten. Und selbst wenn sich die Beiträge der Akteure auf dem erforderlichen Gleichgewichtsniveau befinden, sind Abweichungen der Anreizsetzung durch die Organisation problematisch. Liegen die Anreize der Organisation zu hoch, könnte dies dazu führen, dass Akteure ihre Beiträge im Zeitverlauf reduzieren. Gleiches gilt beim Setzen zu geringer Anreize durch die Organisation.

Werden zu hohe Beiträge durch Akteure geleistet, ist dies zwar für die Organisation zunächst erfreulich, kann aber im Zeitverlauf ebenfalls zum Bestandsproblem werden. Zu hohe Beiträge bei gleichzeitig überhöhten Anreizen führen zur Gefahr einer Überhitzung in der Organisationsstruktur bzw. im Bereich der Wertschöpfungsprozesse (z. B. wenn die Entwicklung der Organisationsstruktur nicht mit dem Wachstum korrespondiert oder weitere Faktoren der Leistungserstellung nicht in gleichem Umfang zur Verfügung stehen). Gleichwohl besteht in diesem Fall die Möglichkeit, das Gleichgewicht

[117] *Ebd.*

[118] Vgl. *Berger* et al. (2014), 191 ff. Die Annahmen zu Anreizstrukturen haben insbesondere methodischen Wert, da sie die grundlegende Annahme der Nutzenmaximierung präzisieren und verdeutlichen, dass die Einbindung von Akteuren in organisatorisches Handeln auch für die Akteure attraktiv sein muss, vgl. *Wolff* (2000), 33.

[119] Vgl. *Berger* et al. (2014), 191 ff.

[120] Vgl. *Berger* et al. (2014), 193 f.

auf ein höheres Level zu heben und davon als Organisation zu profitieren (z. B. Verbesserung der Wettbewerbssituation). Zu hohe Beiträge von Akteuren bei gleichzeitig gleichgewichtigen bzw. zu niedrigen Anreizen der Organisation können dagegen dazu führen, dass Beitragsreduzierungen durch die Akteure vorgenommen werden.

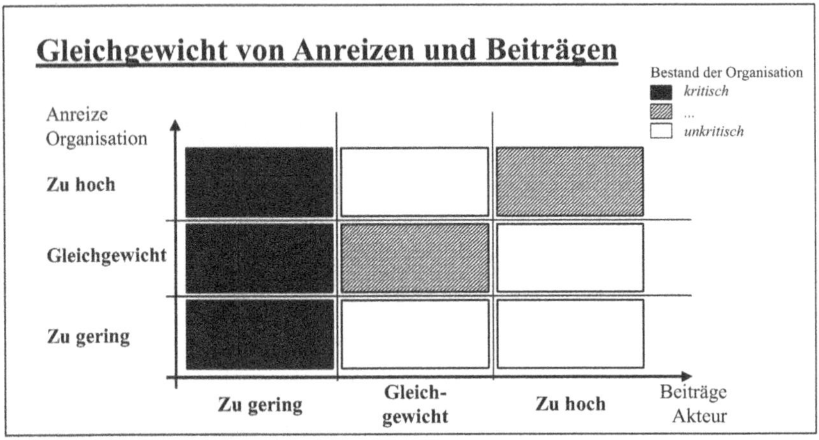

Abbildung 2.3 Gleichgewicht von Anreizen und Beiträgen und Wirkung auf den Bestandserhalt der Organisation

2.3.3 Risiko und Unsicherheit

Entscheidungen in Organisationen sind mit konkreten Risiken versehen oder können unsicher sein. Ein Risiko (z. B. Kreditausfallrisiko) ist typischerweise quantifizierbar und konkret beschreibbar. Dies trifft jedoch auf Unsicherheit nicht zu, was bei Entscheidungsprozessen zu berücksichtigen ist.[121] Die Erläuterung des grundsätzlichen Zusammenhangs zwischen Risiko und Unsicherheit – eine wesentliche Voraussetzung für das Verständnis der verhaltenswissenschaftlichen Entscheidungstheorie – geht auf *Knight* zurück.[122]

[121] Vgl. *Aikman* et al. (2014), 3 f.

[122] Vgl. *Knight* (1964)

In Abhängigkeit von der vorliegenden Situation (Risiko oder Unsicherheit) sind Entscheidungsmodelle unterschiedlich gut für die Problemlösung geeignet. Bei bekannten Risiken bieten sich eher komplexere Modelle (z. B. Optimierungsmodelle) an. In Entscheidungssituationen, in denen genaue Informationen über Risiken vorliegen, geben Heuristiken – also einfachere Modelle – keine genaueren Empfehlungen als komplexere Modelle ab.[123] Sofern die Risiken allerdings nicht genau bekannt und quantifizierbar sind – d. h. Unsicherheit vorliegt –, können Heuristiken als einfache Entscheidungsregeln teilweise jedoch sogar zu besseren Entscheidungen führen.[124]

2.3.4 Anspruchsniveau

Mit seiner Theorie begrenzter Rationalität bereichert *Simon* unter Berücksichtigung von verhaltenswissenschaftlichen Erkenntnissen die Organisationstheorie. Grundlage bildet eine Adjustierung der neoklassischen Theorie des Erwartungsnutzens durch Hinzuziehen weiterer Einflussfaktoren, die in tatsächlichen Entscheidungssituationen Relevanz besitzen, etwa der Informationskosten. Das von *Simon* entwickelte *Satisficing*-Modell soll dazu dienen, die tatsächliche Entscheidungsfindung besser zu beschreiben.[125] Diese folgt demnach regelmäßig keiner Optimierung, bei der alle möglichen Alternativen zunächst gesucht und bewertet werden, sondern die Suche nach Alternativen erfolgt bis zum Erreichen eines Anspruchsniveaus (*Aspiration-Level*).[126] Erfüllt eine Alternative dieses Niveau, wird die Suche abgebrochen und die identifizierte Alternative gewählt.

Bei der Entscheidungsfindung muss die Begrenztheit von Zeit, Wissen und weiterer Ressourcen der Akteure berücksichtigt werden, weshalb zusätzliche Informationen unter Berücksichtigung dieser Komponenten sogar potenziell zu schlechteren Entscheidungen führen kann.[127] Verschiedene Mechanismen in der Organisation können dabei helfen, Entscheidungen zu vereinfachen, da sie zu einer Reduktion an Komplexität führen, z. B. Arbeitsteilung, Herrschaft und

---

[123]Vgl. *Aikman* et al. (2014), 10.

[124]*Ebd.*

[125]Vgl. *Simon* (1979), 505 ff.

[126]Vgl. *Simon* (1979), 503.

[127]Dies stellt eine Weiterentwicklung zur Theorie *Simons* dar, in der ein Mehr an Informationen stets als besser erarchtet wurde, vgl. *Aikman* et al. (2014), 8.

Hierarchie, standardisierte Verfahren und Programme, Kommunikation sowie Indoktrination.[128]

Simon hat gezeigt, dass die Komplexität natürlicher Systeme und der dort stattfindenden Entscheidungen typischerweise überschätzt wird, weil beispielsweise versucht wird, alle denkbaren Interaktionen der Akteure aufzuzeigen.[129] Demnach erscheint es vorteilhafter, Muster in vorhandenen Strukturen oder vorangegangenen Entscheidungen zu erkennen und auf dieser Basis mit Hilfe von Heuristiken Lösungsstrategien für die vorliegende Entscheidungssituation zu entwickeln.[130]

2.3.5 Heuristiken

Heuristiken können genutzt werden, um die Entscheidungsfindung zu vereinfachen. Eine Heuristik ist eine einfache Regel, die nur einen Teil der potenziell verfügbaren Informationen nutzt, um auf dieser Basis Entscheidungen treffen zu können. In vielen Fällen – insbesondere in mit Unsicherheit behafteten Entscheidungssituationen – ist eine solche Strategie stabiler und passgenauer als komplexere Modelle.[131] Eine wesentliche Besonderheit des Ansatzes ist, dass bewusst auf Informationen verzichtet wird, um zu besseren Entscheidungen zu kommen.[132] Ziel des Einsatzes von Heuristiken ist es, Entscheidungen schneller, einfacher und/oder passgenauer im Vergleich zu alternativen Entscheidungsstrategien treffen zu können, um daraus Vorteile zu generieren.[133]

Die Nutzung von Heuristiken ist eingebettet in das Konzept der Umgebungsrationalität (*Ecological Rationality*)[134], wonach eine Heuristik in dem Maße rational ist, in dem sie an die Struktur der Umgebung (z. B. der Organisation)

[128]Vgl. *Simon* (1976a), 102 f. Zusätzlich seien die kulturellen Faktoren in der Organisation genannt, vgl. Abschnitt 2.2.3.

[129]Dies ist der Fall, weil die meisten theoretisch vorhandenen Optionen entweder praktisch nicht realisierbar sind oder offensichtlich unterlegen sind, vgl. *Simon* (1976b), 519 f.

[130]Vgl. *Simon* (1976b), 520 ff.

[131]Vgl. *Aikman* et al. (2014), 8.

[132]In klassischen Modellen wird davon ausgegangen, dass ein geringerer Aufwand (insbesondere Verzicht auf Informationen) mit geringerer Passgenauigkeit einhergeht, vgl. *Gigerenzer/Gaissmaier* (2011), 455.

[133]Vgl. *Gigerenzer/Gaissmaier* (2011), 454.

[134]*Gigerenzer/Todd* (2001), 18 ff.

angepasst ist.[135] Darüber hinaus wird in der Theorie die Frage beleuchtet, in welcher Umgebung welche Strategie (Heuristik bzw. alternative Strategie) erfolgreicher ist.[136]

Folgende methodologische Prinzipien lassen sich hinsichtlich der Entwicklung von Modellen für die Entscheidungsfindung unterscheiden:[137]

- Da jedes Modell eine Abstraktion der Wirklichkeit darstellt, geht es nicht darum, *das* richtige Modell zu finden, sondern das für die Situation passgenauere Modell zu wählen,
- die Berücksichtigung von Unterschieden bei Entscheidungen von einzelnen Akteuren und Entscheidungen von Gruppen von Akteuren,
- die Berücksichtigung des situativen Einsatzes von Heuristiken[138] und
- die Berücksichtigung der Vorhersagefähigkeit einer Strategie, statt reine Überprüfung der Passgenauigkeit mit bereits vorliegenden Daten (*ex post*).

Für die Entscheidungsfindung sollten unter Berücksichtigung des Konzepts der Umgebungsrationalität unterschiedliche Typen von Heuristiken eingesetzt werden. Dies können beispielsweise je nach Entscheidungssituation sein:[139]

- die Wiedererkennungsheuristik: Wenn eine von zwei Alternativen wiedererkannt wird und die andere nicht, dann kann daraus geschlussfolgert werden, dass die wiedererkannte Alternative einen höheren Nutzen bezogen auf ein bestimmtes Kriterium besitzt oder
- die Entscheidungsflussheuristik: Wenn beide Alternativen wiedererkannt werden, aber eine Alternative schneller wiedererkannt wird, dann kann dies ein Indiz dafür sein, dass die schneller wiedererkannte Alternative mit einer hohen Passgenauigkeit einhergeht.

Die sog. *adaptive Toolbox* umfasst neben der Sammlung von Heuristiken auch die Instrumente für die Entwicklung neuer Heuristiken sowie die notwendige mentale

---

[135] Vgl. *Gigerenzer/Gaissmaier* (2011), 457.

[136] Vgl. *Gigerenzer/Gaissmaier* (2011), 473.

[137] Vgl. *Gigerenzer/Gaissmaier* (2011), 459 f.

[138] Die Nutzung von *einer* Heuristik in allen Situationen erfüllt nicht die Anforderungen an die Umgebungsrationalität, denn *eine* Heuristik ist nicht in allen Entscheidungssituationen passgenau.

[139] Vgl. *Gigerenzer/Gaissmaier* (2011), 460 ff.

Rechenleistung, die für die Entwicklung neuer Heuristiken erforderlich ist.[140] Der Einsatz von Heuristiken in Entscheidungssituationen kann zu prozessualen Vorteilen für die Organisation führen: Einfache Entscheidungsmodelle sind zumeist mit geringerem Aufwand zu verstehen und einfacher zu vermitteln.[141] Potenziell geht damit also auch eine Reduktion anfallender Transaktionskosten einher – von Informations- bis hin zu Überwachungskosten.

Die eingesetzten Entscheidungsregeln sind jedoch ebenfalls stark von der Entscheidungsstruktur abhängig: Z. B. führen Entscheidungen zu vollkommen abweichenden Ergebnissen je nachdem, ob diese als *opt-in,* d. h. als explizite Zustimmung, oder als *opt-out*, d. h. als explizite Ablehnung ausgestaltet sind.[142] Dieses Grundmuster lässt sich sowohl für Entscheidungen auf Ebene der Akteure als auch auf kollektive Entscheidungen der Organisation anwenden.

2.4 Leistungserstellung in der Organisation

Die Leistungserstellungsprozesse laufen typischerweise innerhalb der gesamten Organisation verteilt ab. Die damit verbundene Verteilung von Entscheidungskompetenz innerhalb der Organisation bestimmt ihren Zentralisierungsgrad.[143]

[140]Die mentale Rechenleistung (*core capacities*) umfasst den Datenspeicher, eine schnelle Beobachtungsfähigkeit (*frequency monitoring*), die Objektverfolgung (*object tracking*) sowie die Imitationsfähigkeit (*ability to imitate*), vgl. *Gigerenzer/Gaissmaier* (2011), 456. Zur adaptiven Toolbox, vgl. *Gigerenzer/Todd* (2001), 3 ff. Der Einsatz von Heuristiken ist dabei auch abhängig von den zugrundeliegenden sozialen Prozessen, z. B. Imitation oder Lernen, vgl. *Snook* et al. (2004), 111.

[141]Vgl. *Aikman* et al. (2014), 43.

[142]Nur 12 % der Deutschen sind potenzielle Organspender, weil in Deutschland derzeit die explizite Zustimmung erforderlich ist, bevor eine Organspende möglich ist (*opt-in*), während die Quote in Frankreich bei 99,9 % liegt. Französische Staatsbürger müssen explizit widersprechen, wenn sie nicht als Organspender aufgeführt werden wollen (*opt-out*), vgl. *Gigerenzer/Gaissmaier* (2011), 472. Es ist allerdings sehr unwahrscheinlich, dass es derart unterschiedliche Präferenzen zwischen den Bürgern in Deutschland und Frankreich gibt. Vielmehr führt die Art der Entscheidungsprozesse gepaart mit weiteren Faktoren (z. B. Trägheit) zu derart abweichenden Ergebnissen

[143]Ist die Entscheidungskompetenz z. B. stark auf vorangestellte Stufen fokussiert, liegt ein hoher Zentralisierungsgrad vor.

Außerdem erfolgt ein Teil der Leistungserbringung regelmäßig außerhalb der Organisation, z. B. in Form von Netzwerken (siehe Abbildung 2.4).

Ein Netzwerk ist zunächst „eine interorganisationale Verbindung von rechtlich selbstständigen Unternehmen zu einer längerfristig angelegten Wertschöpfungspartnerschaft."[144] Die Netzwerktheorie bietet die Möglichkeit, das Zusammenwirken verschiedener Organisationen zu analysieren und den idealen Integrationsgrad der Organisation hinsichtlich der Leistungsstellung zu bestimmen. Die Einbettung von Akteuren in ein Netzwerk sozialer Beziehungen steht im Mittepunkt der Betrachtung: Das Netzwerk umrahmt/beschränkt die Einzelhandlung der beteiligten Organisationen sowie Akteure und leistet schließlich einen wichtigen Beitrag zur Erklärung des Verhaltens von Partnern.[145] Art, Struktur und Position der Partner in einem Beziehungsnetzwerk haben nicht nur einen erheblichen Einfluss auf deren Verhalten, sondern beeinflussen dadurch auch die Ergebnisse.[146] *Eim* sieht einen gewissen Mangel der Netzwerktheorie bzw. von einzelnen Elementen der Netzwerktheorie aufgrund einer fehlenden theoretischen Gesamtstruktur.[147]

Netzwerke lassen sich hinsichtlich der erforderlichen Kontrollintensität und vorhandenem Vertrauen analysieren.[148] Außerdem gibt es folgende weitere Dimensionen für die Charakterisierung:[149]

- die Bindungsdauer der beteiligten Organisationen und Akteure,
- der Grad der wirtschaftlichen Abhängigkeit,
- der Grad der Virtualität,
- die Handlungsspielräume der Organisationen und Akteure innerhalb des Netzwerks,
- der Auftritt als Wettbewerbseinheit auf dem Markt sowie
- die Zugangsmöglichkeiten für Organisationen und Akteure zum Netzwerk.

[144] *Chrobok* (1998), 242.

[145] Vgl. *Ebers/Maurer* (2014), 617 ff.

[146] Vgl. *Ebers/Maurer* (2014), 617 f.

[147] Vgl. *Eim* et al. (2006), 54.

[148] Grundsätzlich gilt, dass die Kontrollintensität und die damit verbundenen Kontrollkosten bei einem hohen Maß an Vertrauen geringer sind, vgl. *Chrobok* (1998), 243 f.

[149] *Ebd.* Der Grad an Virtualität hat Auswirkungen auf andere Aspekte, z. B. Informationstransfers, Kontrollmöglichkeiten oder Überprüfbarkeit von Aktivitäten.

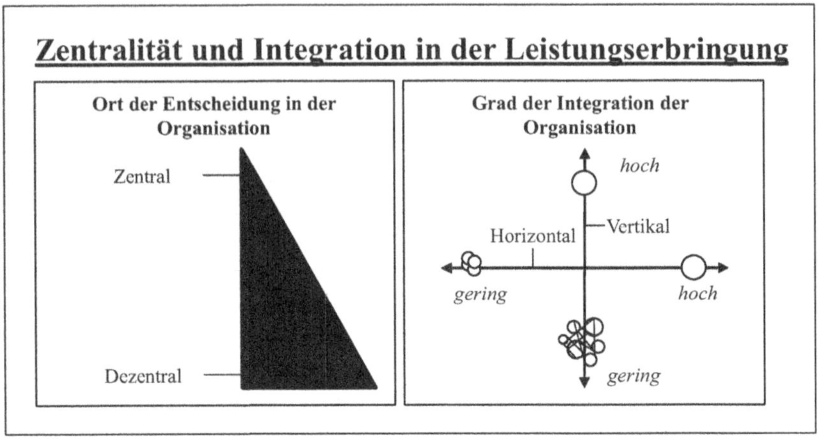

Abbildung 2.4 Ort der Entscheidung und Grad der Integration in der Organisation

2.4.1 Zentralität

Unabhängig vom Blick auf die genaue Methode der Koordination (siehe Abschnitt 2.2.3) stellt sich die Frage, an welcher Stelle (dezentral vs. zentral) welche Entscheidungskompetenzen in der Organisation angesiedelt werden sollten. Tendenziell sollten operativ geprägte Entscheidungen eher auf dezentraler Ebene (z. B. einzelne Vertriebseinheiten) getroffen werden, da das diesbezüglich notwendige Wissen dort stärker vorhanden ist.[150] Es gibt auch Leistungen, die auf zentraler Ebene für nachgelagerte, dezentrale Bereiche erstellt werden (sog. netzwerkorientierte Güter) (siehe Abbildung 2.5).[151]

Bei der Bewertung, an welcher Stelle in der Organisation Entscheidungen getroffen werden sollen, sind Skaleneffekte zu berücksichtigen. Skaleneffekte sind ein wesentliches Argument für die Zentralisierung der Leistungserstellung bei dezentraler Nutzung.[152] Skaleneffekte existieren bei einer Reihe

[150]Zur Dezentralität als wissensgenerierenden Prozess im Zusammenhang mit der föderalen Ordnung in Deutschland, vgl. *Feld* et al. (2003), 364 f.

[151]Vgl. *Eim* et al. (2006), 54.

[152]*Ebd.*

von Produkten (z. B. IT-Leistungen). Wird beispielsweise eine Software entwickelt, die schließlich nur für eine Organisation genutzt werden kann, muss diese Organisation die gesamten Kosten der Erstellung tragen. Wird die Software dagegen mehrfach genutzt, können die Produktionskosten aufgeteilt werden. Da die Produktionskosten im Bereich von Software typischerweise einen sehr hohen Anteil an den Gesamtkosten – bei sehr geringen Nutzungs- und Verbreitungskosten – ausmachen, sind Skaleneffekte dort stark bemerkbar.

Kommt es zu einer Änderung in der Zuordnung von Entscheidungskompetenzen, können diesbezügliche Transaktionskosten bzw. Veränderungskosten entstehen (z. B. auch bei der Zentralisierung von zuvor dezentral erbrachten Aufgaben), die zu berücksichtigen sind.[153]

Unter Berücksichtigung von auftretenden externen Effekten liegt der optimale Zentralisierungsgrad dort, wo Kosten- und Nutzenspillover vollständig internalisiert werden.[154] Ein Kostenspillover tritt auf, wenn bei Entscheidungen die anfallenden Kosten nicht vollständig berücksichtigt werden (d. h., eine andere Organisation oder ein anderer Akteur zahlen dafür). Ein Nutzenspillover bedeutet dagegen, dass eine Organisation oder ein Akteur einen Beitrag unterhalb seiner Grenzkosten leistet (d. h., jemand profitiert ohne adäquaten Beitrag).

Am Beispiel der Sparkassen-Finanzgruppe zeigt sich die Kombination von zentralen und dezentralen Elementen in der Leistungserstellung: *Schackmann-Fallis* und *Weiß* kommen zur Einschätzung, dass in der Sparkassen-Finanzgruppe sowohl Vorteile von Dezentralität (insbesondere Marktkenntnis und Entscheidungskompetenz vor Ort) als auch Vorteile der „betriebswirtschaftlichen Erfordernis", Skaleneffekte zu realisieren (z. B. im Bereich der IT), zum Tragen kommen (siehe Abschnitt 3).[155]

---

[153]Die entstehenden Transaktionskosten beim Angebot öffentlicher Güter sollten den vorhandenen Vorteilen dezentraler Aufgabenerfüllung (etwa bessere Abstimmung des Angebots öffentlicher Güter auf die regionalen Präferenzen) gegenübergestellt werden. Zur diesbezüglichen Bewertung der föderalen staatlichen Ordnung in Deutschland, vgl. *Bach/Borck* (2003), 348.

[154]Vgl. *Eim* et al. (2006), 54.

[155]Vgl. *Schackmann-Fallis/Weiß* (2017), 356.

Indizien für Definition von Entscheidungsstufen bei netzwerkorientierten Gütern

Zentrale Entscheidung	Unklar (zentral/dezentral)	Dezentrale Entscheidung
▪ Generierung von Skaleneffekten ▪ Existierende Kosten- und Nutzenspillover ▪ Hohe Transaktions- und Durchsetzungskosten ▪ Bedarfsgerechte Ressourcenbereitstellung	▪ Heterogenität der Präferenzen ▪ Verfügbarkeit von Wissen	▪ Bedarf für Erhöhung der Reichweite ▪ Sicherstellung institutioneller Wettbewerb

Abbildung 2.5 Indizien für Definition Stufe der Entscheidung bei netzwerkorientierten Gütern (Eigene Darstellung in Anlehnung an *Eim* et al. (2006), 56)

2.4.2 Integration

Bei der Leistungserstellung kann zwischen vertikaler und horizontaler Integration unterschieden werden. Die Anzahl der innerhalb der Organisation zu erbringenden Leistungsstufen bestimmt dabei den Grad der vertikalen Integration.[156] Im Gegensatz zum Netzwerk erfolgt die Leistungserstellung in vertikal vollintegrierten Organisationen ohne die Einbeziehung von Netzwerkpartnern.[157] Die horizontale Integration bezeichnet den Zusammenschluss

[156] In der Praxis ist nicht immer klar abgrenzbar, wann die Leistungserstellung einer Stufe im Wertschöpfungsprozess als intern oder extern erbracht bzw. koordiniert gilt. Die Frage des optimalen Grads der vertikalen Integration bzw. der Eigen- und Fremderbringung ist Gegenstand der betriebswirtschaftlichen Forschung, vgl. *Picot/Franck* (1993), 181 f.

[157] Dies kann auch Bereiche umfassen, die nicht das Kerngeschäft der Organisation betreffen. Z. B. kann die benötigte Software einer Bank selbstständig durch die Organisation erstellt und entwickelt oder beispielsweise im Rahmen einer Kooperation durch einen Netzwerkpartner bereitgestellt werden.

unterschiedlicher Organisationen identischer Wertschöpfungsstufen (z. B. Fusion von Banken oder Auslagerung sich überschneidender Teilbereiche).[158]

Netzwerke zeichnen sich durch ein unterschiedlich hohes Maß an Komplexität aus, die etwa von der Anzahl der beteiligten Organisationen abhängig ist. Erhöhter Koordinationsaufwand im Rahmen der Leistungserstellung kann – z. B. bei einer Vielzahl beteiligter Partner – zu geringerer Reaktionsgeschwindigkeit in Netzwerken führen.[159] Bei der Zusammenarbeit im Netzwerk und dem damit verbundenen Bedarf, die Netzwerkpartner zu steuern ist, zu berücksichtigen, dass typischerweise Informationsasymmetrien zwischen den Netzwerkpartnern existieren, was zu entsprechenden Informations- und Kontrollkosten führen kann (siehe Abschnitt 2.5.2).[160] Die Leistungserstellung im Netzwerk kann jedoch auch dazu führen, die Probleme innerhalb der Organisation (z. B. interne Informations- und Kontrollkosten) einzudämmen.[161]

Die föderale Struktur stellt dabei eine aus dem staatstheoretischen Ordnungsmodell abgeleitete spezifische Form von Netzwerken dar. Einzelne föderale Einheiten (z. B. Kommunen) treffen Vereinbarungen oder schließen sich zusammen, um definierte Aufgaben auf einer übergeordneten Ebene (z. B. Länder) erledigen zu können. Eine föderale Ordnung verfolgt typischerweise das Prinzip der Subsidiarität, nachdem eine Aufgabe grundsätzlich auf der niedrigsten Stufe zu erledigen ist, auf der diese sinnvoll erledigt werden kann (siehe Abschnitt 3.3.2). In einer föderalen Netzwerkstruktur existieren verschiedene Ebenen, die regelmäßig – wie die föderale Staatsordnung auch – nicht hierarchisch im Sinne von Über- und Unterordnungsbeziehungen aufgebaut sind. Vielmehr unterscheiden sich einzelne Ebenen hinsichtlich ihrer konkreten Entscheidungskompetenz, die sie jedoch jeweils eigenverantwortlich ausüben können. Zu berücksichtigen ist außerdem, dass die Ausgestaltung der Organisationsstruktur für die Leistungserstellung einen Einfluss auf die organisationsinterne Wettbewerbsorientierung in Netzwerken hat: Dezentralität innerhalb föderaler Organisationsstrukturen ist eine Voraussetzung für einen funktionierenden institutionellen Wettbewerb.[162]

---

[158] Vgl. *Adams* et al. (2009), 218.

[159] Vgl. *Eim* et al. (2006), 60.

[160] Vgl. *Eim* et al. (2006), 55. Zum Thema Informationsasymmetrien siehe Abschnitt 2.1.3.

[161] Vgl. *Miklaszewska* (2017), 40 sowie *Ferri* (2017), 1 ff.

[162] Vgl. *Eim* et al. (2006), 55.

2.5 Entwicklungsfähigkeit der Organisation

Das grundlegende Verständnis von Dynamik und Innovationen in der Organisation ist geprägt vom Werk *Schumpeters*: Nach seinem Verständnis stellt die Durchsetzung neuer Kombinationen von Faktoren der Leistungserstellung die organisatorische Innovation dar.[163] Innovationen finden dabei in unterschiedlichen Formen statt,

- als neue Leistungen,
- als neue Formen der Leistungserstellung,
- in der Erschließung neuer Märkte,
- in neuen Organisationsformen oder
- durch die Etablierung gänzlich neuer Geschäftsmodelle.[164]

Im weiteren Diskurs zur Erklärung der Entwicklungsfähigkeit der Organisation hat sich der *Population Ecology*-Ansatz etabliert, der Anleihe an der Evolutionstheorie der Biologie nimmt.[165] Demnach bildet ein „Genpool" die Summe aller möglichen Eigenschaften einer Organisation (sog. Möglichkeitsraum).[166] Jede Organisation ist mit einem Teil dieser möglichen Eigenschaften ausgestattet.[167] Durch „Mutationen" (z. B. Marktveränderungen) kommt es zu plötzlichen Veränderungen im „Genpool".[168] Bei „Selbstreplikation" oder „Reproduktion" erfolgt die Bestückung neuer Organisationen aus dem sich wandelnden Möglichkeitsraum, d. h., die Kombination der Eigenschaften unterscheidet sich von denen der bisherigen Organisation.[169] Die Zusammensetzung des „Genpools" ändert sich zusätzlich auch durch „Selektion", denn eine Organisation mit *schlechten* Genen kann auch wieder vom Markt verschwinden. Die Überlebenswahrscheinlichkeit unterscheidet sich von Organisation zu Organisation. Organisationen mit *guten* Eigenschaften haben eine höhere Überlebenswahrscheinlichkeit.[170]

[163] Vgl. *Schumpeter* (1912), 174.

[164] Vgl. *Schumpeter* (1912), 159 ff.

[165] Vgl. *Woywode/Beck* (2014), 408 f.

[166] *Woywode/Beck* (2014), 409 ff.

[167] *Ebd.*

[168] *Ebd.*

[169] *Ebd.*

[170] Vgl. *Woywode/Beck* (2014), 409 ff.

Gute Eigenschaften weisen außerdem eine höhere Wahrscheinlichkeit der *Reproduktion* auf, d. h., sind mit höherer Wahrscheinlichkeit auch Teil der Eigenschaften sich neu bildender Organisationen.

Es genügt jedoch nicht, den Zyklus der Organisationsentwicklung auf das Entstehen und das Verschwinden der Organisation zu reduzieren. Von Bedeutung ist insbesondere auch die Zwischenzeit, d. h. die stattfindenden Entwicklungen während der Bestandszeit der Organisation. Aufgrund der typischerweise vorhandenen Komplexität einer Organisation ist es für die Betrachtung dieser Entwicklungsfähigkeit hilfreich, den *Organismus* näher zu fokussieren: In der evolutionstheoretischen Sicht bilden kleinere Einheiten innerhalb der Organisation – sog. „*Competences*" (*Comps*) – die Basis.[171] Die Summe dieser *Comps*, z. B. Abläufe und Verfahrensrichtlinien, bildet den – veränderlichen – Genotyp der Organisation.[172] Als Element evolutionärer Organisationstheorie kann demnach regelgebundenes Verhalten im Rahmen von Routinen (*Comps*) angesehen werden.[173] Diese Routinen sind von den „evolutionären Pfaden" der Vergangenheit abhängig und unterliegen Veränderungen (Mutation und Selektion).[174] Eine Organisation zeichnet sich durch eine gewisse Trägheit in ihrer Entwicklung aus, die sich aus dem Konzept der *Comps* ergibt: *Comps* sind in der Regel kompliziert sowie schwer und zeitaufwendig zu erlernen, was schnelle und umfassende Veränderungen nicht befördert.[175]

Organisationen ähnlicher Branchen (sog. *Population*) zeichnen sich dabei durch eine ähnliche Grundstruktur ihrer *Comps* aus, die relativ stabil ist. Durch die relative Stabilität (z. B. aufgrund vorhandener spezifischer Kompetenzen bzw. Trägheit) wird sichergestellt, dass sich Organisationen nur unter Beibehaltung dieser Grundstruktur wandeln („aus Banken werden keine Schlachthöfe oder aus Apotheken keine Automobilunternehmen").[176] Die Trägheit wird auch durch *sunk costs* befördert, die mit zunehmendem Organisationsbestand auftreten.[177]

---

171 Vgl. *Woywode/Beck* (2014), 415 ff.

172 *Ebd.*

173 Vgl. *Nelson/Winter* (1982), 15.

174 *Rahmeyer* (2004), 221 ff. Zum Begriff der evolutionären Pfade, vgl. *Teece* et al. (1994), 28.

175 Vgl. *Woywode/Beck* (2014), 415 ff.

176 Vgl. *Woywode/Beck* (2014), 414 f.

177 *Woywode/Beck* (2014), 414 f.

Auftretende Veränderungen in der Grundstruktur können dagegen das Gleichgewicht innerhalb bestehender Organisationen gefährden.[178]

Die Selektion einer Organisation erfolgt durch Veränderungen der Organisationsumgebung, also z. B. marktbezogene Bedingungen, Konjunkturschwankungen, rechtliche Regelungen.[179] Einen Einfluss auf die Selektion haben auch nicht ökonomische Parameter, wie beispielsweise die gesellschaftliche Akzeptanz.[180]

Ob sich Entwicklungslinien von Organisationen ähnlich wie Stammbäume zeichnen lassen, ist umstritten.[181] Aus Sicht von *Hannan* und *Freeman* liegt hier ein Unterschied zwischen evolutionsbiologischen und sozialen Systemen vor, denn genetische Eigenschaften werden anders als in der Generationenfolge von Lebewesen bei Organisationen nicht einfach weitergegeben.[182] Varianten entstehen durch die Neugründung von Organisationen z. B. im Rahmen der Nachahmung von bestehenden Organisationen – dann würde eine faktische Abstimmungslinie bestehen – oder aber durch die Entstehung gänzlich neuer Organisationen, etwa durch technologischen Wandel.[183]

Trotz des erheblichen Erklärungsgehalts des *Population Ecology*-Ansatzes ist zu berücksichtigen, dass Veränderungen und Innovationen in der Organisation nicht nur – wie evolutorische Abläufe suggerieren – zufällig entstehen, sondern regelmäßig Ergebnis von zielgerichteten Planungs- und Entscheidungsprozessen sind.[184] Ablaufende Veränderungsprozesse innerhalb der Organisation können *top-down* (von zentraler zur dezentralen Ebene) oder *bottom-up* (von dezentraler

[178]Eine vorhandene Organisationskultur und vorhandene Werte legitimieren außerdem nur die vorhandene Grundstruktur, vgl. *Woywode/Beck* (2014), 415 ff. Daher kann eine Änderung der Grundstruktur auch Legitimationsprobleme nach sich ziehen (siehe Abschnitt 2.2.3).

[179]Vgl. *Woywode/Beck* (2014), 418 f.

[180]Vgl. *Woywode/Beck* (2014), 417 f. Nicht ökonomische Parameter können jedoch mittelbar auch die Marktbedingungen verändern: Eine nachlassende gesellschaftliche Akzeptanz für bestimmte Verhaltensweisen (z. B. Rauchen im öffentlichen Raum) kann in der Folge auch zum Rückgang der Nachfrage und damit zu Ertragsverlusten führen.

[181]Vgl. *Woywode/Beck* (2014), 421 f.

[182]Vgl. *Hannan/Freeman* (1989), 49 ff.

[183]Vgl. *Woywode/Beck* (2014), 417–418.

[184]Außerdem verlaufen ökonomische Veränderungsprozesse erheblich schneller als evolutionsbiologische, vgl. *Rahmeyer* (2004), 213. Dies schließt jedoch nicht aus, dass nicht planbare zufällige Faktoren ebenfalls eine Rolle spielen.

zur zentralen Ebene) erfolgen.[185] Nach *Rahmeyer* ist der evolutorische Wandel der Organisation dementsprechend das „gemeinsame Ergebnis von beabsichtigter Unternehmensstrategie und Selektion von Vielfalt durch die Umwelt".[186]

2.5.1 Trägheit und Veränderungsdruck

Im Konzept des organisatorischen Wandels spielt die strukturelle Trägheit der Organisation eine erhebliche Rolle, deren Bedeutung auf die evolutorische Entwicklung der Organisation durch *Hannan* und *Freeman* untersucht wurde.[187]

Dabei wurde die organisationstheoretische Unterscheidung zwischen Bereichen unterschiedlicher Trägheit durch *Hannan* und *Freeman* weiterentwickelt.[188] Eine vergleichsweise technische Differenzierung der Trägheit zwischen *core*- vs. *periphery*-Bereichen der Organisation wurde jedoch zugunsten einer stärker auf institutionelle Faktoren abstellenden Unterscheidung verworfen. Folgende Zusammenhänge hinsichtlich der organisatorischen Trägheit und eines auftretenden Veränderungsdruckes konnten gezeigt werden:[189]

- die Selektionsprozesse innerhalb einer Population von Organisationen in modernen Gesellschaften begünstigen Organisationen, deren Struktur eine hohe Trägheit und damit eine hohe Veränderungsresistenz zeigt,
- die strukturelle Trägheit nimmt mit der Bestandszeit der Organisation zu[190],
- die Überlebenswahrscheinlichkeit einer Organisation steigt mit zunehmender Bestandszeit[191],

---

[185]Vgl. *Renker* (2018), 28.

[186]Vgl. *Rahmeyer* (2004), 234.

[187]Vgl. *Hannan/Freeman* (1984), 149 ff.

[188]Es wird zwischen dem *core* (z. B. grundsätzliche Organisationsstruktur, die sich durch hohe Trägheit auszeichnet) und der *periphery* (nachgelagerte Bereiche, die eine geringere Trägheit zeigen) unterschieden, vgl. *Woywode/Beck* (2014), 446 f.

[189]Vgl. *Hannan/Freeman* (1984), 154 ff.

[190]Wobei zu berücksichtigen ist, dass ein gewisser Erneuerungsprozess durch Fluktuation von Beschäftigten einer Organisation immanent ist, vgl. *Hannan/Freeman* (1984), 162 f. Die Fähigkeit, sich schnell an veränderte Organisationsumgebunden anzupassen, konkurriert mit dem Kriterium des verlässlichen und verantwortlichen Handelns der Organisation, vgl. *Hannan/Freeman* (1984), 163.

[191]„Nothing legitimates both individual organizations and forms more than longevity.", *Hannan/Freeman* (1984), 157.

- die Durchführung von Restrukturierungsprozessen senkt grundsätzlich die Überlebenswahrscheinlichkeit einer Organisation, wobei kleine Organisationen hinsichtlich ihres Erhalts deutlich gefährdeter sind. Große Organisationen sind aufgrund einer stärkeren Ressourcenausstattung in Restrukturierungsprozessen tendenziell widerstandsfähiger und
- in Restrukturierungsprozessen sinkt die Überlebenswahrscheinlichkeit der Organisation mit zunehmender Komplexität.

Die Dominanz von Trägheit sollte jedoch nicht zur Annahme verleiten, es gebe in der Organisation keine Anreize für Entwicklung und Innovationen bzw. dies sei ein rein defensiv ausgerichteter Vorgang. Bei einer stärkeren Fokussierung auf das Konzept der Verfügungsrechte (siehe Abschnitt 2.1.1) sehen *Picot* und *Schneider* die Möglichkeit zur Steigerung von Betriebsergebnissen als wesentlichen Anreiz für innovationsfördernde Entscheidungen an.[192] In stark regulierten Branchen existiert der wettbewerbliche Anpassungsdruck von Organisationen dagegen nur teilweise, weil „der Leistungsdruck wettbewerblicher Marktprozesse fehlt" oder weil eine „marktinkonforme Struktur der Handlungsrechte [...] vor überraschenden Marktaktionen von Außenseitern absichert".[193] Dies bedeutet, dass innovationsfördernde Entscheidungen nicht getroffen werden, da eine Erhöhung von Betriebsergebnissen nicht zu erwarten ist, bzw. keine negativen Auswirkungen auf den Status der Betriebsergebnisse zu befürchten sind.

Zwischen Organisationen existiert eine inter- und intraindustrielle Heterogenität, die dazu führt, dass der Veränderungsdruck des Marktes unterschiedlich wirkt.[194] Selbst wenn also innovationsfördernde Entscheidungen in der Organisation getroffen werden, führen diese nicht zwangsläufig zu einer Verbesserung der Wettbewerbssituation bzw. zur Erhöhung von Betriebsergebnissen. Denn wenn eine Organisation Innovationsprozesse nutzt, sind andere Organisationen in der Population in der Folge ebenso zu Anpassungen gezwungen („man muss so schnell wie möglich rennen, nur um am gleichen Platz zu bleiben").[195] Die marktbezogenen Faktoren für Veränderungsimpulse, Veränderungen von Kundenverhalten oder neue Technologien am Markt sind

[192]Vgl. *Picot/Schneider* (1988), 97.

[193]Vgl. *Gröner* (1983), 225. Dies kann zum Beispiel bei gewachsenen Marktzugangsbeschränkungen – z. B. einer für das Bankgeschäft notwendigen Lizenz – der Fall sein.

[194]Vgl. *Rahmeyer* (2004), 234.

[195]*Woywode/Beck* (2014), 451 f.

dabei separat von darüber hinausgehenden Innovationsprozessen einzelner Organisationen zu berücksichtigen.[196]

Bei Veränderungen ist aber auch ein organisationsinterner Blickwinkel von Bedeutung: So ist eine zielgerichtete Anpassung der Organisation an geänderte Bedingungen auch aufgrund unterschiedlicher Interessengruppen von Akteuren innerhalb der Organisation problematisch.[197] Bei Entscheidungsfindungen liegen häufig nur unzureichende Informationen über Zweck-Mittel-Beziehungen vor, d. h., es ist unklar und damit möglicherweise auch umstritten, ob Entscheidungen den gewünschten Zweck erfüllen.[198] Dazu kommt, dass Anpassungen an neue Bedingungen aufgrund der beschriebenen Trägheit tendenziell langsamer erfolgen, als dies erforderlich wäre.[199] Daraus folgt die Annahme, dass die Veränderungsfähigkeit innerhalb der Organisation begrenzt ist und grundlegende, schnelle Veränderungen nur durch die Entstehung neuer Organisationen bewirkt werden kann.[200]

Wird davon ausgegangen, dass es sich innerhalb der Organisation um potenziell innovative Akteure handelt, werden entsprechende Innovationsansätze durch sie weiterverfolgt (z. B. Sichtbarmachen und Einbringung), wenn ausgewählte Verfügungsrechte bei ihnen zugeordnet sind oder die Weitergabe entsprechender Verfügungsrechte belohnt wird.[201] Sofern Akteure beispielsweise Aufgaben erledigen, die hinsichtlich ihres zeitlichen oder kapazitativen Aufwandes verbessert werden können, wird selbstinteressiertes Verhalten dominant sein: Akteure werden den Vorteil dann zunächst selbst nutzen.[202] Innovationen können somit unentdeckt bleiben oder nur partiell realisiert werden (z. B. beim betreffenden Akteur oder der Gruppe von Akteuren). Es können jedoch Maßnahmen ergriffen werden, um die Innovationsneigung von Akteuren zu befördern (siehe Abschnitt 2.5.2).

[196]Während die marktbezogenen Faktoren grds. auf alle Organisationen einer Population einwirken und sich nur die Reaktion der Organisationen darauf unterscheiden kann, setzen darüberhinausgehende Innovationen (z. B. Prozessvereinfachungen) einer Organiation die anderen Organisationen einer Population einem nachgelagerten Anpassungsdruck aus.

[197]Vgl. *Hannan/Freeman* (1984), 151.

[198]*Ebd.*

[199]*Ebd.*

[200]Vgl. *Woywode/Beck* (2014), 412 ff.

[201]Vgl. *Picot/Schneider* (1988), 97.

[202]*Ebd.*

Außerdem ist zu berücksichtigen, dass Lösungen zunächst dort gesucht werden, wo ähnlich gelagerte Entscheidungssituationen bereits zuvor erfolgreich waren, d. h., neue innovative Lösungen werden erst in einem zweiten Schritt gesucht (siehe Abschnitt 2.3.5 zu Heuristiken in Entscheidungsprozessen).[203] Dies sollte bei der Bereitstellung von Ressourcen für Innovationsaktivitäten oder der Schaffung von innovationsfördernden Strukturen und Abläufen berücksichtigt werden.

2.5.2 Wissensquellen und -formen

Organisationen und Akteure sind die Träger der Wertschöpfungsprozesse und damit verbundenem Wissen.[204] Im Rahmen der Wertschöpfungsprozesse bilden sich Routinen und Verhaltensregelmäßigkeiten heraus, die die Grundlage für den organisatorischen Wandel darstellen.[205]

Dabei kann zwischen implizitem Wissen (z. B. Erfahrungswissen der Akteure) und kodifiziertem Wissen (z. B. beschriebene Verhaltensregeln) unterschieden werden (siehe Abbildung 2.6).[206] Die Übertragbarkeit von implizitem Wissen zwischen Akteuren innerhalb der Organisation ist nur eingeschränkt möglich. Bei der Generierung von kodifiziertem Wissen aus implizitem Wissen entstehen jedoch Kosten, die mit dem zusätzlichen Nutzen (z. B. bessere Übertragbarkeit oder Verbreitung) abzuwägen sind.[207] Eine wichtige Rolle bei der Leistungserbringung spielt auch die Standardisierung. Eine zunehmende Standardisierung in der Leistungserbringung geht tendenziell mit einer zunehmenden Desintegration einher, die Erhöhung des Spezifitätsgrades führt dagegen zu einer stärkeren Integration.[208] Für das in der verhaltenswissenschaftlichen Organisationstheorie relevante Konzept des organisationalen Lernens ist die Differenzierung unterschiedlicher Wissensquellen wesentlich.[209] Den Kern bildet dabei die Frage, wie die positiven Effekte von Lernprozessen der Akteure für die Organisation nutzbar gemacht werden können.

---

[203]Vgl. *Berger* et al. (2014), 211 ff.

[204]Es gibt jedoch regelmäßig weder einen vollständigen Wissensstand, noch vollständige Informationen, vgl. *Rahmeyer* (2004), 221.

[205]Vgl. *Rahmeyer* (2004), 222.

[206]Vgl. *Rahmeyer* (2004), 230.

[207]*Ebd.*

[208]Vgl. *Picot* (1991), 158.

[209]Zur Einführung in die Theorie des organisationalen Lernens, vgl. *Argote* (2013), 31 ff.

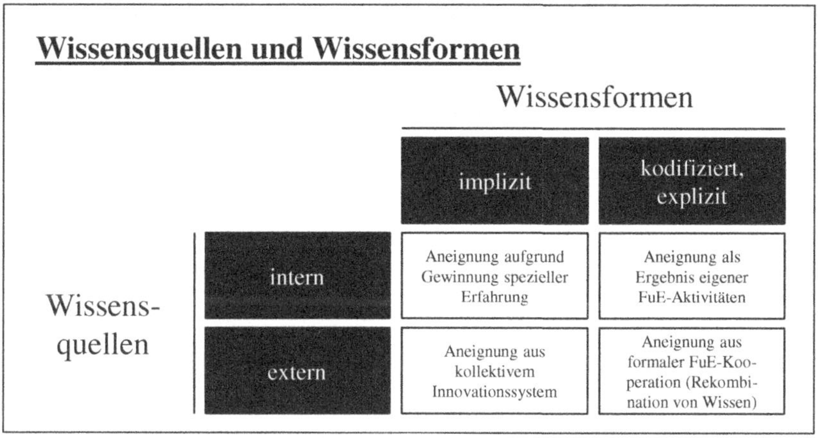

Abbildung 2.6 Differenzierung von Wissensquellen und Wissensformen (Eigene Darstellung in Anlehnung an *Antonelli* (1999), 243 ff.)

Innovationsprozesse sind nach *Rahmeyer* regelmäßig kollektiver Natur, da in der Regel mehr Akteure bzw. Gruppen von Akteuren daran beteiligt sind.[210] Bei Innovationsprozessen lassen sich dabei die Erstellungsphase und die Implementierungsphase unterscheiden. Die Organisationsstruktur spielt dabei eine erhebliche Rolle bei auftretenden *trade-offs*: einerseits hinsichtlich der Schaffung ausreichender Anreize, damit sich Akteure in der Schaffensphase einbringen, und andererseits der Möglichkeit, das erworbene Wissen innerhalb der Organisation in der Implementierungsphase zu verbreitern.[211]

Um die Innovationsfähigkeit zu fördern, kommt gemäß *Picot* und *Schneider* auch die Bildung von unternehmerisch ausgerichteten Einheiten innerhalb der Organisation in Betracht.[212] Durch diese Einheiten (z. B. Projektgruppen), die sich durch Flexibilität und Innovationskraft auszeichnen, kann unternehmerisches Handeln unabhängig von der ansonsten vorherrschenden Organisationsstruktur gefördert werden.[213] Verfügungsrechtlich wird insbesondere die bessere

---

[210]Vgl. *Rahmeyer* (2004), 230. Zur Entwicklung von theoretischen Zusammenhängen kollektiver Innovationsprozesse, vgl. *Pyka* (1999), 20 ff.

[211]Vgl. *Rahmeyer* (2004), 230.

[212]Vgl. *Picot/Schneider* (1988), 103

[213]Vgl. *Picot/Schneider* (1988), 104.

Möglichkeit, einer solchen Einheit Verantwortlichkeiten zuzuordnen, hervorgehoben, was sich auch positiv auf die entsprechende Kontrolle, Überwachung und Steuerung auswirkt.[214]

Picot und *Schneider* regen außerdem zur Förderung von Innovationen die Nutzung des sog. *a-priori*-Kontrahierens z. B. im Rahmen von fixierten Entwicklungskooperationen zwischen Akteuren und Organisationen an.[215] Gerade in wissensintensiven Bereichen (etwa Forschung und Entwicklung) können Kooperationsmodelle dabei von Vorteil sein.[216] Gemeinsame Investitionen können im Vergleich zu organisationsspezifischen Aktivitäten wirtschaftlich sein:[217]

- durch eine Kostenreduktion aufgrund bis dahin einseitiger Investitionsbemühungen,
- durch Nutzung des Wissens von Kooperationspartnern,
- durch die beidseitige Nutzung von Ergebnissen und
- durch eine Verringerung von Transaktionskosten (bei einer stabilen Kooperation).[218]

Bei Kooperationen besteht für Organisationen der Vorteil darin, dass interne und externe Wissensquellen zur Verfügung stehen. *Sydow* und *van Well* betonen, dass es bei Kooperationen im Vergleich zu einer rein internen Erbringung die größeren Autonomiespielräume verbunden mit einer vergleichsweise flexiblen Ressourcenkontrolle gibt.[219] Trotzdem kann es sinnvoll sein, Netzwerkbeziehungen so zu

---

[214] *Ebd.*

[215] Dadurch lassen sich etwa Teilhaberechte bei erfolgreichen Innovationen von Beginn an absichern, vgl. *Picot/Schneider* (1988), 98.

[216] Vgl. *Rahmeyer* (2004), 230. *Gulati* analysiert die wesentliche Bedeutung von Netzwerkressourcen auf Kooperationsmodelle, vgl. *Gulati* (1999), 389 ff.

[217] Vgl. *Rahmeyer* (2004), 230.

[218] Als Nachteile werden die Einschränkung der Autonomie sowie der technologischen Unabhängigkeit gesehen. In Bezug auf die Einbringung eigener Ressourcen (z. B. spezifisches Wissen) kann das Verhalten der anderen Kooperationspartner beispielsweise zu Koordinations- und Überwachungskosten führen, vgl. *Rahmeyer* (2004), 230. Zu berücksichtigen sind außerdem auftretende *Spillover*-Effekte, die vom Grad der Integration und der Intensität der Zusammenarbeit abhängig sind.

[219] Vgl. *Sydow/van Well* (2010), 149.

arrangieren, dass sie „organisationsinternen Beziehungen“ ähneln (z. B. hinsichtlich der Einholung von Gremienentscheidungen, um Zusatzkosten bei Entscheidungseinholung durch die Etablierung einer diesbezüglich separaten *Governance*-Struktur zu sparen).[220]

Nach *Antonelli* sind vier grundlegende Kriterien für die Bemessung der „sozialen Effizienz“ bei der kooperations- bzw. netzwerkorientierten Generierung von Wissen zu berücksichtigen:[221]

- die Anreizstruktur,
- die Verfügbarmachung von Ressourcen zur Wissensgenerierung,
- die akteursspezifische Effizienz in der Wissensgenerierung sowie
- die Möglichkeiten der Verbreitung von Ergebnissen (insbesondere hinsichtlich (geistiger) Eigentumsrechte und der Schranken für die Nachahmung).

Teece et al. konnten zeigen, dass sich die innere Kohärenz (z. B. der Integrationsgrad bei der Leistungserstellung) von einzelnen Organisationen insgesamt nicht wesentlich erhöht, wenn diese im Zeitverlauf vielfältiger werden, also etwa neue Leistungsbestandteile angeboten werden).[222] Es wurden jedoch große Unterschiede zwischen einzelnen Organisationen festgestellt. Die Ursache darin wird u. a. in den verschiedenen „evolutionären Pfaden“ gesehen, die eine Organisation in der Vergangenheit beschritten hat und die sie aufgrund ihrer vorhandenen Fähigkeiten künftig beschreiten wird.[223] Es scheint daher die Konstitution der Organisation hinsichtlich ihrer inneren Kohärenz dominant zu sein, was auch auf Unterschiede bei der organisationsspezifischen Ausprägung der Innovationsneigung hindeuten könnte.

2.5.3 Isomorphismus

Auch wenn im Rahmen des *Population Ecology*-Ansatzes eine vergleichsweise pessimistische Sicht im Hinblick auf die Entwicklungsfähigkeit bestehender

[220]Dies gilt auch bei „nicht marktfähige[m], komplexe[m] und kaum kodifizierbare[m] Wissen“, *ebd.*

[221]Vgl. *Antonelli* (1999), 250.

[222]Vgl. *Teece* et al. (1994), 28. Kohärenz meint hier die Intensität, mit der eine Organisation mit einer anderen Organisation in Beziehung steht, vgl. *Teece* et al. (1994), 2.

[223]Vgl. *Teece* et al. (1994), 28.

Organisationen eingenommen wird, kann deren Existenz nicht geleugnet werden. Von Interesse ist daher nachfolgend weniger die Fragestellung, ob innerhalb bestehender Organisationen Entwicklungsprozesse ablaufen, sondern in welche Richtung diese verlaufen. Der evolutionstheoretische Ansatz in der Organisationsforschung fokussiert sich dabei auf die Homogenisierung von Organisationen und Organisationsstrukturen im Zeitverlauf.[224] Demnach setzen sich im Zeitverlauf erfolgreiche Kombinationen (*survival of the fittest*) als dominant am Markt und in der Organisation durch. Kooperationen können in der Entwicklung hin zu mehr Konvergenz sogar noch beschleunigend wirken.[225] Sie ermöglichen zum einen, dass Netzwerkpartner Ressourcen aktiv in die Kooperation einbringen, aber die Ergebnisse auch interorganisational flexibler genutzt werden können, was tendenziell mit zunehmender Konvergenz einhergeht.

Der sog. *shakeout* stellt die Marktphase im Lebenszyklus einer Population von Organisationen dar, in der es zahlreiche Marktaustritte bei gleichzeitig relativ geringen Eintritten gibt.[226] In dieser Phase treten häufig Konzentrationseffekte auf, die mit einer Konvergenz in der Entwicklung einhergehen könnten. Eine weitere Erklärung für dieses Phänomen stellt die Etablierung von industriellen Standards im Zeitverlauf dar. Ist ein Produkt, ein Dienstleister oder ein Prozess innerhalb einer Population von Organisationen einer Branche dominant, haben Organisationen eine höhere Überlebenschance, wenn sie das Produkt, die Dienstleistung oder den Prozess einsetzen.[227] Eine weitere Erklärung bildet das Konzept der Skaleneffekte, wonach Organisationen mit geringeren Durchschnittskosten – die im Fall von Dominanz vorliegen können – eine höhere Überlebenswahrscheinlichkeit zeigen.[228]

[224]Vgl. *Astley* (1985), 239.

[225]Am Beispiel der Genossenschaftsbanken resümiert *Kalmi*: „[…] the networks may play a central role in the institutional isomorphism process, where cooperatives become more similar to their competitors over time. This is especially harmful if we believe that cooperatives should promote institutional diversity in the banking market.", vgl. *Kalmi* (2017), 41.

[226]Vgl. *Woywode/Beck* (2014), 443 f.

[227]*Ebd.*

[228]*Ebd.*

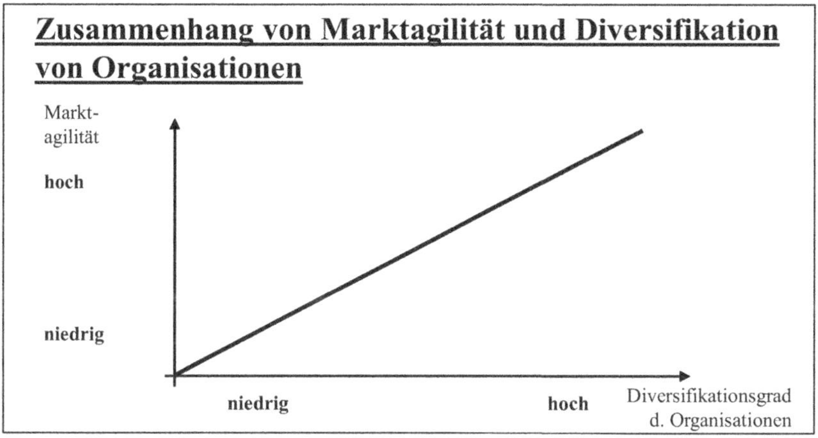

Abbildung 2.7 Zusammenhang von Marktagilität und Diversifikation

Nach Ansicht von *Astley* besteht jedoch ein Unterscheid zwischen einer populationsökologischen Sicht (*population ecology*) und der von ihm propagierten Gemeinschaftsökologie (*community ecology*): Neue Organisationen zeichnen sich demnach nicht zwangsläufig aus, dass sie Abläufe im Vergleich zu anderen Organisationen effizienter gestalten, sondern vor allem dadurch, dass sie neue Wege beschreiten und versuchen, identifizierte Nischen zu besetzen.[229] *Sahal* hat jedoch zudem gezeigt, dass die Übertragung von Wissen zu technischen Innovationen über eine Populationen von Organisationen hinweg nur sehr eingeschränkt möglich ist.[230] Da organisatorische Lernprozesse regelmäßig eng mit direkten Erfahrungen verbunden sind, entstehen erhebliche Kosten, um technische Innovationen anderer Industrien zu suchen und auf die spezifischen Bedürfnisse hin anzupassen.[231] Aufgrund dieser Kosten ist die Einführung von technischen Innovationen anderer Industrien typischerweise selten und auch deshalb nimmt die organisatorische Variabilität innerhalb einer Population von Organisationen im Zeitverlauf tendenziell ab.[232]

[229]Vgl. *Astley* (1985), 239.
[230]Vgl. *Sahal* (1981), 57.
[231]Vgl. *Astley* (1985), 227.
[232]*Ebd.*

Trotzdem bedeutet dies nach *Astley* nicht, dass evolutionäre Entwicklungswege ausschließlich in Richtung Konvergenz verlaufen. *Astley* betont – in einer weniger auf die technischen Aspekte bezogenen Sichtweise – die Variation als wichtige evolutionäre Kraft („community ecology view, in contrast, points to variation as an important evolutionary force in its own right"), die sich hinsichtlich Konvergenz und Divergenz zunächst neutral verhält.[233] Wesentlich ist, dass neu entstehende Organisationen in ihrem *Genotyp* nicht zwangsläufig *bessere* Eigenschaften gegenüber bereits bestehenden Organisationen in der Population aufweisen, sondern dass sie häufig einen Platz in der Nische beanspruchen (siehe Abbildung 2.7).[234] Man könnte sagen: Neue Organisationen entstehen nicht zunächst, um etwas *besser* zu machen, sondern sie versuchen etwas *anders* zu machen, um eine Nische zu finden und besetzen zu können. Wenn jedoch bestehenden Organisationen ein Überlebenstrieb zugesprochen wird, dann entsteht ein innerer Antrieb, dieses *Andere*, die Nischen also nicht entstehen oder wachsen zu lassen. Dies spricht gegen eine ausschließliche Dominanz von Konvergenzbewegungen, da diese tendenziell zu größeren Nischen führt, die zuvor von der Population der Organisationen besetzt wurde.

Dies zeigt sich auch mit Blick auf Kooperationsnetzwerke: Diese können sich im Zeitverlauf zwar im Außenverhältnis zu geschlossenen Systemen entwickeln, was jedoch ebenfalls dazu führen kann, dass Nischen außerhalb des Netzwerkes entstehen und größer werden, die durch Marktteilnehmer außerhalb der Kooperationsnetzwerke besetzt werden können.[235] In diesem Sinne zeigt sich die Innovationsfähigkeit der Organisation auch in der Entwicklung der Nischen und der Fähigkeit, diese möglichst intern abzudecken.

2.6 Zwischenfazit

Im vorliegenden Kapitel konnte eine Vielzahl von organisationstheoretisch relevanten Aspekten im Spannungsfeld der Organisation, zwischen Akteuren, Entscheidungen und dem Bedarf für Koordination aufgeführt werden. Zumeist zeigen die betrachteten Aspekte dabei Anhaltspunkte für Beharrungstendenzen und Entwicklungsanreize in der Organisation (siehe Abbildung 2.8).

[233]Die relevanten Faktoren der evolutorischen Entwicklung sind demnach die vorhandenen Chancen, der Zufall, Opportunismus und die Möglichkeit zur Auswahl, *Astley* (1985), 239.

[234]Vgl. *Astley* (1985), 233 f.

[235]Vgl. *Astley* (1985), 234 f.

Überblick zu Beharrungstendenzen und Entwicklungsanreizen in Organisationstheorien

Theorie	Beharrungstendenzen	Entwicklungsanreize
Verfügungsrechte	Marktzugangsbeschränkung	Anpassungen an Regulatorik
Transaktionskosten	*First-mover-advantages*	Auswahl Alternativen
Agenturproblem	Kontroll- bzw. Garantiekosten	Anreiz- und Informationssysteme
Zielkonflikte	*Organizational slack*	Kompetenzanpassung
Arbeitsteilung	Expertenwissen	Kompetenzanpassung
Anreize/Beiträge	Gleichgewicht	Ungleichgewicht
Netzwerk	Bindungsdauer/Abhängigkeit	Veränderungsimpulse
Population Ecology-Ansatz	Konstitution/Grundstruktur	*Competences*
Bestand	Veränderungsresistenz	Restrukturierungsprozesse
Innovationen	Marktzugangsbeschränkung	Gewinnrealisierung
Isomorphismus	Variation	Konvergenz

Abbildung 2.8 Beharrungstendenzen und Entwicklungsanreize in Organisationstheorien

So können vorhandene Verfügungsrechte Beharrungstendenzen befördern, indem z. B. Nutzungs- und Handlungsrechte an gewisse Marktzugangsbeschränkungen (wie die Erteilung einer Bankenlizenz) geknüpft werden. Andererseits kann eine zunehmende Regulierung für die bestehenden Organisationen die Strukturerhaltung in der Branche fördern. Dagegen kann die Veränderung von regulatorischen Anforderungen auch dazu führen, dass sich bestehende Organisationen anpassen müssen, um die neuen Anforderungen zu erfüllen.

Auch das Konzept der Transaktionskosten bietet in diesem Zusammenhang unterschiedliche Aspekte für Wirkungszusammenhänge: Einerseits indiziert die Verfolgung des Transaktionskostenansatzes zur Reduktion auftretender Transaktionskosten die Wahl von effizienten Austauschbeziehungen, sofern mehrere Alternativen zur Verfügung stehen. Diese Wahlentscheidungen setzen allerdings einen regelmäßigen Überprüfungsprozess voraus und führen damit tendenziell zu Entwicklungsanreizen. Andererseits können bei Austausch- und Leistungsbeziehungen über mehrere Runden *first-mover-advantages* beobachtet werden, die tendenziell dazu führen, dass aufgrund erworbener Wissensvorteile auch in Folgerunden an einer bestehenden Kooperation festgehalten wird und damit eher Beharrungstendenzen überwiegen.

Um auftretenden Agenturproblemen zu begegnen, können Organisationen angehalten sein Anreiz- und Informationssysteme zu implementieren, die allerdings zu einer Erhöhung von Kontrollkosten beim Prinzipal bzw. zu Garantiekosten beim Agenten führen können.

Zwangsläufig kommt es in Organisationen zu Zielkonflikten aufgrund unterschiedlicher Interessen von Akteuren bzw. Organisationsbestandteilen (z. B. Abteilungen). Überschusskapazitäten (*Organizational slack*) können dabei helfen, Zielkonflikte abzudämpfen oder nicht ausbrechen zu lassen. Bei systematischen Zielkonflikten kann außerdem die Überprüfung/Anpassung der Kompetenzverteilung oder von Entscheidungsstrukturen erfolgen, was jedoch mit entsprechenden Veränderungen in der Organisation einhergehen kann.

In komplexen Organisationen ist die Leistungserbringung regelmäßig durch eine starke Arbeitsteilung geprägt. Das dadurch entstehende Expertenwissen befördert tendenziell Beharrungstendenzen in der Organisation, da es nicht ohne Aufwand ersetzt werden kann bzw. gewisse Vorlaufzeiten dafür notwendig sind. Andererseits kann eine stärkere Arbeitsteilung auch zu Kompetenzverschiebungen führen, z. B. von zentraler auf dezentraler Stelle, wenn (Teil-) Entscheidungen sinnvoller am Ort der Erstellung getroffen werden können. Entscheidungen können auch zentralisiert werden (z. B. Kreditentscheidungen der Bank). Wesentlich ist unabhängig von der Richtung, dass eine verstärkte Arbeitsteilung mit Veränderungen einhergehen kann.

Sofern sich Anreize und Beiträge von Akteuren in der Organisation im Gleichgewicht befinden, unterstützt dies Beharrungstendenzen, da es sich um den anzustrebenden Zustand handelt, der jedoch nicht dauerhaft stabil ist. Sofern es Abweichungen gibt (z. B. Überschuss von Anreizen), kann dies Veränderungen in der Organisation befördern. Gleiches gilt auch für Anpassungsbedarfe, um sich stets in Richtung eines Gleichgewichts von Anreizen und Beiträgen zu bewegen.

Netzwerkbeziehungen können bei zunehmender Bindungsdauer und einer hohen Abhängigkeit zwischen den Partnern sehr stabil sein und dazu führen, dass Beharrungstendenzen überwiegen. Andererseits können offene Netzwerke auch zu neuen Impulsen und damit Entwicklungsanreizen in der Organisation bzw. Teilen der Organisation führen, die sich ohne die Kooperation im Netzwerk nicht ergeben hätten.

Im evolutorischen Ansatz (*Population Ecology*-Ansatz) wird von einer vergleichsweise stabilen Konstitution/Grundstruktur der Organisation ausgegangen, die umfassende Veränderungen unwahrscheinlich macht. Gleichzeitig zeichnen sich nachgelagerte Bereiche innerhalb der Organisation (*periphery*) durch eine größere Entwicklungsneigung aus.

Die Bestandsdauer der Organisation hat ebenfalls einen Einfluss auf die Veränderungsneigung einer Organisation. So lässt sich einerseits mit zunehmender Bestandsdauer eine Veränderungsresistenz in der Organisation feststellen. Andererseits kann die Notwendigkeit von Restrukturierungsprozessen (z. B. bei Veränderungen der Marktbedingungen) erhebliche Veränderungen in der

Organisation notwendig machen, bis hin zur Gefährdung des Bestands der Organisation.

Organisationen zeichnen sich insbesondere dann durch eine Innovationsneigung aus, wenn dadurch eine zusätzliche Generierung von Betriebsergebnissen möglich wird. Andererseits können Innovationen und damit einhergehende Veränderungen behindert werden, wenn Marktzugangsbeschränkungen existieren, die die Realisierung zusätzlicher Betriebsergebnisse nicht möglich oder nicht erforderlich machen und für potenzielle neue Marktteilnehmer nicht möglich machen. Die Wettbewerbsintensität ist daher ein Parameter für die Ausprägung der Innovationsneigung einer Organisation.

Schließlich zeigt sich auch die Betrachtung des Isomorphismus als nicht eindeutige Theorie hinsichtlich Beharrungstendenzen und Entwicklungsanreizen der Organisation. Eine Variation/Divergenz zwischen den Organisationen und Geschäftsmodellen einer Branche kann erfolgen, indem neue Organisationen eine Nische suchen und besetzen. Konvergenztendenzen sind stets mit Veränderungsprozessen verbunden, die beispielsweise durch die Etablierung von Branchenstandards oder die Leistungserstellung in Netzwerken befördert werden können

In der Würdigung der vorangegangenen Ausführungen zu den organisationstheoretischen Grundlagen – insbesondere dem immanenten Spannungsfeld von Beharrungstendenzen und Entwicklungsanreizen – kann folgende Konkretisierung der relevanten Fragestellungen für die vorliegende Untersuchung vorgenommen werden:

- Bei welchen Bereichen der Leistungserstellung der Institute überwiegen Beharrungstendenzen, wo die Entwicklungsanreize?
- Was zeichnet Institute aus, die eine höhere bzw. eine geringere Dynamik zeigen?
- Welche Zusammenhänge zeigen sich zwischen Dynamik und Performance in der Entwicklung der Institute?
- Gibt es einen Zusammenhang zwischen Dynamik und der spezifischen Ausgestaltung der vertrieblichen Organisationsstruktur der Institute (z. B. höhere Zentralität)?
- Hängen Konvergenz und Divergenz in der Entwicklung der Institute mit der institutsspezifischen Dynamik zusammen?
- Welche Auswirkungen ergeben sich aus der Berücksichtigung der Dynamik und Performance der Institute für die institutionenökonomische Betrachtung und die diesbezügliche Ausgestaltung der Organisations- und Entscheidungsprozesse im Netzwerk der Sparkassen-Finanzgruppe?

In Vorbereitung der kennzahlenbasierten Analyse des Leistungserstellungsprozesses der Sparkassen sollen nachfolgend zunächst die spezifischen Organisations- und Entscheidungsstrukturen in der Sparkassen-Finanzgruppe betrachtet werden (siehe Kapitel 3).

3 Organisations- und Entscheidungsstrukturen in der Sparkassen-Finanzgruppe

Die Sparkassen-Finanzgruppe als Verbund öffentlich-rechtlicher Kreditinstitute repräsentiert neben den Großbanken und der genossenschaftlichen Bankengruppe *ein* Element innerhalb der sog. Drei-Säulen-Struktur des deutschen Bankenwesens.[1] *Detzer et al.* benennen als zwei Besonderheiten dieses Marktes:

- erstens ein bankzentriertes Finanzierungssystem, das sich regelmäßig durch eine langjährige Geschäftsbeziehung zwischen Unternehmen/Kunden und den Instituten zeigt und[2]
- zweitens einen hohen Anteil von Instituten außerhalb privatwirtschaftlicher Eigentumsstrukturen, gemeint sind hier die Sparkassen und die Genossenschaftsbanken.[3]

Aufgrund dieser Besonderheiten in der Struktur und der dadurch begründbaren, hohen Anzahl an verschiedenen Instituten sowie der Dichte an Geschäftsstellen wird der deutsche Bankenmarkt regelmäßig als *overbanked* charakterisiert.[4]

[1]Vgl. *Hellenkamp* (2018), 28.

[2]Vgl. *Detzer* et al. (2017), 301. Im Gegensatz dazu kommt auf anderen Märkten dem Kapitalmarkt eine größere Bedeutung im Bereich der (Unternehmens-)Finanzierung zu.

[3]Etwa die Hälfte der Institute im deutschen Bankensystem sind nicht (primär) ergebnisorientiert tätig, vgl. *Detzer* et al. (2017), 302.

[4]Zur Einordnung der Diskussion hinsichtlich der Charakterisierung des deutschen Bankenmarktes etwa *Rickes* (2006). Ende 2017 gab es in Deutschland insgesamt 1.823 Kreditinstitute, davon waren über ⅔ Genossenschaftsbanken oder Sparkassen. Zu diesem Zeitpunkt gab es insgesamt 30.126 Standorte diese Banken, wovon wiederum die Mehrheit von 63 % (19.099) auf Genossenschaftsbanken (9.281) bzw. Sparkassen (9.818) entfallen (nur mitarbeiterbesetzte Standorte). Zusätzlich sind im öffentlichen-rechtlichen Sektor noch die weiteren Institute, z. B. öffentliche Bausparkassen oder Landesbanken, vgl. *Deutsche Bundesbank* (2018b).

R. Conrad, *Performance, Dynamik und Konvergenz im Banking*,
https://doi.org/10.1007/978-3-658-30740-0_3

Die besondere Struktur des Bankenmarktes führt dazu, dass sich dieser durch einen vergleichsweise intensiven Wettbewerb auszeichnet.[5] Die Effizienz der Banken in Deutschland befindet sich auf einem mit anderen Staaten vergleichbaren Niveau, wobei regionale Banken grundsätzlich effizienter agieren können als größere Kreditbanken.[6] Die Profitabilität der Sparkassen-Finanzgruppe insgesamt ist allerdings aus verschiedenen Gründen vergleichsweise gering: Die Ergebnismaximierung ist aufgrund des öffentlichen Auftrags der Sparkassen ausgeschlossen und darüber hinaus ist die Profitabilität der Landesbanken, die Teil der Sparkassen-Finanzgruppe sind, sehr gering.[7]

Die spezifische Struktur der Sparkassen-Finanzgruppe – die insbesondere in der öffentlich-rechtlichen Trägerstruktur sowie dem öffentlichen Auftrag begründet liegt – äußert sich in einer Mischung aus zentralen und dezentralen Organisationselementen, die sich seit dem Aufkommen und der Verbreitung der Sparkassenbewegung im 19. und 20. Jahrhundert entwickelt haben.[8] In dieser Entwicklung liegt ein im Zeitverlauf mehr oder weniger stark ausgeprägtes Spannungsfeld zwischen dem Koordinationsmechanismus des Marktes (Bankwirtschaft) und einem öffentlich-rechtlichen Koordinationsmechanismus (Trägerstruktur), da diese nicht immer widerspruchsfrei zueinander stehen.[9]

Nachfolgend wird zunächst die Rolle der Sparkassen als maßgebliche Gruppe von Organisationen innerhalb der Sparkassen-Finanzgruppe sowie der Akteure innerhalb der Institute betrachtet (Abschnitt 3.1). Daran anschließend folgt die Darstellung der weiteren Organisationen der Sparkassen-Finanzgruppe (Abschnitt 3.2). An die strukturelle Betrachtung schließt sich die nähere Beschreibung der relevanten Prinzipien von Entscheidungsprozessen innerhalb der Sparkassen-Finanzgruppe an (Abschnitt 3.3), namentlich das Regional- und Enumerationsprinzip (Abschnitt 3.3.1), das Subsidiaritätsprinzip (Abschnitt 3.3.2) sowie das Verbundprinzip (Abschnitt 3.3.3).

[5]Auch der Eintritt ausländischer Banken und die Marktbeteiligung von Nicht-Banken auf dem deutschen Markt hat zu einer leichten Verstärkung der Wettbewerbsneigung geführt, vgl. *Detzer* et al. (2017), 303.

[6]Als Grund dafür werden die vergleichsweise geringen Skaleneffekte im Bankensektor benannt, vgl. *Detzer* et al. (2017), 303.

[7]*Ebd.*

[8]Vgl. *DSGV* (2010a), 5 ff.

[9]Tendenziell kann die schrittweise stärkere Betonung der marktwirtschaftlichen Ordnungslogik beobachtet werden, beispielsweise im Verhältnis der Organisationen im Verbund zueinander, vgl. *Langschied* (1993), 88 ff.

3.1 Rolle der Sparkasse

Der wesentliche historische Zweck für die Etablierung des Sparkassenwesens, die Bereitstellung von Finanzdienstleistungen und das Angebot von Finanzbildung und Finanzberatung für jedermann, hat sich seit der Gründung der ersten Institute bis ins 21. Jahrhundert hinein erhalten.[10] Auch wenn die Ende 2017 knapp 400 Sparkassen rechtlich eigenständig konstituiert sind, zeigen sie sich durch die Verfolgung ihres wesentlichen Zwecks und im Netzwerk der Sparkassen-Finanzgruppe als miteinander verwoben. Die Rolle der Sparkassen wird mit Blick auf die gesetzlichen Grundlagen für das Bankgeschäft und das Sparkassenwesen deutlich (Abschnitt 3.1.1). Die Betrachtung der spezifischen Trägerstruktur ermöglicht außerdem ein besseres Verständnis für die starke kommunale und allgemein öffentlich-rechtliche Verankerung des Sparkassenwesens (Abschnitt 3.1.2). Schließlich manifestiert sich der institutsspezifische Aufbau in der Erläuterung der Organe der Sparkasse (Abschnitt 3.1.3) sowie einer Darstellung der Grundzüge des Geschäftsmodells (Abschnitt 3.1.4).

Im Gesetz über das Kreditwesen (*KWG*) erfolgt die begriffliche Definition von Banken und vom Bankgeschäft, worunter auch die Sparkassen fallen.[11] Für die Erledigung von Bankgeschäften durch die Kreditinstitute bedarf es der Zulassung durch die BaFin.[12] In Abgrenzung zu den Banken sind Finanzdienstleistungsinstitute Organisationen, die Geschäfte zwar vermitteln, aber kein eigenes Bankgeschäft betreiben (*§ 1 Abs. 1a KWG*). Hinsichtlich des Geltungsbereiches des *KWG* gibt es keinen Unterschied zwischen den einzelnen Banken innerhalb der Drei-Säulen-Struktur des deutschen Bankenwesens.[13] Für Sparkassen gelten grundsätzlich alle weiteren für Kreditinstitute relevanten Normen und Regeln wie

---

[10]Vgl. *Langschied* (1993), 39 ff.

[11]Dies sind z. B. das Einlagengeschäft, das Kreditgeschäft oder das Wertpapiergeschäft (*§1 Abs. 1 KWG*).

[12]Vgl. *Hellenkamp* (2018), 82.

[13]Zur begrifflichen Verwendung: Auf Grundlage des Geltungsbereichs des *KWG* wird davon ausgegangen, dass jede Sparkasse eine Bank ist. Die Begriffe Bank, Kreditinstitut oder Institute werden synonym verwendet. Sparkassen sind auch als Finanzdienstleister im Rahmen der Sparkassen-Finanzgruppe aktiv (z. B. beim Vertrieb von Versicherungsprodukten des öffentlichen Versicherers). Nachfolgend wird der Begriff der Sparkasse teilweise im Singular verwendet, steht jedoch exemplarisch für knapp 400 rechtlich unabhängige Sparkassen. Es gibt also in diesem Sinne nicht *die* Sparkasse.

etwa die Mindestanforderungen an das Risikomanagement (MaRisk) bzw. spezifische Regeln für einzelne Geschäftsfelder, z. B. die MiFID II-Regulierung bzw. die Gesamtbanksteuerung, z. B. die Basel III-Regeln.[14]

3.1.1 Grundlagen

Die Besonderheiten für das Sparkassenwesen werden in den Sparkassengesetzen der Länder rechtlich kodifiziert.[15] Die Sparkasse ist demnach eine selbstständige Organisation in öffentlich-rechtlicher Formation. Die zu Beginn des Sparkassenwesens übliche Verknüpfung des Sparkassengeschäfts mit der kommunalen Finanzverwaltung konnte mit der Konstruktion der Sparkasse als Anstalt des öffentlichen Rechts aufgelöst werden. [16] Dies war die wesentliche Voraussetzung, um die Bankgeschäfte unter Einhaltung betriebswirtschaftlicher Grundsätze führen zu können.[17] Sparkassen befinden sich demnach regelmäßig in der Trägerschaft der kommunalen Gebietskörperschaften (z. B. Stadt oder Kreis).[18]

[14]Vorbehaltlich einiger spezifischer Regeln, die z. B. an die Größe von Instituten geknüpft sind und daher für (einige) Sparkassen keine Bindungswirkung entfaltet. Zu wesentlichen Entwicklungen im Bereich der Regulatorik in Folge der Finanzkrise Ende der 2000er Jahre siehe Abschnitt 4.1.2.

[15]Für die Sparkassen in Nordrhein-Westfalen hat das entsprechende Sparkassengesetz des Landes vom 18.11.2008 Gültigkeit (*SpkG NW*). Die diesbezügliche Gesetzgebung zum Sparkassenwesen ist demnach Gegenstand der Gesetzgebung der Länder.

[16]Vgl. *Schackmann-Fallis/Weiß* (2017), 347.

[17]Da nahezu alle Sparkassen in Deutschland in öffentlich-rechtlicher Struktur formiert sind, wird diese als Grundlage für die weitere Betrachtung angesehen, vgl. *Schackmann-Fallis/Weiß* (2017), 347. Ende 2017 befanden sich von den insgesamt 390 Sparkassen insgesamt 385 in öffentlich-rechtlicher Rechtsform und fünf Sparkassen in privater Rechtsform (sog. freie Sparkassen), vgl. *DSGV* (2018l), 2017. Auch für die Sparkassen in privater Rechtsform gelten die Grundsätze der Sparkassengesetze der Länder. Auf dem Gebiet des SVWL befanden sich alle Sparkassen in öffentlich-rechtlicher Trägerschaft.

[18]Vgl. *Hellenkamp* (2018), 30. Es gibt allerdings verschiedene Varianten der Trägerschaft – wobei sich die Vielfalt insbesondere durch stattgefundene Fusionen der Sparkassen sowie Kreisgebietsreformen in den vergangenen Jahren noch vergrößert hat. Vom Grundsatz her ist *eine* kommunale Gebietskörperschaft der Träger einer Sparkasse (z. B. die Stadt Dortmund ist Träger der Sparkasse Dortmund). Außerdem können mehrere kommunale Gebietskörperschaften Träger einer Sparkasse sein (z. B. sind der Kreis Unna, die Kreisstadt Unna, die Stadt Kamen, die Stadt Fröndenberg sowie die Gemeinde Holzwickede die Träger der Sparkasse UnnaKamen). Sind mehrere Gebietskörperschaften Träger eines Vereins, schließen sich diese zu einem Sparkassenzweckverband zusammen, der selbst

Die Sparkassen sind flächendeckend auf dem Bundesgebiet aktiv, d. h. es existiert keine Stadt bzw. kein Kreis ohne eine im jeweiligen Gebiet aktive Sparkasse. Das Betreiben des Bankgeschäfts durch die Sparkassen findet seinen Schutz mittelbar in Anwendung der grundgesetzlichen Garantie kommunaler Selbstverwaltung.[19] Das jeweilige Trägergebiet bildet dabei grundsätzlich auch den Wirkungsrahmen für die Geschäftsaktivitäten der jeweiligen Sparkasse.[20] Gemäß § 6 *SpkG NW* werden die im Sparkassengesetz geregelten Rechtsverhältnisse der Sparkasse durch eine Sparkassensatzung konkretisiert, die durch die Vertreter des Trägers zu erlassen ist.

Im Sparkassengesetz finden sich außerdem Ausführungen zu den relevanten Fragestellungen der Rolle der Organisationen in der Sparkassen-Finanzgruppe, den Akteuren innerhalb der Sparkasse sowie zu den Prinzipien der Entscheidungsfindung:

- zu den Details von Trägerschaft und Haftung (§§ 7–8 *SpkG NW*, siehe Abschnitt 3.1.2),
- zu Organen und deren Aufgaben (§§ 9–26 *SpkG NW*, siehe Abschnitt 3.1.3 sowie Kapitel 5),
- zu Rolle und Aufgaben des Regionalverbandes (etwa in § 41 *SpkG NW*, siehe Abschnitt 3.2.1).
- zum Unternehmenszweck sowie den wesentlichen Prinzipien in der Sparkassen-Finanzgruppe (§§ 2–4 *SpkG NW*, siehe Abschnitt 3.3) sowie
- zu Regelungen von Fusionen (§ 27 *SpkG NW*).

Zur Koordination der Zusammenarbeit der Sparkassen innerhalb des Verbunds, hat sich die Sparkassen-Finanzgruppe Leitlinien gegeben, in denen es zu den Sparkassen grundsätzlich heißt: „Sparkassen sind wirtschaftlich selbstständige und vor Ort unternehmerisch geführte Kreditinstitute, die ihre Entscheidungen

Mitglied im SVWL ist, vgl. *Sparkasse UnnaKamen* (2017), 1. Es existieren außerdem Beispiele, in denen eine Gebietskörperschaft Träger von mehreren Instituten ist, insbesondere wenn es zuvor zu Gebietsreformen auf kommunaler Ebene gekommen ist (z. B. ist der Landkreis Vorpommern-Greifswald, der im Zuge der Kreisgebietsreform in Mecklenburg-Vorpommern im Jahr 2011 entstanden ist, sowohl alleiniger Träger der Sparkasse Uecker-Randow als auch im Rahmen eines Zweckverbands einer der Träger der Sparkasse Vorpommern).

[19] Vgl. *Henneke* (2010), 45.

[20] Vgl. *Henneke* (2010), 70. Zum Regional- und Enumerationsprinzip, siehe Abschnitt 3.3.1.

auch direkt vor Ort treffen. [...] Die Sparkasse muss sich für diese Entscheidungen vor [...] demokratisch gewählten und mit örtlichen Repräsentanten besetzten Gremien verantworten."[21]

3.1.2 Träger

Aufgrund der kommunalen Trägerschaft der Sparkasse, existiert eine „demokratische Legitimationskette für die wesentlichen Entscheidungen" der Institute.[22] Wie die Trägerstruktur der Sparkassen korrespondiert auch der grundsätzliche Organisationsaufbau der Sparkassen-Finanzgruppe insgesamt „konsequent mit dem föderal gegliederten Staatsaufbau der Bundesrepublik Deutschland".[23] Wesentlich ist jedoch die Unterscheidung, dass es sich bei den Sparkassen um kommunale Träger, nicht jedoch um Eigentümer im Sinne direkter wirtschaftlicher Zugriffsmöglichkeiten handelt.[24] Dies zeigt sich in der strikten Trennung zwischen den Finanzströmen von Sparkasse und Träger sowie der Negierung eines fiskalischen Zugriffs auf die Sparkassen durch die Kommunen.[25]

Nach § 8 Abs. I *SpkG NW* wählt der Träger die Mitglieder und den Vorsitzenden des Verwaltungsrates der Sparkasse und der Verwaltungsrat übernimmt die Kontrollfunktion gegenüber der Geschäftsleitung, die auch durch das Gesetz bestimmt wird. Aufgrund dieser Funktion ist sichergestellt, dass die Interessen des Trägers auch über den Verwaltungsrat hinlänglich berücksichtigt werden. Der Träger nimmt ansonsten einige übergeordnete und vor allem grundsätzliche Funktionen wahr, die weder einen operativen noch kontrollierenden Charakter besitzen, insbesondere:

---

[21] *DSGV* (2008), 13. Sowie § 1 Abs. I *KWG*.

[22] Dies betrifft alle kommunal verfassten Sparkassen, vgl. *Dietel* (2003), 167.

[23] *Bodin* (2004), 56. Abweichend davon existieren in einigen Regionen freie Sparkassen, die privatrechtlich organisiert sind und strukturelle Besonderheiten aufweisen, z. B. Führung der Berliner Sparkasse und der Landesbank Berlin oder Spezifika beim Gewährträger, etwa bei der Nassauischen Sparkasse.

[24] Es handelt sich demnach um eine spezielle Form der Aufteilung von Verfügungsrechten (siehe Abschnitt 2.1.1). Während die Nutzungs- und Änderungsrechte bei der Leitung liegen, gibt es aufgrund der spezifischen Trägerstruktur Besonderheiten bei den Eigentums- und Ertragsrechten, die sich von den klassischen Zugriffsrechten eienes Eigentümers unterscheiden (siehe Abschnitt 3.1.3).

[25] Vgl. *Schackmann-Fallis/Weiß* (2017), 355.

- Entscheidung über Errichtung, Auflösung bzw. Fusion der Sparkasse (§ 8 Abs. IIa, b, c *SpkG NW*),
- Erlass und Änderung der Sparkassensatzung (§ 8 Abs. IId *SpkG NW*),
- Genehmigung der Bestellung der Vorstandsmitglieder durch den Verwaltungsrat (§ 8 Abs. IIe *SpkG NW*) sowie
- Entscheidung über Verwendung des Jahresüberschusses (§ 8 Abs. IIg *SpkG NW*).

In einer netzwerktheoretischen Betrachtung werden die Träger der Sparkassen – insbesondere aufgrund ihrer begrenzten Funktion und der strikten wirtschaftlichen Trennung – regelmäßig nicht als Akteure im engeren Sinne der Theorie angesehen.[26] Die Kontrollfunktionen nehmen die Vertreter des Trägers über den Verwaltungsrat sowie über die Gremien des Regionalverbandes wahr. [27]

Gegenstand intensiver wirtschaftlicher und insbesondere rechtlicher Debatten – im Zusammenhang mit dem Beihilferecht der Europäischen Union – waren die vormals gültigen Regelungen zur Gewährträgerhaftung und die durch die Träger zu tragende Anstaltslast.[28] Gewährträgerhaftung und Anstaltslast wurden durch die Europäische Union als mit dem Beihilferecht der Gemeinschaft unvereinbar angesehen und mussten in den 2000er Jahren abgeschafft (Gewährträgerhaftung) bzw. umfassend modifiziert (Anstaltslast) werden.[29] An Stelle der früheren Regelungen ist ein „System von Sicherungseinrichtungen" innerhalb der Sparkassen-Finanzgruppe gerückt, durch das Institute in Notsituationen solidarisch unterstützt werden können.[30]

---

[26]Vgl. *Eim* et al. (2006), 58.

[27]„Der kommunale Träger hat damit keinen Durchgriff auf operative Entscheidungen, einschließlich Kreditentscheidungen, nimmt jedoch Einfluss auf die allgemeine Geschäftspolitik und überwacht sowie entlastet den Vorstand", *Schackmann-Fallis/Weiß* (2017), 355.

[28]Die „Gewährträgerhaftung ist die unbeschränkte Haftung der Träger für die Verbindlichkeiten ihrer Sparkasse" und die „Anstaltslast bedeutet die Verpflichtung der Träger, die Sparkassen mit den zur Erfüllung ihrer Aufgaben notwendigen finanziellen Mitteln auszustatten und sie für die Dauer ihres Bestehens funktionsfähig zu halten", *Müller* (2005), 332. Zum Thema außerdem *Schackmann-Fallis/Weiß* (2017), 348 ff. Eine wirtschaftliche Unterstützung des Trägers kann nur unter Berücksichtigung des EU-Beihilferechts erfolgen, vgl. *Schackmann-Fallis/Weiß* (2017), 355.

[29]Vgl. *Müller* (2005), 330 ff.

[30]Dazu zählen die umlagefinanzierten regionalen Stützungsfonds der Regionalverbände, Sicherungsfonds der Bausparkassen und Landesbanken sowie eine Sicherungsreserve des DSGV. Sofern erforderlich, kann auf alle drei Systeme im Sicherungsfall zurückgegriffen werden, vgl. *Reimer* et al. (2011), 25.

Untersucht wurden die Auswirkungen der Träger- bzw. Eigentumsstruktur auf die Geschäftstätigkeit von Instituten: Beispielsweise nehmen Banken mit privaten Eignern vergleichsweise höhere Risiken in Kauf, generieren aber aus diesen Geschäften auch höhere Erträge.[31]

3.1.3 Organe

Die beiden Organe innerhalb der Sparkasse sind nach § 9 *SpkG NW* der Verwaltungsrat und der Vorstand. Mitglieder des Verwaltungsrates sind kommunale Verantwortungsträger, Arbeitnehmervertreter und lokale Bürger, die durch die Vertreter des Trägers nach § 8 Abs. I *SpkG NW* bestimmt werden.[32] Der Verwaltungsrat bestimmt die Grundzüge der Geschäftspolitik mit und kontrolliert den Vorstand, hat aber keine operative Funktion.[33] Die wesentlichen Aufgaben des Verwaltungsrates werden in § 15 *SpkG NW* wie folgt definiert:

- Bestimmung der Richtlinien der Geschäftspolitik,
- Bestellung und Abberufung der Mitglieder und stellvertretenden Mitglieder des Vorstandes sowie Berufung und Abberufung des Vorstandsvorsitzenden und des stellvertreten Vorstandsvorsitzenden,
- Bestellung von Verhinderungsvertretern,[34]
- Überwachung des Vorstands,
- Erlass der Geschäftsanweisungen für den Vorstand und die Innenrevision,
- Feststellung des Jahresabschlusses und die Billigung des Lageberichtes,
- Vorschlag über die Verwendung des Jahresüberschusses an die Vertretung des Trägers,
- Bildung von Ausschüssen,[35]

[31]Vgl. *Beck* et al. (2009). Dazu auch *Gärtner/Flögel* (2017), 80 f.

[32]Vgl. *Schackmann-Fallis/Weiß* (2017), 348.

[33]*Ebd.*

[34]Dies sind gemäß § 15 *SpkG NW* Dienstkräfte, die im Falle der Verhinderung von Mitgliedern und stellvertretenden Mitgliedern des Vorstandes deren Aufgaben wahrnehmen.

[35]Dies betrifft gemäß § 15 Abs. III *SpkG NW* zum einen den Risikoausschuss, durch den die Grundsätze der Risikopolitik und Risikosteuerung der Sparkasse mit dem Vorstand beraten werden, sowie den Bilanzprüfungsausschuss zur Überwachung des Rechnungslegungsprozesses, der Jahresabschlussprüfung, der Wirksamkeit des internen Kontrollsystems und des Risikomanagementsystems.

- Eröffnung und Schließung von Geschäftsstellen (dies gilt nur für mitarbeiterbesetzte Geschäftsstellen) auf Vorschlag des Vorstands[36] sowie
- weitere Einzelaufgaben.[37]

Die Mitglieder des Verwaltungsrates sind dem Wohl der Sparkasse verpflichtet, handeln entsprechend ihrer Überzeugungen und sind nicht an Weisungen gebunden. Auch aufgrund einer Beteiligung von Beschäftigten im Verwaltungsrat konnten *Böhm et al.* zeigen, dass die Mitglieder der Kontrollgremien in Sparkassen gegenüber den Genossenschaftsbanken ein „signifikant höheres Maß an offenkundiger Finanzexpertise" aufweisen.[38] Dieser durch die Beteiligung von Beschäftigten in den Kontrollgremien der Sparkassen vorhandene „Grundsockel an Finanzexpertise", der bei den Genossenschaftsbanken nicht vorhanden ist, führt unter den Genossenschaftsbanken zu einer im Vergleich größeren Bandbreite hinsichtlich vorliegender Finanzexpertise bei den Mitgliedern im Aufsichtsgremium.[39] Trotzdem wird aufgrund der Zusammensetzung des Verwaltungsrates eine unzureichende fachliche Qualifikation der Mitglieder teilweise beklagt – insbesondere aufgrund des höheren Anteils an Politikern ohne branchenspezifische Expertise.[40] Durch eine regelmäßige Fort- und Weiterbildung der Mitglieder des Verwaltungsrates kann sichergestellt werden, dass eine ausreichende Expertise für die Ausübung der Kontrolltätigkeiten vorhanden ist bzw. ausgebaut wird.

Der Vorstand als weiteres Organ der Sparkasse übernimmt die Geschäftsführungsfunktion und leitet das Institut gemäß § 20 *SpkG NW* in eigener Verantwortung. Dies betrifft alle nachfolgenden, typischen Aufgaben der Geschäftsführung:[41]

---

[36]Entscheidungen zu den mitarbeiterbesetzten Geschäftsstellen (z. B. Zusammenlegungen) sind nach § 15 Abs. IVd *SpkG NW* zustimmungspflichtig durch den Verwaltungsrat. Dies gilt jedoch nicht „für Zweigstellen, die ausschließlich automatisierte Bank- oder Finanzdienstleistungen erbringen", d. h. nicht mitarbeiterbesetzte SB-Standorte.

[37]Auf Vorschlag des Vorstands können nach § 15 Abs. IV *SpkG NW* Beschlüsse über die Errichtung von Stiftungen, den Erwerb und die Veräußerung von Grundstücken sowie deren Belastung, die Errichtung von sparkasseneigenen Gebäuden sowie die Aufnahme von haftenden Eigenmitteln getroffen werden.

[38]Dieser Unterschied besteht jedoch selbst, wenn der Effekt aus der Mitarbeiterbeteiligung herausgerechnet wird. Hinsichtlich der Institutsgröße konnte dagegen kein Einfluss auf Finanzexpertise der Mitglieder des Verwaltungsrates festgestellt werden, vgl. *Böhm* et al. (2012), 153.

[39]Vgl. *Böhm* et al. (2012), 154.

[40]Vgl. *Renker* (2018), 7.

[41]Vgl. *Krüger* (2015), 7.

- funktionsfähige Ausgestaltung von Strukturen und Prozessen,
- zielorientierte Steuerung der Erstellung und des Vertriebs von Produkten und Dienstleistungen sowie
- Sicherstellung der Finanzierung und Liquidität in der Organisation.

Die Schaffung der Organisationsstruktur hinsichtlich Aufbauorganisation, Aufgabenverteilung sowie prozessualer Ausgestaltung zählt zu den Entscheidungen, die in den Tätigkeitsbereich des Vorstands fallen. Da bereits die aufbauorganisatorische Ausgestaltung Risikorelevanz besitzt, sind bei der Ausgestaltung regulatorische Vorgaben zu berücksichtigen.[42] Im Grundsatz sieht der Gesetzgeber eine aufbauorganisatorische Trennung von Kreditanbahnung (Markt) und Kreditentscheidung (Marktfolge) vor. Der Bedarf an der Differenzierung von Hierarchiestufen ist dabei auch von der Institutsgröße, etwa der Anzahl der Beschäftigten der Sparkasse, sowie vom gewählten Modus der Leistungserbringung abhängig. Innerhalb des Vorstands erfolgt unter dieser Berücksichtigung eine Aufteilung von Ressorts nach unterschiedlichen Aufgaben. Durch die Anforderungen an das Risikomanagement besteht der Vorstand dabei unabhängig von der Institutsgröße aus mindestens zwei Personen.

Der Vorstand trifft auch die Entscheidung über den Einsatz von Beschäftigten, die Erstellung eines Vorschlags für das Netz an mitarbeiterbesetzten Geschäftsstellen bzw. das Angebot von SB-Stellen als die wesentlichen Faktoren für die Leistungserstellung der Institute. Auch die Entscheidung über die Ausgestaltung des konkreten Produkt- und Leistungsangebots sowie der weiteren Vertriebswege der Bank fällt in den Aufgabenbereich des Vorstands.

Der Vorstand legt dem Verwaltungsrat gemäß § 24 Abs. II *SpkG NW* jährlich Jahresabschluss und Lagebericht zur Feststellung bzw. Billigung vor, die vorher vom zuständigen Regionalverband geprüft wurden. Anschließend werden Jahresabschluss und Lagebericht dem Träger vorgelegt, der über die Verwendung des Jahresüberschusses entscheidet.[43]

---

[42]Geregelt in den Mindestanforderungen an das Risikomanagement (*MaRisk*).

[43]Folgende Informationen sind gemäß § 25 *SpkG NW* hinsichtlich der Verwendung des Jahresabschlusses darzulegen: der Jahresüberschuss, der an den Träger auszuschüttende Betrag, die Sicherheitsrücklage sowie der Gewinnvortrag. Bei Entscheidungen zur Angemessenheit der Ausschüttung sind die künftige wirtschaftliche Leistungsfähigkeit der Sparkasse sowie die Anforderungen zur Erfüllung des öffentlichen Auftrags zu berücksichtigen. Der Ausschüttungsbetrag ist zur Erfüllung gemeinwohlorientierter örtlicher Aufgaben des Trägers oder für gemeinnützige Zwecke zu verwenden.

Im Vergleich zu Instituten, die wie Sparkassen im Verbund agieren, ist die Entscheidungskompetenz in Großbanken noch stärker bei den Vorständen konzentriert.[44] *Langschied* konstatiert jedoch im Zeitverlauf eine deutliche Stärkung der Position der Vorstände der Sparkassen innerhalb der Sparkassen-Finanzgruppe, insbesondere durch eine deutliche Weiterentwicklung der Ausbildung, Erhöhung der fachlichen Anforderungen sowie einer stärker unternehmerisch geprägten Ausrichtung der Position.[45]

3.1.4 Geschäftsmodell

Sparkassen übernehmen als regionale Kreditinstitute wesentliche volkswirtschaftliche Funktionen einer Bank:

- Finanzintermediation zur Schaffung eines Ausgleichs zwischen Akteuren und Organisationen mit Kapitalbedarf und Akteuren und Organisationen mit Kapitalüberschuss,[46]
- Wahrnehmung der Transformationsfunktionen aus Losgrößen und Fristen und
- Übernahme der Risikotransformation.[47]

Darüber hinaus liegen die Besonderheiten des Geschäftsmodells der Sparkassen im öffentlichen Auftrag begründet:[48]

- Schaffung eines Zugangs zu Finanzdienstleistungen für alle Bevölkerungsschichten, insbesondere auch für Privatpersonen ohne hohe Vermögen oder Einkommen,
- Gewährleistung einer stabilen Finanzierung zumeist kleiner und mittlerer Unternehmen,
- Unterhaltung einer breiten finanzwirtschaftlichen Infrastruktur,

---

[44]Vgl. *Kalmi* (2017), 40.

[45]Vgl. *Langschied* (1993), 100 ff.

[46]Trotz eines weiterhin bankzentrierten Finanzierungssystems in Deutschland lässt sich der Trend einer zunehmenden Disintermediation, d. h. Kapitalbeschaffung bzw. Kapitalanlage ohne Mitwirkung von Kreditinstituten (z. B. durch *Non-* und *Near-Banks*) beobachten, vgl. *Hellenkamp* (2018), 6 f.

[47]Vgl. *Hellenkamp* (2018), 7 f.

[48]Vgl. *Schackmann-Fallis/Weiß* (2017), 352 ff. sowie *Mang* (2004), 87 f.

- Förderung der Finanzbildung aller Bevölkerungsschichten und
- Übernahme diverser regionaler und gemeinwohlorientierter Aufgaben und Unterstützung gesellschaftlicher Aktivitäten der jeweiligen Region.

Das Geschäft der Sparkasse ist sehr stark vom *Retailbanking* für Privatkunden sowie Firmenkunden (im Schwerpunkt KMU) geprägt sog. „*Boring Banking*".[49] Für kleine und mittlere Unternehmen ist die Finanzierung durch die Sparkassen eine wichtige Grundlage, da ein direkter Zugang zu den Kapitalmärkten für diese Organisationen typischerweise nicht realisierbar oder aufgrund erheblicher Transaktionskosten nicht wirtschaftlich darzustellen wäre.[50] Außerdem können auch private und gewerbliche Kunden bei Sparkassen Bankdienstleistungen in Anspruch nehmen, bei denen das Geschäft aufgrund unzureichender Rentabilität für die Institute durch private Banken nicht betrieben wird.[51]

Immanent ist dem Geschäftsmodell der Sparkassen die Zusammenarbeit im Verbund der Sparkassen-Finanzgruppe, ohne die eine flächendeckende Präsenz von Sparkassen in der heutigen Form kaum vorstellbar wäre (siehe Abschnitt 3.2). Eine Reihe von einzelnen Spezifika des Geschäftsmodells der Sparkassen wurden wissenschaftlich untersucht: Dazu zählen etwa der räumliche Aspekt der Geschäftsaktivität[52], spezifisch auch der Zusammenhang zur Entwicklung des kommunalen Raums[53], oder der Einfluss der Wettbewerbsneigung auf die Stabilität der Institute.[54]

---

[49] *Schackmann-Fallis/Weiß* (2017), 348.

[50] Vgl. *Schackmann-Fallis/Weiß* (2017), 345.

[51] Gemäß § 31 *ZKG* besteht seit 2016 für alle natürlichen Personen ein Rechtsanspruch auf die Nutzung eines Kontos (sog. Basiskonto), das bei allen Banken eingelöst werden kann, um am Zahlungsverkehr teilnehmen zu können.

[52] *Gärtner/Flögel* analysieren die Funktionsweise regionaler Banken und kamen zum Ergebnis, dass regionale Institute zum einen die regionalen Kapitalflüsse zwischen Spareinlagen und Krediten organisieren und wesentlich verantwortlich für die Ausweitung des Kreditvolumens an Unternehmen sind. Zum anderen wurde herausgearbeitet, dass es durch Kreditentscheidungen im Vergleich zu zentralisierten Organisationsstrukturen bei regionalen Instituten erwartungsgemäß einen deutlich stärkeren regionalen Bezug gibt, vgl. *Gärtner/Flögel* (2017), 163.

[53] Vgl. *Rolvering* (1997)

[54] *Klaßmüller* zeigte einen negativen Zusammenhang zwischen der Wettbewerbsneigung und der Stabilität bei deutschen Regionalbanken, vgl. *Klaßmüller* (2015). 187 ff.

3.2 Rolle weiterer Organisationen der Sparkassen-Finanzgruppe

Das Geschäftsmodell der Sparkassen ist ohne die Nutzung von Produkten und Dienstleistungen der weiteren Organisationen in der Sparkassen-Finanzgruppe kaum funktionsfähig. In diesem Zusammenhang wird zunächst auf die Konstitution der Verbände in den Regionen (Abschnitt 3.2.1) sowie auf Bundesebene (Abschnitt 3.2.2) eingegangen. Eine wichtige Rolle übernehmen auch die Verbundpartner, die die Sparkassen produkt- oder dienstleistungsbezogen bei der Leistungserstellung unterstützen (Abschnitt 3.2.3). Schließlich wird die Funktion der Landesbanken erläutert, die im Sparkassensektor die Zentralbankfunktion übernehmen und bei Bankgeschäften unterstützen, die größen- und risikobedingt für einzelne Sparkassen nicht abbildbar wären (Abschnitt 3.2.4).

3.2.1 Regionalverband

Der Regionalverband vertritt die Interessen der Sparkassen im Verbandsgebiet in der Öffentlichkeit und im politischen Raum. Außerdem erfüllt der Regionalverband eine Unterstützungsfunktion für die Sparkassen in geschäftsstrategischer, rechtlicher, volks- und betriebswirtschaftlicher Hinsicht.[55] Der Verband übernimmt darüber hinaus im hoheitlichen Auftrag die Funktion als Prüfungsstelle der Sparkassen im Verbandsgebiet.[56]

Die Regionalverbände insgesamt nehmen im Modell der gemeinsamen Leistungserbringung in der Sparkassen-Finanzgruppe eine zentrale, koordinierende Rolle ein. Bundesweit existieren zwölf Regionalverbände, die auf der bundesstaatlichen Ebene der Länder angesiedelt sind. Somit gibt es auch hierbei eine Orientierung an der staatlichen Ordnungsstruktur der Bundesrepublik Deutschland (kommunale Ebene, Länderebene, bundesstaatliche Ebene). Während der Entstehung der Bundesrepublik Deutschland wurde intensiv diskutiert, ob die Regionalverbände auf Ebene der Bundesländer oder kommunale Spitzenverbände, die entsprechenden Aufgaben übernehmen sollen.[57]

---

[55] Vgl. *Henneke* (2010), 36.

[56] *Ebd.*

[57] Der Vorschlag, kommunale Spitzenverbände zu etablieren, wurde zugunsten der Schaffung regionaler Verbände verworfen. Ein bundesweites Spitzeninstitut, wie es vor der Gründung des Bundesrepublik bestand, existiert zugunsten der regionalen Girozentralen dagegen nicht mehr, vgl. *Langschied* (1993), 98.

Hinsichtlich des räumlichen Zuständigkeitsbereichs der Regionalverbände bildet NRW eine Ausnahme, da im Land derzeit zwei Regionalverbände existieren: Im Rheinland ist der Rheinische Sparkassen- und Giroverband (RSGV) als Regionalverband aktiv, in Westfalen-Lippe agiert dagegen der Sparkassenverband Westfalen-Lippe (SVWL). Nachfolgend wird exemplarisch auf die Strukturen und Aufgaben des Sparkassenverbands Westfalen-Lippe eingegangen, dessen Wirkungsraum auch Gegenstand der nachfolgenden Analysen ist. Die Erfüllung der Aufgaben durch die Regionalverbände sind dabei im Wesentlichen identisch bzw. sehr ähnlich.

Der SVWL ist nach § 32 *SpkG NW* als Körperschaft des öffentlichen Rechts organisiert und wird von den Sparkassen und den Trägern der Sparkassen gebildet. Im Sparkassengesetz sind die übergeordneten Aufgaben des SVWL definiert (§ 34 *SpkG NW*), die darin bestehen, „das Sparkassenwesen zu fördern, Prüfungen bei den Mitgliedssparkassen durchzuführen und die Aufsichtsbehörde gutachtlich zu beraten“. Das Sparkassengesetz definiert als Organe des Verbands nach § 35 Abs. IIa, IIb, IIc *SpkG NW*:

- die Verbandsversammlung,
- den Verbandsverwaltungsrat sowie
- den Verbandsvorstand.

Das höchste Organ im SVWL ist die Verbandsversammlung. Sie legt gemäß § 6 Abs. I *Satzung SVWL* die Grundsätze für die Aufgabenerfüllung des Verbandes fest und wählt die Mitglieder des Verbandsvorstands (§ 6 Abs. II *Satzung SVWL*). Die Verbandsversammlung fasst gemäß § 6 III *Satzung SVWL* folgende wesentlichen Beschlüsse:

- Feststellung des Jahresabschlusses,
- Entlastung des Verbandsverwaltungsrates sowie des Verbandsvorstandes,
- Beschlüsse über Änderungen der Verbandssatzung, Änderungen der Satzung des Sparkassenunterstützungsfonds sowie über Stammkapitalveränderungen und
- Entscheidungen über Erwerb, Aufgabe oder Veränderung von wesentlichen Beteiligungen.

Jede Mitgliedssparkasse entsendet zur Verbandsversammlung zwei Mitglieder des Verwaltungsrates (§ 5 Abs. IIa *Satzung SVWL*) sowie den Vorstandsvorsitzenden (§ 5 Abs. IIb *Satzung SVWL*). Aus der Mitte der Verbandsversammlung wird außerdem der Verbandsverwaltungsrat gewählt.[58] Der Verbandsverwaltungsrat besteht aus 19 stimmberechtigten Mitgliedern, wobei 16 Mitglieder durch die Verbandsversammlung gewählt werden (§ 8 Abs. I *Satzung SVWL*). Zehn zu wählende Mitglieder stammen dabei aus der Personengruppe des Verwaltungsrates und sechs Mitglieder aus der Gruppe der Vorstandsvorsitzenden der Sparkassen (§ 8 Abs. III *Satzung SVWL*). Dem Verbandsverwaltungsrat kommen gemäß § 9 Abs. II *Satzung SVWL* dabei folgende wesentlichen Aufgaben zu:

- Festlegung von Richtlinien der Verbandsarbeit,
- Beschlussfassung über die Budgets des Verbandes,
- Überwachung des Verbandsvorstands und
- Entscheidungsfindung über Erwerb, Aufgabe oder Veränderung von Beteiligungen, über die Verbandsumlage, über Entsendung von Mitgliedern in Gremien von Verbundunternehmen sowie
- Festlegung von Grundzügen der Preispolitik des Verbandes.

Außerdem wählt der Verbandsverwaltungsrat die westfälisch-lippischen Vertreter für die „Organe der Sparkassenzentralbank, der Provinzial NordWest Holding AG und solcher Rechtspersonen des öffentlichen Rechts, an deren Trägerschaft der Verband beteiligt ist" (§ 9 Abs. IId *Satzung SVWL*).

Schließlich wird der Verband durch den Verbandsvorstand geleitet, dem unter Berücksichtigung von § 14 Satzung SVWL folgende Funktionen bzw. Aufgaben zukommen:

- Impulsgeber für Themen und Prioritäten der Verbandsversammlung und des Verbandsverwaltungsrates,
- Kontaktpflege zu Sparkassen, Verbundpartnern und weiteren Organisationen in der Sparkassen-Finanzgruppe sowie Aufsichtsbehörden,
- Nachkommen der Informationspflicht über wesentliche Angelegenheiten gegenüber Verbandsversammlung und Verbandsverwaltungsrat sowie
- Berücksichtigung der Beschlüsse von Verbandsversammlung und Verbandsverwaltungsrat bei der Tätigkeit.

[58]Dabei erfolgt die Wahl der Mitglieder des Verbandsverwaltungsrats in Abstimmung mit den drei kommunalen Spitzenverbänden. Vorsitzender sowie stellvertretender Vorsitzender der Verbandsversammlung sind kraft Amtes auch die Vorsitzenden des Verbandsverwaltungsrates (§ 8 Abs. I *Satzung SVWL*).

Die Verbandsgeschäftsstelle des SVWL erledigt die laufenden, operativen Geschäfte zur Erfüllung der satzungsgemäßen Aufgaben im Verband:[59]

- Entwicklung geeigneter Geschäftsstrategien in Zusammenarbeit mit Sparkassen, Verbundpartnern und weiteren Einrichtungen der Sparkassen-Finanzgruppe,
- Vertretung der Interessen der Sparkassen innerhalb der Sparkassen-Finanzgruppe (insbesondere gegenüber Verbundpartnern) sowie gegenüber staatlichen Stellen (insbesondere Landesregierung und Landesbehörden),
- Wahrnehmung allgemeiner wirtschaftlicher Belange im Sparkassenwesen,
- Beratung der Sparkassen in allen relevanten Angelegenheiten (insbesondere geschäftspolitisch, betriebswirtschaftlich, juristisch und hinsichtlich der Bereitstellung einer leistungsfähigen IT-Infrastruktur),
- Beratung der Sparkassenaufsichtsbehörden,
- Unterhaltung des Stützungsfonds für Mitgliedssparkassen,
- Träger der Sparkassenlotterie und
- Koordination von Beteiligungen an Verbundunternehmen.

Die Sparkassen in Westfalen-Lippe sind außerdem in sieben Bezirks-Arbeitsgemeinschaften zusammengeschlossen, deren Aufgabe die „Beratung fachlicher Angelegenheiten" ist (§ 16 Abs. I *Satzung SVWL*). Die jeweils in den BAG gewählten Obleute sowie deren Stellvertreter bilden den Obleute-Ausschuss zum Zweck einer Meinungsbildung unter den Sparkassenvorständen, eines regelmäßigen Erfahrungsaustausches und der Beratung des Verbands sowie zur Steuerung der Arbeit der Fachausschüsse (§ 16 Abs. II *Satzung SVWL*).

Darüber hinaus existieren weitere Gremien und Ausschüsse in Westfalen-Lippe:[60]

---

[59]Die Verbandsgeschäftsstelle umfasst dabei derzeit drei Abteilungen (Recht/Steuern, Beteiligungen/Grundsatzfragen sowie Finanzen/Gremien/Betrieb), drei Kompetenz-Center (Banksteuerung, Organisation/Prozesse sowie Markt/Vertrieb) und eine Stabsstelle (Kommunikation), vgl. *SVWL* (2018c).

[60]Vgl. *SVWL* (2018d). Die Fachausschüsse übernehmen wesentlich die bankfachliche Arbeit für die Sparkassen im Verbandsgebiet. Zusätzlich gibt es den Trägerausschuss zur besonderen Berücksichtigung kommunaler Belange, den Stützungsfondsausschuss zur Organisation der Institutssicherung für Sparkassen im Verbandsgebiet sowie den Medaillenausschuss zur Entscheidung über Auszeichnungen für besondere Verdienste.

- der Hauptausschuss (zur Erörterung von Budgetangelegenheiten des Verbands),
- der Fachausschuss Markt/Vertrieb,
- der Fachausschuss Banksteuerung sowie
- der Fachausschuss Organisation/Prozesse.

Bei der Bildung und Besetzung von Gremien und Ausschüssen zeigt sich die Verbandssatzung als flexibel, wonach der Verbandsverwaltungsrat „bestimmte Aufgaben, für die er zuständig ist, auf Ausschüsse […] widerruflich übertragen" kann (§11 Abs. I *Satzung SVWL*). Hinsichtlich der Besetzung heißt es außerdem ebenfalls flexibel: „Zu Mitgliedern beratender Ausschüsse können auch Dritte berufen werden."

Die Prüfstelle gehört dem SVWL als unabhängige Einrichtung an.[61] Der Einfluss der Regionalverbände wurde mit der Übernahme des Revisionswesens – schwerpunktmäßig bezüglich der betriebswirtschaftlichen Prüfungen – sowie der Übernahme von Aufgaben im Bereich der Aus- und Fortbildung von Beschäftigten der Sparkassen im Zeitverlauf deutlich gestärkt.[62] Die Regionalverbände tragen die Sparkassenstützungsfonds zur Sicherung der Sparkassen.[63] Die Aufgaben im Zusammenhang mit der beruflichen Bildung der Beschäftigten der Sparkassen gemäß § 2 Abs. III *Satzung SVWL* übernimmt im Verbandsgebiet Westfalen-Lippe die Sparkassenakademie Nordrhein-Westfalen (§ 20 *Satzung SVWL*).

Die Regelungen für die Zusammenarbeit zwischen den Regionalverbänden und dem DSGV als Spitzenverband bildeten sich im Verlauf der Zusammenarbeit heraus, sind aber nicht rechtlich kodifiziert.[64]

---

[61]Die Prüfungsstelle übernimmt die gesetzliche Abschlussprüfung der Mitgliedssparkassen des SVWL. Folgende Aspekte werden dabei geprüft: Jahresabschlüsse, Einhaltung der organisatorischen Pflichten, Risikolage der Sparkassen, Wertpapierdienstleistungs- und Depotgeschäft, Einhaltung der geldwäscherelevanten Vorschriften. Darüber hinaus sollen von der Prüfungsstelle Geschäftsrisiken identifiziert und quantifiziert, Ablaufprozesse analysiert sowie Schwachstellen aufgezeigt werden, vgl. *SVWL* (2018e).

[62]Der Trend zu einer stärkeren Übernahme von Kontrollfunktionen der Träger durch Einrichtungen der Regionalverbände war auch betriebswirtschaftlich aus Sicht der Träger sinnvoll, vgl. *Langschied* (1993), 83 f.

[63]Vgl. *DSGV* (2018m). Zu den unterschiedlichen Einrichtungen für die Unterstützung von notleitenden Sparkassen vgl. Abschnitt 3.1.2.

[64]Vgl. *Langschied* (1993), 87.

3.2.2 Spitzenverband

Als Dachverband der Sparkassen-Finanzgruppe fungiert der Deutsche Sparkassen- und Giroverband (DSGV), der zum einen in der Rechtsform eines Vereins und zum anderen in der Rechtsform einer öffentlichen Körperschaft organisiert ist.[65] Der DSGV fungiert als bundesweite Interessenvertretung für die Sparkassen-Finanzgruppe, er organisiert und koordiniert die Willensbildung innerhalb des Verbunds.[66]

Bereits zu Beginn der Entwicklung von Verbandsstrukturen stellte sich die Frage, wie das Spannungsfeld von institutioneller Dezentralität und notwendiger Zentralität in der Sparkassenorganisation gelöst werden kann.[67] Zwar führte die Etablierung des Verbandswesens auf Ebene der Regionen und des Bundes zu einer gewissen Aufgabenzentralisierung, allerdings von Beginn an in relativ loser Form mit der Ausgliederung von „Nebenfunktionen der Sparkassenarbeit".[68]

Obgleich die Mitgliedschaft der Sparkassen in den Verbänden zu Beginn freiwillig war und längst nicht alle Institute auch Mitglieder der Verbände wurden, begründeten der Wissensvorsprung der Verbünde und der mit wachsender Anzahl beitretender Sparkassen zunehmende Einfluss auf die Willensbildung deren faktische Dominanz.[69] In der Entwicklung der Sparkassenorganisation ist dadurch stets ein Spannungsfeld zwischen Zentralität und Dezentralität in der Entscheidungsfindung erkennbar: Besitzt die partielle Leistungserbringung durch die Verbundpartner stärker den Charakter einer Zuarbeit oder handelt es sich dabei um eine faktische Vorfestlegung von strategischen Entscheidungen auf zentraler Ebene?[70] In diesem Spannungsfeld bewegen sich stets Debatten und Entwicklungen.

---

[65] Vereinsmitglieder sind neben den Regionalverbänden auch Verbundpartner. Teil der öffentlichen Körperschaft sind die Regionalverbände, die in selbiger Rechtsform organisiert sind, vgl. *DSGV* (2018g).

[66] Vgl. *DSGV* (2018g).

[67] Vgl. *Langschied* (1993), 46.

[68] Der Bundesstaat verzichtete auf die Etablierung eines eigenen öffentlich-rechtlichen Kreditinstituts als Pendant zu den kommunalen Sparkassen. Die Kommunen hatten ein erhebliches Interesse daran, das ursprüngliche System der Sparkassen beizubehalten, auch aus wirtschaftlichen Gründen und unter Berücksichtigung des lokalen und regionalen sozialen Engagements der Institute, vgl. *Langschied* (1993), 50.

[69] Vgl. *Langschied* (1993), 82.

[70] *Ebd.*

Dass die Etablierung von zentralen Institutionen im Zuge der Ausbreitung des Sparkassenwesens, deren Aufgaben über den reinen Informationsaustausch und die externe Interessenvertretung gegenüber staatlichen Instanzen hinausgingen, erforderlich wurde, kann als unstrittig angesehen werden.[71] Wesentlicher Grund für die *peu à peu* stattfindende und vergleichsweise maßvolle Übernahme von zentralen Aufgaben in der Sparkassenorganisation durch die errichteten Institutionen waren dabei nicht primär betriebswirtschaftliche Überlegungen hinsichtlich der Leistungserbringung in den Sparkassen, die die Entwicklung ggf. beschleunigt hätten, sondern eher grundsätzliche strukturelle Erwägungen (Rolle des Trägers).[72] Frühzeitig gab es jedoch beispielsweise eine Kompetenzbündelung auf Ebene des DSGV im Bereich von Marketing und Werbung.[73]

Der DSGV besitzt keine normierte Führungs- und Entscheidungskompetenz, versucht allerdings dennoch, die strategische Ausrichtung der Sparkassen-Finanzgruppe zu beeinflussen (z. B. im Rahmen der Entwicklung von Strategien, durch Beratung oder Erfahrungsaustausch).[74] Die Angebote des Spitzenverbands (z. B. Erstellung strategischer Konzepte für die Sparkassen) entfalten dabei eine mittelbare Bindungswirkung.[75] Dies betrifft insbesondere die nachfolgenden markt- und betriebsstrategischen Themengebiete:[76]

[71]Maßgeblicher Grund dafür war ein verstärkter Wettbewerb, insbesondere mit den Genossenschaftsbanken. Als wesentliche Bedenken hinsichtlich der Gründung eines Zentralinstituts in der Sparkassenorganisation wurden allerdings vorgetragen: Schwächung der kommunalen Refinanzierungsmöglichkeiten durch eine Reduktion der Ausschüttung aufgrund einer stärkeren Verteilung sowie einer geringeren Mitsprache durch die einzelnen Träger. Außerdem wurde die Gefahr gesehen, dass die Erfüllung des öffentlichen Auftrags durch die Etablierung eines Zentralinstituts, das „zu sehr den Risiken des Bankgeschäfts ausgesetzt" ist, gefährdet sein könnte, vgl. *Langschied* (1993), 69. Im Ergebnis wurde auf die Gründung eines Zentralinstituts verzichtet. Stattdessen entwickelte sich die bundesweite Verbundstruktur weiter.

[72]Was sich auch darin zeigt, dass eine Zentralisierung von Aufgaben erst vergleichsweise spät oder gar nicht erfolgte, vgl. *Langschied* (1993), 72.

[73]Vgl. *Langschied* (1993), 87.

[74]Vgl. *Eim* et al. (2006), 59 sowie *Henneke* (2010), 41.

[75]Diesen Umstand beklagt *Langschied* bereits zu Beginn der 1990er Jahre und resümiert schließlich mit der These *Williamsons*, wonach „man nicht gleichzeitig in vollem Ausmaß die jeweiligen Vorteile der Marktkoordination und der hierarchischen Koordination realisieren kann" und der Verbund sich daher weniger durch Steuerung als durch eine evolutorische Entwicklung auszeichnet, *Langschied* (1993), 206.

[76]Vgl. *DSGV* (2018a)

- Produktentwicklung und -abwicklung,
- Beratungsansätze für Kundensegmente,
- Karten- und Zahlungsverkehr,
- Gesamtbanksteuerung und
- Risikomanagement.

Die relevanten Konzeptionen für die Sparkassen-Finanzgruppe werden in Zusammenarbeit mit den weiteren Organisationen in der Sparkassen-Finanzgruppe, insbesondere den Sparkassen und den Regionalverbänden, entwickelt.[77] Insofern handelt es sich nicht um Konzepte des DSGV, sondern um die durch die Sparkassen und Verbände entwickelten Konzepte auf Ebene des DSGV. Für die Implementierung entsprechender Konzepte werden teilweise nachgelagert Unterstützungsleistungen durch den DSGV und die Regionalverbände angeboten, die Sparkassen nutzen können. Grundsätzlich ist die Konzeptentwicklung von der Implementierung getrennt und die Institute sind geschäftspolitisch autonom in der Umsetzung.

Die Organisation der Zusammenarbeit mit den Verbundunternehmen wird durch den DSGV koordiniert und gesteuert. Allerdings fehlen dem DSGV auch hier durch die organisatorische und wirtschaftliche Eigenständigkeit der Verbundpartner formale Weisungskompetenzen.[78] Aufgrund der Beteiligungsstrukturen erfolgt die Einflussnahme auf Verbundunternehmen daher eher über die Regionalverbände als über den DSGV.[79]

Außerdem werden die institutssichernden Einrichtungen sowie die weiteren Sicherungssysteme durch den DSGV betreut und koordiniert.[80] Der DSGV tritt als Träger der zentralen Bildungseinrichtungen sowie weiterer Gemeinschaftseinrichtungen der Sparkassen-Finanzgruppe auf.[81] Als Spitzenverband vertritt der

[77] *Ebd.*

[78] Vgl. *Schackmann-Fallis/Weiß* (2017), 356.

[79] Der DSGV ist in der Regel nicht an den Verbundpartnern eigentumsrechtlich beteiligt, vgl. *Eim* et al. (2006), 64.

[80] Dies umfasst die Einrichtungen nach dem Einlagensicherungs- und Anlegerentschädigungsgesetz, das Sicherungssystem der Sparkassen-Finanzgruppe, den Sicherungsfonds der Girozentralen und den Sicherungsfonds der Landesbausparkassen, vgl. *DSGV* (2018m).

[81] Etwa der Hochschule der Sparkassen-Finanzgruppe oder der Sparkassenstiftung für internationale Kooperation, vgl. *DSGV* (2018g).

DSGV die deutsche Sparkassen-Finanzgruppe in den internationalen Sparkassengremien.[82]

Innerhalb der internen Organisationsstruktur des DSGV können drei Bereiche unterschieden werden:[83]

- der Präsidialbereich,
- das Dezernat Geschäfts- und Digitalisierungsstrategie sowie
- das Dezernat Wirtschaft, Politik und Banksteuerung.

Im Präsidialbereich sind verschiedene Einheiten gebündelt, die im Schwerpunkt die interne Aufgabenerfüllung des Verbandes betreffen (z. B. Abteilung Gremien und Strukturen oder Abteilung Kommunikation und Medien).

3.2.3 Verbundpartner

Ein wichtiger Schritt in der verbundübergreifenden Zusammenarbeit war die Implementierung des *Allfinanzkonzepts*, d. h. des Angebots aller relevanten Dienstleistungen und des Vertriebs aller notwendigen Finanzprodukte – auch über das klassische Einlagen- und Kreditgeschäft hinaus – durch die Sparkassen.[84] Neben den klassischen Bankprodukten sind dies auch die Produkte der Verbundpartner (z. B. Bausparen oder Versicherungen). Dies umfasst im Wesentlichen die Leistungsangebote der Landesbausparkassen für die Produktkategorie Bausparen, die Leistungsangebote der öffentlichen Versicherer für das Versicherungsgeschäft, das Angebot der DekaBank als Institut im Bereich Asset Management/Investmentfonds sowie das Angebot von Deutsche Leasing für das Leasinggeschäft.[85]

Das Kerngeschäft der derzeit acht Landesbausparkassen besteht im Angebot von Bausparprodukten und dem damit einhergehenden Anspruch auf Wohnungsbaudarlehen. Die Landesbausparkassen treten dabei als Gruppe

---

[82]Dies betrifft etwa die Europäische Sparkassenvereinigung (ESV) und das Weltinstitut der Sparkassen (WIS), vgl. *DSGV* (2018m) sowie *Witt* (2006), 13.

[83]Vgl. *DSGV* (2018i).

[84]Die verstärkte Tendenz dazu lässt sich – gleichsam in unterschiedlichen organisatorischen Formen – seit Mitte der 1980er Jahre beobachten, vgl. *Langschied* (1993), 197.

[85]Darüber hinaus existieren weitere Leistungen von Verbundunternehmen, vgl. *Schackmann-Fallis/Weiß* (2017), 348 f.

bundesweit in Erscheinung, allerdings gilt auch bei den Landesbausparkassen das Regionalprinzip.[86]

Im Versicherungsgeschäft existieren derzeit elf öffentliche Versicherer der Sparkassen in Deutschland, die gemeinsam die zweitgrößte Versicherungsgruppe bilden.[87] Die Koordination des spezifischen Leistungsangebots der öffentlichen Versicherer durch Zusammenarbeit innerhalb der Sparkassen-Finanzgruppe erfolgt durch den Verband öffentlicher Versicherer.[88] Außerdem existieren einheitliche Versicherungsunternehmen für die Kranken-, Rechtsschutz-, Reise- und Rückversicherung sowie die betriebliche Altersversorgung.[89]

Die DekaBank wird als Anstalt des öffentlichen Rechts von einer Reihe von Sparkassenverbänden getragen und übernimmt innerhalb der Sparkassen-Finanzgruppe die Funktion als Wertpapierhaus.[90] Die Sparkassen sind dabei die exklusiven Vertriebspartner für das Wertpapiergeschäft.[91]

Die Deutsche Leasing Gruppe fungiert als herstellerunabhängige Leasinggesellschaft der Sparkassen-Finanzgruppe für Unternehmen aus Industrie, Handel, Dienstleistung und des öffentlichen Sektors.[92]

Neben den aufgeführten produktbezogenen Verbundpartnern existieren Dienstleister, die für die Sparkassen aufgabenbezogene Leistungen übernehmen bzw. diese zur Verfügung stellen, insbesondere in den Bereichen IT, Payment sowie der Bewertungs- und Sicherungsverfahren. Dazu zählen außerdem fünf Leasinggesellschaften, sieben Kapitalanlagegesellschaften der Landesbanken, drei Factoringgesellschaften, zehn LBS-Immobiliengesellschaften, 74 Kapitalbeteiligungsgesellschaften sowie sieben Unternehmens-/Kommunalberatungsgesellschaften.[93] Entsprechende Leistungen werden innerhalb der Sparkassen-Finanzgruppe u. a. von dem IT-Dienstleister (Finanz Informatik), dem

[86]Vgl. *DSGV* (2018g).

[87]Dabei sind die Regionalverbände, die Sparkassen sowie die Landesbanken in der Regel die wesentlichen Eigner, vgl. *DSGV* (2018h).

[88]Vgl. *DSGV* (2018h).

[89]Sowohl VöV als auch die Deutsche Rückversicherung AG dienen den Erstversicherern als Rückversicherer und sorgen für den notwendigen Risikoausgleich, vgl. *DSGV* (2018h).

[90]Vgl. *Hellenkamp* (2018), 30 und *DSGV* (2018b).

[91]Vgl. *Hellenkamp* (2018), 30.

[92]Vgl. *DSGV* (2018c).

[93]Vgl. *DSGV* (2018e).

Deutschen Sparkassenverlag (DSV) sowie dem Informatikzentrum (SIZ) als Spezialdienstleister erbracht.[94]

Exemplarisch zeigt sich die Entwicklung hin zu einer stärkeren Zentralität: Vor 1998 existierten insgesamt elf verschiedene IT-Dienstleister innerhalb der Sparkassen-Finanzgruppe, die die Anwendungsentwicklung bzw. den Infrastruktur- und Rechenzentrumsbetrieb übernahmen und deren Aufgabenbereiche sich inhaltlich stark überschnitten.[95] Bei der Erbringung der Dienstleistungen wurden jedoch regionale Schwerpunkte gesetzt, die sich auch in den regionalen Eigentumsstrukturen widerspiegelten. Im Zuge der technischen Entwicklung und zunehmenden Bedeutung der IT für die Institute setzte eine Fusionswelle ein. Seit 2008 ist die FI als zentraler und exklusiver IT-Dienstleister in der Sparkassen-Finanzgruppe bundesweit aktiv. Erst durch diese Veränderung war es möglich, einheitliche Systeme für die Sparkassen-Finanzgruppe zu implementieren und weiterzuentwickeln, was z. B. mit der seit 2011 bestehenden Gesamtbanklösung OSPlus (One System Plus) gelungen ist.[96]

Eine Darstellung aller Eigentums- und Beteiligungsstrukturen innerhalb der Sparkassen-Finanzgruppe auf einen Blick ist aufgrund der engen Verwobenheit und hohen Gesamtzahl an Organisationen – etwa im Gegensatz zum genossenschaftlichen Finanzverbund – kaum möglich.[97] Dies signalisiert einerseits ein engmaschiges Netzwerk zwischen den Organisationen der Sparkassen-Finanzgruppe und andererseits aber gleichzeitig ein immer noch hohes Maß an Fragmentierung.

3.2.4 Landesbanken

Träger der insgesamt sechs Landesbank-Konzerne sind regelmäßig die Regionalverbände sowie die jeweiligen Länder.[98] Die Landesbanken entstanden aus den regionalen Girozentralen und übernahmen die Funktion der Sparkassenzentralbank, insbesondere die Verrechnung des bargeldlosen Zahlungsverkehrs.[99]

---

[94] *Ebd.*

[95] Vgl. *Finanz Informatik* (2009), 23.

[96] Vgl. *Finanz Informatik* (2018a).

[97] Vgl. *Eim* et al. (2006), 61.

[98] Vgl. *DSGV* (2018f)

[99] Vgl. *Henneke* (2010), 37. Die Zentralbankfunktion für die Sparkassen im Verbandsgebiet Westfalen-Lippe übernimmt die Landesbank Hessen-Thüringen. Der SVWL hält 4,75 % der Anteile an der Landesbank Hessen-Thüringen, vgl. *Helaba* (2018), U6.

Als größere Kreditinstitute übernehmen die Landesbanken außerdem Geschäfte, die einzelne Sparkassen aufgrund der Grenzen an Risikotragfähigkeit und Anforderungen an die Risikodiversifizierung allein nicht tätigen können.[100] Bei Gemeinschaftsprojekten (z. B. großvolumigen bzw. komplexen Finanzierungen) werden den Sparkassen durch die Landesbanken daher Refinanzierungsmittel zur Verfügung gestellt.[101] Außerdem begleiten und beraten die Landesbanken mittelständische Kunden der Sparkassen bei deren Auslandsaktivitäten.[102]

Im jeweiligen Geschäftsgebiet übernehmen die Landesbanken darüber hinaus die Funktion einer Staats- und Kommunalbank („Hausbanken der Länder") bzw. als Geschäftsbank im *Wholesale Banking*.[103] Bundesländer und Kommunen werden durch die Landesbanken etwa im Bereich von Industrie- und Infrastrukturansiedlungen sowie bei der Bereitstellung von Finanzdienstleistungen unterstützt.[104] Die Aufsichtsgremien der Landesbanken sind entsprechend der Eigentumsstrukturen durch Vertreter der Länder und Kommunen, Vertreter der Sparkassen bzw. der Verbände sowie Vertreter der Bediensteten der Landesbank besetzt.[105]

Neben den privaten Kreditbanken waren aus dem Bereich öffentlich-rechtlicher Banken insbesondere die Landesbanken von den Folgen der Finanzkrise ab 2007 negativ betroffen.[106]

---

[100] Vgl. *Henneke* (2010), 37.

[101] Vgl. *Bodin* (2004), 59.

[102] Vgl. *DSGV* (2018f).

[103] *Henneke* (2010), 38.

[104] Vgl. *Bodin* (2004), 59.

[105] Vgl. *Helaba* (2018), 241 ff.

[106] Vgl. *Gubitz* (2013), 317. Vertikale Fusionen im Sektor der Landesbanken werden von Entscheidungsträgern nicht als sinnvolle Alternative erachtet, woraus *Gubitz* ableitet, dass eine stärkere Konkurrenz der Landesbanken gegenüber den Sparkassen zu erwarten ist, vgl. *Gubitz* (2013), 332. In Folge der Finanzkrise wurde die ehemals auch auf dem Gebiet des SVWL aktive WestLB im Jahr 2012 aufgespalten und liquidiert. Die WestLB fokussierte sich in ihrer Geschäftsaktivität zuvor stark auf das Investmentbanking, was jedoch nicht zu den gewünschten nachhaltigen wirtschaftlichen Erfolgen führte, sondern im Ergebnis mit hohen Verlusten verbunden war, vgl. *Lienemeyer/Magnus* (2011), 46.

3.3 Prinzipien für Entscheidungsprozesse in der Sparkassen-Finanzgruppe

Zwei grundsätzliche Varianten im Organisationsverständnis der Sparkassen-Finanzgruppe lassen sich unterscheiden (siehe Abbildung 3.1): Zum einen ein integriertes Verständnis, wonach die Sparkassen-Finanzgruppe insgesamt als *ein* monolithischer Block anzusehen ist, innerhalb dessen auf verschiedenen Ebenen die unterschiedlichen Akteure aktiv sind (z. B. einzelne Sparkassen oder Beschäftigte. Auf der anderen Seite steht ein *differenziertes* Organisationsverständnis, wonach die Sparkassen-Finanzgruppe aus separaten Organisationen besteht (z. B. die einzelnen Sparkassen). Beiden Varianten der Betrachtung kommt dabei ein gewisser Erklärungsgehalt zu. Die Betrachtung der Sparkassen-Finanzgruppe als *eine* Organisation ist insbesondere dann sinnvoll, wenn der Vergleichs- bzw. Untersuchungsgegenstand außerhalb selbiger liegt (z. B. Vergleiche mit der genossenschaftlichen Bankengruppe in Deutschland oder der Sparkassengruppe Österreich).

Um die Organisations- und Entscheidungsstrukturen innerhalb der Sparkassen-Finanzgruppe näher zu analysieren, ist dagegen eine netzwerkbezogene Betrachtung hilfreich.[107] Voraussetzung dafür ist, dass die Sparkassen-Finanzgruppe als ein Konstrukt verstanden wird, dessen Glieder aus separaten Organisationen bestehen (z. B. der einzelnen Sparkasse), innerhalb derer dann die verschiedenen Akteure agieren (z. B. Beschäftigte der Sparkasse). Die Sparkassen-Finanzgruppe ist hierbei die Summe der Verbindungen und Austauschbeziehungen zwischen den einzelnen Organisationen und Akteuren. Durch das Netzwerk der Sparkassen-Finanzgruppe gibt es – wie im Abschnitt 3.2 gesehen – eine Reihe von Besonderheiten, welche etwa die Beziehung zwischen einer Sparkasse und einem öffentlichen Versicherer zu einer anderen machen als die Beziehung zwischen einer Sparkasse und einem Versicherungsunternehmen außerhalb der Sparkassen-Finanzgruppe.

---

[107] Zu den organisationstheoretischen Grundlagen von Netzwerken siehe Abschnitt 2.4.

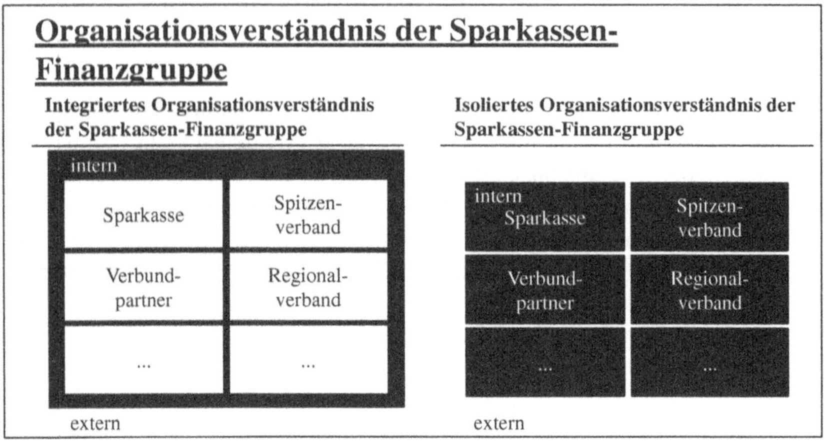

Abbildung 3.1 Organisationsverständnis der Sparkassen-Finanzgruppe

Die enge Verzahnung innerhalb der Sparkassen-Finanzgruppe zeigt sich zunächst in den Träger- und Eigentumsstrukturen sowie der davon beeinflussten Besetzung der relevanten Gremien und Ausschüsse. Innerhalb der Sparkassen-Finanzgruppe gibt es im Unterschied zu durch Konzernstrukturen geprägte Organisationen weniger *Top-Down*-Entscheidungen (siehe Abbildung 3.2).[108] Vielmehr ist die Verbundstruktur wie gesehen durch dezentrale Entscheidungen bzw. dezentral beeinflusste Entscheidungen geprägt. Die Zusammenarbeit innerhalb der Sparkassen-Finanzgruppe, durch die die Entscheidungsprozesse wesentlich bestimmt sind, lässt sich durch folgende drei Prinzipien charakterisieren:[109]

- das Regional- und Enumerationsprinzip (Abschnitt 3.3.1),
- das Subsidiaritätsprinzip (Abschnitt 3.3.2) sowie
- das Verbundprinzip (Abschnitt 3.3.3).

Die Prinzipien sind unterschiedlich stark normiert. Während sich das Regional- und Enumerationsprinzip in den Sparkassengesetzen wiederfindet (§ 3 *SpkG NW*), beispielsweise in einer regionalen Begrenzung der Geschäftsaktivität von

[108] Vgl. *Schackmann-Fallis/Weiß* (2017), 348.

[109] Vgl. *Langschied* (1993), 133 ff.

Sparkassen, ist das Subsidiaritätsprinzip mittelbar durch die kommunale Trägerschaft der Sparkassen bestimmt. Schließlich führen die Sparkassengesetze auch das Verbundprinzip in allgemeiner Form ein (§ 4 *SpkG NW*). Bei der konkreten Ausgestaltung von Entscheidungsstrukturen existieren jedoch unter Wahrung dieser Grundprinzipien erhebliche Gestaltungsspielräume für die Sparkassen und die weiteren Organisationen der Sparkassen-Finanzgruppe.

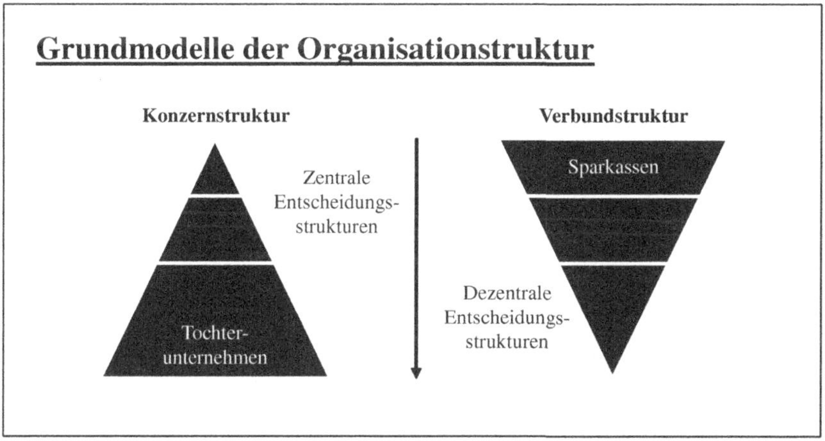

Abbildung 3.2 Grundmodelle der Organisationsstruktur (Eigene Darstellung in Anlehnung an *Langschied* (1993), 131)

3.3.1 Regional- und Enumerationsprinzip

Das Regionalprinzip ergibt sich aus der geografischen Begrenzung der Geschäftsaktivitäten einzelner Institute und der damit verbundenen kommunalen Trägerschaft (§ 3 *SpkG NW*). Es regelt die geschäftliche Aktivität der Sparkasse und die Zusammenarbeit im Verbund im Hinblick auf den Ort der Leistungserbringung (horizontale Ebene).[110] Wesentlicher Grund für die im Vergleich zu den weiteren Prinzipien klare und detaillierte Beschreibung des Regionalprinzips war die Vermeidung erhöhter Haftungsrisiken für die kommunalen Träger als – frühere – Gewährträger. Durch die Fokussierung der Geschäftsaktivität der Sparkasse auf

[110] Vgl. *Langschied* (1993), 133.

das jeweilige Trägergebiet kann sichergestellt werden, dass vorliegend räumlich bedingte Informationsvorteile – beispielsweise aufgrund der entsprechenden Besetzung in den Aufsichtsgremien – nutzbar sind (siehe Abbildung 3.3). Geschäftsaktivitäten außerhalb des Trägergebiets gehen dagegen mit der Übernahme zusätzlicher Risiken außerhalb des Aktivitätsradius der Träger einher, die durch die Träger hätten getragen werden müssen.[111] Diese stark risikobezogene Sichtweise bietet auch eine Erklärung dafür, warum die Normierung dieses Prinzips sich nach Geschäftsfeldern mit unterschiedlichem Risiko unterscheidet:

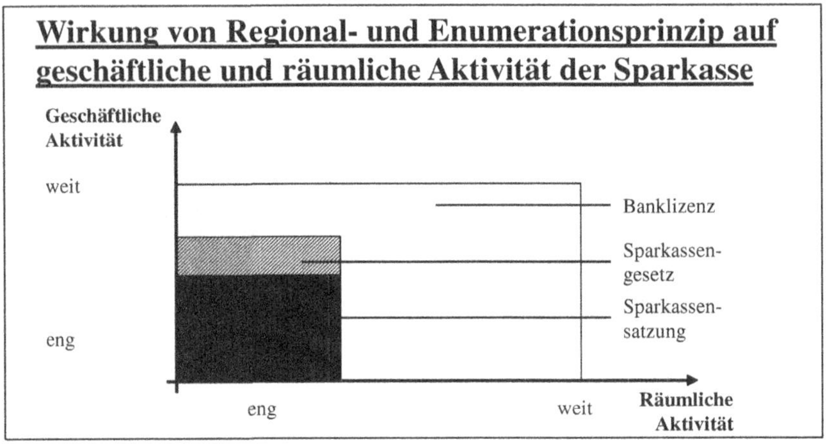

Abbildung 3.3 Wirkung von Regional- und Enumerationsprinzip

- im Kreditgeschäft ist die Vergabe nur innerhalb des Trägergebiets bzw. Satzungsgebiets ohne Einschränkungen möglich (§ 3 Abs. I *SpkG NW*). Innerhalb Deutschlands, aber außerhalb des Träger- bzw. Satzungsgebiets, ist die Kreditvergabe nur ausnahmsweise möglich, innerhalb der EU und der Schweiz nur dann, wenn der überwiegende Teil des Kreditgeschäfts innerhalb des Trägergebiets/Satzungsgebiets erfolgt. Außerhalb der EU ist die Vergabe gemäß Anknüpfungsgrundsatz nur ausnahmsweise zulässig, wenn die Kredite

[111] Es werden insbesondere mögliche Informationsasymmetrien hinsichtlich einer über das Trägergebiet hinausgehenden Geschäftstätigkeit genannt (z. B. bei der Kreditvergabe), vgl. *Langschied* (1993), 133 f. Es ist allerdings fraglich, ob dieses Argument aufgrund einer zunehmenden Standardisierung von Kreditentscheidungen noch Bestand hat.

in unmittelbarem Zusammenhang mit der kreditwirtschaftlichen Versorgung im Träger- bzw. Satzungsgebiet stehen,
- im Einlagen- und Anlagengeschäft sind die Regelungen dagegen weniger strikt, da dieses Geschäft kaum Risikorelevanz besitzt. Unter Bezugnahme auf § 1 Abs. XI *KWG* gelten gemäß § 3 Abs. II *SpkG NW* aufgeführte Einschränkungen beispielsweise nicht für Aktien sowie das Derivategeschäft,
- im Feld der Unternehmensbeteiligungen gibt es wiederum Einschränkungen, um eine mittelbare Umgehung des Regionalprinzips zu vermeiden: Sparkassen dürfen sich grundsätzlich nur an Unternehmen beteiligen, deren Sitz im Träger- bzw. Satzungsgebiet liegt,[112]
- Besonderheiten gelten dagegen für Beteiligungen im Verbund der Sparkassen-Finanzgruppe: Bei Beteiligungen, die dem Allfinanzangebot dienen, sind diese innerhalb des Verbunds mit dem Regionalprinzip auch vereinbar, wenn der Sitz außerhalb des Träger- bzw. Satzungsgebiets liegt (§ 3 Abs. III *SpkG NW*).

Ausdruck des Regionalprinzips ist das Angebot und die Konzentration von Finanzdienstleistungen und Finanzprodukten im Geschäftsgebiet.[113] Aus diesem Grund nimmt das Netz an Sparkassenstellen eine wesentliche Rolle bei der Bewertung der Intensität des Angebots bzw. der geschäftlichen Aktivität der Sparkasse ein. Das in der Portfoliotheorie zu beobachtende Phänomen der *Home-Bias*, wonach Investitionen nicht vollständig lokal diversifiziert werden, sondern überproportional auf Heimatmärkten getätigt werden, beschreibt genau das Geschäftsmodell der Sparkasse: Grundsätzlich sollen die überwiegend regionalen Einlagen von privaten und geschäftlichen Kunden in Form des Kreditgeschäfts im regionalen Markt ausgegeben werden.[114]

[112]Das *SpkG NW* formuliert allerdings Ausnahmen, etwa bei gemeinsamen Beteiligungen mehrerer Sparkassen (Sitz der Gesellschaft muss dabei im Träger- bzw. Satzungsgebiet einer beteiligten Sparkasse liegen) oder wenn die Organisation ausschließlich im Satzungsgebiet tätig ist (Sitz außerhalb des Träger- bzw. Satzungsgebiets ist dann möglich). In der Öffnungsklausel heißt es jedoch: „Beteiligungen im In- und Ausland sind ausnahmsweise auch dann zulässig, wenn das Beteiligungsunternehmen und die Sparkasse ihre Sitze in der gleichen gemeinsamen Wirtschaftsregion [...] haben", vgl. § 3 Abs. III *SpkG NW*.

[113]Vgl. *Bodin* (2004), 58.

[114]Demnach reagieren national oder international agierende Banken auf Liquiditätsschocks mit einem überproportional starken internen Liquiditätsabzug aus peripheren Regionen in die Region des Institutssitzes, vgl. *Schackmann-Fallis/Weiß* (2017), 347.

Das Regionalprinzip ist außerdem eine Voraussetzung, um wettbewerbliches Verhalten zwischen den Sparkassen weitgehend zu unterbinden und eine kooperative Zusammenarbeit innerhalb der Sparkassen-Finanzgruppe zu ermöglich. Unterschiedliche Sparkassen sollen sich auf einem Gebiet nicht gegenseitig Konkurrenz machen, was sich beispielsweise in der Ansiedlung ihrer Geschäftsstellen niederschlägt.[115] Neben den aufgeführten räumlichen Einschränkungen darf die Sparkasse nur gemäß der in der Satzung definierten Geschäftstätigkeit am Markt aktiv werden (Enumerationsprinzip).[116]

Ausdruck des Regionalprinzips ist außerdem, dass die Sparkassen im Verbandsgebiet „am Kapital des zuständigen Sparkassen- und Giroverbandes beteiligt“ sind (§ 3 Abs. IV *SpkG NW*).

Das Regionalprinzip gilt im Grundsatz auch für die Verbundunternehmen (z. B. öffentliche Versicherer). *Eim et al.* weisen darauf hin, dass sich diese Ausgestaltung nicht mit „heterogene Präferenzen der Primärebene“ begründen lässt, da eine Beeinflussung des Produkt- und Leistungsangebots der Verbundpartner durch die einzelne Sparkasse gar nicht unmittelbar möglich ist.[117] Vielmehr erfolgt die Einflussnahme hier mittelbar über die regionalen Sparkassenverbände, über die die Sparkassen des entsprechenden Gebiets ihre Interessen wahrnehmen. Die konkrete Ausgestaltung des Regionalprinzips auf Ebene der Verbundpartner ist daher stärkeren Veränderungen unterworfen, was etwa die Schaffung des bundesweiten IT-Dienstleisters bzw. die Reduktion der Landesbausparkassen im Zeitverlauf zeigt. Außerdem sind teilweise Verbundpartner in mehreren Regionen aktiv (z. B. Helaba als zuständige Landesbank), was die Einflussmöglichkeiten einzelner Verbände, die durch die Repräsentationen in den Gremien und Ausschüssen wahrgenommen werden, deutlich reduziert. Bei den Landesbanken entfaltet das Regionalprinzip traditionell eine geringere Bindungswirkung.[118] Außerdem haben sich die Eigentumsstrukturen der Landesbanken insbesondere

---

[115]Die möglichen Auswirkungen einer zunehmenden Nutzung von medialen Kanälen auf die Marktaufstellung sind jedoch zu berücksichtigen (siehe Abschnitt 4.5 zu den wesentlichen Veränderungen im Kundenverhalten.

[116]Dabei gehen die Regelungen über die des *KWG* hinaus, mit denen ebenfalls das Ziel einer Risikoreduzierung verfolgt wird, vgl. *Langschied* (1993), 134.

[117]Vgl. *Eim* et al. (2006), 63.

[118]Beispielsweise begründet in der Geschäftstätigkeit, die bewusst auch das Auslandsgeschäft mit einschließt. Dies ist gerade erforderlich, da dies aufgrund des Enumerationsprinzips für die Sparkasse nicht oder nur eingeschränkt möglich ist, vgl. *Langschied* (1993), 134 f.

in Folge der Wirtschafts- und Finanzkrise erheblich geändert, weshalb eine Orientierung am Regionalprinzip hier kaum noch ersichtlich ist.[119]

3.3.2 Subsidiaritätsprinzip

Das bereits im Rahmen der Beschreibung der föderalen Struktur eingeführte Subsidiaritätsprinzip (siehe Abschnitt 2.4.2) bietet für die Sparkassen-Finanzgruppe einen erheblichen Erklärungsgehalt. Demnach erhält die Stufe 1 (untere Stufe) innerhalb einer mehrstufigen Ordnung grundsätzlich die vollständige Entscheidungshoheit. Die Entscheidungsbefugnis nachgelagerter Stufen wird alleine dadurch begründet, dass die jeweilige Aufgabe nicht sinnvoll auf der Stufe 1 erfüllt werden kann.[120] Hinsichtlich der historischen Entwicklung der Sparkassen-Finanzgruppe ist die Funktion nachgelagerter Stufen eindeutig dem Ziel zuzuschreiben, eine unmittelbare oder mittelbare Unterstützungsfunktion für die Stufe 1 (Sparkassen) sicherzustellen, und demnach direkt vom Subsidiaritätsprinzip abgeleitet.[121]

Der grundsätzliche Aufbau der Sparkassen-Finanzgruppe orientiert sich in einer funktionalen Betrachtung an der föderalen Struktur der Bundesrepublik Deutschland (siehe Abbildung 3.4).[122] Auf der lokalen Stufe 1 befinden sich dabei die Sparkassen und die kommunalen Gebietskörperschaften. Die regionale Stufe 2 umfasst die Regionalverbände, die Landesbanken sowie regional tätige Verbundpartner und ist weitgehend analog zur Ebene der Länder zu sehen.

---

[119]Beispielsweise sind die Anteilseigner am Stammkapital der Helaba neben dem SGVHT (68,85 %), dem Land Hessen (8,10 %) und dem Freistaat Thüringen (4,05 %) auch der SVWL (4,75 %), der RSGV (4,75 %) sowie weitere 9,50 % für die Träger der Sicherungsreserve der Landesbanken und Girozentralen bzw. Träger der Sparkassenstützungsfonds, vgl. *Helaba* (2018), U6. Die Helaba übernimmt außer für die Sparkassen in Hessen und Thüringen auch für die Institute in Nordrhein-Westfalen und Brandenburg die Zentralbankfunktion. Weder die Länder Nordrhein-Westfalen und Brandenburg, noch der auf dem Gebiet der Sparkassen im Land Brandenburg aktive Ostdeutsche Sparkassenverband (OSV) halten jedoch Anteile an der Helaba.

[120]Vgl. *Langschied* (1993), 137.

[121]Beispielsweise wäre eine unmittelbare Unterstützungsfunktion die Bereitstellung von Produkten, Konzepten oder Unterstützungsleistung für die Verwirklichung. Eine mittelbare Unterstützungsfunktion kann etwa in der Übernahme hoheitlicher Aufgaben durch die Prüfungsstelle des Regionalverbandes gesehen werden.

[122]Zur grundsätzlichen Organisationsstruktur, vgl. *Langschied* (1993), 10 ff.

Schließlich befinden sich auf Stufe 3, der Bundesebene, der DSGV als Spitzenverband der Sparkassen-Finanzgruppe sowie bundesweit tätige Verbundpartner der Sparkassen-Finanzgruppe (z. B. DekaBank oder Finanz Informatik).

Subsidiaritätsprinzip in Sparkassen-Finanzgruppe und bundesstaatlicher Ordnung

	Akteure der Sparkassen-Finanzgruppe	Elemente der bundesstaatlichen Ordnung
Stufe 1	▪ Sparkasse	▪ Kommunale Gebietskörperschaft
Stufe 2	▪ Regionalverband ▪ Landesbank ▪ Verbundpartner	▪ Land
Stufe 3	▪ Spitzenverband ▪ Verbundpartner	▪ Bund

Abbildung 3.4 Subsidiaritätsprinzip in Sparkassen-Finanzgruppe und bundesstaatlicher Ordnung

Deutlich komplexer stellt sich die Situation dagegen bei Betrachtung der Träger- bzw. der Eigentumsstrukturen dar, bei denen sehr verschiedene Varianten in der Sparkassen-Finanzgruppe existieren, insbesondere:[123]

[123]Zu berücksichtigen sind aufgrund der jeweiligen Rechtsform unterschiedliche Organisationsstruktur und damit verbundene Aufgaben und Pflichten, die sich für Träger/Eigner jeweils ergeben. Z. B. sind die Sparkassen regelmäßig Anstalten des öffentlichen Rechts, der SVWL ist eine Körperschaft des öffentlichen Rechts und der DSGV als Spitzenverband fungiert in der Rechtsform eines eingetragenen Vereins sowie zusätzlich als Körperschaft öffentlichen Rechts. Die Landesbank Hessen-Thüringen ist ebenfalls als Anstalt des öffentlichen Rechts ausgestaltet, während die frühere WestLB in der Rechtsform der Aktiengesellschaft organisiert war. Auch bei den Verbundpartnern existiert eine Reihe unterschiedlicher Rechtsformen: Die Deutsche Leasing, die Provinzial NordWest sowie die dwpbank fungieren als Aktiengesellschaften, der Deutsche Sparkassenverlag ist eine GmbH, die Finanz Informatik ist als GmbH & Co. KG ausgestaltet.

- Stufe 1 Träger/Eigner von Stufe 1 (z. B. kommunale Gebietskörperschaft Träger der Sparkasse),
- Stufe 1 Träger/Eigner von Stufe 2 (z. B. die Mitgliedsparkassen statten den Regionalverband gemäß § 23 *Satzung SVWL* mit Kapitel aus),
- Stufe 2 Träger/Eigner von Stufe 2 (z. B. Regionalverband hält Anteile am öffentlich-rechtlichen Versicherer oder der Landesbausparkasse),
- Stufe 2 Träger/Eigner von Stufe 3 (z. B. Regionalverband ist Mitglied im DSGV oder hält Anteile an der FI),
- Stufe 3 Träger/Eigner von Stufe 3 (z. B. DSGV hält die Anteile an Organisationen der Sparkassen-Finanzgruppe, etwa Sparkassen Rating und Risikosysteme),
- Stufe 2 und 3 Träger/Eigner von Stufe 3 (z. B. Regionalverband und DSGV halten Anteile an Verbundpartner SIZ) sowie
- Stufe 1, 2 und 3 Träger/Eigner von Stufe 2 (z. B. Organisationen aller drei Ebenen halten Anteile an Landesbank).

Das Subsidiaritätsprinzip bildet eine Klammer sowohl zwischen dem Regional- und Enumerationsprinzip, durch das die räumliche und geschäftliche Aktivität der Sparkassen und Verbundpartner näher bestimmt wird, und dem Verbundprinzip, das die besondere Beziehung der Organisationen innerhalb der Sparkassen-Finanzgruppe spezifiziert.

Die Definition, ob eine Aufgabe auf Stufe 1 erfüllt werden kann oder unter Wahrung des Subsidiaritätsprinzips auf Stufe 2 oder 3, bietet Spielräume in der Bewertung und ist im Zeitverlauf Veränderungen unterworfen. Z. B. kann eine Aufgabe, die ursprünglich auf Ebene 1 sinnvoll erfüllbar war, durch externe (wirtschaftliche oder rechtliche) Schocks künftig dort nicht mehr sinnvoll erfüllbar sein, in der Entwicklung der Sparkassen-Finanzgruppe ist tendenziell eine schrittweise Verlagerung von Aufgaben auf nachgelagerte Stufen zu beobachten. Hinsichtlich der möglichen Entwicklungslinien unterscheidet *Henneke* drei Alternativen:[124]

- eine Stärkung der Dezentralität (Stufe 1), z. B. Erhöhung der wirtschaftlichen Eigenständigkeit der Sparkassen,
- die Stärkung einer zentralistisch ausgerichteten Strategie (Stufen 2 und 3), z. B. durch Beibehaltung der rechtlichen Selbstständigkeit der Sparkassen,

124Vgl. *Henneke* (2010), 180.

aber einer geschäftspolitisch und wirtschaftlich zunehmenden Abhängigkeit von einheitlichen, zentralen Vorgaben sowie
- die Stärkung einer hybriden Strategie, z. B. Nutzung von Netzwerkeffekten bei gleichzeitiger Bewahrung der rechtlichen, geschäftspolitischen und wirtschaftlichen Selbstständigkeit der Sparkassen (ggf. Differenzierung nach Entscheidungsdimensionen).

3.3.3 Verbundprinzip

Zum Verbundprinzip heißt es in § 4 *SpkG NW*: „Die Sparkassen bieten Produkte und Dienstleistungen der für sie zuständigen Einrichtungen und Unternehmen, die Aufgaben für die Sparkassen wahrnehmen (Sparkassen-Finanzgruppe), an. Die Zusammenarbeit mit anderen Geschäftspartnern darf das Verbundprinzip und das Regionalprinzip nicht beeinträchtigen." Während das Regional- und Enumerationsprinzip die horizontale Ebene der Leistungserbringung betrifft, ist das Verbundprinzip stärker auf die vertikale Ebene in der Leistungserbringung bezogen. *Langschied* sieht den Zweck des Verbunds insbesondere im Ausgleich gewisser, dem Geschäftsmodell der Sparkassen immanenten Besonderheiten (insbesondere öffentlicher Auftrag und Regionalprinzip) durch die Verbände und Verbundpartner.[125] Eine Differenzierung von „formaler und faktischer Dominanz" im Zusammenwirken der Verbundmitglieder untereinander ist erforderlich, wobei die faktische Dominanz aufgrund der engen Verwobenheit in der Sparkassen-Finanzgruppe deutlich über die formale Dominanz hinausgeht.[126]

Langschied betont die Besonderheiten einer Verbindung der „hierarchischen Koordination" in der Sparkassen-Finanzgruppe mit den „komparativen Vorteilen der Marktkoordination" außerhalb der Verbundstrukturen.[127] Die Organisationsform des Verbunds weist im Vergleich zu einer durch den Markt koordinierten Form der Zusammenarbeit Besonderheiten in der stärkeren Bindungswirkung zwischen den Organisationen auf, die ansatzweise im Sparkassengesetz normiert ist.[128] Die Verwirklichung des Verbundprinzips geht einerseits mit der Fokussierung auf eine dezentrale Entscheidungsfindung und diesbezüglichen

[125] Vgl. *Langschied* (1993), 118 f.

[126] *Langschied* (1993), 87.

[127] *Langschied* (1993), 1.

[128] Vgl. *Langschied* (1993), 89.

Verantwortung einher, gleichzeitig kann aber auch eine unmittelbare Bindungswirkung erzeugt werden.[129]

Die Zusammenarbeit im Verbund bezieht sich zum einen auf die produktbezogene Zusammenarbeit (z. B. im Geschäft mit Versicherungen oder Bausparen) oder auf Dienstleistungen (z. B. IT). Im Bereich einzelner Geschäftsfelder ist zu unterscheiden, ob eine verbundübergreifende Zusammenarbeit unmittelbar aufgrund rechtlicher Vorgaben erforderlich ist oder ob diese stärker aus wirtschaftlichen und weiteren Aspekten heraus begründet ist.[130] Gleichwohl sind beide Bereiche nicht vollkommen voneinander zu trennen, da wirtschaftliche Wirkungszusammenhänge zumindest mitteilbar auf regulatorische Anforderungen zurückzuführen sein können.[131]

Die Generierung von Kosteneffekten könnte ein Argument für eine Fortentwicklung der Verbundstruktur und der Etablierung der verbundübergreifenden Zusammenarbeit sein. Beispielsweise entstehen – unabhängig von rechtlichen Fragestellungen einer vorliegenden Zulassung für das Betreiben des Versicherungsgeschäfts – bei der Entwicklung eines Versicherungsprodukts gewisse fixe Aufwände (Produktbeschreibung, versicherungsmathematische Analysen, Erstellung vermarktungsfähiger Unterlagen, Bereitstellung einer vertrieblichen Infrastruktur etc.).[132] Würden diese fixen Aufwände jeweils auf Ebene der Sparkasse separat geleistet, wäre das Geschäftsfeld in der dezentralen Marktaufstellung vermutlich kaum rentabel zu betreiben. Durch die Übernahme von wesentlichen Prozessschritten durch öffentliche Versicherer (z. B. Produkterstellung) können Kosten gegenüber der Einzelerbringung eingespart werden

[129]Es ist jedoch kaum möglich, dass sich die Sparkassen vollkommen in eine einheitliche Richtung bewegen, sondern eine gewisse Form des institutionellen, mittelbaren Wettbewerbs ist durch die Verbundstruktur gegeben, vgl. *Everding* (2013), 45 f.

[130]Vgl. *Langschied* (1993), 136.

[131]Beispielsweise erzeugen die regulatorischen Anforderungen aus MiFID II für die Institute hohe Kosten. Eine stärkere Zusammenarbeit ergibt sich daher nur mittelbar aus den regulatorischen Anforderungen, da eine institutsindividuelle Planung/Umsetzung selbiger für viele Institute wirtschaftlich kaum darstellbar wäre. Beispielsweise kamen *Hackethal/Inderst* bei der Betrachtung der Auswirkungen der Finanzmarktregulierung im Wertpapiergeschäft zum Schluss, dass die Kosten für die Erfüllung der Dokumentationspflichten bei sehr kleinen Instituten sogar den Rohertrag aus dem Wertpapiergeschäft übersteigen, vgl. *Hackethal/Inderst* (2015), III.

[132]Die Vertriebsinfrastruktur der öffentlichen Versicherer kann sich in verschiedenen Ausprägungen äußern und ist teilweise unabhängig von der Infrastruktur, die im Rahmen von Sparkassenstellen und von Beschäftigten durch die Sparkasse zur Verfügung gestellt wird, z. B. beim Agenturvertrieb, vgl. *Pepels* (2007), 149 ff.

(Verbundeffekt). Für die öffentlichen Versicherer kommt es gleichzeitig zu einer Fixkostendegression, da beim Vertrieb nicht nur auf die Kunden einer Sparkasse zurückgegriffen werden kann, sondern die Kunden vieler Institute mit entsprechenden Produkten versorgt werden können. Das Vertriebspotenzial bzw. der erzielte *Output* können hiermit erheblich gesteigert werden. In der Folge sinken die Fixkosten je *Output*-Einheit und Skaleneffekte werden generiert. Greift die Sparkasse bei der Leistungserbringung stattdessen auf einen Anbieter außerhalb der Sparkassen-Finanzgruppe zurück (z. B. privates Versicherungsunternehmen), könnte dies zwar dem Verbundprinzip grundsätzlich entgegenstehen, aber trotzdem zulässig sein, da das Verbundprinzip keine feste Grenze kennt.

Durch die Nutzung von Verbundpartnern soll Einzelinstituten trotz der – im Vergleich zu privaten Großbanken – deutlich geringeren Größe die Generierung von Skaleneffekten bei gleichzeitiger Aufrechterhaltung der weitgehend dezentralen Entscheidungskompetenz ermöglicht werden.[133] Die Institutsgröße spielt bei der Betrachtung des Verbundprinzips eine Rolle. Tendenziell stehen kleineren Instituten weniger Ressourcen zur Verfügung, um Produkte und Dienstleistungen selbst erstellen zu können, weshalb sie stärker auf die Nutzung der Leistungen von Verbundpartnern angewiesen sind.[134] Die Integration in den Verbund kann sogar die Überlebensfähigkeit kleinerer Institute sichern – d. h., ohne entsprechende Verbundeffekte könnten sehr kleine Banken kaum mehr am Markt aktiv sein.[135]

Eim et al. halten das Auftreten von Skaleneffekten dagegen für kein wesentliches Kriterium zur Erklärung der Zusammenarbeit im Verbund, da die eigentliche Produktion von Finanzdienstleistungen nicht im Mittelpunkt der Zusammenarbeit steht.[136] In internen Konzernstrukturen sind grundsätzlich vergleichsweise wenige Akteure (z. B. Vorstände) für die Eigner (z. B. Aktionäre) tätig, in der Sparkassenorganisation jedoch relativ viele Akteure in

---

[133]Vgl. *Schackmann-Fallis/Weiß* (2017), 350.

[134]Vgl. *Eim* et al. (2006), 62. Möglicherweise ist dies auch ein Grund, weshalb die Verbundintegration im Sektor der Volksbanken deutlich stärker ausgeprägt ist. Die durchschnittliche Bilanzsumme einer Sparkasse liegt mehr als dreimal so hoch wie die einer Volksbank, vgl. *DSGV* (2018k); *BVR* (2017), 1. Beispielsweise existieren im Sektor der Volksbanken mit *einer* Bausparkasse sowie *einem* Versicherer jeweils bundesweit tätige Spezialinstitute, im Vergleich zu acht Landesbausparkassen bzw. elf öffentlichen Erstversicherergruppen innerhalb der Sparkassen-Finanzgruppe.

[135]*Miklaszewska* zeigt dies für Genossenschaftsbanken, vgl. *Miklaszewska* (2017), 40.

[136]Vgl. *Eim* et al. (2006), 60.

den „Teilbereiche[n] der Verbundpolitik", die sich daher grundsätzlich nicht am Prinzip der Wirtschaftlichkeit der Organisationsstruktur ausrichtet.[137]

Trotz der Verwirklichung eines funktionierenden Verbunds werden Kostenvorteile – im Vergleich zur Koordination über den Markt – möglicherweise nicht im ausreichenden Maß generiert. Außerdem gestalten sich die Entscheidungsprozesse im Vergleich zu einer Konzernstruktur häufig langwierig.[138] Die Reichweite von Empfehlungen und Informationen innerhalb der Organisation ist höher, wenn diese zentral bereitgestellt werden. Werden diese dagegen auf dezentraler Ebene erstellt und verbreitet, ist die Reichweite dagegen tendenziell geringer, was ebenfalls für eine zentrale Erstellung sprechen kann.[139] In der gemeinsamen Geschäftsstrategie der Sparkassen-Finanzgruppe ist das Zielbild einer umfassenden Nutzung vorhandener, definierter Standards – etwa im Bereich IT, Prozesse und zentral vorliegender strategischer Konzepte – durch die Sparkassen verankert.[140] Insbesondere die im Verbund erbrachten Dienstleistungen (z. B. strategische Konzepte) zeichnen sich durch ihre Eigenschaften als öffentliche Güter aus. Daraus erwächst die Gefahr von Kosten- und Nutzen-*Spillovern* innerhalb der Sparkassen-Finanzgruppe und ein Ungleichgewicht von Anreizen und Beiträgen von Organisationen und Akteuren (siehe Abschnitt 2.3.2).[141]

Grundsätzlich sind unter Berücksichtigung des Verbundprinzips verschiedene Formen in der Leistungserbringung denkbar:[142]

- Zentrale Erbringung durch Verbundpartner für alle Sparkassen,
- Regionale Erbringung durch Verbundpartner für alle Sparkassen der Region,
- Übernahme von Aufgaben durch andere Sparkassen (z. B. größere Institute der Region)[143] oder

---

[137] *Langschied* (1993), 131.

[138] Vgl. *Everding* (2013), 45 f.

[139] Vgl. *Eim* et al. (2006), 60.

[140] Vgl. *DSGV* (2015a), 25.

[141] Diese auftretenden Externalitäten sprechen aus Sicht von *Eim* et al. tendenziell für eine „stärkere Zentralisierung strategischer Führungskompetenz nach dem Modell des BVR", *Eim* et al. (2006), 60.

[142] In Anlehnung an *Langschied*, der am Beispiel der Zentralbankenfunktion im Überweisungsverkehr verschiedene Alternativen zur Leistungserbringung durch die Landesbanken aufführt, vgl. *Langschied* (1993), 73 f.

[143] Im österreichischen Modell der Sparkassenorganisation fungiert die Erste Bank als Spitzeninstitut der Sparkassengruppe Österreich, vgl. *Arnoldt* (2017), 4.

– Erbringung über externe Anbieter (z. B. andere Unternehmen außerhalb des Verbunds), was zwar keine Verwirklichung des Verbundprinzips entspricht, aber trotzdem mit Blick auf das Verbundprinzip im Einzelfall zulässig sein kann.[144]

3.4 Zwischenfazit

In diesem Kapitel wurden auf Basis einer Beschreibung der Organisationsstrukturen und der Aufgaben die wesentlichen Prinzipien für Entscheidungsprozesse in der Sparkassen-Finanzgruppe herausgestellt, die beispielsweise teilweise in den Sparkassengesetzen der Länder normiert sind.

Im Mittelpunkt der Sparkassen-Finanzgruppe stehen die rechtlich selbstständigen Sparkassen in kommunaler Trägerschaft. Innerhalb der Sparkasse nimmt der Vorstand die Geschäftsführungsfunktion wahr, die Kontrollfunktion übernimmt der Verwaltungsrat. Das Geschäftsmodell der Sparkassen zeichnet sich durch eine Fokussierung auf das standardisierte Geschäft mit privaten Kunden sowie das Geschäft mit kleinen und mittleren Unternehmen aus. Aufgrund ihres spezifischen Auftrags ist eine Gewinnmaximierung nicht das Ziel der Sparkassen, sondern die Institute nehmen auch weniger rentable Geschäftsaktivitäten wahr und erbringen eine Vielzahl gemeinwohlorientierter Aufgaben in der jeweiligen Region.

Zur Erfüllung des Auftrags der Sparkassen erfolgt die Leistungserbringung nicht vollständig innerhalb der Institute, sondern die Sparkassen greifen auf Produkte und Dienstleistungen anderer Organisationen innerhalb der Sparkassen-Finanzgruppe zurück (z. B. Vertrieb von Verbundprodukten). Dabei nehmen die regionalen Sparkassenverbände, die auf der Ebene der Länder organisiert sind, eine unterstützende und koordinierende Funktion für die Sparkassen der jeweiligen Region und die Zusammenarbeit mit den Verbundpartnern ein. Der DSGV fungiert als Dachverband der Sparkassen-Finanzgruppe, er organisiert und koordiniert die Willensbildung innerhalb der Sparkassen-Finanzgruppe. Dies äußert sich beispielsweise in der gebündelten Interessenvertretung auf Ebene des Bundes oder in der Entwicklung von bundesweiten Konzepten und Strategien für die Sparkassen.

[144]Die Zusammenarbeit mit Organisationen außerhalb der Sparkassen-Finanzgruppe hat dabei eine gewisse Tradition. Beispielsweise unterstützte die Deutsche Bank beim Aufbau eines Giroverbandes in Sachsen, vgl. *Langschied* (1993), 73.

Die Verbundpartner komplementieren zum einen das produktbezogene Angebot der Sparkassen (z. B. im Bereich Versicherungen durch die öffentlichen Versicherer oder im Bereich Bausparen durch die Landesbausparkassen). Außerdem fungieren die Verbundpartner als Dienstleister für spezielle Fragestellung des Leistungserstellungsprozesses der Sparkassen (z. B. FI als zentraler IT-Dienstleister). Auch die Landesbanken zählen zur Sparkassen-Finanzgruppe. Die Landesbanken ermöglichen beispielsweise im Rahmen von Kooperationen auch Kreditgeschäfte mit größeren gewerblichen Kunden, was für eine einzelne Sparkasse etwa aus Risikogesichtspunkten nicht leistbar wäre, und übernehmen die Funktion als regionale Sparkassenzentralbank.

Die Zusammenarbeit innerhalb der Sparkassen-Finanzgruppe lässt sich durch Prinzipien charakterisieren, die im engen Zusammenhang zur Organisationsstruktur stehen. Dies ist zum einen das Regionalprinzip, wonach grundsätzlich das Träger- und Satzungsgebiet auch das Geschäftsgebiet der Sparkasse bildet. Gemäß dem Enumerationsprinzip ist die Geschäftstätigkeit auf Aspekte beschränkt, die in der Satzung des Instituts geregelt sind – die Sparkasse kann ihre Geschäftstätigkeit daher auch hinsichtlich Art und Umfang nicht beliebig ausweiten. Darüber hinaus ist das von der bundesstaatlichen Ordnung entliehene Subsidiaritätsprinzip zu nennen, wonach in mehrstufigen Strukturen grundsätzlich die Stufe 1 (Sparkasse) die vollständige Entscheidungshoheit besitzt. Die Entscheidungsbefugnis nachgelagerter Stufen (z. B. Verbände und Verbundpartner) ergibt sich daraus, dass eine sinnvolle Erledigung durch die Stufe 1 nicht immer möglich ist. Schließlich regelt das Verbundprinzip, dass die Zusammenarbeit mit Geschäftspartnern außerhalb der Sparkassen-Finanzgruppe die Zusammenarbeit mit Verbundpartnern nicht beeinträchtigen darf. Die besondere Beziehung zwischen den Organisationen innerhalb der Sparkassen-Finanzgruppe ist zu berücksichtigen, wenn beispielsweise ein Produkt- oder IT-Dienstleister durch die Sparkasse ausgewählt wird.

Dabei wurde deutlich, dass die charakteristischen Prinzipien erhebliche Freiheiten für die konkrete Ausgestaltung von Organisationsstruktur und Entscheidungsprozessen bieten. Dies betrifft beispielsweise den Integrationsgrad der Verbundpartner, die Frage nach einer Ausgestaltung einer mittelbaren Bindungswirkung bei der Nutzung des Verbundpartnerangebots (*lock-in-Effekt*) sowie die Möglichkeit für Sparkassen, die Angebote externer Anbieter außerhalb der Sparkassen-Finanzgruppe zu nutzen.

Da die einzelnen Sparkassen den Grund für das Wirken und die Tätigkeit der weiteren Organisationen in der Sparkassen-Finanzgruppe darstellen, setzen auch institutsübergreifende Schlussfolgerungen und Handlungsempfehlungen stets den

Blick auf die Institute voraus. Dementsprechend sollen sich auch entsprechende Analysen stets auf den Leistungserstellungsprozess der einzelnen Sparkassen fokussieren, um entsprechend des Verbundprinzips auf dieser Basis Maßnahmen auch für die anderen Organisationen der Sparkassen-Finanzgruppe bzw. die Zusammenarbeit im Verbund ableiten zu können.

4 Wesentliche Entwicklungen im Betrachtungszeitraum

Nachfolgend sollen die relevanten Entwicklungen für den Betrachtungszeitraum dieser Analyse von 2008 bis 2017 dargestellt werden.[1] Er umfasst daher zum einen die übergeordnete, volkswirtschaftliche Entwicklung nach der Finanzkrise (Abschnitt 4.1) sowie zum anderen deren Folgen. Dies sind namentlich die Adjustierung der Geldpolitik durch die Europäische Zentralbank in der Eurozone und die einhergehende Zinsentwicklung (Abschnitt 4.1.1) und darüber hinaus die regulatorischen und aufsichtsrechtlichen Veränderungen mit Auswirkungen auf die Organisation der Leistungserbringung von Instituten (Abschnitt 4.1.2).

Auf dieser Grundlage soll die Entwicklung innerhalb der Sparkassen-Finanzgruppe im Betrachtungszeitraum hinsichtlich folgender wichtiger Indikatoren beleuchtet werden (Abschnitt 4.2):

- die Anzahl der Einzelorganisationen innerhalb der Sparkassen-Finanzgruppe,
- die Entwicklung des Geschäftsvolumens innerhalb der einzelnen Organisationen sowie
- die Anzahl der Beschäftigten in den einzelnen Organisationen.

Anschließend erfolgt die Beschreibung der spezifischen Entwicklung der Institute in Westfalen-Lippe (Abschnitt 4.3). Es wird dabei auch auf relevante exogene

[1] Der Betrachtungszeitraum wurde mit zehn Jahren hinreichend lang gewählt, um die Auswirkungen grundsätzlicher geschäftspolitischer Entscheidungen sichtbar zu machen. Gleichzeitig bietet sich dadurch die Möglichkeit, die unmittelbaren und mittelbaren Folgen der Finanzkrise sichtbar zu machen.

R. Conrad, *Performance, Dynamik und Konvergenz im Banking*,
https://doi.org/10.1007/978-3-658-30740-0_4

Einflussfaktoren für das Geschäft der einzelnen Sparkassen in Westfalen-Lippe eingegangen (Abschnitt 4.4), namentlich die Bevölkerungsentwicklung (Abschnitt 4.4.1), die Wirtschaftsleistung (Abschnitt 4.4.2) sowie die Wettbewerbsintensität (Abschnitt 4.4.3). Abschließend sollen auch die Veränderungen im Kundenverhalten Beachtung finden (Abschnitt 4.5).

Die Institute sind in die Entscheidungsprozesse der Organisationen der Sparkassen-Finanzgruppe auf den nachgelagerten Stufen eingebunden. Diesbezüglich wird die Repräsentation der westfälisch-lippischen Sparkassen in den Gremien und Ausschüssen des SVWL (Abschnitt 4.6) sowie den überregionalen Gremien und Ausschüssen der Verbundpartner analysiert (Abschnitt 4.7). Dabei werden mit dem Regionalproporz (Abschnitt 4.6.1 sowie Abschnitt 4.7.1) sowie der Institutsgröße (Abschnitt 4.6.2 sowie Abschnitt 4.7.2) zwei relevante Repräsentationskriterien berücksichtigt.

Diese kompakte Darstellung der relevanten Entwicklungen im Betrachtungszeitraum erfolgt in Vorbereitung der anschließenden Analyse des Leistungserstellungsprozesses der westfälisch-lippischen Sparkassen (Kapitel 5).

4.1 Folgen der Finanzkrise

Die Finanzkrise begann im Jahr 2007 mit der *Subprime*-Krise in den Vereinigten Staaten und nahm mit der Insolvenz der amerikanischen Bank *Lehman Brothers* im Jahr 2008 ihren Lauf.[2] In der Folgezeit entwickelte sich eine internationale Krisensituation mit erheblichen Auswirkungen auf die Weltwirtschaft. Wesentliche Ursachen für den Ausbruch und den Verlauf der Finanzkrise mit den Folgewirkungen sind:

- die Tendenz zur Deregulierung der Märkte,[3]
- die systematische Verbriefung von Krediten[4] sowie
- der Derivatehandel mit Leerverkäufen.[5]

[2] Vgl. *Dahlhoff* (2014), 15.
[3] Vgl. *Pilz* (2018), 12.
[4] Vgl. *Pilz* (2018), 13.
[5] Vgl. *Pilz* (2018), 17.

An die Finanzkrise schloss sich die sog. Staatsschuldenkrise in einigen Ländern der Eurozone an.[6] Bezüglich dieser Entwicklung lassen sich insbesondere nachfolgende Gründe aufführen:[7]

- die Unterschiede in der Wettbewerbsfähigkeit der Märkte,
- die Wirkung durchgeführter staatlicher Reform- und Sparprogramme,
- der Wandels von Steuer- zum Schuldenstaat sowie
- der unterschiedliche Umgang mit staatlichen Beihilfen für Banken.

Aufgrund des spezifischen Geschäftsmodells von Sparkassen und Volksbanken hatten diese Institute „mit der Bankenkrise weniger zu tun".[8] Damit kommt zunächst zum Ausdruck, dass die Ursachen für die Krisensituation nicht ursächlich auf das Geschäftsmodell der stark regional verankerten und auf das *Retailbanking* fokussierten Institute zurückzuführen sind. Gleichwohl waren auch diese Institute von einer Änderung der volkswirtschaftlichen Situation sowie den weiteren direkten Folgen (z. B. Anpassung der regulatorischen Anforderungen) oder indirekten Folgen (z. B. Veränderung der Wettbewerbsintensität) betroffen. Und die Auswirkungen der Finanzkrise auf den Bankensektor in Deutschland insgesamt waren erheblich und betrafen folgende Aspekte:

- zwischenzeitlich faktische Einstellung des Interbankenhandels und damit verbundene negative Auswirkungen auf die Liquiditätslage von Banken,[9]
- Erhöhung des Bedarfs für Abschreibungen aufgrund höherer (Kredit-)Ausfälle,[10]

[6]Zur Erläuterung der politischen Maßnahmen in Reaktion auf die Staatsschuldenkrise, vgl. *Pilz* (2018), 61 ff. Es wird darauf hingewiesen, dass „aus der Finanzkrise eine Eurokrise geworden ist", *Neubäumer* (2011), 827.

[7]Vgl. *Pilz* (2018), 20 ff.

[8]Wesentliche Gründe dafür sind, dass diese Institute in der Regel kein Investmentbanking betrieben haben und im Bereich der Fristentransformation im Vergleich zu anderen Banken zurückhaltend d.h. eher risikoavers agierten. Stark betroffen waren allerdings die Landesbanken, *Dahlhoff* (2014), 15. Zur Rolle der Landesbanken in der Finanzkrise, vgl. *Gubitz* (2013), 159 ff.

[9]Vgl. *Gubitz* (2013), 224 ff.

[10]Vgl. *Hellwig* (2018), 540.

- Einschränkungen in der Kreditversorgung von Kunden und[11]
- im Zeitverlauf Bedarf für Erhöhung des Eigenkapitals (aufgrund regulatorischer Anforderungen).[12]

Außerdem wurde – insbesondere in Folge der Staatsschuldenkrise – eine Reihe von fiskalpolitischen Maßnahmen durch die EZB für den Euroraum ergriffen, um eine weitere Verschärfung zu verhindern. Es erfolgte ein fundamentales Umsteuern in der Geldpolitik. Dies zeigt sich daran, dass die EZB ihr geldpolitisches Instrumentarium in den Jahren nach der Krise erheblich in den folgenden drei Bereichen ausgeweitet hat:[13]

- die Schaffung von neuen Maßnahmen im Bereich von Refinanzierungsgeschäften und der Zinspolitik,
- die Etablierung von Ankaufprogrammen für Anleihen sowie
- weitere Maßnahmen.[14]

Um zu verhindern, dass die als Folge der Maßnahmen in den Markt gegebene Überschussliquidität durch die Banken wiederum bei der EZB angelegt wird – und nicht in Form von Krediten an Verbraucher und Unternehmen ausgegeben wird –, wurde der Einlagenzins gesenkt: ab Mitte 2014 gab es sogar einen negativen Einlagenzins (siehe Abschnitt 4.1.1).[15]

Neben den fiskal- und geldpolitischen Maßnahmen, entwickelten sich nach der Finanzkrise regulatorische Anpassungen mit teils erheblichen Auswirkungen auf die verschiedenen Geschäftsbereiche der Banken. Die Funktion und Rolle der Bankenaufsicht wurde durch den Gesetzgeber erheblich ausgeweitet und gestärkt (siehe Abschnitt 4.1.2).[16]

---

[11]Vgl. *Gubitz* (2013), 228 ff.

[12]Vgl. *Gubitz* (2013), 226 f.

[13]Vgl. *Klose* (2017), 270 ff.

[14]Dies betrifft beispielsweise die Verbesserung der Kommunikationsmaßnahmen zur Steigerung der Transparenz, vgl. *Klose* (2017), 291 ff.

[15]Vgl. *Klose* (2017), 276 f.

[16]Vgl. *Burghof* (2018), 549.

4.1.1 Zinsentwicklung

Die Geldpolitik der Europäischen Zentralbank hat sich in Folge der Finanzkrise erheblich verändert. So sank der Zinssatz für das Hauptrefinanzierungsgeschäft als wichtigster Leitzins im Euroraum in der betrachteten Periode von 4,0 % Anfang 2008 bis auf 0,0 % von März 2016 ab.[17] Eine ähnliche Entwicklung gab es auch bei der Einlagefazilität sowie beim Spitzenrefinanzierungssatz.

Und diese Zinspolitik der EZB hat direkte Auswirkungen auf die Institute: So sind etwa die Realzinssätze der Banken in Deutschland für Einlagen privater Haushalte im Neugeschäft mit einer vereinbarten Laufzeit von bis zu einem Jahr von +1,1 % Anfang 2008 auf −1,5 % Ende 2017 gesunken.[18] In 79 von 120 Monaten des Betrachtungszeitraums (66 % der Zeit) war der Realzins negativ, in den Jahren 2013 bis 2017 lag der Realzins sogar in 48 von 60 Monaten (80 % der Zeit) unter Null.[19] Diese Entwicklung führte dazu, dass erzielte Zinserträge im Verhältnis zur DBS der Banken in Deutschland im Jahr 2008 ihren Höhepunkt erreichten und seither fielen.[20]

Auch die Kennzahlen zur dynamischen Mindestverzinsung des Eigenkapitals als absolute Untergrenze für die dauerhafte Existenzsicherung sind seit 2008 deutlich rückläufig.[21] Gemäß dieser Systematik sank die Mindestverzinsung des Eigenkapitals von ca. 6,4 % (2008) auf knapp 4,0 % in 2017 (siehe Abbildung 4.1), wobei es sich hierbei um eine kalkulatorische Kennzahl handelt.

---

[17]Vgl. *Deutsche Bundesbank* (2018d)

[18]Vgl. *Deutsche Bundesbank* (2018g)

[19]*Ebd.*, eigene Berechnungen.

[20]Vgl. *Deutsche Bundesbank* (2018h), Betrachtung der Zinserträge in Prozent der DBS von MFI ohne Institute mit Rumpfgeschäftsjahr und ohne in Liquidation befindliche Institute, inkl. KfW, ab 1993 inkl. Bausparkassen; eigene Berechnungen.

[21]Diese Kennzahl ist definiert als gleitender 10-Jahres-Durchschnitt der Rendite von Bundeswertpapieren mit zehnjähriger Restlaufzeit zuzüglich eines Risikoaufschlages von mindestens zwei Prozentpunkten. Bei der Ermittlung wurde methodisch durch den SVWL auf die monatliche Kapitalmarktstatistik der Deutschen Bundesbank zurückgegriffen. Da die Ergebnisse der Sparkassen über das gesamte Geschäftsjahr hin erwirtschaftet werden, wurde der gleitende 10-Jahres-Zins nicht jeweils zum Jahresende genutzt, sondern ein Jahresdurchschnittswert ermittelt. Dieser berechnet sich über die Monatswerte, indem zwölf gleitende 10-Jahres-Zinswerten (jeweils zum Monatsultimo) summiert werden und anschließend der Mittelwert berechnet wird. Datenbereitstellung *SVWL*, eigene Berechnungen.

Die tatsächlich erzielte Eigenkapitalrendite der Institute ist von ihrer spezifischen Anlagestruktur und Anlagestrategie abhängig. Der Abstand zum Zinssatz für das Hauptrefinanzierungsgeschäft hat sich jedoch im Zeitverlauf deutlich erhöht.

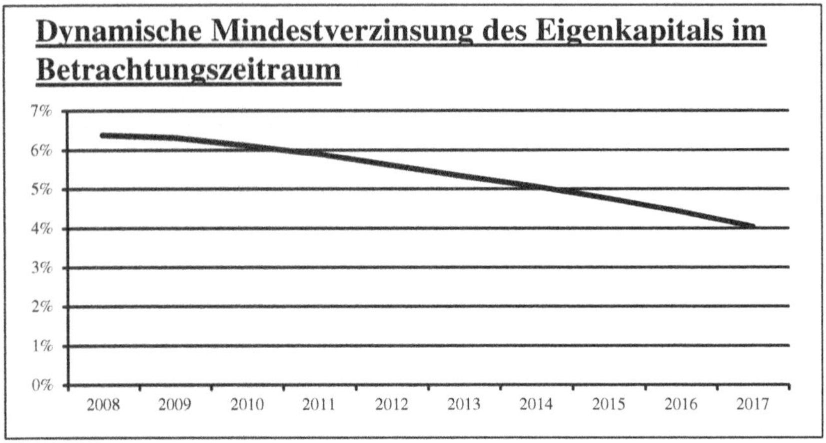

Abbildung 4.1 Dynamische Mindestverzinsung des Eigenkapitals (Das Konzept einer dynamischen Mindestverzinsung wurde durch die Verbände als absolute Untergrenze zur dauerhaften Existenzsicherung definiert)

Folgende direkten oder indirekten Auswirkungen auf das Geschäftsmodell der Sparkassen durch die Niedrig- bzw. Negativzinsen können ausgemacht werden:

- die Zinskonditionenbeiträge als die wesentliche Ertragsquelle der Institute geraten unter Druck,[22]
- die andauernde Niedrigzinsphase setzt die Zinsmarge der Banken erheblich unter Druck und lässt diese schrumpfen,[23]

[22]So sind die Zinsaufwendungen der Banken in Deutschland in Prozent der DBS von knapp 4,1 % in 2008 auf 1,1 % in 2016 gesunken. Gleichzeitig sanken die Zinserträge im gleichen Zeitraum von knapp 5,3 % auf 2,2 %. Die Zinsspanne liegt damit etwa auf dem Niveau von 2008, lag damals jedoch bereits auf einem im Zeitverlauf niedrigen Niveau, vgl. *Deutsche Bundesbank* (2018i). Der Zinsüberschuss in Prozent der DBS der Sparkassen lag in 2016 mit knapp 2,0 % auf dem niedrigsten Niveau seit der Erhebung der Kennzahl durch die Bundesbank ab dem Jahr 1968, vgl. *Deutsche Bundesbank* (2018j)

[23]Vgl. *Zimmermann* (2018), 545.

- zu erwarten ist nach *Prinz/Beck* eine höhere Risikoneigung der Bevölkerung im Bereich von Investitionen, eine geringere Sparneigung und stattdessen die stärkere Aufnahme von Krediten,[24]
- ein erheblicher Druck auf das Versicherungsgeschäft, insbesondere im Bereich der Lebensversicherungen zur Leistung der Garantiezusagen sowie [25]
- gleichzeitig ähnlich geartete Herausforderungen im Geschäft mit privaten Krankenversicherungen aufgrund ähnlicher Zusammenhänge bei den zu bildenden Altersrückstellungen für Versicherte.[26]

Die Preissteigerungen betrugen im 10-Jahres-Vergleich von 2008 bis 2017 knapp 15 %, d. h., um eine identische Kaufkraft von 100 EUR aus dem Jahr 2008 im Jahr 2017 zu erzielen, benötigte man zehn Jahre später 115 EUR (siehe Abbildung 4.2). Dieser eher geringfügige Anstieg relativiert sich allerdings mit Blick auf die gesunkene Verzinsung, die unter Berücksichtigung von Preissteigerungen zu einer negativen Realverzinsung führt.

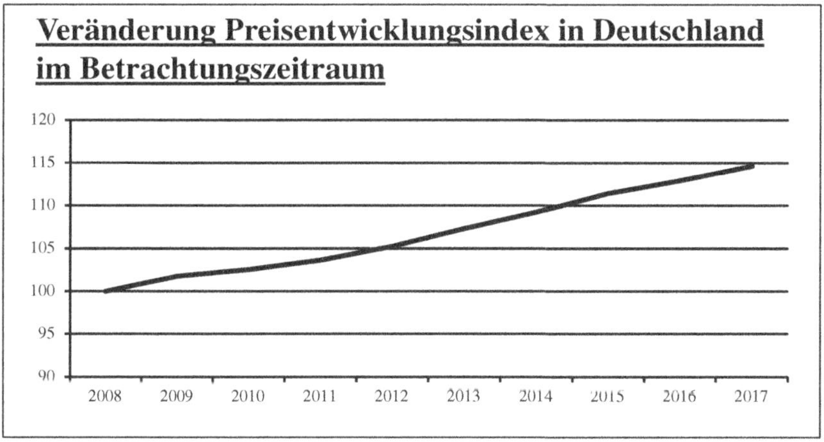

Abbildung 4.2 Preisentwicklungsindex in Deutschland (Eigene Darstellung auf Basis *Deutsche Bundesbank* (2018f), eigene Berechnungen, 2008 = 100)

[24] Vgl. *Prinz/Beck* (2018), 121.

[25] Vgl. *Bierth* et al. (2018), 128 ff.

[26] Vgl. *Eekhoff/Arentz* (2013), 107.

4.1.2 Regulatorik und Aufsicht

Der Umgang mit den Auswirkungen der regulatorischen und aufsichtsrechtlichen Anforderungen hat sich in Folge der Finanzkrise zu einem der wichtigsten Themen mit Auswirkungen auf das Geschäftsmodell von Banken und auch spezifisch der Sparkassen entwickelt.[27] Dabei hat sich die Rolle der Bankenaufsicht in den vergangenen Jahren stark gewandelt. Inzwischen betrifft der Prüffokus nicht mehr ausschließlich Fragestellungen rund um das Risiko und die Risikotragfähigkeit der Institute, sondern hat sich auf die globale Fragestellung hin ausgeweitet, ob die „Fähigkeit zur nachhaltigen Generierung von Erträgen“ gegeben ist.[28]

Wöhler unterscheidet fünf Bereiche der Bankenregulierung mit unterschiedlichen Auswirkungen auf die Geschäftsmodelle der Institute:[29]

- Sicherstellung der Finanzmarktstabilität, mit Regeln zur Eigenkapitalausstattung der Institute sowie Regelungen für Krisenszenarien bzw. eine mögliche Abwicklung,
- Verbesserung des Anlegerschutzes mit angepassten Regeln für das Wertpapier- und Versicherungsgeschäft,
- Anpassung von Wohlverhaltenspflichten, beispielsweise in Bezug auf Compliance,
- Anforderungen an die Finanzmarktinfrastruktur, z. B. mit Regelungen zu SEPA und
- Adjustierung der Regeln zur Besteuerung von Banken und Bankdienstleistungen, z. B. mit Ansatzpunkten für die Finanztransaktionssteuer.

Im Bereich der Finanzmarktstabilität setzte die Regulierung dabei folgende wesentlichen Schwerpunkte:[30]

- Erhöhung der Anforderungen an die Hinterlegung von Eigenkapital (*minimum capital requirements*),
- Begrenzung der Verschuldung im Verhältnis zum Eigenkapital (*maximum leverage ratio*),

[27] Vgl. *Zanthier* (2015), 39 ff.
[28] *Zanthier* (2015), 41.
[29] Vgl. *Wöhler* (2015)
[30] *Gubitz* (2013), 220 f.

- zusätzlich erhöhte Eigenkapitalbedarfe bei Geschäften mit höherem Ausfallrisiko (*capital requirements relating to counterparty default*),
- Begrenzung von spezifischen Kreditrisiken gegenüber einzelnen Gläubigern (*large exposure default*) und
- Erweiterung der Anforderungen zur Liquiditätsausstattung (*liquidity standards*).

Die Regulierung führt zu Anpassungsbedarfen in verschiedenen Geschäftsfeldern der Institute. Beispielsweise wurden für das Wertpapiergeschäft neue Anforderungen über die MiFID II-Regulatorik definiert – insbesondere hinsichtlich des Anlegerschutzes und des Meldewesens der Institute. Eine diesbezügliche Studie von *Hackethal/Inderst* zu den Auswirkungen der Regulatorik auf kleine und mittlere Banken am Beispiel der deutschen Genossenschaftsbanken indiziert eine überproportionale Belastung kleinerer Institute.[31] Folgende wesentliche Erkenntnisse benennen *Hackethal/Inderst* in diesem Zusammenhang:

- bei sehr kleinen Instituten mit einer DBS von weniger als 50 Mio. EUR liegen alleine die laufenden Kosten im Bereich des Anlegerschutzes bei mehr als $^2/_3$ der insgesamt erzielten Erträge im Wertpapiergeschäft,
- die „aufsummierten geschätzten laufenden Kosten der betrachteten regulatorischen Maßnahmen" betragen bei kleineren Instituten bis zu 15 % des gesamten Rohertrages und selbst bei mittelgroßen Instituten noch gut 5 %,[32]
- die Regulatorik führt zu einer erheblichen Verschiebung von Markttätigkeiten in Richtung von Marktfolgetätigkeiten, wobei die Verschiebung bei kleineren Instituten relativ höher ausfällt.[33]

Einen Indikator für die Entwicklung der aufsichtsrechtlichen Prüfintensität kann die nachfolgende Betrachtung der Tätigkeit der *BaFin* als zentrale Finanzaufsichtsbehörde bieten. So hat die Anzahl der Beschäftigten im höheren und gehobenen Dienst der *BaFin* im 10-Jahres-Vergleich seit 2008 um insgesamt

[31]Vgl. *Hackethal/Inderst* (2015)

[32]*Hackethal/Inderst* (2015), 7.

[33]Die Möglichkeit von Wechselwirkungen einer in Folge der Zinspolitik gesunkenen Verzinsung von festverzinslichen Anlagen und einer tendenziellen vertrieblichen Reduktion im Wertpapiergeschäft beispielsweise auf die Vermögensbildung der Bevölkerung bzw. die Altersvorsorge seien nur kurz erwähnt, nachfolgend aber nicht weiter vertieft.

65 % zugenommen.[34] Sonderprüfungen werden durch die *BaFin* als Instrument eingesetzt, wenn die Aufsichtsbehörde einen erhöhten Informationsbedarf sieht.[35] Im Betrachtungszeitraum fanden jährlich durchschnittlich 237 Sonderprüfungen bundesweit statt, wobei deren Anzahl von 2008 (244) bis 2013 (305) kontinuierlich gestiegen ist.[36] Bis 2015 ist die Anzahl der Sonderprüfungen dann im Vergleich zum Jahr 2013 um fast 40 % zurückgegangen und hat sich nun bis 2017 wieder erhöht (199) – hierbei sind jedoch mögliche Zusammenhänge in der aufsichtsrechtlichen Begleitung durch die Etablierung der Europäischen Bankenaufsicht (EBA) zu berücksichtigen.[37] Als ein Indikator für die Entwicklung der Tätigkeitsbereiche der EBA kann die Entwicklung ihrer Ausgaben gesehen werden. Der erste verfügbare Jahresbericht der EBA im Jahr 2011 weist Ausgaben von ca. 9 Mio. EUR aus.[38] Demnach haben sich die Ausgaben der EBA bis auf etwa 37 Mio. EUR im Jahr 2017 erhöht.[39] Die EBA hatte Ende 2017 insgesamt 190 Beschäftigte, Ende 2011 waren es noch 52 Beschäftigte.[40]

Der Anteil der durchgeführten Sonderprüfungen durch die *BaFin* im Sektor der Sparkassen hat im Jahr 2017 mit über 35 % einen Höchststand im 10-Jahres-Vergleich erreicht.[41] Die Prüfquote im Verhältnis zur Anzahl der

---

[34]Betrifft die Beschäftigten der *BaFin* im höheren sowie gehobenen Dienst. Die entsprechende Anzahl der Beschäftigten ist von 1.248 Personen (2008) auf 2.060 Personen (2017) gestiegen, vgl. *BaFin* (2009), (2010), (2011), (2012), (2013), (2014), (2015), (2016), (2017), (2018), eigene Berechnungen.

[35]Vgl. *BaFin* (2018), 81 f. Zu berücksichtigen ist, dass ein Baustein der Schaffung der Europäischen Bankenunion die Übernahme der Aufgaben als Aufsichtsbehörde durch die Europäische Zentralbank von der *BaFin* für *signifikante Banken* ab Ende 2014 war, vgl. *BaFin* (2014), 17 f.

[36]Vgl. *BaFin* (2009), (2010), (2011), (2012), (2013), (2014), (2015), (2016), (2017), (2018), eigene Berechnungen.

[37]*Ebd.*, eigene Berechnungen.

[38]Vgl. *EBA* (2012), 40. Im Jahr 2012 betrugen die Ausgaben insgesamt 14 Mio. EUR, vgl. *EBA* (2013), 51. In den nachfolgenden Jahren stiegen die Ausgaben von 24 Mio. EUR (2013) auf 34 Mio. EUR in 2014, vgl. *EBA* (2014), 75; *EBA* (2015), 104. Im Jahr 2015 lagen die Ausgaben mit 33 Mio. EUR nahezu stabil, vgl. *EBA* (2016), 101. Im darauffolgenden Jahr 2016 stiegen die Ausgaben schließlich auf 35 Mio. EUR, vgl. *EBA* (2017), 118.

[39]Vgl. *EBA* (2018), 101.

[40]Vgl. *EBA* (2012), 35; *EBA* (2018), 101.

[41]Im Jahr 2008 fanden 25 % aller Prüfungen im Sektor der Sparkassen statt. Gemäß der Auswertungssystematik der *BaFin* umfasst der Sektor der Sparkassen neben den Sparkassen im öffentlich-rechtlichen Sektor auch die Landesbanken sowie die freien Sparkassen.

Institute war im Zeitverlauf größeren Schwankungen unterworfen und lag zwischen 11 % (2014) und 19 % (2012).[42] Die Quote von 18 % im Jahr 2017 ist im 10-Jahres-Vergleich überdurchschnittlich hoch und liegt auch oberhalb der Quote von 2008 (14 %). Die gleichbleibende bzw. teilweise steigende Prüfneigung bei gleichzeitiger erheblicher Steigerung der relevanten Personalkapazitäten könnte auf eine tiefere Prüfintensität bei den Instituten hinweisen. Außerdem ist zu berücksichtigen, dass für stattfindende Prüfungen auch immer interne Kapazitäten von Beschäftigten durch die Institute vorzuhalten sind (z. B. für Datenbereitstellung oder den Austausch mit den Prüfern).

Im Rahmen der Prüfungen durch die *BaFin* kann es zu aufsichtsrechtlichen Beanstandungen kommen. Außerdem kann die *BaFin* bei entsprechenden Feststellungen Maßnahmen ergreifen. Die Anzahl von Beanstandungen und Maßnahmen bewegte sich von 2008 bis 2015 jährlich zwischen 78 (2008) und 187 (2010).[43] Der jährliche Durchschnitt lag dabei in den genannten Jahren bei 126. 2016 (415) und 2017 (974) hat sich die Zahl der Gesamtfeststellungen erheblich erhöht. Die Steigerung ist auf die Entwicklung der Feststellungen in den §§ 10, 13 bzw. 45 *KWG* (Maßnahmen im Bereich Eigenmittel/Liquiditätsmaßnahmen sowie Überschreiten Großkreditobergrenze) zurückzuführen. Der Anteil der Beanstandungen/Maßnahmen im Sektor der Sparkassen lag in jedem der nachfolgenden Jahre höher als 2008 (15 %). In 2017 lag der Anteil bei 25 %.[44] Rein rechnerisch gab es im Jahr 2017 bei 61 % der Institute im Sektor der Sparkassen eine Beanstandung/Maßnahme, während es 2016 noch 26 % waren und der Wert im Jahr 2008 mit 3 % sogar erheblich darunter lag.[45] Es ist davon auszugehen, dass die Beanstandungen/Maßnahmen in der Folge zu Personalaufwand bei den betroffenen Instituten führen, da etwa interne Abläufe und Prozesse anzupassen sind. Daher indiziert eine wachsende Zahl von Beanstandungen/Maßnahmen auch einen höheren internen Aufwand für die Institute. Außerdem ist dabei zu berücksichtigen, dass die durchschnittliche Größe von Sparkassen deutlich unter der von Großbanken liegt und es darüber hinaus innerhalb der Sparkassen-Finanzgruppe sehr verschiedene Institutsgrößen gibt. Dies könnte dazu führen, dass der relative Anteil von betroffenen

---

[42]Vgl. *BaFin* (2009), (2010), (2011), (2012), (2013), (2014), (2015), (2016), (2017), (2018), eigene Berechnungen.

[43]*Ebd.*

[44]*Ebd.*

[45]*Ebd.*

Personalkapazitäten bei Sparkassen im Fall von Beanstandungen/Maßnahmen – insbesondere bei kleinen und mittleren Instituten – deutlich über dem entsprechenden Anteil bei Großbanken liegt.

Die Ausstattung der Prüfstelle mit Beschäftigten im Verbandsgebiet des SVWL ist im Zeitverlauf bei Betrachtung der verfügbaren Datenpunkte vergleichsweise stabil – 98 Beschäftigte sowohl in 2008 als auch im Jahr 2013.[46] Demnach waren 32 % (2008) bzw. 31 % (2013) aller Beschäftigten des SVWL in der Prüfstelle aktiv. Unter Berücksichtigung der Reduktion der Sparkassen durch Zusammenschlüsse ergibt sich jedoch eine leichte Erhöhung der Beschäftigtenzahl je Institut von 1,3 (2008) auf 1,4 (2013). Die Zahl der Prüfungstage der Prüfstelle insgesamt hat sich im Zeitverlauf um 11 % erhöht (11.600 in 2008 gegenüber 12.890 in 2015).[47] Demnach sind die aufgewendeten Prüfungstage je Institut sogar um mehr als 22 % von 153 auf 187 pro Jahr im Zeitraum bis 2013 gestiegen. Diese Entwicklung bietet ebenfalls ein Indiz für damit einhergehende personelle Mehrbedarfe hinsichtlich interner Kapazitäten der Institute.

4.2 Entwicklung in der Sparkassen-Finanzgruppe

Um grundsätzliche Entwicklungen in der Organisationsstruktur sichtbar zu machen, ist ein hinreichend langer Betrachtungszeitraum – vorliegend zehn Jahre – erforderlich. Nur dadurch werden die Auswirkungen von geschäftspolitischen Entscheidungen (z. B. Zusammenlegung von Sparkassenstellen, Reduktion von Mitarbeiterkapazitäten oder Veränderungen in der vertriebsstrategischen Ausrichtung) sichtbar.

Nachfolgend wird diesbezüglich die Entwicklung der Anzahl der einzelnen Organisationen innerhalb der Sparkassen-Finanzgruppe, die Entwicklung des Geschäftsvolumens sowie die Entwicklung der Anzahl der Beschäftigten im Betrachtungszeitraum dargestellt.[48]

Die Gesamtzahl der Einzelorganisationen in der Sparkassen-Finanzgruppe hat sich von 2008 bis 2017 um etwa 13 % reduziert, wobei die Anzahl der Sparkassen

[46]Vgl. *SVWL* (2009), (2010), (2011), (2012), (2013), (2014). Die letztmalige differenzierte Ausweisung der Beschäftigten der Prüfstelle erfolgte im Geschäftsbericht 2013.

[47]Vgl. *SVWL* (2009), (2010), (2011), (2012), (2013), (2014), (2015), (2016). Die letztmalige Ausweisung der Prüfungstage der Prüfstelle erfolgte im Geschäftsbericht 2015.

[48]Vgl. *DSGV* (2009b), (2010c), (2011b), (2012b), (2013b), (2014b), (2015c), (2016b), (2017b), (2018j)

dabei mit 11 % etwas geringfügiger zurückgegangen ist (siehe Abbildung 4.3).[49] Der Anteil der Sparkassen an allen Einzelorganisationen in der Sparkassen-Finanzgruppe ist im Zeitverlauf mit rund 70 % relativ stabil. Darüber hinaus lassen sich Konzentrationseffekte bei den Verbundpartnern feststellen, namentlich bei den öffentlichen Erstversicherergruppen (Reduktion um eine Gruppe), den Landesbausparkassen (Reduktion um zwei Kassen) und den LBS-Immobiliengesellschaften (Reduktion um drei Gesellschaften), wobei bei den beiden letztgenannten Verbundpartnern die Anpassungen erst nach 2012 erfolgten. Erhebliche Konzentrationseffekte sind auch bei den Landesbanken zu beobachten: Zwei von ursprünglich acht Landesbank-Konzernen waren in der 10-Jahres-Betrachtung im Jahr 2017 nicht mehr am Markt aktiv. Insgesamt zeigen sich sowohl bei den Sparkassen als auch den weiteren Organisationen deutlich stärkere Konzentrationseffekte in der zweiten Hälfte des Betrachtungszeitraums von 2013 bis 2017.

Entwicklung Anzahl Organisationen der Sparkassen-Finanzgruppe im Betrachtungszeitraum

Organisationen der Sparkassen-Finanzgruppe	2008 Anzahl	2012 Anzahl	2017 Anzahl	2012 zu 2008 in Prozent	2017 zu 2008 in Prozent
Sparkassen	438	423	390	-3%	-11%
Regionalverbände	12	12	12	-	-
DSGV	1	1	1	-	-
Finanz Informatik	1	1	1	-	-
S-Informatikzentrum (SIZ)	1	1	1	-	-
DSV-Gruppe	1	1	1	-	-
Öffentliche Erstversicherergruppen	12	11	11	-8%	-8%
Landesbank-Konzerne	8	7	6	-13%	-25%
DekaBank	1	1	1	-	-
Landesbausparkassen	10	10	8	0%	-20%
LBS-Immobiliengesellschaften	10	10	7	0%	-30%
Deutsche Leasing Gruppe	1	1	1	-	-
Weitere Leasing-Gesellschaften	5	4	2	-20%	-60%
Factoring-Gesellschaften	3	4	3	33%	0%
Kapitalbeteiligungsgesellschaften	74	70	61	-5%	-18%
Sparkassen-Finanzgruppe gesamt	620	600	540	-3%	-13%

Abbildung 4.3 Anzahl Organisationen der Sparkassen-Finanzgruppe im Betrachtungszeitraum (*Ebd.*, eigene Berechnungen. Differenz zur Gesamtzahl der Organisationen der Sparkassen-Finanzgruppe (34 Organisationen in 2017) betrifft weitere Organisationen der Sparkassen-Finanzgruppe)

[49]Sofern sich der Trend zur Konsolidierung der Institute in der Intensität des gesamten Betrachtungszeitraums fortsetzen sollte, gäbe es im Jahr 2050 insgesamt noch knapp 247 Organisationen innerhalb der Sparkassen-Finanzgruppe und davon immer noch 214 Sparkassen. Durch die stärkere Konsolidierung bei der Anzahl der Gesamtorganisationen würde der Anteil der Sparkassen an allen Organisationen auf knapp 87 % ansteigen.

Die Aufstellung der Landesbanken musste in Folge der Finanzkrise erheblich angepasst werden.[50] Die Friktionen zeigen sich dabei nicht nur in der Reduktion der Anzahl von Landesbanken, sondern auch in der starken Reduktion ihres Geschäftsvolumens. Dabei war die Bilanzsumme aller Landesbank-Konzerne bis 2013 in der 5-Jahres-Perspektive bereits um 37 % gesunken, bis 2017 hat sich diese sogar mehr als halbiert (siehe Abbildung 4.4).

Das Geschäftsvolumen der Sparkassen-Finanzgruppe insgesamt hat sich von 2008 bis 2017 um mehr als $^1/_5$ reduziert, wobei diese Reduktion im Wesentlichen auf die Entwicklung bei den Landesbanken zurückzuführen ist. Unter Vernachlässigung der Reduktion der Bilanzsumme bei den Landesbank-Konzernen hat sich das Geschäftsvolumen der verbleibenden Organisationen innerhalb der Sparkassen-Finanzgruppe insgesamt im 10-Jahres-Vergleich jedoch sogar um 22 % erhöht.[51]

Das Geschäftsvolumen der Sparkassen konnte dabei im Zeitverlauf um 12 % gesteigert werden. Das Geschäftsvolumen der weiteren wesentlichen Verbundpartner – mit Ausnahme der DekaBank, deren Bilanzsumme sich um fast $^1/_3$ reduzierte, – ist im Vergleich von 2008 und 2017 sogar noch stärker gewachsen:

- Öffentliche Erstversicherer: +25 %,
- Landesbausparkassen: +33 % und
- LBS-Immobiliengesellschaften: +108 %.

[50] Zur Rolle der Landesbanken innerhalb der Sparkassen-Finanzgruppe siehe Abschnitt 3.2.4.

[51] Abgleich des angegebenen Geschäftsvolumens der Sparkassen-Finanzgruppe gesamt, jeweils subtrahiert um die Bilanzsumme der Landesbank-Konzerne, siehe Abbildung 4.4.

Entwicklung Geschäftsvolumen Organisationen der Sparkassen-Finanzgruppe im Betrachtungszeitraum

Organisationen der Sparkassen-Finanzgruppe	2008 Volumen	2012 Volumen	2017 Volumen	Einheit in Mrd. EUR	2012 zu 2008 in Prozent	2017 zu 2008 in Prozent
Sparkassen	1.071	1.106	1.200	Bilanzsumme	3%	12%
DSV-Gruppe	0,8	0,9	0,8	Umsatz	13%	3%
Öffentliche Erstversinherergruppen	17	19	21	Bruttobeitragsein.	11%	25%
Landesbank-Konzerne	2.047	1.292	908	Bilanzsumme	-37%	-56%
DekaBank	139	130	94	Bilanzsumme	-6%	-32%
Landesbausparkassen	51	57	68	Bilanzsumme	12%	33%
LBS-Immobiliengesellschaften	3,6	5,7	7,5	Objektvolumen	58%	108%
Deutsche Leasing Gruppe	27	29	28	Anschaffungswert	5%	4%
Weitere Leasing-Gesellschaften	56	44	7,6	Anschaffungswert	-21%	-86%
Factoring-Gesellschaften	11	23	28	Jahresumsatz	108%	162%
Kapitalbeteiligungsgesellschaften	2,6	1,3	1,1	Beteiligungsvol.	-50%	-58%
Sparkassen-Finanzgruppe gesamt	3.630	3.060	2.840	Geschäftsvol.	-16%	-22%

Abbildung 4.4 Volumensbetrachtung bei Organisationen der Sparkassen-Finanzgruppe (Vgl. *DSGV* (2009b), (2010c), (2011b), (2012b), (2013b), (2014b), (2015c), (2016b), (2018j), (2017b), eigene Berechnungen. Das Geschäftsvolumen der Sparkassen-Finanzgruppe insgesamt umfasst je nach Organisation Bilanzsumme/Bestandsvolumen/Total Assets bzw. Beteiligungsvolumen; Zahlen gerundet. Differenz zum Gesamtvolumen entfällt auf Geschäftsvolumen weiterer Organisationen)

Der Blick auf die Anzahl der Beschäftigten in der Sparkassen-Finanzgruppe zeigt im 10-Jahres-Vergleich ebenfalls deutliche Konsolidierungseffekte. So hat sich die Anzahl der Beschäftigten im Betrachtungszeitraum insgesamt um mehr als $1/_6$ reduziert, wobei auch hier der Rückgang der Anzahl von Beschäftigten bei den Landesbanken (−45 %) ganz wesentlich ins Gewicht fällt, die 2008 immerhin mit 63.622 Beschäftigten jeden sechsten Beschäftigten innerhalb der Sparkassen-Finanzgruppe stellten (siehe Abbildung 4.5). Bei einer Betrachtung ohne die Reduktion der Beschäftigtenzahl bei den Landesbanken fällt die Reduktion der Zahl der Beschäftigten mit 11 % innerhalb von zehn Jahren deutlich moderater aus, wobei die Reduktion der Zahl von Beschäftigten bei den Sparkassen mit 14 % im gleichen Zeitraum bei dieser Betrachtung überdurchschnittlich ins Gewicht fällt. Die Reduktion der Anzahl von Beschäftigten hat dabei ebenfalls nach 2012 an Dynamik gewonnen, die Reduktion von 2008 bis 2012 lag bei den Sparkassen bei nur 3 %.

Entwicklung Anzahl Beschäftigte in Sparkassen-Finanzgruppe im Betrachtungszeitraum

Organisationen der Sparkassen-Finanzgruppe	2008 Beschäftigte	2012 Beschäftigte	2017 Beschäftigte	2012 zu 2008 in Prozent	2017 zu 2008 in Prozent
Sparkassen	251.400	244.862	216.117	-3%	-14%
Regionalverbände	2.858	2.904	2.698	2%	-6%
DSGV	413	409	439	-1%	6%
Finanz Informatik	5.547	4.719	3.929	-15%	-29%
S-Informatikzentrum (SIZ)	69	129	185	87%	168%
DSV-Gruppe	1.701	1.802	2.200	6%	29%
Öffentliche Erstversicherergruppen	30.000	30.000	28.500	0%	-5%
Landesbank-Konzerne	63.622	43.244	34.836	-32%	-45%
DekaBank	3.920	4.040	4.649	3%	19%
Landesbausparkassen	8.796	8.737	6.918	-1%	-21%
LBS-Immobiliengesellschaften	480	492	562	2%	17%
Deutsche Leasing Gruppe	1.815	2.013	2.526	11%	39%
Weitere Leasing-Gesellschaften	780	570	178	-27%	-77%
Factoring-Gesellschaften	192	233	329	21%	71%
Kapitalbeteiligungsgesellschaften	234	259	203	11%	-13%
Sparkassen-Finanzgruppe gesamt	377.000	354.500	312.800	-6%	-17%

Abbildung 4.5 Beschäftigte in den Organisationen der Sparkassen-Finanzgruppe im Betrachtungszeitraum (*Ebd.*, eigene Berechnungen. Ausgegebener Wert der Anzahl Beschäftigter bei weiteren Leasing-Gesellschaften aufgrund letztmaliger Ausweisung für dieses Jahr durch den DSGV aus 2015)

Von den Beschäftigten der Sparkassen waren in 2017 knapp 197 Tsd. bankfachlich Beschäftigte (91 %).[52] Der Anteil der bankspezifisch Beschäftigten von 91 % zum Ende des Betrachtungszeitraums konnte sowohl gegenüber 2008 (222 Tsd. von 251 Tsd. Beschäftigte) als auch 2012 (216 Tsd. von 245 Tsd. Beschäftigte) erhöht werden.[53]

4.3 Entwicklung der Sparkassen in Westfalen-Lippe

Im Verbandsgebiet Westfalen-Lippe lag Ende 2017 das Geschäftsgebiet von 63 bzw. 16 % aller im Bundesgebiet aktiven Sparkassen, die insgesamt 11 % der bundesweiten Bilanzsumme aller Sparkassen repräsentierten (siehe

[52]*Ebd.*, eigene Berechnungen. Bankspezifisch Beschäftigte sind alle Beschäftigten der Sparkasse abzüglich der Auszubildenden sowie nicht bankspezifisch Beschäftigten, wozu beispielsweise Kantinenpersonal oder Reinigungskräfte zählen, vgl. *DSGV* (2009b), 239.

[53]Vgl. *DSGV* (2009b), (2013b), 22; vgl. *DSGV* (2013b), 22.

Abbildung 4.6).[54] Im Verbandsgebiet Westfalen-Lippe lebten in 2017 etwa 10 % der bundesdeutschen Bevölkerung.

Vergleich Kennzahlen bundesweit sowie auf Gebiet des SVWL am Ende des Betrachtungszeitraums

Vergleich Kennzahlen bundesweit sowie auf Gebiet des SVWL	Wert Bund	Wert SVWL	Anteil SVWL am Bundeswert
Bevölkerung, Anzahl in Mio.	82,7	8,3	10%
Sparkassen, Anzahl	390	63	16%
Bilanzsumme Sparkassen, in Mrd. EUR	1.200	131	11%
Beschäftigte Sparkassen, Anzahl	216.117	24.700	11%
Sparkassensstellen (inkl. SB), Anzahl	13.316	1.283	10%
Kundeneinlagen gesamt, in Mrd. EUR	907	96	11%
davon Spareinlagen, in Mrd. EUR	288	34	12%
Kundenkredite, in Mrd. EUR	790	91	12%

Abbildung 4.6 Vergleich Kennzahlen bundesweit sowie auf Gebiet des SVWL (Vgl. *DSGV* (2018l); *Statistisches Bundesamt* (2018); *LWL* (2018a); eigene Berechnungen; eigene Darstellung)

Durch Zusammenschlüsse ist die Zahl der einzelnen Sparkassen im Betrachtungszeitraum bundesweit klar gesunken (−11 %). Überdurchschnittlich stark fällt die Reduktion der Anzahl einzelner Sparkassen dabei im Verbandsgebiet Westfalen-Lippe aus: Während es im Jahr 2008 noch 76 Institute im Verbandsgebiet gab, sank deren Anzahl bis Ende 2017 auf 63. Dies entspricht einem Rückgang von fast $^1/_5$ im Betrachtungszeitraum (siehe Abbildung 4.7).

[54]Zum 1.1.2018 gab es 60 eigenständige Sparkassen. Dies stellt die Basis für die nachfolgenden Analysen dar (siehe Kapitel 5).

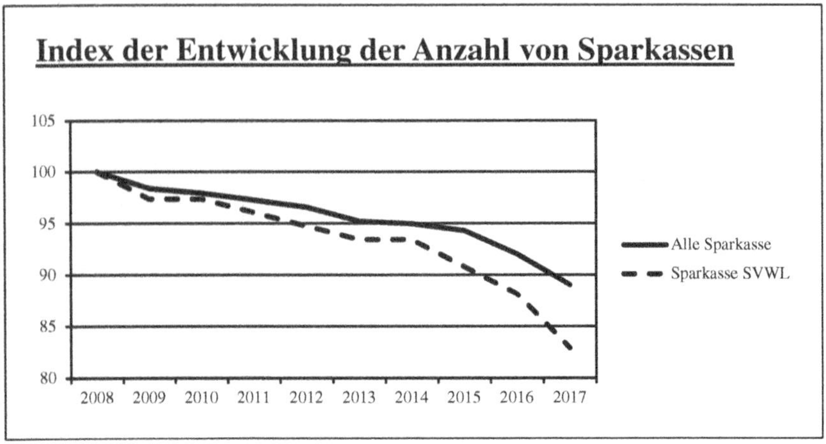

Abbildung 4.7 Index der Entwicklung der Anzahl von Sparkassen (Vgl. *DSGV* (2018l), eigene Berechnungen (2008 = 100))

Allerdings liegt die DBS je Sparkasse in Westfalen-Lippe auch Ende 2017 mit 2,1 Mrd. EUR um ca. 30 % unterhalb des bundesweiten Durchschnitts je Sparkasse (3,1 Mrd. EUR).[55] Im 10-Jahres-Vergleich hat sich die aggregierte Bilanzsumme aller Institute in Westfalen-Lippe um über 14 % von 113 auf 131 Mrd. EUR erhöht (siehe Abbildung 4.8). Die Steigerung liegt damit oberhalb der bundesweiten Entwicklung (+12 %) im Betrachtungszeitraum.

Wesentlicher Schwerpunkt dieser Arbeit ist die nachfolgende kennzahlenbasierte Analyse des Leistungserstellungsprozesses der westfälisch-lippischen Sparkassen im Betrachtungszeitraum (siehe Kapitel 5). Hierbei wird aufgrund der Datenverfügbarkeit von nun an durchgängig auf die Institutsanzahl zum Jahresbeginn 2018 (mit jeweils 60 Datenpunkten) zurückgegriffen. Auch in den nachfolgenden Betrachtungen wird daher aus Praktikabilitätsgründen bereits jeweils auf die 60 Institute als Anzahl der westfälisch-lippischen Sparkassen zum Ende des Betrachtungszeitraums referenziert.

[55]*Ebd.*, eigene Berechnungen.

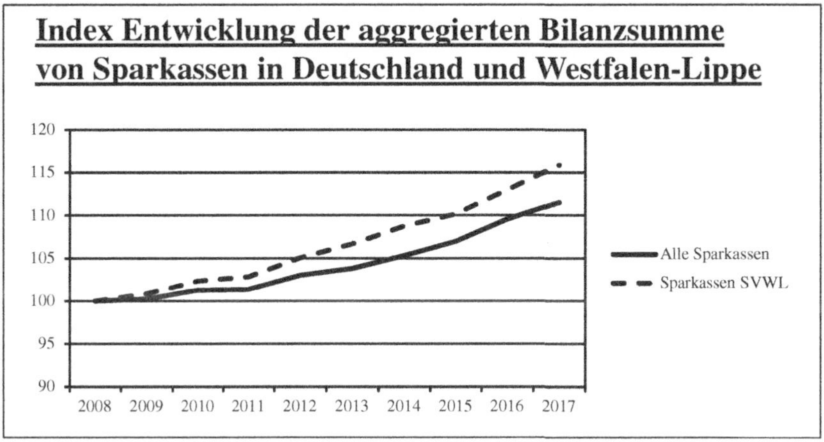

Abbildung 4.8 Entwicklung der Bilanzsumme von Sparkassen in Deutschland und in Westfalen-Lippe (*Ebd.*, eigene Berechnungen (2008 = 100))

Die Sparkassen in Westfalen-Lippe zeichnen sich durch eine hohe Bandbreite hinsichtlich des Volumens ihrer Bilanzsumme aus. Bei der Kategorisierung nach Größenklassen von Instituten nach DBS erfolgt nachfolgend die Nutzung der in der Bundesbank-Statistik gewählten Einteilung:[56]

- DBS < 0,5 Mrd. EUR (kleine Institute),
- DBS $\geq$ 0,5 Mrd. EUR < 1,0 Mrd. EUR (mittelkleine Institute),
- DBS $\geq$ 1,0 Mrd. EUR < 3,0 Mrd. EUR (mittlere Institute),
- DBS $\geq$ 3,0 Mrd. EUR < 5,0 Mrd. EUR (mittelgroße Institute) und
- DBS $\geq$ 5,0 Mrd. EUR (große Institute).

Im Jahr 2008 waren die Mehrheit der Institute in Westfalen-Lippe demnach kleine oder mittelkleine Institute mit einer DBS unter 1,0 Mrd. EUR (45 von 76 Sparkassen) und nur sechs Sparkassen hatten eine DBS von mindestens 5 Mrd. EUR (siehe Abbildung 4.9).

[56]Vgl. *Deutsche Bundesbank* (2018a), eigene Bezeichnungen in Klammerzusätzen.

Größenanalyse der Sparkassen in Westfalen-Lippe zum Beginn des Betrachtungszeitraums

2008	Anzahl	DBS	Stand.ab.	Min.	Max.	25% Q.	75% Q.	Med.
Klein	21	0,34	0,08	0,22	0,47	0,28	0,41	0,32
Mittelklein	24	0,72	0,13	0,53	0,99	0,62	0,80	0,70
Mittel	19	1,58	0,44	1,04	2,53	1,28	1,78	1,47
Mittelgroß	6	3,43	0,66	3,02	4,89	3,05	3,37	3,11
Groß	6	6,35	1,05	5,29	8,21	5,61	6,94	5,88
Gesamt	76	1,49	1,70	0,22	8,21	0,45	1,63	0,77

Abbildung 4.9 Größenanalyse der Sparkassen in Westfalen-Lippe zu Beginn des Betrachtungszeitraums (Eigene Berechnungen auf Grundlage von *DSGV* (2018l), DBS in Mrd. EUR. Abweichung durch Rundung möglich)

Zum Ende des Betrachtungszeitraums befand sich die Mehrheit der westfälisch-lippischen Institute (37 von 60) dagegen in den Größenkategorien mittel, mittelgroß oder groß (siehe Abbildung 4.10). Die durchschnittliche Bilanzsumme hat sich dabei im 10-Jahres-Vergleich um etwa 45 % von 1,5 auf knapp 2,2 Mrd. EUR pro Institut erhöht. In jeder der aufgeführten Größenkategorien hat sich die DBS der jeweils enthaltenden Institute im Durchschnitt gesteigert, gleiches gilt für die Betrachtung des Median.

Größenanalyse der Sparkassen in Westfalen-Lippe zum Ende des Betrachtungszeitraums

2017	Anzahl	DBS	Stand.ab.	Min.	Max.	25% Q.	75% Q.	Med.
Klein	10	0,37	0,06	0,30	0,47	0,31	0,42	0,34
Mittelklein	13	0,79	0,13	0,59	0,99	0,67	0,90	0,76
Mittel	24	1,76	0,51	1,07	2,75	1,31	2,03	1,66
Mittelgroß	5	3,52	0,45	3,11	4,23	3,19	3,87	3,20
Groß	8	7,18	1,41	5,04	9,36	6,36	7,99	6,88
Gesamt	60	2,19	2,22	0,30	9,36	0,75	2,60	1,38

Abbildung 4.10 Größenanalyse der Sparkassen in Westfalen-Lippe zum Ende des Betrachtungszeitraums (*Ebd.*)

Die deutlichen Verschiebungen in den Größenklassen sind dabei nicht nur auf die Ausweitung des Kundengeschäfts und die damit verbundene Erhöhung der DBS zurückzuführen. Ganz wesentlich tragen auch die stattgefundenen Fusionen bei Sparkassen dazu bei: Im Betrachtungszeitraum gab es insgesamt 16 Zusammenschlüsse zwischen den Sparkassen in Westfalen-Lippe. Im Durchschnitt weicht die DBS zwischen den beiden Fusionspartnern dabei um knapp 1,8 Mrd. EUR voneinander ab, wobei die DBS des jeweils kleineren Partners durchschnittlich 0,6 Mrd. EUR betrug und die des jeweils größeren Partners bei 2,4 Mrd. EUR lag. In elf von 16 Fällen (69 %) lag die DBS des größeren Fusionspartners dabei mindestens doppelt so hoch wie die des kleineren Partners. Nur in zwei Fällen waren sich die Fusionspartner hinsichtlich ihrer Institutsgröße nach DBS recht ähnlich. Die Abweichung zwischen der Institutsgröße der Partner lag nur bei 10 % bzw. 23 %.

Die Anzahl der bankspezifisch Beschäftigten hat im Betrachtungszeitraum auf dem Gebiet des SVWL um 12 % abgenommen. Während es im Jahr 2008 noch 25,4 Tsd. bankspezifisch Beschäftigte gab, lag die Anzahl zum Ende des Betrachtungszeitraums bei 22,4 Tsd. Der Rückgang bei allen Beschäftigten der Sparkassen in Westfalen-Lippe insgesamt fiel gegenüber den bankspezifisch

Beschäftigten mit 14 % von 28,6 Tsd. in 2008 auf 24,7 Tsd. in 2017 – wie bundesweit auch – höher aus.[57]

Auch das Netz an Sparkassenstellen wurde im Betrachtungszeitraum deutlich angepasst. Während es im Jahr 2008 bundesweit noch 15,8 Tsd. Sparkassenstellen gab, sank die Zahl auf 13,3 Tsd. im Jahr 2017 (−16 %). Auf dem Gebiet des SVWL hat sich die Anzahl im gleichen Zeitraum um 12 % von 1,5 Tsd. auf knapp 1,3 Tsd. reduziert. Die Anzahl der Sparkassenstellen ist demnach auf dem Gebiet des SVWL etwa so stark gesunken wie die Anzahl der Beschäftigten. Bundesweit zeigt sich dagegen ein anderes Bild: Dort war der Rückgang der Sparkassenstellen stärker ausgeprägt als die Reduktion der Anzahl bankspezifisch Beschäftigter.

Während sich die rechnerische Anzahl der bankspezifisch Beschäftigten je Sparkassenstelle im Betrachtungszeitraum bundesweit von 14 auf knapp 15 leicht erhöht hat, liegt die Anzahl im SVWL mit einem Wert zwischen 16 und 18 jeweils deutlich darüber.[58] Dies deutet auf eine höhere Beschäftigtenintensität bei den westfälisch-lippischen Instituten hin.

4.4 Exogene Einflussfaktoren

Die nachfolgenden exogenen Parameter haben potenziell einen Einfluss auf die Leistungserstellung von Banken sowie die spezifische Entwicklung der Sparkassen in Westfalen-Lippe. Es handelt sich dabei um Parameter, die durch die Sparkassen entweder nicht (z. B. Bevölkerungsentwicklung) oder zumindest nicht vollständig (z. B. Wettbewerbsintensität) beeinflussbar sind.

[57]Hierbei handelt es sich um die Betrachtung der bankspezifisch Beschäftigten, nicht der verfügbaren Mitarbeiterkapazitäten, d. h., auch Mitarbeiter in Teilzeit zählen in diese Betrachtung mithinein. Sofern sich die Teilzeitquote zwischen SVWL und bundesweiter Betrachtung bzw. im Zeitverlauf verändert hat, beeinflusst dies die Vergleichbarkeit der Daten. Wenn z. B. viele Personen von Vollzeit auf Teilzeit gewechselt sind, fällt der Rückgang der verfügbaren Mitarbeiterkapazitäten höher aus als der hier vorliegende Rückgang der bankspezifisch Beschäftigten als Betrachtung von Personen.

[58]Hierbei ist jedoch zu berücksichtigen, dass auch nicht mitarbeiterbesetzte SB-Standorte mit einfließen.

4.4.1 Bevölkerungsentwicklung

Insgesamt stellt sich die Bevölkerungszahl sowohl in der Bundesrepublik Deutschland als auch auf dem Verbandsgebiet Westfalen-Lippe im Betrachtungszeitraum als vergleichsweise stabil dar. Die Gesamtbevölkerung in der Bundesrepublik Deutschland hat sich im 10-Jahres-Vergleich um ca. 1 % auf 82,7 Mio. Personen bis Ende 2017 erhöht (siehe Abbildung 4.11).[59] Dagegen ist die Gesamtbevölkerung in Westfalen-Lippe im gleichen Zeitraum geringfügig um etwa 1 % zurückgegangen.[60]

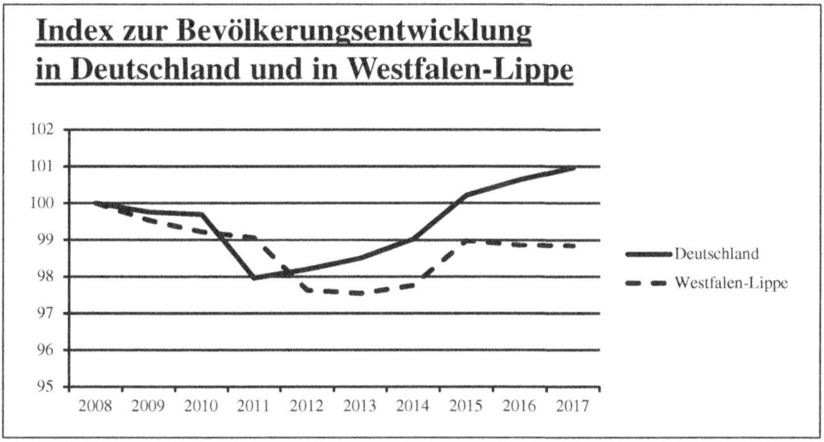

Abbildung 4.11 Index zur Bevölkerungsentwicklung in Deutschland und Westfalen-Lippe (Eigene Darstellung auf Grundlage von *Statistisches Bundesamt* (2018) sowie *LWL* (2018a), eigene Berechnungen, 2008 = 100)

Die Bevölkerungsentwicklung unterscheidet sich allerdings zwischen den kommunalen Gebietskörperschaften in Westfalen-Lippe. Während die Bevölkerung in den kreisfreien Städten innerhalb des Betrachtungszeitraumes um 0,7 %

[59] Vgl. *Statistisches Bundesamt* (2018), eigene Berechnungen.

[60] Vgl. *LWL* (2018a), eigene Berechnungen.

gewachsen ist, ist sie in den Kreisen sogar um 1,9 % gesunken.[61] Darüber hinaus verläuft die Entwicklungslinie zwischen dem westfälischen Ruhrgebiet (stärker sinkende Bevölkerungszahl) und den weiteren Gebieten in Westfalen-Lippe (Wachstum der Bevölkerungszahl oder zumindest eine geringe Reduktion) (siehe Abbildung 4.12). Die Veränderungen im Betrachtungszeitraum insgesamt sind allerdings als eher gering anzusehen.

Bevölkerungsentwicklung in Westfalen-Lippe im Betrachtungszeitraum

Veränderung Bevölkerung (2017 zu 2008)	Westfälisches Ruhrgebiet	Weitere Gebiete Westfalen-lippe
Kreisfreie Städte	-1,7%	+8,1%
Kreise	-3,8%	-1,4%

Abbildung 4.12 Bevölkerungsentwicklung in Westfalen-Lippe von 2008 bis 2017 (Vgl. *LWL* (2018a), eigene Berechnungen)

4.4.2 Wirtschaftsleistung

Das nominale Bruttoinlandsprodukt ist in der Bundesrepublik Deutschland im Betrachtungszeitraum um insgesamt 27 % gestiegen, was demnach einer durchschnittlichen jährlichen Steigerung von 2,4 % entspricht.[62] Die deutliche Reduktion der Wirtschaftsleistung im Vergleich zum Vorjahr um 4,0 %

[61] Dabei gibt es Städte, die an Bevölkerung verloren haben (Stadt Herne: −6,3 %), als auch Städte mit starken Bevölkerungszuwächsen (Stadt Münster: +14,5 %). Gleichzeitig existieren auch Kreise mit wachsender Bevölkerung (Kreis Gütersloh: +2,6 %) und Kreise mit einem stärkeren Rückgang der Bevölkerung (Märkischer Kreis: −5,6 %).

[62] Vgl. *Deutsche Bundesbank* (2018e), eigene Berechnungen.

bundesweit (4,7 % in Westfalen-Lippe) in Folge der Rezession nach der Finanzkrise (2009 zu 2008) wurde bereits 2010 (bundesweit) bzw. 2011 (im Gebiet Westfalen-Lippe) überkompensiert. Die wirtschaftliche Lage ist seither durch ein kontinuierliches Wachstum geprägt (Abbildung 4.13). Die Steigerungsquote der Wirtschaftsleistung auf dem Gebiet Westfalen-Lippe ist allerdings mit knapp +20 % im 10-Jahres-Vergleich geringer ausgefallen als bundesweit (+27 %).[63]

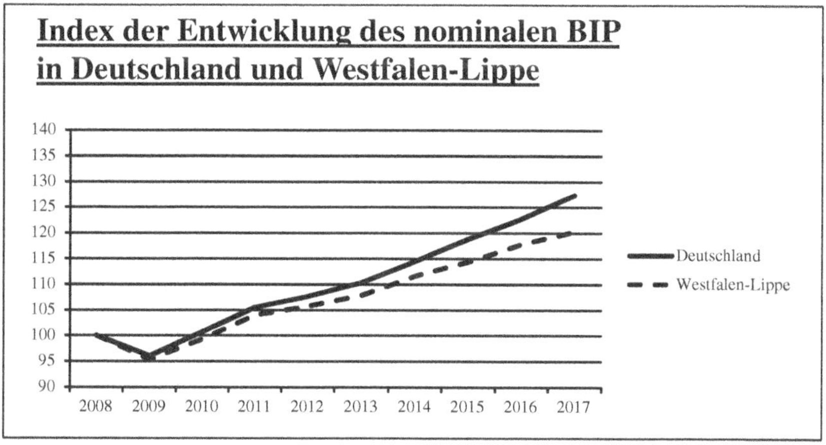

Abbildung 4.13 Index der Entwicklung des nominalen BIP in Deutschland und Westfalen-Lippe (Eigene Darstellung auf Basis *Deutsche Bundesbank* (2018e) sowie *LWL* (2018b); eigene Berechnungen)

Auch beim Abgleich des durchschnittlichen nominalen BIP pro Einwohner bundesweit bzw. auf dem Gebiet des SVWL zeigen sich Unterschiede: Während das BIP pro Einwohner in Westfalen-Lippe im Jahr 2008 noch bei knapp 91 % des bundesweiten Niveaus lag, betrug das Niveau im Jahr 2017 etwa 88 % vom bundesweiten Wert.

[63]Vgl. *LWL* (2018b) für die Werte 2018 bis 2016; eigene Berechnungen. Annahme für Wert 2017: gleichbleibender Anteil (analog 2016) der Wirtschaftsleistung im Gebiet Westfalen-Lippe an der Gesamtwirtschaftsleistung der Bundesrepublik Deutschland (8,9 %).

4.4.3 Wettbewerbsintensität

Hinsichtlich der Geschäftsstrategie und ihrer starken Flächenpräsenz stellen die Genossenschaftsbanken die wesentlichen Wettbewerber für die Sparkassen dar. Darüber hinaus sind auch die *Postbank* sowie die Großbanken als wichtige Wettbewerber anzusehen, die sich jedoch – im Vergleich zu den Sparkassen – durch eine deutlich geringere Flächenpräsenz auszeichnen.[64]

Zur Betrachtung der Wettbewerbsintensität bietet sich die Betrachtung der mitarbeiterbedienten Geschäftsstellen nach Bankengruppe an, da dort die stationären Bankdienstleistungen der Institute erbracht werden. Unter Berücksichtigung von mitarbeiterbesetzten Standorten gab es im Jahr 2008 in Westfalen-Lippe folgende Ausgangssituation:[65]

- insgesamt 3.381 Bankstellen der Kreditinstitute (inkl. Bausparkassen) in Westfalen-Lippe, davon
- 1.336 Bankstellen der Sparkassen-Finanzgruppe (40 %),
- 1.079 Bankstellen der Genossenschaftsbanken (32 %),
- 517 Bankstellen der Postbank (15 %),
- 262 Bankstellen von Großbanken (8 %) sowie
- 187 Bankstellen von sonstigen Kreditinstituten (5 %).

Zum Ende des betrachteten Zeitraums im Jahr 2017 gab es folgende Anzahl bzw. Verteilung der Bankstellen nach Bankengruppen:

- insgesamt 2.669 Bankstellen der Kreditinstitute (inkl. Bausparkassen) in Westfalen-Lippe – eine Reduktion um 21 % gegenüber 2008 –, davon
- 1.043 Bankstellen der Sparkassen-Finanzgruppe (Reduktion um 22 %, Anteil von 39 %),

[64]Diese Betrachtung ist nicht als abschließend zu verstehen. Beispielsweise könnten auch Direktbanken potenziell als Wettbewerber von Sparkassen angesehen werden. Die hier verwendete Nutzung des Kriteriums der Flächenpräsenz kann allerdings für Direktbanken nicht genutzt werden, da diese in der Regel kaum über stationäre Vertriebseinheiten verfügen.

[65]Es handelt sich dabei für 2008, 2010, 2011 sowie 2013–2017 um eine Stichtagsbetrachtung zum 01.08. des laufenden Jahres. Für 2009 liegen Daten zum Stichtag 11.08. vor und für 2012 Werte zum Stichtag 31.12.2011. Es handelt sich hierbei um die Anzahl mitarbeiterbesetzter Bankstellen, d.h., nicht mitarbeiterbesetzte SB-Standorte sind nicht enthalten. Datenbereitstellung SVWL aus zentraler Marktdatenbank.

- 894 Bankstellen der Genossenschaftsbanken (Reduktion um 17 %, Anteil von 33 %),
- 441 Bankstellen der Postbank (Reduktion um 15 %, Anteil von 17 %),
- 181 Bankstellen von Großbanken (Reduktion um 31 %, Anteil von 7 %) sowie
- 110 Bankstellen von sonstigen Kreditinstituten (Reduktion um 41 %, Anteil von 4 %).

Alle Bankengruppen haben demnach ihr mitarbeiterbesetztes stationäres Vertriebsnetz im Vergleich von 2017 zu 2008 um mindestens 15 % reduziert. Nur die Großbanken und sonstigen Kreditinstitute haben ihr mitarbeiterbesetztes Standortnetz dabei relativ noch stärker reduziert als die Sparkassen. Die Konzentrationseffekte bei den Sparkassen in Westfalen-Lippe fallen dagegen höher aus als bei Genossenschaftsbanken und der Postbank. Während im Jahr 2008 etwa 40 % der mitarbeiterbesetzten Standorte Geschäftsstellen von Sparkassen waren, lag dieser Wert Ende 2017 mit 39 % allerdings nur geringfügig darunter.

Die Wettbewerbsintensität in Westfalen-Lippe, d. h. die Anzahl der Geschäftsstellen der Wettbewerber im Verhältnis zu den Geschäftsstellen der Sparkassen, hat sich demnach zwischen 2008 (1,5) und 2017 (1,6) leicht erhöht. Dabei liegt die Wettbewerbsintensität etwas geringer als im Bundesdurchschnitt (sowohl 2008 als auch 2017 bei 1,8). Im bundesweiten Durchschnitt ist der Anteil der Geschäftsstellen von Sparkassen an allen Bankstellen demnach sowohl 2008 (36 %) als auch 2017 (35 %) etwas niedriger als in Westfalen-Lippe.

4.5 Kundenverhalten

Das Nutzungsverhalten von Kunden korrespondiert mit den technologischen Entwicklungen in der Finanzdienstleistungsbranche. Dies zeigt sich zum einen in der Nutzung von SB-Geräten (z. B. zur Abhebung von Bargeld) und zum anderen in der Nutzung von Online-Banking seit den 1990er Jahren (z. B. zur Abfrage des Kontostandes oder zur Tätigung von Überweisungen).

Die absolute Anzahl von Konten, die online geführt werden, hat sich in Westfalen-Lippe zwischen 2008 und 2017 mehr als verdoppelt. In 2017 nutzten über 2,6 Mio. Konten Online-Banking.[66] Gegenüber 2008 (weniger

[66] Vgl. *SVWL* (2018b), 17.

als 1,2 Mio. Konten) entspricht dies einer Steigerung von über 120 %.[67] Die Anzahl der Geschäftsvorfälle ist dabei ähnlich stark gestiegen wie die Zahl der Online-Konten (von 2015 zu 2011 um 23 % gegenüber einer Steigerung von 21 % bei der Anzahl der Online-Konten).[68]

4.6 Repräsentation in regionalen Gremien und Ausschüssen

Eine wesentliche Säule der Tätigkeit der Verbände ist die Unterstützung und Beratung der Sparkassen im jeweiligen Verbandsgebiet (siehe Abschnitt 3.2.1). Allerdings ist dies kein einseitiges Handeln, sondern die Institute bestimmen den Tätigkeitsumfang und die Tätigkeitsinhalte durch die Gremien und Ausschüsse des Verbandes mit. Folgende Gremien und Ausschüsse mit verschiedenen in der Satzung definierten Aufgaben bilden die formale Beteiligungsstruktur im SVWL (siehe Abschnitt 3.2.1):[69]

- Verbandsverwaltungsrat,[70]
- Hauptausschuss,[71]
- Obleute-Ausschuss,
- Fachausschuss Markt/Vertrieb,
- Fachausschuss Banksteuerung sowie
- Fachausschuss Organisation/Prozesse.

[67] *Ebd.*, vgl. *SVWL* (2016),8, eigene Berechnungen.

[68] Vgl. *SVWL* (2016), 8 ff., eigene Berechnungen.

[69] Vgl. *SVWL* (2018a). In der nachfolgenden Analyse werden jeweils Vorsitzende/stellvertretende Vorsitzende, Obleute/stellvertretende Obleute sowie ordentliche stellvertretende Mitglieder mit einbezogen.

[70] Vgl. *SVWL* (2018a). Hierbei Berücksichtigung der gewählten Vorstandsvorsitzenden (Mitglied sowie stellvertretendes Mitglied) sowie Sparkassenvertreter im Vorstand der Verbandsversammlung (Mitgliedschaft qua Amt). Drei Sitze sind zum Zeitpunkt der Betrachtung vakant.

[71] Vgl. *SVWL* (2018a). Ständiger Ausschuss des Verbandsverwaltungsrates mit Zuständigkeit „für die Beratung der Budgetangelegenheiten für das kommende Rechnungsjahr, die Entgegennahme der Berichte über die Einhaltung des Budgets im laufenden Rechnungsjahr und die Beratung etwaiger Nachtragsbudgets“, wobei die Zusammensetzung des Hauptausschusses gemäß § 11 Abs. II *Satzung SVWL* durch den Verbandsverwaltungsrat festgelegt wird.

Anders als bei der Verbandsversammlung – in der alle Institute vertreten sind – ergibt sich in den aufgeführten Gremien und Ausschüssen der Bedarf an einer Repräsentation, da jeweils nur ein Teil der Institute beteiligt sein kann. Da die Aufgabe der Regionalverbände grundsätzlich darin besteht, *alle* auf dem jeweiligen Verbandsgebiet befindlichen Sparkassen entsprechend ihrer Bedürfnisse zu unterstützen, ergibt sich automatisch die Folgefrage nach dem Kriterium oder den Kriterien für eine solche Partizipation. Daher sollen nachfolgend mit der Repräsentation nach Regionalproporz (Abschnitt 4.6.1 unten) sowie der Repräsentation nach Institutsgröße (Abschnitt 4.6.2) zwei relevante Kriterien angesehen werden, um den Repräsentationsgrad zum Ende des Betrachtungszeitraums zu überprüfen.

4.6.1 Regionalproporz

Für die Überprüfung der Verwirklichung eines Regionalproporzes auf Ebene des Sparkassenverbandes Westfalen-Lippe eignet sich die Betrachtung der sieben Bezirks-Arbeitsgemeinschaften, über die eine Beratung von bankfachlichen Angelegenheiten koordiniert werden soll und in denen alle westfälisch-lippischen Sparkassen zugeordnet sind (siehe Abschnitt 3.2.1).[72] Die Anzahl der Bezirks-Arbeitsgemeinschaften gestaltet sich dabei im Betrachtungszeitraum als stabil.

Bei der absoluten Anzahl der in den Gremien und Ausschüssen beteiligten Institute zeigt sich auf den ersten Blick eine sehr ähnliche Verteilung zwischen den Bezirks-Arbeitsgemeinschaften, die zwischen neun (BAG Hellweg-Paderborner Land) und zwölf (BAG Siegen-Wittgenstein-Olpe) Plätze belegen. In jedem Gremium bzw. Ausschuss des SVWL ist jede BAG mindestens einmal vertreten. Eine Besonderheit ergibt sich im Obleute-Ausschuss selbst, der sich ja gerade paritätisch aus einem Obmann sowie einem stellvertretenden Obmann je Bezirk zusammensetzt.

Die Unterschiede in der relativen Repräsentation werden allerdings deutlich, wenn berücksichtigt wird, dass sich die Anzahl der Institute je Bezirks-Arbeitsgemeinschaft stark unterscheidet (zwischen 6sechs und 14 Institute je BAG). Diese Abweichungen zeigen sich jedoch nicht nur in der Anzahl der Institute, sondern auch in der repräsentierten DBS je BAG: So ist in

[72]Dies sind die Bezirks-Arbeitsgemeinschaft Münsterland, Ruhrgebiet, Mark, Siegen-Wittgenstein-Olpe, Sauerland, Hellweg-Paderborner Land sowie Minden-Ravensberg-Lippe, vgl. *SVWL* (2018a)

der BAG Sauerland nicht nur mit sechs Instituten die geringste Anzahl an Sparkassen beteiligt, es wird mit 6,4 Mrd. EUR DBS auch die geringste Bilanzsumme von allen BAG repräsentiert (etwa 5 % der westfälisch-lippischen Sparkassen). Demgegenüber steht das Ruhrgebiet, das nicht nur als BAG mit 14 Instituten am größten ist, sondern auch das höchste Volumen an DBS mit 41,1 Mrd. EUR repräsentiert (fast $^{1}/_{3}$ der DBS der westfälisch-lippischen Institute).

Demnach ergeben sich bei der relativen Beteiligung je Institut deutliche Unterschiede je nach BAG: Zum einen zeigt sich eine deutliche Überrepräsentation der Bezirks-Arbeitsgemeinschaften Siegen-Wittgenstein-Olpe, Sauerland sowie Hellweg-Paderborner Land (siehe Abbildung 4.14). Dies sind allesamt BAG im Südosten des Verbandsgebietes, die auch direkt aneinander angrenzen. Andererseits sind das Ruhrgebiet sowie die Bezirks-Arbeitsgemeinschaft Minden-Ravensberg-Lippe unterrepräsentiert.

Über- oder Unterrepräsentation in Gremien oder Ausschüssen des SVWL nach regionaler Verteilung

Zus. Region Abw	Münsterland	Ruhrgebiet	Mark	S.-W.-O.	Sauerland	H.-Paderb. L.	M.-R.-L.
Alle Räte/Ausschüsse	-8%	-40%	19%	67%	39%	25%	-24%
Verbandsverwaltungsrat	20%	-57%	71%	100%	0%	0%	-45%
Obleute-Ausschuss	-14%	-39%	22%	43%	43%	43%	-22%
FA Vertrieb/Markt	13%	-46%	7%	25%	25%	25%	2%
FA Banksteuerung	-25%	-46%	7%	88%	88%	25%	-32%
FA Organisation/Prozesse	-25%	-20%	7%	88%	25%	25%	-32%

Abbildung 4.14 Repräsentation in Gremien oder Ausschüssen des SVWL nach regionaler Verteilung

Im Durchschnitt sind in den relativ überrepräsentierten BAG Siegen-Wittgenstein-Olpe (1,3 Mrd. EUR DBS) sowie Sauerland (1,1 Mrd. EUR DBS)

hinsichtlich der Institutsgröße deutlich kleiner als im Gesamtdurchschnitt des SVWL.[73] Dagegen sind die Institute der relativ unterrepräsentierten BAG im Ruhrgebiet (2,9 Mrd. EUR DBS) sowie Minden-Ravensberg-Lippe (2,4 Mrd. EUR DBS) durchschnittlich überproportional groß.

Außerdem gibt es Auffälligkeiten bei der Häufung von Mitgliedschaften in den Gremien und Ausschüssen des Verbandes: So nimmt von der BAG Siegen-Wittgenstein-Olpe jedes zweite Institut mindestens zwei Plätze in Gremien und Ausschüssen ein (siehe Abbildung 4.15). In den ebenfalls überrepräsentierten BAG Sauerland sowie Hellweg-Paderborner Land ist ebenfalls 1/3 der Institute mehr als einmal in Gremien bzw. Ausschüssen vertreten. Außerdem sind in den BAG Siegen-Wittgenstein-Olpe sowie Sauerland alle Institute in mindestens einem Gremium oder Ausschuss des Verbandes vertreten. Dagegen ist der Anteil der Institute mit mehr als einer Beteiligung im insgesamt unterrepräsentierten Ruhrgebiet mit 21 % deutlich geringer. Gleichzeitig sind in dieser BAG über die Hälfte der Institute (57 %) in den Gremien und Ausschüssen des SVWL gar nicht vertreten.

Verteilung Häufigkeit der Mitgliedschaft in Gremien und Ausschüssen des SVWL nach Bezirk

Häufigkeit	Münsterland	Ruhrgebiet	Mark	S.-W.-O.	Sauerland	H.-Paderb. L.	M.-R.-L.
0	40%	57%	29%	0%	0%	17%	55%
1	30%	21%	43%	50%	67%	50%	18%
2	10%	14%	0%	17%	17%	17%	18%
>2	20%	7%	29%	33%	17%	17%	9%

Abbildung 4.15 Häufigkeit der Mitgliedschaft in Gremien und Ausschüssen des SVWL nach Bezirk

[73]Die ebenfalls überrepräsentierte BAG Hellweg-Paderborner Land (2,2 Mrd. EUR DBS) liegt dagegen genau auf Durchschnittsniveau.

Mit Ausnahme der BAG Mark (1,2 Mrd. EUR DBS zu 1,1 Mrd. EUR DBS) zeigt sich außerdem in jeder BAG, dass die DBS im Durchschnitt der in Gremien und Ausschüssen beteiligten Institute teils deutlich über der DBS im Durchschnitt der nicht beteiligten Institute liegt (wobei in der BAG in Siegen-Wittgenstein-Olpe sowie der BAG Sauerland alle Institute beteiligt sind). In den überrepräsentierten BAG Hellweg-Paderborner Land, Sauerland sowie Siegen-Wittgenstein-Olpe sind die Institute, die mehr als einmal in Gremien und Ausschüssen des Verbandes vertreten sind, wiederum deutlich größer als die Institute, die nur einmal beteiligt sind.

4.6.2 Institutsgröße

Die Betrachtung des Regionalproporzes führt demnach direkt zur Frage der Repräsentanz nach Institutsgröße. Wie bereits gezeigt wurde, gibt es erhebliche Größenunterschiede zwischen den Instituten, und die westfälisch-lippischen Institute zeichnen sich durch eine unterdurchschnittliche Institutsgröße gegenüber dem bundesweiten Durchschnitt an (siehe Abschnitt 4.3).

Je nach betrachteter Größenklasse sind zwischen sieben (mittelgroße Institute) und 29 Plätze (mittlere Institute) vergeben. Im Fachausschuss Vertrieb/Markt ist kein mittelkleines Institut vertreten und im Fachausschuss Banksteuerung keine mittelgroße Sparkasse. Ansonsten ist in jedem Ausschuss bzw. Gremium des SVWL jede Größenklasse an Instituten mind. einmal vertreten.

Da sich jedoch eine unterschiedliche Anzahl von Instituten in den einzelnen Größenklassen wiederfindet (siehe Abbildung 4.10), zeigt sich bei der relativen Beteiligung wiederum eine erhebliche Unter- bzw. Überrepräsentation je nach Institutsgröße: Während große und mittelgroße Institute in den Gremien und Ausschüssen insgesamt deutlich überrepräsentiert sind, gibt es insbesondere eine Unterrepräsentation bei den kleinen Instituten (siehe Abbildung 4.16). Zwischen der Repräsentation in den einzelnen Gremien und Ausschüssen gibt es allerdings Unterschiede: So ist beim Fachausschuss Vertrieb/Markt nur eine Überrepräsentation von mittleren und mittelgroßen Instituten erkennbar, die großen Institute sind dagegen selbst etwa entsprechend des Anteils der Institute repräsentiert.

Anteil der Über- oder Unterrepräsentation in Gremien oder Ausschüssen des SVWL nach Institutsgröße

Zus. DBSAbw	Klein	Mittelklein	Mittel	Mittelgroß	Groß
Alle Räte/Ausschüsse	-25%	-10%	1%	17%	**35%**
Verbandsverwaltungsrat	-40%	**38%**	-25%	**20%**	**50%**
Obleute-Ausschuss	-57%	-1%	-11%	**71%**	**61%**
FA Vertrieb/Markt	-25%	-100%	**56%**	**50%**	-6%
FA Banksteuerung	13%	**102%**	9%	-100%	-6%
FA Organisation/Prozesse	-25%	15%	-38%	**50%**	**88%**

Abbildung 4.16 Repräsentation in Gremien oder Ausschüssen des SVWL nach Institutsgröße (Unter Berücksichtigung der Sparkassengröße Ende 2017 gibt es im Verbandsgebiet Westfalen-Lippe zehn kleine Institute (unter 0,5 Mrd. EUR DBS), 13 mittelkleine Institute (mind. 0,5 und unter 1,0 Mrd. EUR DBS), 24 mittlere Institute (mind. 1,0 und unter 3,0 Mrd. EUR DBS), fünf mittelgroße Institute (min 3,0 und unter 5,0 Mrd. EUR DBS sowie acht große Institute (mind. 5,0 Mrd. EUR DBS) (siehe Abbildung 4.10))

Es zeigt sich ein klarer Zusammenhang zwischen der Häufung von Mitgliedschaften in Gremien und Ausschüssen und der Institutsgröße (siehe Abbildung 4.17). Während nur eines der zehn kleinen Institute mehr als einmal in Ausschüssen und Gremien vertreten ist, ist es bei den großen Instituten jede zweite Sparkasse. Außerdem zeigt sich eine Zunahme in der Häufung der Mitgliedschaften nach der Institutsgröße, angefangen von 10 % (kleine Institute), 23 % (mittelkleine Institute), 34 % (mittlere Institute), 40 % (mittelgroße Institute) bis hin zu 50 % (große Institute). Außerdem sind zwischen 25 % (große Institute) und 46 % (mittelkleine Institute) gar nicht in Gremien oder Ausschüssen vertreten, wobei es hierbei keinen eindeutigen Zusammenhang zu den Größenklassen gibt.

Verteilung Häufigkeit der Mitgliedschaft in Gremien und Ausschüssen des SVWL nach Institutsgröße

Häufigkeit	Klein	Mittelklein	Mittel	Mittelgroß	Groß
0	30%	46%	33%	40%	25%
1	60%	31%	33%	20%	25%
2	0%	0%	21%	20%	25%
>2	10%	23%	13%	20%	25%

Abbildung 4.17 Häufigkeit der Mitgliedschaft in Gremien und Ausschüssen des SVWL nach Institutsgröße

4.7 Repräsentation in überregionalen Gremien und Ausschüssen

Die Verbundpartner sind wichtige Akteure für den Leistungserstellungsprozess innerhalb der Sparkassen-Finanzgruppe (siehe Abschnitt 3.2.3). Diese befinden sich regelmäßig mittelbar über gebündelte Anteile der Sparkassenverbände im Eigentum der Sparkassen. Da ihre wesentliche Aufgabe darin besteht, Produkte für den Sparkassenvertrieb bereitzustellen bzw. Dienstleistungen für die Sparkassen zu erbringen, ist über die Eigentumsverhältnisse hinaus eine Beteiligung der Institute in den Gremien und Ausschüssen der Verbundpartner sinnvoll.

Dementsprechend soll auch überregional der Proporz in den folgenden Gremien und Ausschüssen nachfolgend betrachtet werden:

- Trägerversammlung, Verwaltungsrat sowie Beirat Öffentliche Unternehmen/Institutionen, Kommunen und Sparkassen der Helaba als für die westfälisch-lippischen Institute zuständige Landesbank,[74]

[74] Vgl. *Helaba* (2018), 241 ff.

- Aufsichtsrat sowie Verbundbeirat vom Provinzial NordWest Konzern bzw. Provinzial NordWest Holding sowie Aufsichtsrat und Sparkassenbeirat der Westfälische Provinzial Versicherungs AG,[75]
- Verwaltungsrat und Trägerversammlung der LBS[76] sowie
- Aufsichtsrat, Gesellschafterversammlung der Finanz Informatik GmbH & Co. KG, Gesellschafterversammlung der Finanz Informatik Verwaltungsgesellschaft mbH, Anwenderplanungsausschuss sowie Ausschuss für Preismodell und Dienstleistersteuerung der FI.[77]

Hierzu werden nachfolgend die Besonderheiten in der Repräsentation nach dem Regionalproporz (Abschnitt 4.7.1) sowie nach Institutsgröße (Abschnitt 4.7.2) zum Ende des Betrachtungszeitraums analysiert.

4.7.1 Regionalproporz

Bei den überregionalen Ausschüssen und Gremien sind – neben Vertretern von Regionalverbänden – in der Regel die Institutsvertreter mehrerer Regionalverbände vertreten. Der Regionalproporz ist sehr stark an der Eigentumsstruktur ausgerichtet:

- die Gremien der Helaba sind dabei weitgehend mit Instituten aus Hessen und Thüringen besetzt (75 %), die weiteren 25 % werden von Vertretern vier weiterer Verbände, darunter auch aus Westfalen-Lippe, besetzt,
- die Gremien der Provinzial NordWest setzen sich neben Vertretern aus dem Gebiet des SVWL auch mit Sparkassen aus den Verbandsgebieten des SGVSH sowie OSV zusammen. Im Verwaltungsrat sowie der Trägerversammlung der LBS West befinden sich entsprechend des Tätigkeitsbereichs Institute aus dem RSGV sowie aus Westfalen-Lippe,
- in den Gremien und Ausschüssen der FI sind dagegen Institute aus allen Regionen vertreten. Der regionale Proporz richtet sich bei den Gremien und Ausschüssen der FI an der Gesellschafterstruktur aus.

---

[75]Vgl. *Provinzial NordWest Konzern* (2019), 8; *Provinzial NordWest Holding* (2019), 67; *Westfälische Provinzial Versicherung* (2019), 8, 82. Die Beiratsmitglieder werden dabei durch den Aufsichtsrat berufen.

[76]Vgl. *LBS Westdeutsche Landesbausparkasse* (2018)

[77]Vgl. *Finanz Informatik* (2018b), 11 ff., 14 f., 16 f., 18 ff., 21 f.

Der Anteil der westfälisch-lippischen Institute an den durch Vertreter von Sparkassen besetzten Plätzen in den betrachteten Gremien und Ausschüssen der Verbundpartner gestaltet sich sehr unterschiedlich. Dieser liegt bei der Provinzial NordWest bei 79 %, bei der LBS West sind 36 % der Plätze von Vertretern aus Westfalen-Lippe besetzt, bei den Gremien und Ausschüssen der FI liegt der Anteil bei 11 % und bei der Helaba sind 5 % der Plätze durch westfälisch-lippische Vertreter besetzt. Wesentliche Ursachen für die unterschiedlichen Anteile sind die Beteiligungsstrukturen verbunden mit den unterschiedlichen Integrationsgraden bei den Verbundpartnern.[78]

Sofern es allerdings zu weiteren Konsolidierungseffekten unter den Verbundpartnern der Sparkassen-Finanzgruppe kommt, wird sich der Beteiligungsrad der westfälisch-lippischen Institute bei gleichzeitiger Anpassung der Beteiligungsstrukturen immer stärker dem bundesweiten Anteil der Institute angleichen – der etwa dem der Gremien und Ausschüsse der FI entspricht (siehe Abschnitt 4.3).[79] Abgesehen von den Besonderheiten bei der Entwicklung der Landesbanken in Folge der Finanzkrise würde dies eine deutliche Reduktion des Einflusses in den Gremien und Ausschüssen des Versicherers sowie der Bausparkasse zu Folge haben.

Während in der ersten Hälfte des Betrachtungszeitraums (bis 2012) die Konsolidierung bei den Sparkassen (−3,4 %) noch stärker ausgeprägt war als bei den Verbundpartnern und weiteren Organisationen (−2,7 %), hat sich dies in der zweiten Hälfte geändert (siehe Abschnitt 4.2). Zum einen haben die Konsolidierungstendenzen bis 2017 insgesamt deutlich zugenommen, zum anderen waren diese bei den Verbundpartnern und weiteren Unternehmen (−15,3 %) auch deutlich stärker ausgeprägt als bei den Sparkassen (−7,8 %). Hierbei sind jeweils auch zeitliche Verzögerungseffekte zu berücksichtigen, da beispielsweise der Fusionsprozess größerer Organisationen deutlich mehr Vorbereitungszeit in Anspruch nehmen dürfte als der Zusammenschluss von zwei kleineren Organisationen (z. B. aufgrund der tendenziell höheren Komplexität der *Governance*-Struktur).

---

[78]Am stärksten fragmentiert ist das Geschäft der öffentlichen Versicherer (11) bundesweit. Es gibt gleichzeitig acht Landesbausparkassen und die FI ist bundesweit aktiv. Im Bereich der Landesbanken ist zu berücksichtigen, dass die vormals existierende Westdeutsche Landesbank Girozentrale zunächst für die westfälisch-lippischen Institute zuständig war (siehe Abschnitt 4.2).

[79]Unter Berücksichtigung der Annahme, dass die westfälisch-lippischen Institute bzw. der SVWL Anteile entsprechend dieses Anteils an den Verbundunternehmen halten.

Der Finanz Informatik kommt als zentraler und bundesweit agierender IT-Dienstleister der Sparkassen-Finanzgruppe hinsichtlich des Integrationsgrades möglicherweise eine gewisse Sonderrolle hinsichtlich der Leistungserbringung zu.[80] Dabei nimmt der APA eine wichtige Rolle bei der Priorisierung und Beauftragung von IT-Anwendungen ein. Bei der Besetzung des APA zeigt sich eine sehr hohe Stabilität der im Gremium vertretenen Institute. Von den jeweils drei beteiligten westfälisch-lippischen Instituten war ein Institut im gesamten Betrachtungszeitraum im APA vertreten, ein weiteres Institut war mit Ausnahme von einem Jahr stets Mitglied sowie ein drittes Institut seit sechs Jahren.[81] Von den in Gremien und Ausschüssen der FI insgesamt vertretenen Institute waren $^2/_3$ nur Mitglied in einem Ausschuss oder Gremium, d. h., etwa jedes dritte Institut war zweimal oder noch häufiger (14 %) vertreten.

Erkennbar ist außerdem eine verbundpartnerübergreifende Konzentration bei den beteiligten Instituten. 83 % der westfälisch-lippischen Institute, die in mind. einem der betrachteten Gremien oder Ausschüsse beteiligt waren, sind auch in Gremien oder Ausschüssen des SVWL vertreten. Von allen westfälisch-lippischen Instituten sind dagegen nur knapp $^2/_3$ in einem Gremium oder Ausschuss des Verbandes vertreten. 56 % der Institute, die sowohl bundesweit als auch regional in Gremien oder Ausschüssen vertreten sind, nehmen sogar Plätze in mind. zwei Gremien oder Ausschüssen des Verbandes ein. Bei der Betrachtung aller westfälisch-lippischen Institute sind dagegen nur 30 % in zwei oder mehr Gremien oder Ausschüssen des SVWL vertreten.

4.7.2 Institutsgröße

Während der Regionalproporz stark vom Grad der Konsolidierung der Verbundpartner und der damit verbundenen Beteiligungsstruktur abhängt, ist dies bei der Beteiligung nach Institutsgröße nicht unmittelbar der Fall. Trotzdem gibt es deutliche Unterschiede bei der Beteiligung der Sparkassen je nach Institutsgröße und

[80] Es existieren auch weitere für den Leistungserstellungsprozess der Sparkassen wichtige Verbundpartner, die bundesweit aktiv sind, insbesondere die Deka.

[81] Vgl. *Finanz Informatik* (2009), (2010), (2011), (2012), (2013), (2014), (2015), (2016), (2018b), (2017).

Verbundpartner. Bei den betrachteten Gremien der Verbundpartner zeigt sich insgesamt ein teils deutlicher Zusammenhang zwischen der Überrepräsentation der Institute und der zunehmenden Institutsgröße:

- 7 % der Sparkassen bundesweit sind kleine Institute (17 % im SVWL), allerdings besetzen diese Institute weniger als 4 % der Plätze in den Gremien und Ausschüssen der betrachteten Verbundpartner,
- auch mittlere Institute sind mit 34 % der besetzten Plätze in Gremien und Ausschüssen leicht unterrepräsentiert – sie kommen bundesweit auf einen Anteil von 46 % der Institute (40 % im SVWL),
- dagegen sind 15 % der Institute bundesweit große Sparkassen (13 % im SVWL), wobei Institute dieser Größe mit 29 % fast doppelt zu viele Plätze in Gremien in den betrachteten Gremien oder Ausschüssen besetzen.

Allerdings zeigen sich hierbei zwischen den Verbundpartnern größere Unterschiede: Während bei der FI und der Helaba nur 4 % der Plätze durch kleine und mittelkleine Institute besetzt werden – die immerhin 21 % der Institute bundesweit und sogar 38 % auf dem Gebiet des SVWL repräsentieren – sind mittelgroße und große Institute überproportional stark vertreten. Institute dieser Größe nehmen bei der Helaba fast jeden zweiten Platz ein (48 %) und bei der FI sogar 63 % der Plätze in den betrachteten Gremien und Ausschüssen, während nur jede dritte Sparkasse bundesweit eine solche Institutsgröße besitzt. In Westfalen-Lippe liegt der Anteil sogar nur bei 22 %.

Bei der FI zeigt sich die Unterrepräsentation kleiner und mittelkleiner Institute sowie von Instituten mittlerer Größe – hier mit Ausnahme des Ausschusses für Preismodell und Dienstleistersteuerung – gremienübergreifend. Die kleinen Institute sind dabei gar nicht vertreten und im bedeutsamen APA besetzt auch kein mittelkleines Institut mit einer Bilanzsumme bis zu einer Mrd. EUR einen Platz (siehe Abbildung 4.18).

Über- oder Unterrepräsentation in Gremien der FI im Vergleich zu Verteilung Sparkassengrößen SVWL

Anteile je Sparkassengröße	Klein	Mittelklein	Mittel	Mittelgroß	Groß
Aufsichtsrat	0%	0%	20%	16%	64%
GV FI GmbH & Co KG	0%	13%	38%	13%	38%
GV FI Verwaltungsgesellschaft mbH	0%	15%	38%	23%	23%
Anwendungsplanungsausschuss	0%	0%	26%	26%	48%
Ausschuss Preismodell und Dienstleistersteuerung	0%	0%	52%	17%	30%
Durchschnitt	0%	4%	33%	19%	44%

Abbildung 4.18 Repräsentation in Gremien der FI im Vergleich zu Verteilung Sparkassengrößen SVWL (Dunkel eingefärbt ist hier eine Unterrepräsentation, hell dagegen eine Überrepräsentation)

Bei der Provinzial NordWest bzw. der LBS West zeigt sich dagegen ein etwas anderes Bild: Die kleinen und mittelkleinen Institute sind hier mit 40 % (Provinzial NordWest) sowie 36 % (LBS West) nahezu identisch zu ihrem Anteil auf dem Gebiet des SVWL (38 %) vertreten. Zwar sind mittelgroße und große Institute mit 33 % (Provinzial NordWest) sowie 36 % (LBS West) wiederum überproportional vertreten – der Anteil der Institute im SVWL liegt hier bei 22 % –, jedoch ist der Grad der Überproportionalität gegenüber den Gremien und Ausschüssen der anderen Verbundpartner deutlich geringer ausgeprägt.

4.8 Zwischenfazit

Im vorliegenden Kapitel wurden sowohl die wesentlichen Entwicklungen der Sparkassen-Finanzgruppe als auch die Veränderungen bei den westfälisch-lippischen Sparkassen im Betrachtungszeitraum von 2008 bis 2017 skizziert.

Den chronologischen Ausgangspunkt der Betrachtung bildete dabei die Finanzkrise und die sich daran anschließende Staatsschuldenkrise. Die in der Folge erhebliche Veränderung der Zinspolitik der EZB ist mit direkten und indirekten Auswirkungen auf die Kreditinstitute verbunden. Außerdem gab es in der Folge deutliche Anpassungen im Bereich der Regulatorik bzw. der aufsichtsrechtlichen Anforderungen mit dem übergeordneten Ziel, die Marktstabilität sicherzustellen und die Transparenz gegenüber Verbrauchern zu erhöhen. Die Erfüllung dieser geänderten Anforderungen durch die Institute ist aber tendenziell mit deutlichem Mehraufwand verbunden.

Anschließend wurde die Entwicklung innerhalb der Sparkassen-Finanzgruppe beleuchtet, die zunehmende Konsolidierungseffekte zeigt: So hat sich die Zahl der Einzelorganisationen innerhalb der Sparkassen-Finanzgruppe im 10-Jahres-Vergleich um 13 % reduziert, das aggregierte Geschäftsvolumen ging sogar um 22 % zurück, wobei die aggregierten Bilanzsummen der Sparkassen gegenläufig deutlich anstiegen. Die Zahl der Einzelsparkassen hat sich bundesweit im Betrachtungszeitraum um 11 % reduziert. Auch die Anzahl der Beschäftigten innerhalb der Sparkassen-Finanzgruppe ging von 2008 zu 2017 deutlich um −17 % zurück.

Konsolidierungseffekte zeigen sich dabei auch bei der Betrachtung der spezifischen Entwicklung im Verbandsgebiet Westfalen-Lippe, in dem Ende 2017 insgesamt 16 % aller bundesweit existierenden Sparkassen ihr Geschäftsgebiet hatten. Die Anzahl der Sparkassen im Verbandsgebiet hat sich um fast $^1/_5$ von 2008 bis 2017 reduziert, die aggregierte Bilanzsumme erhöhte sich im gleichen Zeitraum allerdings um über 14 %. Durch stattgefundene Fusionen hat sich die DBS der Institute im Zeitverlauf um knapp 45 % auf ca. 2,1 Mrd. EUR erhöht.[82] Im Betrachtungszeitraum ging in Westfalen-Lippe sowohl die Anzahl der bankspezifisch Beschäftigten als auch die Zahl der Sparkassenstellen zurück.

Im Vergleich zum Bundesdurchschnitt sind die westfälisch-lippischen Sparkassen hinsichtlich ihrer Institutsgröße kleiner (2,1 Mrd. EUR gegenüber 3,1 Mrd. EUR) und zeigen im Durchschnitt tendenziell eine höhere Beschäftigtenintensität je Standort (ca. 17 gegenüber 15 bankspezifisch Beschäftigten je Sparkassenstelle bundesweit).

Weitere exogene Einflussfaktoren haben potenziell eine Auswirkung auf die Entwicklung und das Geschäft der Institute in Westfalen-Lippe: Die Bevölkerungsentwicklung gestaltete sich insgesamt vergleichsweise stabil, wobei es Unterschiede innerhalb des Verbandsgebiets zwischen Gebieten mit schrumpfender Bevölkerungszahl (westfälisches Ruhrgebiet sowie ländliche

[82]Hierbei jedoch Berücksichtigung einer Anzahl von 60 Instituten (Fusionsstand Anfang 2018), die auch die Basis für die nachfolgenden Analysen darstellen.

Regionen) sowie Gebieten mit wachsender Bevölkerungszahl (insbesondere weitere städtische Gebiete) gab. Das nominale BIP konnte sowohl bundesweit als auch in Westfalen-Lippe im Betrachtungszeitraum deutlich gesteigert werden (+27 % bzw. +20 %). Die Wirtschaftsleistung je Einwohner in Westfalen-Lippe ist allerdings sowohl 2008 als auch 2017 niedriger als im Bundesdurchschnitt.

Ein Indiz für die Wettbewerbsintensität, die Anzahl der Geschäftsstellen von Wettbewerbern je Sparkassenstelle, gestaltet sich bundesweit im Betrachtungszeitraum stabil. In Westfalen-Lippe ist die – sowohl 2008 als auch 2017 gegenüber der bundesweiten Betrachtung unterdurchschnittlich ausgeprägte – Wettbewerbsintensität dagegen im Zeitverlauf leicht angestiegen.

Das Kundenverhalten hat sich im Betrachtungszeitraum deutlich verändert. Beispielsweise ist die Anzahl der Konten, die via Online-Banking genutzt werden können, in Westfalen-Lippe seit 2008 um über 120 % gestiegen. Gleichzeitig stieg auch die Anzahl der Geschäftsvorfälle im Online-Banking stark an.

Bei der Repräsentation der Institute in den regionalen Gremien und Ausschüssen des SVWL zeigt sich eine relative Ungleichverteilung je nach Bezirks-Arbeitsgemeinschaft bzw. nach Institutsgröße, wobei größere Institute tendenziell stärker und häufiger beteiligt sind. Die regionale Beteiligung der Institute in den überregionalen Gremien und Ausschüssen der Verbundpartner orientiert sich stark an den Beteiligungsstrukturen, die stark mit dem Integrationsgrad der Verbundpartner verbunden sind. Bei den Verbundpartnern mit einem geringen Integrationsgrad sind die kleineren Institute überproportional in Gremien und Ausschüssen vertreten (Versicherer) oder die Beteiligung der Institute entspricht nahezu dem Anteil der Größenklassen (Bausparkasse). Bei den Verbundpartnern mit einem hohen Integrationsgrad (Landesbank bzw. FI) zeigt sich dagegen eine deutliche Überrepräsentation von größeren Instituten in den entsprechenden Gremien oder Ausschüssen.

Für die nachfolgende Betrachtung der Leistungserstellung in den westfälisch-lippischen Instituten wird daher von Interesse sein, welche Auswirkungen sich aus einer zunehmenden Konsolidierung in der Sparkassen-Finanzgruppe ergeben (Kapitel 5). Außerdem wird analysiert, welche Folgen die Zinspolitik sowie die zunehmende Regulierung auf die *Outputs* der Institute besitzt.

5 Leistungserstellung in den Westfälisch-Lippischen Sparkassen

Der Leistungserstellungsprozess in den kommunalen Sparkassen bildet die Grundlage für das Geschäft in der Sparkassen-Finanzgruppe. Die Analysen der Entwicklungen des Leistungserstellungsprozesses der westfälisch-lippischen Institute im Betrachtungszeitraum stellt die Voraussetzung dar, um Muster zu identifizieren, künftige Entwicklungen zu prognostizieren und Handlungsempfehlungen ableiten zu können. Anders als in Konzernstrukturen sind die Sparkasse als Organisationen in kommunaler Trägerschaft nicht bloße Vertriebseinheiten, sondern rechtliche autonome Einheiten, die ihre Organisationsstruktur und ihren Leistungserstellungsprozess entsprechend der regulatorischen Anforderungen und des öffentlichen Auftrags ausgestalten (siehe Abschnitt 3.1.1). Die Existenz der kommunalen Sparkassen bildet in diesem Sinne überhaupt den wesentlichen Zweck für die Existenz der nachgelagerten Organisationen in der Sparkassen-Finanzgruppe (insbesondere die Verbände und die Verbundpartner).

Es wird nachfolgend von einem gestuften Leistungserstellungsprozess innerhalb der Sparkassen ausgegangen, der sich grundsätzlich nicht von dem anderer industrieller Zweige unterscheidet und aus wesentlichen Schritten besteht (siehe Abbildung 5.1):[1]

- *Inputs* (Abschnitt 5.1),
- Erstellte Leistungen (Abschnitt 5.2) sowie
- Beschäftigtenproduktivität (Abschnitt 5.3) und *Outputs* (Abschnitt 5.4).

[1]Zur systemorientierten Betrachtung des Bankbetriebs, vgl. *Varmaz* (2006), 105 ff.

R. Conrad, *Performance, Dynamik und Konvergenz im Banking*,
https://doi.org/10.1007/978-3-658-30740-0_5

Abbildung 5.1 Schritte und Parameter im Leistungserstellungsprozess der Sparkasse (Die Beschäftigtenproduktivität besitzt zwar einen Erklärungsgehalt für den Leistungserstellungsprozess, ist selbst allerdings kein prozessualer Schritt in der Leistungserstellung)

Die konkrete Charakteristik des Leistungserstellungsprozesses bei Banken wird allerdings intensiv diskutiert.[2] Dabei steht nachfolgend die horizontale

---

[2]Einen Überblick über die relevanten Diskussionspunkte insbesondere bei mathematischen Modellierungen gibt *Bresler* (2007), 78 ff. In Anlehnung an klassische Grundschemata für Produktionsprozesse werden *Arbeit* und *Kapital* übereinstimmend als *Inputs* definiert. In der Debatte haben sich insbesondere zur Zuordnung von Kundeneinlagen unterschiedliche Positionen zu folgenden Aspekten ergeben: Beispielsweise die Zuordnung der Einlagen als *Input*faktor und damit als Grundlage für die Ausgabe von Kundenkrediten. Als wesentliches Argument wird vorgebracht, dass die Bank als gewinnmaximierende Organisation nur diejenigen Dinge als *Output* ansehen kann, die einen Mehrwert für die Institute erzeugen. Kundeneinlagen führen allerdings aus Sicht der Bank – unter Vernachlässigung möglicher erhobener Negativzinsen – zu Kosten. In einer anderen Sichtweise erfolgt die Betrachtung als *Input* bzw. *Output* entsprechend einer Opportunitätskostenbetrachtung. Ist das Ergebnis aus dem Aktivgeschäft (Zinserträge abzüglich der Zinskosten) beispielsweise gegenüber den Opportunitätskosten der Einlagenposition positiv, ist das entsprechende Geschäft auf der *Output*-Seite zuzuordnen. Nach einer dritten Sichtweise sollte die Zuordnung von Einlagen und Verbindlichkeiten zu den *Output*faktoren erfolgen, da die Bank Dienstleistungen produziert, deren Ergebnis im Wesentlichen Kundeneinlagen und Kundenkredite sind. Schließlich kann viertens eine Differenzierung von wesentlichen und unwesentlichen *Output*faktoren entsprechend des anfallenden Kostenanteils erfolgen. Im Fall der Einlagen werden diese unter Berücksichtigung des spezifischen Auftrags der Sparkassen und unter Berücksichtigung des Dienstleistungsgedankens wie Kundenkredite im Bereich der erstellten Leistungen verortet (nicht *Inputs*).

Integration, d. h. der Leistungserstellungsprozess in der einzelnen Sparkasse im Mittelpunkt der Betrachtung, wenngleich hierbei auch Elemente der vertikalen Integration, d. h. der Leistungserstellung unter Einbeziehung der Verbundpartner (z. B. Bereitstellung von Versicherungsprodukten) berücksichtigt werden, sofern diese eine direkte Rolle spielen.[3] Die Zusammenarbeit in der Sparkassen-Finanzgruppe hat auch indirekt (z. B. Auswirkungen der IT auf die Beratungsqualität und damit verbundene Kundenzufriedenheit) eine Bedeutung, die insbesondere in den anschließenden Kapiteln noch zu betrachten sein wird.

Bei der Analyse des Leistungserstellungsprozesses sollen dabei folgende Indizien und Zusammenhänge für die Entwicklung im Betrachtungszeitraum identifiziert werden:

- die absolute Entwicklung in den einzelnen Instituten auf dem Gebiet des SVWL im Betrachtungszeitraum von 2008 bis 2017 (Entwicklung),
- die relative Ausstattung und relative Veränderungen in der jeweiligen Sparkasse im Verhältnis zu den anderen Instituten auf dem Gebiet des SVWL (Verhältnis) sowie
- die Zusammenhänge zwischen den betrachteten Kennzahlen und Einflussfaktoren untereinander (Beziehung).

Für die Zeitreihenanalyse wird dabei in der Regel auf institutsspezifische Kennzahlen für den Betrachtungszeitraum von 2008 bis 2017 zurückgegriffen (d. h. zehn Datenpunkte je Institut und Parameter).[4] In der Regel handelt es sich dabei um Stichtagsdaten zum 31.12. des jeweiligen Jahres.[5]

Wesentliche Voraussetzung für die möglichst durchgängige Berücksichtigung der Kennzahlen im gesamten Betrachtungszeitraum war die Schaffung einer

---

[3]Vgl. *Gärtner/Flögel* (2017), 121. Das Verbundpartnerangebot spielt dabei eine Rolle, beispielsweise in Form der vertriebenen Produkte, die teilweise von Verbundpartnern bereitgestellt werden.

[4]Zur multivariaten Zeitreihenanalyse, vgl. *Deistler* (2018), 1 ff.

[5]Die Bereitstellung der jeweiligen Kennzahlen für die Analyse des Leistungserstellungsprozesses erfolgte im Rahmen der Kooperation mit dem Sparkassenverband Westfalen-Lippe und bezieht sich auf Daten für das verbandsspezifische Prämierungsmodell *Vertriebs-Star* sowie auf Kennzahlen im jährlichen Sparkassenfachbuch, vgl. *DSGV* (2009b), (2010c), (2011b), (2012b), (2013b), (2014b), (2015c), (2016b), (2017b), (2018j). Teilweise handelt es sich auch um Kennzahlen, die zu einem anderen (z. B. unterjährigen) Stichtag erhoben wurden. Abweichende Stichtage sind jeweils kenntlich gemacht.

einheitlichen Institutsbasis. Dies ist aufgrund der stattgefundenen Zusammenschlüsse der Institute in den einzelnen Jahren (insgesamt 16 Fusionen im Betrachtungszeitraum) notwendig, da institutsspezifische Kennzahlen ansonsten regelmäßig nur bis zum Zeitpunkt einer Fusion verfügbar sind. Nach einem Zusammenschluss werden die Kennzahlen nur noch aggregiert für das dann fusionierte Institut erfasst und ausgegeben. Eine Betrachtung der Einzelinstitute vor der Fusion und anschließender aggregierter Betrachtung nach einer Fusion hätte dagegen erhebliche Nachteile für die Zeitreihenanalyse zu Folge:

- für 16 inzwischen fusionierte Institute liegen die Kennzahlen nur für einen Teil des Betrachtungszeitraums vor, weshalb übergeordnete Entwicklungen möglicherweise nicht sichtbar werden (z. B. bei einer Fusion, die frühzeitig im Betrachtungszeitraum stattfindet),
- Kennzahlen der Institute, die sich mit anderen Häusern zusammengeschlossen haben, können durch die Fusion verzerrt werden (z. B. wenn eine erhebliche Steigerung von Kundenkrediten nicht auf die Aktivitäten der Sparkasse zurückzuführen ist, sondern sich einzig aus der stattgefundenen Fusion und der damit verbundenen aggregierten Betrachtung von Kennzahlen ergibt) und
- der Sachverhalt eines Zusammenschlusses würde in der Folge deutlich überproportional gegenüber weiteren geschäftspolitischen Entscheidungen wirken (z. B. hinsichtlich der Veränderungsintensität der Institute, wenn es zu den oben beschriebenen sprunghaften Veränderungen bei Kennzahlen in der Betrachtung nach dem Zusammenschluss kommt).

Da die Analyse von fusionsbedingten Effekten jedoch nicht der Mittelpunkt der Analyse sein soll, wurde für den gesamten Betrachtungszeitraum ein einheitlicher Fusionsstand zum 01.01.2018 hinterlegt:[6]

Sofern Sparkasse A und Sparkasse B sich beispielsweise zum Jahresbeginn 2015 zur Sparkasse B_{Neu} zusammenschließen, erfolgt der Datenausweis für den gesamten Betrachtungszeitraum ausschließlich für die Sparkasse B_{Neu}. Für die Jahreswerte vor dem Zusammenschluss von 2008 bis 2014 erfolgt dabei entweder eine Summierung der damals noch separat bestehenden Institutswerte (z. B. Fläche des Geschäftsgebiets oder Geschäftsvolumen) bzw. eine gewichtete Ausgabe der institutsspezifischen Kennzahlen (z. B. Giromarktanteile). Dieses Vorgehen hat zwar den Nachteil, dass fusionsbedingte Effekte und Besonderheiten nicht spezifisch

[6]Zu diesem Zeitpunkt gab es 60 Institute auf dem Gebiet des SVWL, die die Grundgesamtheit bilden.

analysiert werden können. Andererseits lassen sich so zeitliche Schnitte, Abbrüche bzw. fehlende Datenpunkte, die die Betrachtung anderer Zusammenhänge potenziell deutlich erschweren können, weitgehend vermeiden.[7] Hierin liegt allerdings ein erheblicher Vorteil für die sich anschließende Bildung von Analyseclustern, die auf Veränderungen des gesamten Betrachtungszeitraums abzielt. Wird ein Abgleich der Institutswerte mit Durchschnittswerten vorgenommen, bilden die Gesamtwerte, Mittelwerte oder Medianwerte für das Verbandsgebiet Westfalen-Lippe hierfür in der Regel die Vergleichsbasis.

Ziel des Kapitels ist die Vorbereitung der Clusterbildung für die sich wiederum daran anschließende institutionenökonomische Analyse. Dabei wird ein stufenweises Vorgehen bewusst anderen Vorgehensmodellen vorgezogen. Wesentliche Gründe dafür sind:

- Möglichkeit zur Berücksichtigung von Zusammenhängen zwischen den einzelnen Kennzahlen und deren Entwicklung in der Zeitreihe,
- hoher Detaillierungsgrad aufgrund der Analyse aller Einzelkennzahlen für möglichst viele Zeitpunkte sowie
- Sichtbarmachung von Auffälligkeiten durch eine gestufte und prozessorientierte Betrachtung des Leistungserstellungsprozesses.

Nachfolgend wird der lineare Zusammenhang zwischen den Parametern und Einflussfaktoren im Betrachtungszeitraum über die Ermittlung von Korrelationskoeffizienten (r) nach *Pearson* überprüft.[8] Unter Berücksichtigung verschiedener Auffassungen hinsichtlich der Interpretation des jeweiligen Wertes vom Korrelationskoeffizienten wird bei einem Wert von $|r| \geq 0{,}3$ ein Indiz für einen vorliegenden positiven oder negativen linearen Zusammenhang vermutet.[9] Liegt der

[7]Dabei ist die Frage irrelevant, ob Sparkassen gemäß § 27 Abs. I *SpkG NW* in dem Sinne „vereinigt werden, dass entweder eine neue Sparkasse entsteht oder eine Sparkasse von einer bestehenden oder neu zu errichtenden Sparkasse aufgenommen wird“. Für die Analyse der Entwicklung des Leistungserstellungsprozesses im Betrachtungszeitraum ergeben sich hieraus keine Veränderungen.

[8]Vgl. *Kuckartz* et al. (2013), 212.

[9]So sehen *Fahrmeir et al.* bei $0{,}5 \leq |r| < 0{,}8$ eine mittlere Korrelation und bei Werten darüber eine starke Korrelation, vgl. *Fahrmeir* et al. (2007), 139. *Kuckartz et al.* sehen bereits ab $0{,}1 \leq |r| < 0{,}3$ einen geringen Zusammenhang, bei $0{,}3 \leq |r| < 0{,}5$ einen mittleren Zusammenhang und bei einem Wert darüber einen hohen bzw. sehr hohen Zusammenhang, vgl. *Kuckartz* et al. (2013), 98.

Korrelationskoeffizient außerhalb dieses Wertebereichs, kann dagegen nicht von einem vorliegenden linearen Zusammenhang ausgegangen werden.

Auch aufgrund der überschaubaren Anzahl der Beobachtungen je Zeitpunkt ($n = 60$) kann die nachfolgende Analyse nur Indizien für Trends, Verhältnisse bzw. Zusammenhänge liefern. Die Kennzahlen bilden daher *eine* wesentliche Quelle für ein besseres Verständnis des Geschäftsmodells, der Entwicklung und der Herausforderungen der Sparkassen.

Dies stellt die Basis für die anschließende institutionenökonomische Betrachtung und Diskussion dar, wobei die jeweilige Aussagekraft der kennzahlenbasierten Ergebnisse kritisch auch auf mögliche Widersprüche hin zu prüfen ist. Diese kritische Betrachtung soll durch das gewählte stufenweise Vorgehen befördert werden, da somit auf die Definition einer Vielzahl determinierender Annahmen verzichtet werden kann.

Für alle Kennzahlen des Leistungserstellungsprozesses erfolgt nachfolgend außerdem eine Betrachtung des linearen Zusammenhangs zu den relevanten exogenen Einflussfaktoren. Dabei werden unter Berücksichtigung der übergreifenden Ausführungen in Abschnitt 4.4 folgende Kennzahlen berücksichtigt (siehe Abbildung 5.2):

- die Flächengröße des Gesprächsgebiets je Institut (E_1),
- die Einwohnerzahl insgesamt im Geschäftsgebiet des jeweiligen Instituts (E_2),
- die Einwohnerdichte, d. h. die Anzahl der Einwohner im Verhältnis zur Flächengröße des Geschäftsgebiets der Sparkasse (E_3),
- die reale Kaufkraft je Haushalt im Geschäftsgebiet (E_4)[10] sowie
- die Wettbewerbsintensität, d. h. die Anzahl der Geschäftsstellen der Wettbewerber im Geschäftsgebiet je Geschäftsstelle der Sparkasse (E_5).[11]

[10]Diese Kennzahl liegt erst ab dem Jahr 2010 vor.

[11]Hierbei erfolgt die Betrachtung analog Abschnitt 4.4.3 jeweils ohne Berücksichtigung von SB-Standorten, die nicht dauerhaft mitarbeiterbesetzt sind.

Bestimmung von relevanten Einflussfaktoren der Leistungserstellung

Symbol	Beschreibung	Berechnung
E_1	Flächengröße	Flächengröße Geschäftsgebiet in qkm
E_2	Einwohnerzahl	Anzahl Einwohner im Geschäftsgebiet
E_3	Einwohnerdichte	(Anzahl Einwohner im Geschäftsgebiet)/(Flächengröße Geschäftsgebiet in qkm)
E_4	Kaufkraft	Reale Kaufkraft je Haushalt im Geschäftsgebiet in Prozent (Bundesdurchschnitt = 100%)
E_5	Wettbewerbsintensität	(Anzahl Geschäftsstellen Wettbewerber im Geschäftsgebiet)/(Anzahl Sparkassenstellen im Geschäftsgebiet)

Abbildung 5.2 Bestimmung von relevanten Einflussfaktoren der Leistungserstellung (Es sei darauf hingewiesen, dass bei der Interpretation der exogenen Einflussfaktoren jeweils zu berücksichtigen ist, dass auch hier die Betrachtung zum Fusionsstand vom 01.01.2018 erfolgt, d. h. Zusammenhänge möglicherweise verzerrt dargestellt werden (z. B. kann ein positiver Zusammenhang zur Einwohnerzahl in der aggregierten Betrachtung in den Vorjahren tatsächlich nicht bestehen, da dieses Institute vor der Fusion nur *fiktiv* besteht und sich tatsächlich aus zwei unabhängigen Instituten sehr unterschiedlicher Größe zusammensetzt.))

Bei den betrachteten Einflussfaktoren kann davon ausgegangen werden, dass die Bank auf die Gestalt dieser Kennzahlen keinen bzw. keinen alleinigen Einfluss besitzt. Die Berücksichtigung der Einflussfaktoren ist erforderlich, da zu prüfen ist, ob sich damit gewisse Muster in der Leistungserstellung (z. B. hohe Kundenzufriedenheit) ganz oder teilweise erklären lassen.

Bei der Wettbewerbsintensität existiert ein gewisser Zusammenhang zu den Entscheidungen der Institute, da diese Kennzahl die Anzahl der Geschäftsstellen von Wettbewerbern im Verhältnis zu den mitarbeiterbesetzten Sparkassenstellen im jeweiligen Geschäftsgebiet bemisst. Bei einer Reduktion der Sparkassenstellen steigt also c. p. der Wettbewerbsdruck für das jeweilige Institut. Allerdings ist auch dieser Einflussfaktor von Entscheidungen und Reaktionen der Wettbewerber abhängig. So könnte eine schwache Präsenz der Sparkassen im Geschäftsgebiet dazu führen, dass Wettbewerber ihre Präsenz erhöhen, um Marktanteile zu gewinnen, oder aber ebenfalls reduzieren, da hieraus für sie kein Wettbewerbsnachteil durch eine (schwache) Marktaufstellung der Sparkasse erwächst. Auf Letzteres als typische Reaktion deutet die Entwicklung des Geschäftsstellennetzes in der Gesamtbranche im Betrachtungszeitraum hin (siehe Abschnitt 4.4.3).

Im Ergebnis kann daher auch bei der Wettbewerbsintensität davon ausgegangen werden, dass es sich um einen exogenen Einflussfaktor handelt.

5.1 Inputs

Bei Banken erfolgen – wie in anderen Dienstleistungsunternehmen auch – in der Regel die Leistungserstellung und der Absatz zeitgleich (z. B. im Rahmen einer Kreditberatung und einem anschließenden Vertragsabschluss).[12] Die Ressourcen und Kompetenzen müssen daher während der Leistungserbringung verfügbar sein, da die Speicherung von immateriellen Gütern (d. h. einer persönlichen Kundenberatung) kaum möglich ist.[13] Im Bereich des Online-/Mobile-Bankings – das wie bereits gezeigt an Bedeutung gewinnt – ist eine Speicherung dagegen teilweise möglich (siehe Abschnitt 4.5). Allerdings sind auch bei der Nutzung des Online-/Mobile-Bankings im Wertschöpfungsprozess typischerweise Beschäftigte beteiligt (z. B. bei Kreditentscheidungen oder bei Anliegen mit höherer Komplexität im *2nd-Level*). Dies bedeutet, dass den Beschäftigten der Organisation – sowohl in den stationären als auch den medialen Vertriebswegen – eine wichtige Funktion im Rahmen der Leistungserstellung zukommt.[14] Die Dienstleitungen von Banken sind darüber hinaus grundsätzlich nicht patentierbar, allerdings regelmäßig substituierbar.[15]

Der wesentliche Parameter für die Leistungserstellung durch die Sparkasse sind somit die bankspezifisch Beschäftigten (siehe Abschnitt 5.1.1). Bankspezifisch Beschäftigte sind entweder im Markt/Vertrieb aktiv (z. B. als Kundenberater), in der Marktfolge (z. B. Beschäftigte im Bereich der Kreditprüfung) oder in den Stabsabteilungen (z. B. als Beschäftigte in der Vertriebsunterstützung oder der Revision).

In den kommunalen Sparkassen ist die Leistungserstellung traditionell stark auf den stationären Vertrieb fokussiert, d. h. die Sparkassenstellen (siehe Abschnitt 5.1.2). Die Sparkassenstellen geben zum einen Aufschluss über die Präsenz der Institute im jeweiligen Geschäftsgebiet und stellen zum anderen auch einen wichtigen Sachkostenblock der Institute dar. Auch das Online-/Mobile-Banking als weiterer Vertriebskanal wird im nachfolgenden Kapitel Gegenstand

---

[12] Vgl. *Hellenkamp* (2018), 9.

[13] *Ebd.*

[14] Durch die zunehmende Möglichkeit der medialen Leistungserbringung (etwa im Rahmen von Online-Banking) ändert sich der Zusammenhang zwischen Zeitpunkt der Leistungserstellung und Verfügbarkeit von Ressourcen und Kompetenzen teilweise.

[15] Vgl. *Hellenkamp* (2018), 9.

der Clusteranalyse (siehe Kapitel 6) bzw. der institutionenökonomischen Analyse (siehe Kapitel 7).

Insgesamt vier Inputfaktoren sollen nachfolgend betrachtet werden (I_1 bis I_4) (siehe Abbildung 5.3).

Inputfaktoren im Prozess der Leistungserstellung der Sparkassen

Symbol	Beschreibung	Berechnung
I_1	Anteil bankspezifisch Beschäftigte an allen Beschäftigten	(Anzahl bankspezifisch Beschäftigte)/(Anzahl alle Beschäftigte)
I_2	Relative Anzahl bankspezifisch Beschäftigte	(Anzahl bankspezifisch Beschäftigte)/(Anzahl Kundenkonten in 1.000)
I_3	Relative Anzahl Sparkassenstellen	(Anzahl Sparkassenstellen)/(Anzahl Kundenkonten in 1.000)
I_4	Bankspezifisch Beschäftigte je Sparkassenstelle	(Anzahl bankspezifisch Beschäftigte)/(Anzahl Sparkassenstellen)

Abbildung 5.3 Inputfaktoren im Prozess der Leistungserstellung der Sparkassen

Die Erbringung von Bankdienstleistungen umfasst insbesondere Serviceleistungen und die Beratung durch Beschäftigte in einer Sparkassenstelle. Wie in Abschnitt 3.1.4 aufgeführt, bildet die Marge aus dem Zinsgeschäft zwischen Personen und Unternehmen mit Kapitalüberhang (Kundeneinlagen) sowie Personen und Unternehmen mit Kapitalbedarf (Kundenkredite) die wesentliche Ertragsquelle für die Institute im Kundengeschäft. Darüber hinaus werden weitere Produkte (z. B. Produkte von Verbundpartnern) durch die Institute vertrieben, die ebenfalls eine Ertragswirkung für die Sparkassen (z. B. in Form von Provisionen) besitzen. Daher werden die eigentlichen Bankdienstleistungen (z. B. Kundenberatung) in der Regel ohne separate Bepreisung angeboten, deren Finanzierung erfolgt allerdings mittelbar über die oben aufgeführten Ertragsquellen des Kundengeschäfts.

Die übergeordnete Leitungs- und Steuerungsfunktion der Institute nimmt der Vorstand wahr (siehe Abschnitt 3.1.3).[16] Die einzelne Sparkasse entscheidet

[16]Der Vorstand entscheidet nach § 23 Abs. I *SpkG NW* über Anstellung, Vergütung und Entlassung der „Dienstkräfte der Sparkasse".

demnach – unter Berücksichtigung der rechtlichen Anforderungen – über die Hauptdimensionen ihrer internen Organisationsstruktur und der Organisation des Leistungserstellungsprozesses:[17]

- die Konfiguration (z. B. konkrete Ausgestaltung der Organisationsstruktur, etwa Verteilung der Zuständigkeiten im Vorstand und den nachgelagerten Abteilungen),
- die Spezialisierung und Arbeitsteilung (z. B. Aufteilung der Rollen von Beschäftigten im Markt),
- die Koordination (z. B. Austausch zwischen definierten/abgegrenzten Verantwortungsbereichen),
- die Entscheidungsdelegation (z. B. Kompetenzen zur Kreditvergabe) sowie
- die Formalisierung (z. B. Ausgestaltung von Ablaufbeschreibungen und Arbeitsanweisungen).

5.1.1 Beschäftigtenintensität

Wie in Abschnitt 4.3 aufgeführt, sank die Anzahl aller Beschäftigten in den westfälisch-lippischen Sparkassen von 2008 bis 2017 um etwa 14 % auf 24,7 Tsd. Beschäftigte. Die Anzahl der bankspezifisch Beschäftigten ist im Betrachtungszeitraum um 12 % und damit etwas geringfügiger auf insgesamt 22,4 Tsd. Personen zurückgegangen.

Im Jahr 2008 schwankte der Anteil von bankspezifisch Beschäftigten an allen Beschäftigten (I_1) unter den westfälisch-lippischen Instituten zwischen 71 % und 93 % und lag im Median bei 88 % (siehe Abbildung 5.4). Der geringste durch ein Institut erzielte Anteilswert lag im Jahr 2017 mit 78 % deutlich höher als zehn Jahre zuvor, während auch im Maximum mit 94 % ein etwas höherer Wert erzielt wurde. Sowohl im Median als auch im Mittel lag der Wert der Institute im Jahr 2017 höher als 2008. Die westfälisch-lippischen Institute fokussieren sich somit stärker auf die Erbringung ihres bankspezifischen Kerngeschäfts, andere Leistungen werden dagegen entweder effizienter erbracht bzw. wurden verstärkt ausgelagert.

Der Abweichungskoeffizient – d. h. die Standardabweichung vom Mittelwert – der betrachteten Anteilswerte ist im Zeitverlauf von 0,05 (2008) auf 0,04 (2017) leicht gesunken. Die ohnehin sehr ähnlichen Anteilswerte der Institute bereits zu Beginn des Betrachtungszeitraums haben sich somit noch weiter angeglichen.

[17]Vgl. *Kieser/Walgenbach* (2007), 77.

Analyse des Anteils bankspezifisch Beschäftigter an allen Beschäftigten im Zeitverlauf

I1	2008	2009	2010	2011	2012	2013	2014	2015	2016	2017
Stand.ab.	0,05	0,04	0,04	0,04	0,04	0,04	0,04	0,04	0,04	0,04
Min.	0,71	0,71	0,68	0,73	0,73	0,73	0,73	0,73	0,76	0,78
Max.	0,93	0,93	0,94	0,94	0,94	0,94	0,94	0,94	0,94	0,94
25%Q.	0,86	0,86	0,86	0,86	0,85	0,85	0,86	0,87	0,88	0,89
75%Q.	0,91	0,91	0,90	0,90	0,90	0,90	0,91	0,90	0,91	0,92
Med.	0,88	0,88	0,88	0,88	0,88	0,87	0,88	0,89	0,90	0,91
Arith. Mitt.	0,87	0,87	0,87	0,87	0,87	0,87	0,87	0,88	0,89	0,90
Var.	0,00	0,00	0,00	0,00	0,00	0,00	0,00	0,00	0,00	0,00
Abw.ko.	0,05	0,05	0,05	0,05	0,05	0,05	0,05	0,05	0,05	0,04

Abbildung 5.4 Analyse des Anteils bankspezifisch Beschäftigter an allen Beschäftigten im Zeitverlauf

Die hausspezifische Entscheidung hinsichtlich einer Fokussierung auf bankspezifisch Beschäftigte scheint mit den Einflussfaktoren teilweise korreliert zu sein: So zeigen sich in einigen Jahren mittlere positive Zusammenhänge zwischen dem Anteil der bankspezifisch Beschäftigten an allen Beschäftigten und der Einwohnerzahl sowie der Einwohnerdichte (siehe Abbildung 5.5). Der Zusammenhang zur Einwohnerdichte hat sich in den Jahren ab 2014 stetig verstärkt. Eine Erklärung dafür könnte sein, dass es in städtisch geprägten Geschäftsgebieten mit einer höheren Einwohnerdichte häufiger zu einer Auslagerung von nicht bankspezifischen Leistungen (z. B. Reinigung oder Essensversorgung) kommt, da hier ein breiteres Angebot zur Verfügung steht. Außer in zwei Jahren kann in allen Jahren ein mittlerer negativer Zusammenhang zur Kaufkraft identifiziert werden. Zusätzlich gibt es in den Jahren 2008 und 2010 einen mittleren positiven Zusammenhang zum Wettbewerbsdruck.

Die absolute Zahl der bankspezifisch Beschäftigten ist – aufgrund der unterschiedlichen Institutsgröße wenig überraschend – eine Kennzahl mit stark unterschiedlicher Ausprägung: In 2008 bewegte sich die Anzahl zwischen 66 und 1.695 je nach Institut. Die Anzahl der bankspezifisch Beschäftigten hat sich dabei im Betrachtungszeitraum absolut deutlich reduziert. Dies zeigt sich auch bei der Betrachtung der einzelnen Datenpunkte (je Institut und Jahr) hinsichtlich ihrer

Überprüfung Korrelation zwischen I_1 und relevanten Einflussfaktoren

I_1 Korrel.ko.	2008	2009	2010	2011	2012	2013	2014	2015	2016	2017
E_1	0,16	0,12	0,11	0,08	0,04	0,04	0,01	0,01	0,01	0,06
E_2	***0,37***	***0,37***	***0,31***	***0,32***	0,29	0,29	0,26	0,28	0,28	***0,30***
E_3	0,27	***0,31***	0,26	***0,30***	***0,33***	***0,33***	***0,30***	***0,31***	***0,33***	***0,34***
E_4	-	-	***-0,30***	-0,26	***-0,31***	***-0,39***	***-0,33***	-0,29	***-0,30***	***-0,36***
E_5	***0,31***	0,24	***0,32***	0,26	0,28	0,17	0,17	0,15	0,08	0,05

Abbildung 5.5 Überprüfung Korrelation zwischen I_1 und relevanten Einflussfaktoren

jeweiligen Entwicklung zum Vorjahr.[18] In dieser Betrachtung gab es in knapp 70 % der Fälle (375 von 540 Beobachtungen) eine Reduktion der absoluten Anzahl von bankspezifisch Beschäftigten gegenüber dem Vorjahr.[19]

Zur Sicherstellung einer gewissen Vergleichbarkeit der Kennzahl wird nachfolgend die Normierung der Anzahl von bankspezifisch Beschäftigten je Institut über die Anzahl der Kundenkonten im jeweiligen Jahr (I_2) vorgenommen. Da die bankspezifisch Beschäftigten wesentliche Relevanz für den Wertschöpfungsprozess besitzen, erscheint diese Normierung sinnvoll zu sein.[20]

[18]Folgende Betrachtung führt dabei zu insgesamt 540 Datenpunkten im Betrachtungszeitraum: Sparkasse A: Veränderung Kennzahl von 2008 zu 2009, Sparkasse A: Veränderung Kennzahl von 2009 zu 2010; […] Sparkasse B: Veränderung Kennzahl von 2016 zu 2017.

[19]In 129 Fällen gab es dagegen eine Steigerung im Vergleich zum Vorjahr und in 36 Fällen blieb die Anzahl im Vergleich zum Vorjahr konstant.

[20]Unter Berücksichtigung der Einschränkung, dass hier auch Beschäftigte gezählt werden, die für das Eigengeschäft des Instituts tätig sind. Außerdem kann die Anzahl der Kundenkonten auch bei gleicher Kundenanzahl variieren, insbesondere wenn Kunden eine unterschiedliche Anzahl von Konten besitzen. Die alternative Nutzung der DBS wurde jedoch verworfen, da die Bilanzsumme z. B. durch Größeneffekte einzelner Kunden verzerrt sein kann, ohne dass daraus ein entsprechend hoher Aufwand für die Institute erwächst.

Die Anzahl der Kundenkonten insgesamt hat sich in Westfalen-Lippe im Zeitverlauf von 2008 (14,7 Mio.) bis 2017 (12,5 Mio.) um knapp 15 % reduziert.[21] Die absolute Anzahl der Kundenkonten schwankte bei den Instituten im Jahr 2008 zwischen 32,3 Tsd. und 1.095,4 Tsd. In 2017 lag die Bandbreite zwischen 28,2 Tsd. und 855,3 Tsd., wobei es sowohl im Median (von 154,0 Tsd. in 2008 auf 125,1 Tsd. in 2017) als auch beim Mittelwert (von 245,7 Tsd. in 2008 auf 208,5 Tsd. in 2017) eine deutliche Reduktion gibt. Der Abweichungskoeffizient der absoluten Anzahl der Kundenkonten hat sich im Vergleich von 2008 (1,02) zu 2017 (1,03) geringfügig erhöht. Die trotz der starken absoluten Veränderungen nur geringe Anpassung beim Abweichungskoeffizienten spricht ebenso für eine Nutzung dieser Kennzahl zum Zweck der Normierung.

Die Anzahl der bankspezifisch Beschäftigten je 1.000 Kundenkonten lag in 2008 im Median bei 1,78 und stieg bis 2017 auf 1,93 an (siehe Abbildung 5.6).[22] Auch im Mittel gab es eine relative Erhöhung (von 1,80 in 2008 auf 1,90 in 2017). Im Jahr 2017 kamen im Minimum 1,34 bankspezifisch Beschäftigte auf 1.000 Kundenkonten und im Maximum 2,45. Die über den Abweichungskoeffizienten ermittelte Standardabweichung vom Mittelwert hat sich dabei im Betrachtungszeitraum von 0,11 (2008) auf 0,13 (2017) erhöht. Die Beschäftigtenintensität je Kundenkonto ist im Betrachtungszeitraum im Mittel um etwa 6 % gestiegen.

Die Betrachtung der Veränderung in der Anzahl bankspezifisch Beschäftigter je 1.000 Kundenkonten je Institut und Jahr zeigt, dass es in 58 % der Fälle (312 von 540 Beobachtungen) eine Steigerung im Vergleich zum Vorjahr und in 42 % der Fälle (228 von 540 Beobachtungen) eine Reduktion gab. Gegenüber der absoluten Veränderung zeigen sich demnach relativ größere Unterschiede in der Entwicklung zwischen den Instituten.

Die relative Ausstattung mit bankspezifisch Beschäftigten gestaltet sich bei der Mehrheit der Institute (46 Institute) im gesamten Betrachtungszeitraum

[21]Dieser Rückgang ist nicht als Verlust von Kunden zu interpretieren. Im späteren Verlauf der Analyse wird die Entwicklung des diesbezüglich relevanten Parameters, namentlich der Giromarkt-Kennziffer, gezeigt (siehe Abschnitt 5.4.3). Die Reduktion ist insbesondere auf die zunehmende Bepreisung der Kontonutzung zurückzuführen, die demnach dazu geführt hat, nicht genutzte oder nicht erforderliche Zweit- oder Mehrfachkonten von Kunden aufzulösen.

[22]Dabei fällt bei der Betrachtung des Medians die Reduktion der Kundenkonten im Betrachtungszeitraum stärker aus als die Reduktion der absoluten Anzahl von bankspezifisch Beschäftigten.

Analyse der relativen Ausstattung mit bankspezifisch Beschäftigten im Betrachtungszeitraum

I_2	2008	2009	2010	2011	2012	2013	2014	2015	2016	2017
Stand.ab.	0,20	0,20	0,22	0,22	0,23	0,25	0,24	0,24	0,24	0,24
Min.	1,39	1,36	1,37	1,41	1,40	1,42	1,41	1,40	1,38	1,34
Max.	2,28	2,26	2,29	2,37	2,38	2,41	2,35	2,41	2,36	2,45
25%Q.	1,65	1,67	1,67	1,68	1,71	1,75	1,77	1,75	1,76	1,75
75%Q.	1,96	1,98	1,99	2,00	2,02	2,05	2,07	2,09	2,09	2,05
Med.	1,78	1,79	1,82	1,82	1,83	1,90	1,95	1,95	1,93	1,93
Arith. Mitt.	1,80	1,80	1,83	1,85	1,87	1,91	1,92	1,92	1,91	1,90
Var.	0,04	0,04	0,05	0,05	0,05	0,06	0,06	0,06	0,06	0,06
Abw.ko.	0,11	0,11	0,12	0,12	0,12	0,13	0,13	0,13	0,12	0,13

Abbildung 5.6 Analyse der relativen Ausstattung mit bankspezifisch Beschäftigten im Betrachtungszeitraum

einheitlich, entweder überdurchschnittlich (22 Institute) oder unterdurchschnittlich (24 Institute). Bei 14 Instituten ergibt sich im Verlauf der zehn Jahre ein uneinheitliches Bild, wonach sich die relative Ausstattung mit bankspezifisch Beschäftigten der Institute in gewissen Jahren im Vergleich zu allen westfälisch-lippischen Instituten unterdurchschnittlich und in gewissen Jahren überdurchschnittlich verhält.

Die Korrelationsanalyse zeigt durchgängig einen mittleren bzw. in einigen Jahren sogar starken negativen Zusammenhang zwischen I_2 und der Einwohnerzahl (E_2) auf dem Geschäftsgebiet der Institute (siehe Abbildung 5.7). Institute mit einer höheren Beschäftigtenintensität zeigen eine geringere Einwohnerzahl im Geschäftsgebiet und sind demnach tendenziell eher kleinere Institute bzw. Sparkassen mit ländlich geprägten Geschäftsgebieten. Hierbei wird nachfolgend auch die Ausstattung mit Sparkassenstellen zu betrachten sein. Es lässt sich außerdem durchgängig ein mittlerer positiver Zusammenhang zur Kaufkraft (E_4) feststellen. Wenn davon ausgegangen wird, dass das Kundenportfolio der Institute grundsätzlich einen gesellschaftlichen Querschnitt abbildet, ist dieser Zusammenhang plausibel: Eine höhere Kaufkraft geht typischerweise mit entsprechend positiven Einkommens- und Vermögensverhältnissen einher. Dies wiederum führt zu einem erhöhten Bedarf, Bankdienstleistungen zu nutzen (z. B. Immobilienfinanzierung, Wertpapiergeschäft, ...), bei gleichzeitig zunehmender Komplexität

Überprüfung Korrelation zwischen I_2 sowie Einfluss- und Vergleichskennzahlen

I_2 Korrel.ko.	2008	2009	2010	2011	2012	2013	2014	2015	2016	2017
E_1	-0,18	-0,20	-0,23	-0,26	***-0,31***	-0,29	-0,28	-0,28	-0,28	-0,25
E_2	***-0,38***	***-0,39***	***-0,40***	***-0,41***	***-0,47***	***-0,50***	***-0,52***	***-0,48***	***-0,42***	***-0,41***
E_3	***-0,32***	-0,28	-0,25	-0,26	-0,25	-0,28	***-0,31***	-0,29	-0,24	-0,24
E_4	-	-	***0,36***	***0,37***	***0,41***	***0,46***	***0,47***	***0,47***	***0,40***	***0,38***
E_5	-0,11	-0,13	-0,18	-0,24	-0,18	0,11	0,08	0,06	0,08	0,28
I_1	-0,16	-0,18	-0,14	-0,16	-0,13	-0,09	-0,07	-0,08	-0,04	-0,02

Abbildung 5.7 Überprüfung Korrelation zwischen I_2 sowie Einfluss- und Vergleichskennzahlen

der Dienstleistungen. Im Ergebnis ist mit einer erhöhten Beschäftigtenintensität je Kundenkonto zu rechen.

5.1.2 Sparkassenstellen

Den zweiten wesentlichen Inputfaktor der auf den stationären Vertrieb fokussierten Institute stellen die Sparkassenstellen dar, in denen regelmäßig die Erstellung der Bankdienstleistungen erfolgt. Auch wenn sich die Anzahl der Sparkassenstellen in den vergangenen Jahren deutlich reduziert hat, gibt es bundesweit zum Ende des Betrachtungszeitraums noch immer flächendeckend 13,3 Tsd. Sparkassenstellen (siehe Abschnitt 4.3). Die Anzahl der Sparkassenstellen inkl. SB-Standorte auf dem Gebiet des SVWL ist von 2008 (1,5 Tsd.) bis 2017 (1,3 Tsd.) um 12 % zurückgegangen. Die Bandbreite der absoluten Anzahl von Sparkassenstellen in Westfalen-Lippe liegt in 2017 im Bereich von eins und 102. Der Mittelwert bei den Instituten liegt bei 21 und der Median bei 13 Standorten. Gegenüber 2008 sind sowohl der Mittelwert als auch der Median im Betrachtungszeitraum um jeweils drei Standorte gesunken, die Bandbreite der absoluten Werte hat sich gegenüber 2008 allerdings sogar vergrößert. Die Bandbreite bewegte sich damals zwischen vier und 103 Standorten je Institut.

Bei fast 77 % der Institute gab es 2017 absolut weniger Sparkassenstellen als zehn Jahre zuvor (46 von 60 Instituten) und bei 10 % der Häuser lag die Anzahl in 2017 höher als zu Beginn des Betrachtungszeitraums. Von diesen 10 % weisen jedoch wiederum $^2/_3$ der Institute eine Gesamtanzahl von Sparkassenstellen von unter 15 auf, sind also eher kleine Institute.

Hinsichtlich der Betrachtung der einzelnen Datenpunkte gab es in 71 % der Fälle (381 von 540 Beobachtungen) keine Veränderung bei der Anzahl der Sparkassenstellen gegenüber dem Vorjahr.[23] Wenn es zu einer Reduktion von Standorten kommt, liegt die durchschnittliche Reduktion bei 11 % bezogen auf die vorherige Summe der Sparkassenstellen des Instituts.[24]

Analog zur Anzahl von bankspezifisch Beschäftigten wird nachfolgend auch die Normierung der Anzahl von Sparkassenstellen über die Kundenkonten des jeweiligen Instituts vorgenommen (I_3). Der Median liegt dabei stabil bei 0,11 Sparkassenstellen je 1.000 Kundenkonten, sowohl im Jahr 2008 als auch 2017 (siehe Abbildung 5.8). Der Abweichungskoeffizient ist zunächst von 2008 bis 2013 gesunken und liegt im Jahr 2017 mit 0,38 fast unverändert nur leicht über dem Ausgangswert zu Beginn des Betrachtungszeitraums (0,37). Insgesamt zeigen sich demnach hinsichtlich der Ausstattung mit Sparkassenstellen (I_3) deutlich größere Unterschiede zwischen den Instituten im Vergleich zur Beschäftigtenintensität (I_2).

Die Überprüfung der Korrelation der Sparkassenstellen je 1.000 Kundenkonten mit den anderen Einflussfaktoren und Kennzahlen ergibt einige Indizien für mittlere bzw. starke Zusammenhänge (siehe Abbildung 5.9):

- mittlerer negativer Zusammenhang zur Einwohnerzahl im Geschäftsgebiet (E_2), allerdings mit abnehmender Tendenz,
- starker negativer Zusammenhang zwischen der Einwohnerdichte im Geschäftsgebiet (E_3) und der Ausstattung mit Sparkassenstellen, allerdings ebenfalls seit 2014 mit abnehmender Tendenz,
- durchgängig mittlerer positiver Zusammenhang zur Kaufkraft der Einwohner im Geschäftsgebiet (E_4),

[23]In 21 % der Fälle kam es zu einer Reduktion (113 von 540 Beobachtungen) und in knapp 8 % zu einer Erhöhung (46 von 540 Beobachtungen) gegenüber dem Vorjahr.

[24]Bei einer Erweiterung der Anzahl von Sparkassenstellen liegt diese im Durchschnitt bei 9 %.

Analyse der relativen Ausstattung mit Sparkassenstellen im Betrachtungszeitraum

I_3	2008	2009	2010	2011	2012	2013	2014	2015	2016	2017
Stand.ab.	0,04	0,04	0,04	0,04	0,04	0,05	0,05	0,05	0,05	0,04
Min.	0,06	0,06	0,06	0,06	0,06	0,02	0,02	0,02	0,02	0,02
Max.	0,25	0,25	0,26	0,26	0,25	0,25	0,25	0,25	0,26	0,24
25%Q.	0,08	0,09	0,09	0,09	0,09	0,09	0,10	0,09	0,09	0,08
75%Q.	0,14	0,14	0,14	0,14	0,14	0,15	0,15	0,15	0,15	0,14
Med.	0,11	0,11	0,11	0,11	0,11	0,11	0,12	0,12	0,11	0,11
Arith. Mitt.	0,12	0,12	0,12	0,12	0,12	0,12	0,13	0,13	0,12	0,12
Var.	0,00	0,00	0,00	0,00	0,00	0,00	0,00	0,00	0,00	0,00
Abw.ko.	0,37	0,37	0,36	0,35	0,34	0,37	0,37	0,39	0,39	0,38

Abbildung 5.8 Analyse der relativen Ausstattung mit Sparkassenstellen im Betrachtungszeitraum

Überprüfung Korrelation zwischen I_3 sowie Einfluss- und Vergleichskennzahlen

I_3 Korrel.ko.	2008	2009	2010	2011	2012	2013	2014	2015	2016	2017
E_1	0,03	0,04	0,03	0,01	0,00	0,03	0,02	0,02	0,03	0,05
E_2	***-0,38***	***-0,40***	***-0,40***	***-0,41***	***-0,40***	***-0,38***	***-0,39***	***-0,38***	***-0,35***	***-0,30***
E_3	***-0,55***	***-0,57***	***-0,56***	***-0,56***	***-0,54***	***-0,57***	***-0,58***	***-0,56***	***-0,54***	***-0,51***
E_4	-	-	***0,33***	***0,33***	***0,36***	***0,37***	***0,39***	***0,39***	***0,33***	***0,37***
E_5	-0,11	-0,10	-0,12	-0,15	-0,13	***-0,31***	-0,30	-0,27	-0,30	-0,09
I_1	***-0,41***	***-0,48***	-0,28	***-0,40***	***-0,43***	***-0,42***	***-0,35***	***-0,42***	***-0,51***	***-0,41***
I_2	***0,45***	***0,39***	***0,39***	***0,34***	***0,34***	0,25	***0,31***	***0,31***	0,22	0,24

Abbildung 5.9 Überprüfung Korrelation zwischen I_3 sowie Einfluss- und Vergleichskennzahlen

- teilweise mittlerer, in 2016 sogar starker negativer Zusammenhang zwischen dem Anteil von bankspezifisch Beschäftigten an allen Beschäftigten der Sparkasse (I_1),
- teilweise mittlerer positiver Zusammenhang zur Beschäftigtenintensität (I_2), der jedoch in der Ausgangslage 2008 stärker ausgeprägt war als in den betrachteten Folgejahren.

Gerade ländlich geprägte Geschäftsgebiete mit einer geringen Einwohnerdichte zeigen demnach ein überproportional ausgestattetes Netz an Sparkassenstellen. Dies ist nachvollziehbar: Damit Kunden das Angebot der Institute sinnvoll nutzen können, sind auch die Entfernungen zu berücksichtigen. Während in dicht besiedelten Städten eine stärkere Konzentration der Sparkassenstellen erfolgt, ist dies in eher ländlich geprägten Regionen weniger stark der Fall.

Sowohl im Mittel als auch im Median ergibt sich ein leichter Anstieg der bankspezifisch Beschäftigten je Sparkassenstelle (I_4).[25] Im Median gibt es eine Steigerung von 16,4 (2008) auf 17,3 (2017) im Betrachtungszeitraum (siehe Abbildung 5.10).[26] Der Abweichungskoeffizient liegt im Jahr 2017 mit 0,31 exakt auf dem Niveau von 2008, nachdem dieser seit 2014 angestiegen war.

Die Korrelationsanalyse bestätigt den prognostizierten Zusammenhang zwischen dem Einsatz der relevanten Leistungserstellungsfaktoren und der Struktur des Geschäftsgebiets (Abbildung 5.11).[27] Bei eher städtisch geprägten Geschäftsgebieten mit einer hohen Einwohnerdichte (E_3) gibt es im Mittel mehr Beschäftigte je Sparkassenstellen, d. h., die Beschäftigtenintensität überwiegt. Allerdings geht der diesbezüglich positive Zusammenhang im Betrachtungszeitraum zurück. Dies spricht dafür, dass inzwischen Institute mit einer geringeren Einwohnerdichte im Geschäftsgebiet tendenziell auf eine stärkere Konzentration in den Einheiten setzen.

Die Analyse der relativen Ausstattung mit den wesentlichen Faktoren für die Leistungserbringung zeigt über den gesamten Betrachtungszeitraum hinweg

---

[25]Analyse erfolgt ohne Institut mit nur einer Sparkassenstelle aufgrund der ansonsten eintretenden Verzerrung.

[26]Hierbei ist zu berücksichtigen, dass die Anzahl der Sparkassenstellen auch SB-Standorte berücksichtigen, die nicht dauerhaft mitarbeiterbesetzt sind. Allerdings entsteht typischerweise auch hierfür ein Aufwand für die Bank (z.B. aufgrund der Befüllung, Wartung oder Reparatur von SB-Geräten). Die Erbringung dieser Leistungen kann entweder durch Beschäftigte oder durch externe Dienstleister erbracht werden.

[27]I_4 hier wieder mit Berücksichtigung des Instituts mit nur einem Standort.

Analyse der bankspezifisch Beschäftigten je Sparkassenstelle im Betrachtungszeitraum

I_4	2008	2009	2010	2011	2012	2013	2014	2015	2016	2017
Stand.ab.	5,30	5,31	5,23	5,15	4,94	5,28	5,03	5,34	5,83	5,43
Min.	8,25	7,91	7,64	7,64	8,20	8,20	7,80	7,80	7,90	9,00
Max.	35,64	34,45	33,55	33,18	31,82	31,45	31,09	32,67	32,63	31,50
25%Q.	12,58	12,40	12,14	12,33	12,86	12,75	12,70	12,47	12,70	13,32
75%Q.	20,36	20,08	18,87	18,76	18,57	19,29	18,99	18,50	19,96	20,93
Med.	16,43	16,17	16,00	16,17	16,42	16,46	16,44	16,25	16,45	17,25
Arith. Mitt.	16,86	16,66	16,46	16,46	16,48	16,80	16,53	16,43	16,96	17,69
Var.	28,13	28,19	27,33	26,56	24,44	27,92	25,28	28,51	33,98	29,43
Abw.ko.	0,31	0,32	0,32	0,31	0,30	0,31	0,30	0,33	0,34	0,31

Abbildung 5.10 Analyse der bankspezifisch Beschäftigten je Sparkassenstelle im Betrachtungszeitraum

Überprüfung Korrelation zwischen I_4 sowie Einfluss- und Vergleichskennzahlen

I_4 Korrel.ko.	2008	2009	2010	2011	2012	2013	2014	2015	2016	2017
E_1	-0,18	-0,19	-0,20	-0,19	-0,20	-0,16	-0,15	-0,16	-0,16	-0,17
E_2	0,25	***0,30***	0,28	0,28	0,22	-0,01	0,00	0,00	-0,01	-0,03
E_3	***0,57***	***0,62***	***0,62***	***0,60***	***0,55***	***0,32***	***0,33***	***0,33***	***0,34***	***0,33***
E_4	-	-	***-0,32***	***-0,32***	***-0,32***	-0,05	-0,07	-0,07	-0,07	-0,10
E_5	0,06	0,03	0,07	0,09	0,05	***0,70***	***0,69***	***0,66***	***0,66***	0,28
I_1	***0,36***	***0,40***	0,27	***0,30***	***0,35***	0,14	0,13	0,16	0,18	0,15
I_2	-0,10	-0,05	-0,03	0,03	0,07	0,26	0,19	0,21	0,23	0,24
I_3	***-0,87***	***-0,87***	***-0,86***	***-0,86***	***-0,85***	***-0,55***	***-0,56***	***-0,56***	***-0,59***	***-0,59***

Abbildung 5.11 Überprüfung Korrelation zwischen I_4 sowie Einfluss- und Vergleichskennzahlen

(600 Datenpunkte) einen mittleren positiven Zusammenhang (r = +0,32), d. h., Institute mit einer überproportionalen Beschäftigtenintensität zeigen tendenziell auch eine überproportionale Ausstattung mit Sparkassenstellen (siehe Abbildung 5.12). Wie in Abbildung 5.9 gesehen, ist dieser Zusammenhang allerdings in den Jahren 2008 bis 2012 überdurchschnittlich stark ausgeprägt. In den Jahren 2013 sowie 2016 und 2017 lässt sich ein solcher mittlerer positiver Zusammenhang dagegen nicht mehr identifizieren. Dies deutet darauf hin, dass die beiden wesentlichen *Inputs* für den Leistungserstellungsprozess der Institute inzwischen verstärkt voneinander losgelöst zu betrachten sind. Beispielsweise werden für die Leistungserstellung im Bereich des Online-/Mobile-Bankings auch bankspezifisch Beschäftigte benötigt, allerdings keine Sparkassenstellen (I_3). Andererseits ist die Beschäftigtenintensität (I_2) bei einem etwaig wachsenden Anteil von nicht mitarbeiterbesetzten SB-Standorten weniger von Bedeutung.

Die relative Ausstattung mit Faktoren der Leistungserstellung einer Sparkasse im Verhältnis zu den anderen Instituten im Verbandsgebiet ist im Betrachtungszeitraum vergleichsweise stabil (siehe Abbildung 5.13). Bei der Beschäftigtenintensität weisen, wie gesehen, 77 % der Institute (46 von 60) über alle Jahre hinweg entweder eine über- oder unterdurchschnittliche relative Ausstattung auf. Bei den Sparkassenstellen beträgt der Anteil sogar 80 % (48 von 60).

Die Betrachtung der Veränderungsmatrix indiziert außerdem, dass sich die absolute Anzahl der Leistungserstellungsfaktoren in der Regel gleichgerichtet oder zumindest nicht gegensätzlich entwickelt (siehe Abbildung 5.14). Sinkt die

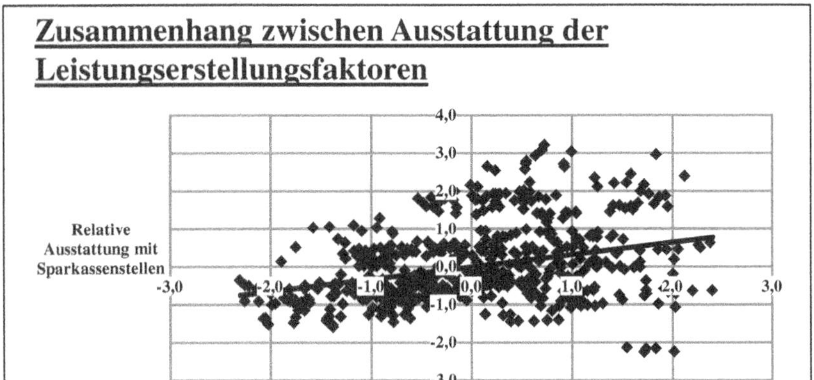

Abbildung 5.12 Zusammenhang zwischen Ausstattung der Leistungserstellungsfaktoren

Überblick zur Stabilität der Ausstattung mit Produktionsfaktoren im Betrachtungszeitraum

Vergleich Produktionsfaktoren	Relative Ausstattung mit bankspezifisch Beschäftigten	Relative Ausstattung mit Sparkassenstellen
In allen Jahren überdurchschnittlich	22	18
In allen Jahren unterdurchschnittlich	24	30
Uneinheitlich	14	12

Abbildung 5.13 Überblick zur Stabilität der Ausstattung mit Produktionsfaktoren im Betrachtungszeitraum (Betrachtung der Abweichung vom Mittelwert im Verhältnis zur Standardabweichung und Betrachtung negativer und positiver Werte)

Absolute Veränderung Produktionsfaktoren gegenüber Vorjahr im Betrachtungszeitraum

Veränderung gegenüber Vorjahr		**Anzahl Sparkassenstellen**			
		Reduktion	Keine Änderung	Erhöhung	**Summe**
Anzahl bankspezifisch Beschäftigte	Reduktion	93	248	34	**375**
	Keine Änderung	4	31	1	**36**
	Erhöhung	16	102	11	**129**
	Summe	**113**	**381**	**46**	**540**

Abbildung 5.14 Absolute Veränderung Produktionsfaktoren gegenüber Vorjahr im Betrachtungszeitraum

Anzahl der bankspezifisch Beschäftigten gegenüber dem Vorjahr, dann bleibt die Anzahl der Sparkassenstellen in 91 % der Fälle entweder stabil oder sinkt ebenfalls. Wird die Anzahl der Sparkassenstellen dagegen reduziert, wird in 86 % der Fälle ebenfalls die Anzahl der bankspezifisch Beschäftigten reduziert oder bleibt zumindest gleich. Auch bei der Erhöhung der Anzahl bankspezifisch Beschäftigter entwickelt sich die Anzahl der Sparkassenstellen in der Regel analog bzw. zumindest nicht entgegengesetzt (88 %). Eine Ausnahme bildet der Fall einer Erhöhung von Sparkassenstellen gegenüber dem Vorjahr, wobei in 74 % der Fälle trotzdem eine Reduktion der Anzahl bankspezifisch Beschäftigter erfolgt. Eine mögliche Erklärung könnte sein, dass zusätzliche Standorte als SB-Standorte geschaffen werden, die nicht dauerhaft mitarbeiterbesetzt sind.

5.2 Erstellte Leistungen

In der Leistungserstellung werden über die Bereitstellung von Bankdienstleistungen – also beispielsweise eine Kundenberatung – im Ergebnis Bankprodukte vertrieben. Die Leistungserstellung durch die bankspezifisch Beschäftigten in den Sparkassenstellen (z. B. Kundenberatung) geht mit Produktabschlüssen einher und stellt die Voraussetzung für die Generierung von *Outputs* dar. Hinsichtlich der erstellten Leistungen sollen dabei nachfolgend kennzahlenbasiert die drei folgenden Bereiche betrachtet werden (siehe Abbildung 5.15):[28]

- die Einlagen von Kunden, z. B. Sparguthaben, die das bilanzielle Passivgeschäft darstellen (Abschnitt 5.2.1),
- die ausgegebenen Kredite an Kunden, z. B. private Konsumkredite, die das bilanzielle Aktivgeschäft darstellen (Abschnitt 5.2.2), sowie
- weitere Finanzprodukte des Verbundpartnergeschäfts, z. B. Bausparen, die durch die Sparkassen vertrieben werden (Abschnitt 5.2.3).

Insgesamt sechs Faktoren für die Produktion/Leistungserstellung werden nachfolgend betrachtet (siehe Abbildung 5.16). Es erfolgt dabei jeweils analog zum vorangegangen Kapitel eine Betrachtung der absoluten sowie relativen

[28]Das Eigengeschäft der Institute ist nicht Gegenstand der Betrachtung. Trotz einer möglicherweise nicht unerheblichen wirtschaftlichen Bedeutung für die Institute stellt es im Sinne des Geschäftszwecks der Sparkassen keinen relevanten Bereich der Aktivität dar. Es ist gleichwohl mittelbar von Relevanz.

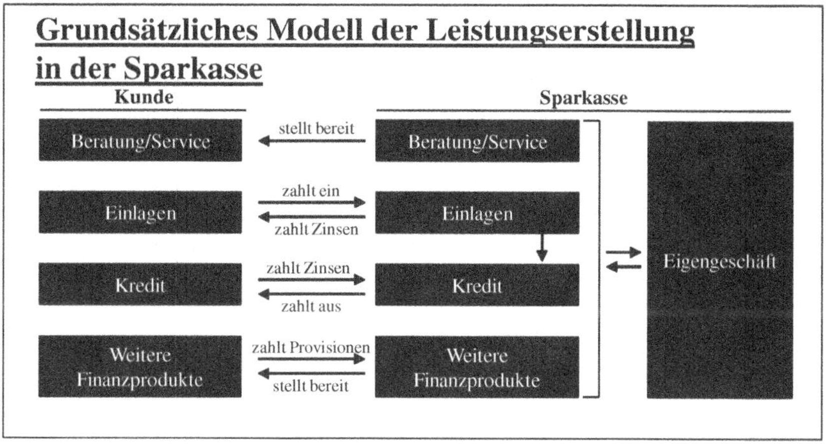

Abbildung 5.15 Grundsätzliches Leistungserstellungsmodell der Sparkasse

Bestimmung der Faktoren für die erstellten Leistungen

Symbol	Beschreibung	Berechnung
P_1	Relatives Volumen Kundeneinlagen	(Volumen Kundeneinlagen in 1.000 EUR)/(Anzahl Kundenkonten)
P_2	Relatives Volumen Kundenkredite	(Volumen Kundenkredite in 1.000 EUR)/(Anzahl Kundenkonten)
P_3	Verhältnis von Kundeneinlagen zu Kundenkrediten	(Volumen Kundeneinlagen)/(Volumen Kundenkredite)
P_4	Relatives Volumen Vermittlungsgeschäft Bausparen	(Volumen Bausparen)/(Anzahl Kundenkonten)
P_5	Relatives Volumen Vermittlungsgeschäft Lebensversicherung	(Volumen Lebensversicherungen)/(Anzahl Kundenkonten)
P_6	Relatives Volumen Vermittlungsgeschäft Komposit	(Volumen Kompositversicherungen)/(Anzahl Kundenkonten)

Abbildung 5.16 Bestimmung der Faktoren für die erstellten Leistungen

Entwicklung bei den westfälisch-lippischen Instituten. Außerdem werden mögliche Zusammenhänge über die lineare Korrelation zu Einflussfaktoren und den bisher betrachten Kennzahlen untersucht.

5.2.1 Kundeneinlagen

Die Verbindlichkeiten der Institute gegenüber den Kunden, d. h. die Kundeneinlagen, sind in Westfalen-Lippe im Betrachtungszeitraum um mehr als 27 % von 76,4 Mrd. EUR in 2008 auf 97,3 Mrd. EUR in 2017 angestiegen. Im Betrachtungszeitraum hat sich das absolute Volumen der Kundeneinlagen bei nahezu allen Instituten (59 von 60) erhöht. Die Steigerung fällt damit sowohl höher aus als die Erhöhung der Wirtschaftsleistung in Westfalen-Lippe mit ca. 20 % im Betrachtungszeitraum als auch die Steigerung der aggregierten Bilanzsumme (+14 %) (siehe Abschnitt 4.4.2). Dies ist ein Indikator dafür, dass die Sparkassen im Einlagengeschäft überdurchschnittlich von der Entwicklung nach der Finanzkrise profitiert haben und andererseits vor wachsende Herausforderungen gestellt werden.

Die Kennzahl P_1 erfasst die Kundeneinlagen in Tsd. EUR je Kundenkonto. Dabei zeigt sich, dass es im Median eine deutliche Erhöhung von 5,13 Tsd. EUR je Konto in 2008 um über 50 % auf 7,73 Tsd. EUR je Konto in 2017 gegeben hat (siehe Abbildung 5.17). Auch im Mittel gab es eine deutliche Steigerung. Ursache für die stärkere Erhöhung der Kundeneinlagen je Konto ist die im Betrachtungszeitraum zu beobachtende Reduktion der Gesamtzahl von Kundenkonten (siehe Abschnitt 5.1.1).

Analyse der Kundeneinlagen

P_1	2008	2009	2010	2011	2012	2013	2014	2015	2016	2017
Stand.ab.	0,74	0,95	1,03	0,95	1,03	1,11	1,24	1,27	1,35	1,45
Min.	3,70	3,90	4,05	4,19	4,19	4,43	4,60	5,02	5,35	5,71
Max.	7,91	9,65	10,94	9,92	9,95	11,51	12,44	13,57	14,45	15,46
25%Q.	4,80	4,98	5,23	5,50	5,68	5,85	6,08	6,46	6,84	7,22
75%Q.	5,38	5,90	6,05	6,20	6,71	6,92	7,18	7,68	7,94	8,35
Med.	5,13	5,39	5,57	5,93	6,02	6,24	6,50	6,89	7,33	7,73
Arith. Mitt.	5,19	5,54	5,76	5,98	6,20	6,44	6,76	7,10	7,50	7,93
Var.	0,55	0,91	1,07	0,91	1,06	1,24	1,55	1,60	1,82	2,10
Abw.ko.	0,14	0,17	0,18	0,16	0,17	0,17	0,18	0,18	0,18	0,18

Abbildung 5.17 Analyse der Kundeneinlagen

Im 25 %-Quantil beträgt die Steigerung des Volumens je Kundenkonto im Zeitverlauf etwa 50 %, bei Betrachtung des 75 %-Quantils liegt die Erhöhung mit 55 % noch etwas höher. Der Abweichungskoeffizient hat sich in 2017 (0,18) gegenüber 2008 (0,14) erhöht, wobei der Wert in 2017 bereits dem Wert von 2010 entspricht und dieser seit 2014 stabil ist. Die Unterschiede zwischen den Instituten haben sich demnach in unmittelbarer Folge zur Finanzkrise erhöht.

Die Betrachtung der Korrelationskoeffizienten von P_1 mit den weiteren relevanten Einflussfaktoren und Kennzahlen indiziert keinerlei positive oder negative lineare Zusammenhänge (siehe Abbildung 5.18). Insbesondere zeigt auch die Intensität der Ausstattung mit den *Inputs* keine Auswirkung auf die relative Höhe der Kundeneinlagen (P_1). Die Erhöhung der Kundeneinlagen führt nicht zwangsläufig zu einer Verbesserung der *Outputs*: In einer Phase von Null- oder Negativzinsen gehen zu hohe Einlagen – oder genauer gesagt ein Passiv-Überschuss – für die Institute potenziell mit hohen Kosten einher, wenn die Zinsmarge schrumpft und die Institute selbst Gebühren für die Verwahrung aufbringen müssen.

Überprüfung Korrelation zwischen P_1 sowie Einfluss- und Vergleichskennzahlen

P_1 Korrel.ko.	2008	2009	2010	2011	2012	2013	2014	2015	2016	2017
E_1	-0,07	-0,09	-0,10	-0,08	-0,09	-0,09	-0,10	-0,10	-0,10	-0,10
E_2	-0,08	-0,11	-0,11	-0,11	-0,12	-0,12	-0,13	-0,11	-0,11	-0,12
E_3	0,02	0,00	0,00	-0,02	-0,03	-0,03	-0,01	0,00	0,02	-0,01
E_4	-	-	0,16	0,20	0,20	0,23	0,21	0,20	0,15	0,18
E_5	-0,11	-0,06	-0,04	-0,06	-0,09	-0,03	0,01	0,05	0,01	-0,01
I_1	-0,04	0,00	-0,03	-0,03	-0,09	-0,10	-0,16	-0,07	-0,03	-0,06
I_2	0,07	0,15	0,15	0,10	0,12	0,14	0,15	0,12	0,12	0,07
I_3	-0,10	-0,08	-0,11	-0,11	-0,09	-0,10	-0,12	-0,17	-0,18	-0,13
I_4	0,10	0,12	0,15	0,13	0,12	0,08	0,12	0,14	0,14	0,09

Abbildung 5.18 Überprüfung Korrelation zwischen P_1 sowie Einfluss- und Vergleichskennzahlen

5.2.2 Kundenkredite

Das Volumen der Kundenkredite ist bei den Instituten in Westfalen-Lippe von 72,7 Mrd. EUR in 2008 auf 92,3 Mrd. EUR in 2017 und damit ebenfalls um knapp 27 % im Betrachtungszeitraum gestiegen. Auch hierbei fallen die Steigerungsquoten deutlich höher aus als das Wirtschaftswachstum in Westfalen-Lippe im Betrachtungszeitraum sowie die Steigerung der aggregierten Bilanzsumme (siehe Abschnitt 4.4.2). Im Zeitverlauf hat sich das Volumen der Kunden-kredite absolut bei 95 % der Häuser (57 von 60 Instituten) erhöht.

Die Kennzahl P_2 beachtet nachfolgend das Volumen der Kundenkredite in Tsd. EUR je Kundenkonto (siehe Abbildung 5.19). Dabei fällt auf, dass der Median im Zeitverlauf stark um 44 % gewachsen ist. Im Mittel gab es sogar eine Steigerung um 51 %. Im 25 %-Quantil beträgt die Steigerungsrate dabei knapp 50 % und im 75 %-Quantil liegt diese mit 52 % etwas höher. Der Abweichungskoeffizient hat sich dabei deutlich von 0,18 in 2008 auf 0,23 in 2017 erhöht und liegt damit in beiden Zeitpunkten über dem Abweichungskoeffizienten der Kundeneinlagen (P_1). Die relative Erhöhung der Unterschiede im Betrachtungszeitraum fällt sowohl bei den Kundeneinlagen (P_1) als auch bei den Kundenkrediten (P_2) ähnlich stark aus.

Analyse der Kundenkredite

P_2	2008	2009	2010	2011	2012	2013	2014	2015	2016	2017
Stand.ab.	0,93	1,05	1,14	1,11	1,19	1,34	1,42	1,51	1,61	1,78
Min.	3,30	3,42	3,55	3,56	3,74	3,82	3,79	3,88	4,10	4,19
Max.	8,04	8,95	9,80	9,61	10,10	11,37	11,97	13,10	14,43	15,55
25%Q.	4,47	4,70	4,95	5,21	5,43	5,59	5,75	6,04	6,36	6,69
75%Q.	5,62	5,75	6,17	6,32	6,58	6,91	7,14	7,59	8,10	8,56
Med.	5,06	5,34	5,48	5,69	5,91	6,12	6,35	6,60	6,99	7,30
Arith. Mitt.	5,09	5,34	5,61	5,81	6,09	6,32	6,57	6,94	7,31	7,70
Var.	0,86	1,10	1,29	1,24	1,42	1,80	2,02	2,28	2,60	3,16
Abw.ko.	0,18	0,20	0,20	0,19	0,20	0,21	0,22	0,22	0,22	0,23

Abbildung 5.19 Analyse der Kundenkredite

Anders als bei den Kundeneinlagen (P_1) zeigt sich bei den Kundenkrediten (P_2) ein mittlerer und teilweise starker positiver Zusammenhang zur Beschäftigtenintensität (I_2) der Institute, der sich jedoch seit 2014 leicht abgeschwächt hat (siehe Abbildung 5.20). Der bereits identifizierte Zusammenhang zwischen der Beschäftigtenintensität (I_2) und der Kaufkraft (E_4) führt auch hierbei zu einem durchgängig mittleren positiven Zusammenhang zwischen Kundenkrediten (P_2) und Kaufkraft (E_4) (siehe Abschnitt 5.1.1). Interessanterweise zeigt sich dagegen kein linearer Zusammenhang zur Ausstattung mit Sparkassenstellen (I_3) oder zur Beschäftigtenintensität je Sparkassenstelle (I_4).

Überprüfung Korrelation zwischen P_2 sowie Einfluss- und Vergleichskennzahlen

P_2 Korrel.ko.	2008	2009	2010	2011	2012	2013	2014	2015	2016	2017
E_1	0,00	-0,01	-0,04	-0,01	-0,02	-0,03	-0,03	-0,04	-0,02	-0,04
E_2	-0,19	-0,21	-0,20	-0,18	-0,20	-0,21	-0,21	-0,20	-0,18	-0,19
E_3	***-0,34***	***-0,33***	-0,28	-0,29	-0,30	-0,30	***-0,30***	-0,29	-0,28	-0,28
E_4	-	-	***0,36***	***0,37***	***0,39***	***0,41***	***0,43***	***0,45***	***0,42***	***0,39***
E_5	-0,19	-0,21	-0,22	-0,29	-0,28	-0,11	-0,03	0,05	0,11	0,19
I_1	***-0,30***	-0,26	-0,22	-0,28	-0,29	-0,25	-0,25	-0,22	-0,24	-0,17
I_2	***0,50***	***0,53***	***0,54***	***0,55***	***0,54***	***0,58***	***0,57***	***0,53***	***0,47***	***0,46***
I_3	0,08	0,11	0,09	0,13	0,13	0,13	0,12	0,07	0,07	0,05
I_4	0,02	-0,01	0,02	0,01	0,04	0,08	0,10	0,18	0,20	0,22
P_1	0,20	0,22	0,26	0,21	0,24	0,27	0,29	0,27	0,24	0,26

Abbildung 5.20 Überprüfung Korrelation zwischen P_2 sowie Einfluss- und Vergleichskennzahlen

Das Verhältnis von Kundeneinlagen zu Kundenkrediten (P_3) hat sich im Mittel im Betrachtungszeitraum von 1,04 zu 1,06 leicht erhöht und lag – wie auch im Median – stets über eins, d. h., das Volumen der Kundeneinlagen übersteigt das Volumen der Kundenkredite (Passiv-Überhang) (siehe Abbildung 5.21).

Allerdings zeigen nicht alle Institute in Westfalen-Lippe einen Überhang an Kundeneinlagen (P_3): Bei der Betrachtung des 25 %-Quantils zeigt sich, dass diese Institute mit Aktiv-Übergang diesen im Betrachtungszeitraum sogar noch leicht erhöhen konnten. Beim 75 %-Quantil hat sich dagegen der bestehende Überschuss an Kundeneinlagen leicht erhöht. Der Abweichungskoeffizient ist von 0,17 in 2008 auf 0,19 in 2017 leicht gestiegen. Seit 2012 ist – mit Ausnahme von

Analyse des Verhältnisses von Kundeneinlagen zu Kundenkrediten (P_3)

P_3	2008	2009	2010	2011	2012	2013	2014	2015	2016	2017
Stand.ab.	0,17	0,19	0,17	0,18	0,17	0,18	0,18	0,18	0,18	0,20
Min.	0,69	0,65	0,65	0,69	0,68	0,68	0,74	0,74	0,73	0,76
Max.	1,57	1,61	1,46	1,54	1,59	1,76	1,75	1,79	1,85	1,89
25%Q.	0,96	0,95	0,95	0,95	0,94	0,94	0,95	0,96	0,95	0,93
75%Q.	1,12	1,16	1,13	1,12	1,10	1,12	1,12	1,11	1,12	1,14
Med.	1,02	1,04	1,03	1,03	1,04	1,03	1,04	1,04	1,04	1,03
Arith. Mitt.	1,04	1,06	1,05	1,05	1,04	1,04	1,05	1,05	1,05	1,06
Var.	0,03	0,04	0,03	0,03	0,03	0,03	0,03	0,03	0,03	0,04
Abw.ko.	0,17	0,18	0,16	0,17	0,16	0,17	0,17	0,17	0,18	0,19

Abbildung 5.21 Analyse des Verhältnisses von Kundeneinlagen zu Kundenkrediten (P_3)

2016 – ein mittlerer negativer Zusammenhang zwischen der Beschäftigtenintensität (I_2) und dem Verhältnis von Kundeneinlagen zu Kundenkrediten (P_3) – der insbesondere mit dem positiven Einfluss der Beschäftigtenintensität (I_2) auf die Kundenkredite (P_2) erklärbar ist – erkennbar.

Während zu Beginn des Betrachtungszeitraums 35 von 60 Instituten einen Überhang an Kundeneinlagen (P_3) aufwiesen, hat sich die Anzahl zum Ende des Betrachtungszeitraums auf 39 von 60 Instituten erhöht. Im Betrachtungszeitraum wurde bei 384 von 600 Beobachtungspunkten der Institute im SVWL ein Überschuss an Kundeneinlagen (P_3) identifiziert, in 216 Fällen gab es dagegen einen Überschuss der Kundenkredite gegenüber den Kundeneinlagen. Bei der Mehrheit der Institute (34 von 60) blieb der Einlagen- bzw. Kreditüberschuss in den betrachteten Jahren stabil bestehen, bei 26 Instituten wurden dagegen uneinheitliche Ergebnisse erzielt.

Die Betrachtung der Bestandsveränderungen von Kundeneinlagen und Kundenkrediten im Vergleich zum Vorjahr ergibt wiederum einen weitgehenden Gleichklang in der Entwicklung. In 78 % der Fälle gab es entweder eine gleichgerichtete Reduktion von Kundenkrediten und Kundeneinlagen (34 von 540 Beobachtungen) oder – wie in der Mehrheit der Fälle – eine absolute Erhöhung bei den Volumenswerten (385 von 540 Beobachtungen) (siehe Abbildung 5.22).

Bestandsveränderung von Kundeneinlagen und Kundenkrediten zum Vorjahr im Betrachtungszeitraum

Veränderung gegenüber Vorjahr		Bestandsveränderung Kundenkredite		
		Reduktion	Erhöhung	**Summe**
Bestandsveränderung Kundeneinlagen	Reduktion	34	66	**100**
	Erhöhung	55	385	**440**
	Summe	**89**	**451**	**540**

Abbildung 5.22 Bestandsveränderung von Kundeneinlagen und Kundenkrediten im Betrachtungszeitraum

5.2.3 Verbundpartnergeschäft

Neben den Kundeneinlagen (P_1) und den Kundenkrediten (P_2) stellt das Verbundpartnergeschäft eine wesentliche Komponente zur Sicherstellung eines *Allfinanz*-Angebotes der Sparkassen dar (siehe Abschnitt 3.1.4). Für das Verbundpartnergeschäft soll nachfolgend exemplarisch die institutsspezifische Entwicklung von 2008 zu 2017 für folgende Verbundpartnerprodukte betrachtet werden, wobei die Normierung dabei analog zu den Kundeneinlagen (P_1) und Kundenkrediten (P_2) über die Anzahl der Kundenkonten erfolgt:

- die Vermittlungsleistung im Bauspargeschäft (P_4),
- die bewerteten Beitragssummen im Lebensversicherungsgeschäft (P_5)[29] sowie
- die Vermittlungsleistung im Kompositgeschäft (P_6).[30]

[29]Die Ermittlung erfolgt über die bewerteten Beitragssummen. Die Beitragssummen wurden dabei um einen vorgegebenen Korrekturfaktor zur Berücksichtigung des Ausfallrisikos bereinigt (Bewertung).

[30]Dabei berücksichtigt sind Kfz-, Kranken-, Haftpflicht-, Unfall-, Sach- sowie Rechtsschutzversicherungen der Versicherer.

Das Vermittlungsgeschäft im Bausparen hat sich dabei absolut von 2,4 Mrd. EUR in 2008 auf 2,3 Mrd. EUR in 2017 im Betrachtungszeitraum leicht reduziert. Dabei ist zu berücksichtigen, dass das Bauspargeschäft erheblich von der derzeitigen Zinsphase beeinflusst ist. Dabei gibt es eine ausgeglichene Entwicklung bei der Betrachtung der absoluten Veränderungen: 30 Institute verzeichneten in 2017 im Vergleich zu 2008 absolute Bestandserhöhungen und bei ebenso vielen Instituten kam es zu einer absoluten Reduktion im Bestand. Dabei fällt auf, dass der Gesamtbestand zwischen 2008 und 2009 um mehr als 0,3 Mrd. EUR auf knapp 2,1 Mrd. EUR fällt, ehe im Jahr 2010 wieder eine Steigerung auf das Niveau von 2,3 Mrd. EUR erfolgte. Die Vermittlungsleistung hat im Verhältnis zum Volumen der Kundeneinlagen (P_1) insgesamt eine eher geringe Bedeutung – rechnerisch macht die Vermittlungsleistung nur knapp über 2 % des Volumens der Kundeneinlagen (P_1) aus.

Je Kundenkonto belief sich die Vermittlungsleistung im Bauspargeschäft (P_4) in 2008 im Median auf 160,53 EUR und stieg in 2017 um knapp 16 % auf 185,97 EUR an (siehe Abbildung 5.23). Während die Steigerung beim 25 %-Quantil ebenfalls bei etwa 16 % lag, betrug sie beim 75 %-Quantil fast 24 %. Der Abweichungskoeffizient ist von 0,37 (2008) auf 0,44 (2017) vergleichsweise deutlich angestiegen. Dies zeigt zum einen, dass es einige Institute gibt, die das Bauspargeschäft forcieren, und zum anderen, dass dies schwerpunktmäßig diejenigen Institute sind, die bereits zu Beginn des

Analyse Verbundpartnergeschäft 2008 und 2017

Vermittlungsgeschäft je Kundenkonto	Bausparen		Lebensversicherung		Komposit	
	2008	2017	2008	2017	2008	2017
Stand.ab.	61,42	90,63	23,12	31,94	1,20	1,30
Min.	60,59	49,39	10,73	7,55	0,13	0,74
Max.	392,80	496,70	116,44	174,89	5,44	7,93
25%Q.	127,46	148,27	30,66	55,31	1,11	1,61
75%Q.	208,01	257,50	54,42	95,97	2,53	2,84
Med.	160,53	185,97	41,07	72,67	1,64	2,28
Arith. Mitt.	166,85	205,99	45,84	75,69	1,88	2,48
Abw.ko.	0,37	0,44	0,50	0,42	0,64	0,53

Abbildung 5.23 Analyse Verbundpartnergeschäft 2008 und 2017

Überprüfung Korrelation zwischen P_4 sowie Einfluss- und Vergleichskennzahlen

P_4 Korrel.ko.	2008	2009	2010	2017
E_1	0,26	0,27	0,13	0,02
E_2	-0,06	-0,05	-0,12	-0,30
E_3	***-0,47***	***-0,43***	***-0,37***	***-0,38***
E_4	-	-	0,29	0,23
E_5	-0,01	0,09	-0,06	-0,11
I_1	-0,21	-0,11	-0,07	***-0,32***
I_2	0,17	0,21	0,16	***0,32***
I_3	0,20	0,17	0,18	***0,37***
I_4	-0,22	-0,16	-0,18	-0,02
P_1	0,09	0,12	0,14	0,02
P_2	***0,43***	***0,36***	***0,31***	0,25
P_3	***-0,53***	***-0,40***	***-0,41***	***-0,37***

Abbildung 5.24 Überprüfung Korrelation zwischen P_4 sowie Einfluss- und Vergleichskennzahlen

Betrachtungszeitraums zu den Instituten mit der höheren Vermittlungsleistung zählten. Die Unterschiede zwischen den Instituten liegen dabei deutlich über den Abweichungen im Geschäft mit Kundeneinlagen (P_1) und Kundenkrediten (P_2).

Anders als zu Beginn des Betrachtungszeitraums kann im Jahr 2017 ein mittlerer positiver Zusammenhang sowohl zur Beschäftigtenintensität (I_2) als auch zur Ausstattung mit Sparkassenstellen (I_3) identifiziert werden (siehe Abbildung 5.24). Dies zeigt, dass neben der vertrieblichen Schwerpunktsetzung auch Präsenz im Geschäftsgebiet für das Bauspargeschäft von Bedeutung ist. Durchgängig zeigt sich auch ein mittlerer negativer Zusammenhang zur Einwohnerdichte im Geschäftsgebiet (E_3). Eine mögliche Erklärung hierfür bietet die höhere Neigung in ländlich geprägten Gebieten mit einer geringeren Einwohnerdichte, Wohneigentum zu erwerben.

Das Volumen im Lebensversicherungsgeschäft ist – anders als das Bauspargeschäft – absolut um mehr als $^2/_3$ von 538 Mio. EUR (2008) auf 888 Mio. EUR (2017) angestiegen.[31] Im Vergleich zu den Kundeneinlagen der Institute kommt

[31] Es wurde ausschließlich das Versicherungsgeschäft berücksichtigt, welches durch die Sparkasse abgeschlossen wurde. Verträge, die mit Kunden von Sparkassen z. B. durch eine selbstständige Agentur abgeschlossen wurden, bleiben unberücksichtigt. Für 2008 bis 2010 wurde nur das Geschäft, welches innerhalb der Sparkassen-Organisation getätigt wurde, berücksichtigt. Im Jahr 2017 sind auch Werte berücksichtigt, die Sparkassen ggf. über Versicherer außerhalb der Sparkassen-Finanzgruppe getätigt haben.

den bewerteten Beitragssummen im Lebensversicherungsgeschäft ebenfalls eine geringere Bedeutung zu (0,9 %). Bei 44 von 60 Instituten stieg das absolute Volumen dabei an, bei 16 Instituten sank es dagegen. Alleine zwischen 2008 und 2009 stieg das Gesamtvolumen der bewerteten Beitragssummen in den Instituten um über 140 Mio. EUR an. Im Median lagen die bewerteten Beitragssummen je Kundenkonto (P_5) in 2008 bei ca. 41 EUR und in 2017 bei knapp 73 EUR, was einer Steigerung von etwa 77 % entspricht (siehe Abbildung 5.23). Die Steigerung bei Betrachtung des 25 %-Quantils im Zeitraum betrug dabei 80 %, beim 75 %-Quantil lag die Steigerung bei 76 %. Der Abweichungskoeffizient sank im 10-Jahres-Vergleich vergleichsweise stark von 0,50 auf 0,42. Beim Lebensversicherungsgeschäft haben sich die Unterschiede zwischen den Instituten demnach trotz der Volumenssteigerungen spürbar reduziert. Die Institute sind sich hierbei ähnlicher als im Bauspargeschäft, allerdings sind die Abweichungen zwischen den Häusern hierbei sowohl im Vergleich zu den Kundeneinlagen (P_1) als auch den Kundenkrediten (P_2) deutlich ausgeprägter.

Anders als im Bauspargeschäft ist der noch 2010 erkennbare Zusammenhang zwischen dem Lebensversicherungsgeschäft (P_5) und der Beschäftigtenintensität (I_2) sowie der Ausstattung mit Sparkassenstellen (I_3) zum Ende des Betrachtungszeitraums nicht mehr erkennbar (siehe Abbildung 5.25). Auch die vormals festgestellten Zusammenhänge mit Einflussfaktoren zeigen sich in 2017 nicht mehr:

- in den Jahren 2008, 2009 und 2010 lässt sich ein mittlerer negativer Zusammenhang zur Einwohnerzahl (E_2) und zur Einwohnerdichte (E_3) (außer 2009) erkennen und
- 2010 ein starker positiver Zusammenhang zur Kaufkraft im Geschäftsgebiet (E_4).

Der durchgängig zu beobachtende positive Zusammenhang zum Bauspargeschäft (P_4) hat sich im Jahr 2017 dagegen sogar noch einmal deutlich erhöht. Da hierbei unterschiedliche Verbundpartner beteiligt sind, indiziert dies eine Fokussierung gewisser Institute auf das Verbundpartnergeschäft insgesamt.

Schließlich ist die Vermittlungsleistung im Kompositgeschäft im Betrachtungszeitraum um etwa 20 % von 20,7 Mio. EUR in 2008 auf

Überprüfung Korrelation zwischen P_5 sowie Einfluss- und Vergleichskennzahlen

P_5 Korrel.ko.	2008	2009	2010	2017
E_1	-0,17	-0,17	-0,12	0,08
E_2	***-0,41***	***-0,39***	***-0,47***	-0,13
E_3	***-0,37***	-0,26	***-0,41***	-0,19
E_4	-	-	***0,53***	0,20
E_5	-0,17	0,01	0,02	-0,12
I_1	-0,18	-0,23	-0,26	-0,10
I_2	0,29	0,26	***0,43***	0,18
I_3	***0,31***	***0,31***	***0,50***	0,14
I_4	-0,24	-0,26	***-0,32***	0,12
P_1	0,11	0,17	0,14	***0,38***
P_2	***0,42***	0,24	0,24	0,16
P_3	-0,29	-0,12	-0,14	-0,08
P_4	***0,34***	***0,35***	***0,31***	***0,55***

Abbildung 5.25 Überprüfung Korrelation zwischen P_5 sowie Einfluss- und Vergleichskennzahlen

24,8 Mio. EUR in 2017 angestiegen. Die Steigerung von 2009 zu 2008 betrug dabei bereits 13 %. Bei 41 Instituten stieg das absolute Volumen in 2017 gegenüber 2008 an, bei 19 Sparkassen ging die Vermittlungsleistung dagegen sogar zurück. Im Median betrug die Steigerung je Kundenkonto (P_6) im Betrachtungszeitraum 39 % und fällt beim 25 %-Quantil mit 45 % noch stärker aus (siehe Abbildung 5.26). Beim 75 %-Quantil ist die Steigerung dagegen mit 12 % deutlich geringer. Analog zum Lebensversicherungsgeschäft ist der Abweichungskoeffizient deutlich von 0,64 (2008) auf 0,53 (2017) gesunken, liegt allerdings über dem des Bauspargeschäfts (P_4) sowie deutlich über den Abweichungskoeffizienten von Kundenleinlagen (P_1) und Kundenkrediten (P_2). Im Kompositgeschäft zeigen sich einerseits gewisse Sättigungstendenzen bei denjenigen Instituten, die bereits eine hohe Vermittlungsleistung zu Beginn des Betrachtungszeitraums aufwiesen. Bei den Instituten, die zu Beginn des Betrachtungszeitraums eine vergleichsweise geringe Vermittlungsleistung im Kompositgeschäft zeigten, ist es gelungen, höhere Steigerungsquoten zu erzielen, weshalb die Unterschiede zurückgegangen sind.

Ein stabiler positiver Zusammenhang lässt sich zwischen dem Kompositgeschäft und der Ausstattung mit Sparkassenstellen (I_3) sowohl zu Beginn als auch zum Ende des Betrachtungszeitraums feststellen (siehe Abbildung 5.27). Zusätzlich zeigt sich auch beim Kompositgeschäft (P_6) ein positiver Zusammenhang zu den weiteren betrachteten Bereichen des Verbundpartnergeschäfts, namentlich dem Bausparen (P_4) und dem Lebensversicherungsgeschäft (P_5).

Schließlich gibt es einen durchgängig negativen Zusammenhang zur Einwohnerzahl (E_2) sowie zur Einwohnerdichte (E_3). Außerdem gibt es zu Beginn des Betrachtungszeitraums einen negativen Zusammenhang zur Wettbewerbsintensität (E_5). Dies könnte darauf hindeuten, dass insbesondere bei größeren und städtisch geprägten Sparkassen das Kompositgeschäft unterdurchschnittlich ausgeprägt ist.

Überprüfung Korrelation zwischen P_6 sowie Einfluss- und Vergleichskennzahlen

P_6 Korrel.ko.	2008	2009	2010	2017
E_1	-0,18	-0,22	-0,13	-0,13
E_2	***-0,41***	***-0,44***	***-0,41***	***-0,39***
E_3	***-0,34***	***-0,36***	***-0,36***	***-0,31***
E_4	-	-	***0,33***	0,25
E_5	***-0,47***	***-0,34***	***-0,31***	-0,22
I_1	***-0,49***	***-0,49***	***-0,39***	***-0,37***
I_2	0,19	0,21	0,12	0,16
I_3	***0,46***	***0,41***	***0,41***	***0,39***
I_4	***-0,37***	***-0,36***	***-0,38***	-0,09
P_1	-0,04	-0,08	-0,07	-0,04
P_2	0,29	***0,30***	0,16	0,07
P_3	***-0,36***	***-0,41***	***-0,33***	-0,14
P_4	***0,38***	0,22	***0,34***	***0,59***
P_5	***0,48***	***0,49***	***0,59***	***0,46***

Abbildung 5.26 Überprüfung Korrelation zwischen P_6 sowie Einfluss- und Vergleichskennzahlen

5.3 Beschäftigtenproduktivität

Das Leistungsvolumen je bankspezifisch Beschäftigten stellt eine wesentliche Kennzahl der Produktivität dar.[32] Dabei wird die Summe von Kundeneinlagen (P_1) und Kundenkrediten (P_2) durch die Anzahl der bankspezifisch Beschäftigten der Institute geteilt.

[32] Vgl. *Botsis* et al. (2015), 136.

Insgesamt hat sich die diesbezügliche Produktivität dabei innerhalb des Betrachtungszeitraums um fast 44 % erhöht. Während das Leistungsvolumen je bankspezifisch Beschäftigten im Jahr 2008 bei knapp 5,8 Mio. EUR lag, wurden im Jahr 2017 8,4 Mio. EUR erzielt. Im Median lag die Steigerung bei 42 %, wobei alle Institute ihre Produktivität im Betrachtungszeitraum erhöhen konnten. Die Steigerung lag im Minimum bei 22 %, im Maximum wurde die Produktivität dagegen sogar mehr als verdoppelt (+110 %). Der Abweichungskoeffizient hat sich daher im Zeitverlauf deutlich und fast kontinuierlich erhöht. Während der Wert im Jahr 2008 noch bei 0,12 lag, stieg dieser im Jahr 2017 auf 0,18 an.

Hinsichtlich der Betrachtung von linearen Zusammenhängen zeigt sich eine deutlich stärkere Abhängigkeit zum Volumen der Kundenkredite (P_2) im Vergleich zum Volumen der Kundeneinlagen (P_1), der in allen Jahren stark positiv ausfällt (siehe Abbildung 5.28).

Außerdem ist ein zeitweiser mittlerer positiver Zusammenhang zwischen dem korrigierten Betriebsergebnis vor Bewertung (O_2) und der Beschäftigtenproduktivität erkennbar, der zwischen 2012 und 2014 am stärksten ausgeprägt war (siehe Abschnitt 5.4.2).

Überprüfung Korrelation zwischen Beschäftigtenprod. sowie Einfluss- und Vergleichskennzahlen

Produkt. Korrel.ko.	2008	2009	2010	2011	2012	2013	2014	2015	2016	2017
E_1	0,10	0,07	0,08	0,15	0,21	0,20	0,17	0,17	0,16	0,13
E_2	0,17	0,09	0,12	0,16	0,23	0,24	0,23	0,21	0,16	0,14
E_3	0,00	-0,08	-0,06	-0,09	-0,11	-0,08	-0,06	-0,07	-0,11	-0,11
E_4	-	-	0,18	0,17	0,14	0,11	0,13	0,14	0,18	0,19
E_5	-0,08	0,00	0,01	-0,01	-0,05	-0,10	-0,02	0,05	0,05	0,00
I_1	-0,10	-0,04	-0,02	-0,10	-0,17	-0,17	-0,21	-0,12	-0,14	-0,10
I_2	***-0,32***	-0,18	-0,20	-0,27	***-0,34***	-0,30	-0,25	-0,28	-0,29	***-0,32***
I_3	***-0,33***	-0,22	-0,26	-0,19	-0,16	-0,14	-0,16	-0,23	-0,15	-0,15
I_4	0,17	0,11	0,14	0,05	-0,02	-0,05	0,03	0,07	0,02	0,00
P_1	0,21	0,23	0,28	***0,31***	0,28	***0,33***	***0,32***	***0,33***	0,27	***0,36***
P_2	***0,54***	***0,60***	***0,61***	***0,53***	***0,50***	***0,51***	***0,57***	***0,58***	***0,62***	***0,61***
P_3	-0,07	-0,05	-0,04	0,00	0,09	0,08	0,06	0,02	-0,01	-0,01
P_4	0,16	0,11	0,10	-	-	-	-	-	-	-0,09
P_5	0,14	0,04	-0,09	-	-	-	-	-	-	0,05
P_6	-0,03	-0,04	-0,08	-	-	-	-	-	-	-0,08
O_1	0,08	0,08	0,08	0,06	0,09	0,08	0,13	0,11	0,11	0,12
O_2	***0,31***	0,30	0,24	0,23	***0,40***	***0,43***	***0,43***	0,30	***0,31***	0,28
O_3	0,24	0,13	0,12	0,18	0,12	0,13	0,16	0,17	0,09	0,10
O_4	0,29	0,18	0,19	0,22	0,14	0,13	0,20	0,14	0,12	0,12
O_5	-	-	-	0,11	-	-0,01	-	0,02	-	-0,09
O_6	-	-	-	0,04	-	0,04	-	-0,01	-	-0,04
O_7	-	-	-	-0,11	-	-0,01	-	-0,01	-	0,05
O_8	-	-	-	0,07	-	0,02	-	0,05	-	0,00
O_9	-	-	-	0,12	-	-0,08	-	0,07	-	-0,16
O_{10}	-	-	-	0,25	-	-0,05	-	-0,07	-	-0,06
O_{11}	-	-	-	0,23	-	0,15	-	0,15	-	0,18

Abbildung 5.27 Korrelation zwischen Beschäftigtenproduktivität sowie Einfluss- und Vergleichskennzahlen

5.4 Outputs

Mit Blick auf das Geschäftsmodell der Sparkassen sollte die Betrachtung der Ergebnisse der Leistungserstellung der Sparkassen nicht ausschließlich wirtschaftliche Ergebniskennzahlen berücksichtigen (siehe Abschnitt 3.1.4).

Grundsätzlich lassen sich die erzielten *Outputs* der Sparkassen entlang der folgenden drei Dimensionen einordnen, die jedoch nicht überschneidungsfrei sind (siehe Abbildung 5.29):[33]

- Rentabilität,
- Sicherheit und
- Wachstum.

Die Rentabilität zielt dabei zunächst auf die wirtschaftlichen Ergebniskennzahlen ab und kann Auskunft darüber geben, ob ein Geschäftsmodell hinsichtlich seiner Wirtschaftlichkeit funktionsfähig ist. Ein positives Betriebsergebnis stellt die einzige Bezugsquelle für eine kontinuierliche Verbesserung der Ausstattung mit Eigenkapital der Institute dar.[34] Insbesondere über das Angebot von Bankdienstleistungen und den damit verbundenen Vertrieb von Produkten (z. B. die Kundenkredite) erzielen die Sparkassen Erträge. Dem gegenüber stehen der Personalaufwand (insbesondere für die bankspezifisch Beschäftigten) und der Sachaufwand (z. B. die Unterhaltung von Sparkassenstellen). Das dementsprechend ermittelte Betriebsergebnis kann als ein Indikator für die Bewertung des wirtschaftlichen Ergebnisses der Leistungserbringung der Sparkasse gesehen werden.

Die Sicherheit bildet eine weitere Dimension, die sich beispielsweise über die Eigenkapitalausstattung erfassen lässt. Eine auskömmliche Ausstattung mit Eigenkapital bietet die Sicherheit, auch in kritischen Marktphasen bestehen zu können. Gleichzeitig bietet eine hohe Marktausschöpfung die Sicherheit, auch künftig entsprechende Produkte und Dienstleistungen vertreiben zu können, da auf einen hinreichend großen Kundenstamm zurückgegriffen werden kann.

Schließlich handelt es sich bei der Dimension Wachstum um eine in die Zukunft gerichtete Betrachtung. Auch hierbei spielt die Marktausschöpfung –

---

[33]Vgl. *Renker* (2018), 13.

[34]Den Kommunen als Trägern der Sparkassen ist es – anders als bei Eigentümern – nicht gestattet, eigenes Kapital in die Sparkasse zu investieren (siehe Abschnitt 3.1.2).

die eine Auskunft über die Reichweite der Bank im Kundengeschäft bietet – eine wichtige Rolle. Gleichzeitig sind Expansionsmöglichkeiten auch von der Entwicklung des Gesamtmarktes abhängig (z. B. Unterschiede zwischen Wachstumsmärkten vs. Märkten in *shakeout*-Phase) (siehe Abschnitt 2.5.3). Außerdem sollen gemäß des öffentlichen Auftrags der Sparkassen Bankdienstleistungen und Finanzprodukte für breite Bevölkerungsschichten angeboten werden (siehe Abschnitt 3.1.4).

Hierbei stellt sich neben der Frage nach der Marktausschöpfung auch die Frage, wie zufrieden Kunden mit dem Angebot der Sparkasse sind. Daher soll auf bereitgestellte Kundenzufriedenheitsbefragungen zurückgegriffen werden, die themenspezifisch darüber Auskunft geben, wie das Angebot der Institute im Zeitverlauf durch Kunden bewertet wird. Hervorzuheben sind dabei mit Blick auf die Zieldimension Wachstum die Weiterempfehlungs- und Wiederwahlquoten, da diese eine Auskunft zur Intensität der Kundenbindung bieten.

Neben den Zieldimensionen sind außerdem Zielarten zu unterscheiden (siehe Abbildung 5.29). Hierbei lassen sich Auftragsziele und Sicherungsziele differenzieren, wobei sich die Auftragsziele aus den Sparkassengesetzen ableiten lassen.[35] Die Sicherungsziele sind dagegen vorrangig als wirtschaftliche Ziele zu verstehen, um den dauerhaften Fortbestand der Institute und die dauerhafte Erfüllung ihres normierten Auftrages zu ermöglichen.[36] Je nach Zielkategorie gestaltet sich die Operationalisierung und insbesondere Überprüfbarkeit der Zielerfüllung als schwierig.[37] Da die Sparkassen nicht das Ziel der Maximierung von Betriebsergebnissen verfolgen, die Institute jedoch positive Betriebsergebnisse benötigen, um den öffentlichen Auftrag dauerhaft erfüllen zu können, ist der Zielbildungsprozess der Sparkasse ein komplexer Vorgang.[38]

---

[35]Vgl. *Faber* (1996), 97 ff.

[36]Eine wesentliche Funktion beim Zielbildungsprozess – bei dem die drei aufgeführten Dimensionen (Rentabilität, Sicherheit und Wachstum) eine Rolle spielen – nimmt in der Organisationsstruktur der Sparkassen der jeweilige Verwaltungsrat ein, der die Richtlinien der Geschäftspolitik bestimmt (siehe Abschnitt 3.1.3), vgl. *Witt* (2006), 16.

[37]Beispielsweise hinsichtlich einer Konkretisierung, welche Entscheidungen mit dem öffentlichen Auftrag der Sparkassen gedeckt sind und welche nicht, vgl. *Witt* (2006), 16.

[38]Vgl. *Witt* (2006), 15.

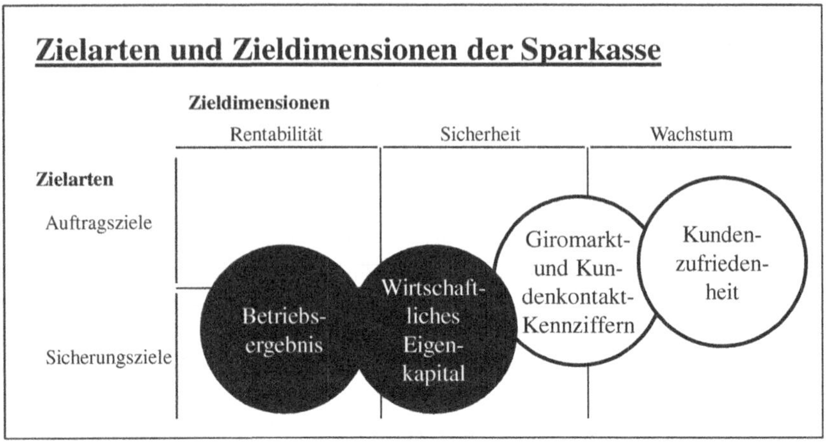

Abbildung 5.28 Zuordnung von Kennzahlen zu Zielarten und Zieldimensionen der Sparkasse

Zielkonflikte können entstehen, wenn beispielsweise die Ergreifung von Maßnahmen zur verbesserten Erfüllung von Auftragszielen, etwa Maßnahmen zur Erhöhung des Marktdurchdringung bzw. der Erhöhung der Kundenzufriedenheit dazu führen, dass den Sicherungszielen nicht mehr im erforderlichen Umfang nachgekommen werden kann, indem beispielsweise die Betriebsergebnisse erheblich absinken. Konzeptionell wird hinsichtlich der Zielbildung die Nutzung eines Nebenbedingungskonzepts empfohlen, um mit auftretenden Zielkonflikten umgehen zu können.[39] Die Sicherungsziele (insbesondere Betriebsergebnis und wirtschaftliches Eigenkapital) fungieren dabei als Mindestziele, weil nur dadurch die Voraussetzung geschaffen werden kann, den öffentlichen Auftrag der Sparkasse dauerhaft erfüllen zu können (siehe Abbildung 5.30).

Kann das Mindestmaß im Bereich der Sicherungsziele nicht erreicht werden, ist der dauerhafte Bestand der Sparkasse akut gefährdet (dunkler Bereich). Wird das Mindestmaß im Bereich der Sicherungsziele erfüllt, aber nicht die Zielsetzung im Bereich der Auftragsziele, ist die Existenz der Sparkasse zumindest in wirtschaftlicher Hinsicht nicht gefährdet (schraffierter Bereich). Dieser Zustand stellt allerdings potenziell einen Verstoß gegen den normierten öffentlichen

[39]Vgl. *Witt* (2006), 18.

Auftrag der Sparkassen dar (z. B. wenn nicht für breite Bevölkerungsschichten ein Angebot an Bankdienstleistungen zur Verfügung gestellt wird). Werden sowohl das Mindestmaß im Bereich der Sicherungsziele sowie die Zielsetzung bei den Auftragszielen erfüllt, sind sowohl der Fortbestand des Instituts sowie die Erfüllung des öffentlichen Auftrags sichergestellt (heller Bereich).

Aufgrund der angesprochenen problematischen Operationalisierbarkeit und möglicher zeitlich verzerrter Wirkungen einzelner Entscheidungen auf die Zielerreichung ist die praktische Verwirklichung dieser konzeptionellen Überlegungen kaum umzusetzen. Sie dienen für die nachfolgenden Ausführungen allerdings dem Zweck, sich vor einer einseitigen Fokussierung auf einzelne Zielkategorien in Acht zu nehmen: Weder eine einseitige Fokussierung auf die Sicherungsziele noch auf die Auftragsziele ist sinnvoll möglich.

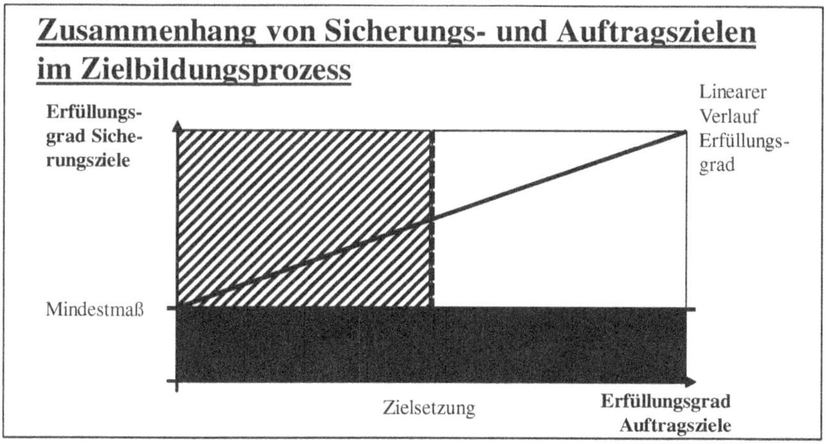

Abbildung 5.29 Zusammenhang von Sicherungs- und Auftragszielen im Zielbildungsprozess

Daher sollen unter Berücksichtigung von Zieldimensionen und Zielarten folgende *Outputs* des Leistungserstellungsprozesses der Institute für die Analyse des Betrachtungszeitraums genutzt werden:

- Wirtschaftliches Eigenkapital (siehe Abschnitt 5.4.1),
- Betriebsergebnis vor Bewertung (siehe Abschnitt 5.4.2),
- Giromarkt- und Kundenkontakt-Kennziffer (siehe Abschnitt 5.4.3) sowie
- Kundenzufriedenheitswerte (siehe Abschnitt 5.4.4).

Konkret sollen nachfolgende elf Kennzahlen Betrachtung finden (siehe Abbildung 5.31). Dabei erfolgt zum einen jeweils eine Betrachtung der absoluten sowie relativen Entwicklung bei den westfälisch-lippischen Instituten. Andererseits werden wieder mögliche Zusammenhänge über die lineare Korrelation zu Einflussfaktoren und den bisher betrachteten Kennzahlen zum Leistungserstellungsprozess untersucht.

Bestimmung der Outputfaktoren der Sparkassen

Symbol	Beschreibung	Berechnung
O_1	Wirtschaftliches Eigenkapital im Verhältnis zur DBS	(Volumen wirtschaftliches Eigenkapital)/(Volumen DBS)
O_2	Korrigiertes Betriebsergebnis vor Bewertung im Verhältnis zur DBS	((Volumen Betriebsergebnis vor Bewertung) - (Volumen wirtschaftliches Eigenkapital * Marktzins))/(Volumen DBS)
O_3	Giromarkt-Kennziffer	(Marktausschöpfung Girokonten)/(Anzahl Einwohner im Geschäftsgebiet)
O_4	Kundenkontakt-Kennziffer	(Marktausschöpfung gesamt)/(Anzahl Einwohner im Geschäftsgebiet)
O_5	Zufriedenheit Kunden allgemein	(Anzahl Bewertungen Top-2-Boxes)/(Alle Bewertungen)
O_6	Zufriedenheit Serviceleistungen allgemein	(Anzahl Bewertungen Top-2-Boxes)/(Alle Bewertungen)
O_7	Zufriedenheit Kundenberatung allgemein	(Anzahl Bewertungen Top-2-Boxes)/(Alle Bewertungen)
O_8	Zufriedenheit der Art der Informationsbereitgestellung	(Anzahl Bewertungen Top-2-Boxes)/(Alle Bewertungen)
O_9	Weiterempfehlungsbereitschaft	(Anzahl Bewertungen Top-2-Boxes)/(Alle Bewertungen)
O_{10}	Wiederwahlbereitschaft	(Anzahl Bewertungen Top-2-Boxes)/(Alle Bewertungen)
O_{11}	Bewertung Preis-Leistungs-Verhältnis	(Anzahl Bewertungen Top-2-Boxes)/(Alle Bewertungen)

Abbildung 5.30 Bestimmung der Outputfaktoren der Sparkassen

5.4.1 Wirtschaftliches Eigenkapital

Das wirtschaftliche Eigenkapital ist ein wesentlicher Parameter im Bereich der Sicherungsziele. Eine stabile Ausstattung mit Eigenkapital ist erforderlich, um auch kritische Marktphasen überstehen zu können. Die Ausstattung mit wirtschaftlichem Eigenkapital hat sich bei den Instituten in Westfalen-Lippe im Betrachtungszeitraum deutlich verbessert – alle Institute konnten hierbei ihre absoluten Werte erhöhen.

In Prozent der DBS lag das wirtschaftliche Eigenkapital in 2008 zwischen 6 % und 15 %, wobei im Median und im Mittel 9 % erreicht wurden (siehe Abbildung 5.31). Im Jahr 2017 lag die Bandbreite zwischen 8 % und 21 %, wobei es im Median einen Anteil von 11 % und im Mittel von 12 % gab. Bei Betrachtung des 25 %-Quantils ergibt sich im Betrachtungszeitraum eine Steigerung von ca. 25 %, im 75 %-Quantil sogar um etwa 30 %., d. h., die

Institute mit einer überdurchschnittlichen Eigenkapitalausstattung zu Beginn des Betrachtungszeitraums konnten sich noch stärker steigern. Der Abweichungskoeffizient hat sich trotzdem von 0,20 im Jahr 2008 auf 0,18 im Jahr 2017 reduziert. Seit 2009 kann dabei ein stetiges Absinken beobachtet werden. Insbesondere die regulatorischen und aufsichtsrechtlichen Anforderungen könnten die zunehmende Konvergenz der Institute hierbei befördert haben.

Analyse des wirtschaftlichen Eigenkapitals im Verhältnis zur DBS

O_1	2008	2009	2010	2011	2012	2013	2014	2015	2016	2017
Stand.ab.	0,02	0,02	0,02	0,02	0,02	0,02	0,02	0,02	0,02	0,02
Min.	0,06	0,05	0,06	0,06	0,06	0,07	0,07	0,08	0,08	0,08
Max.	0,15	0,15	0,15	0,15	0,15	0,16	0,17	0,18	0,19	0,21
25%Q.	0,08	0,07	0,08	0,08	0,08	0,09	0,09	0,10	0,10	0,10
75%Q.	0,10	0,10	0,10	0,11	0,11	0,11	0,12	0,12	0,12	0,13
Med.	0,09	0,09	0,09	0,09	0,09	0,10	0,10	0,11	0,11	0,11
Arith. Mitt.	0,09	0,09	0,09	0,09	0,10	0,10	0,11	0,11	0,11	0,12
Var.	0,00	0,00	0,00	0,00	0,00	0,00	0,00	0,00	0,00	0,00
Abw.ko.	0,20	0,22	0,21	0,21	0,20	0,20	0,19	0,18	0,18	0,18

Abbildung 5.31 Analyse des wirtschaftlichen Eigenkapitals im Verhältnis zur DBS

Interessanterweise zeigt sich ausschließlich bei der Einwohnerdichte (E_3) ein durchgängig mittlerer positiver Zusammenhang zur Eigenkapitalausstattung (O_1) – d. h., die Institute mit eher städtisch geprägten Geschäftsgebieten zeigen eine höhere Eigenkapitalausstattung (siehe Abbildung 5.32). Zusätzlich kann seit 2015 auch ein mittlerer negativer Zusammenhang zur Kaufkraft im Geschäftsgebiet (E_4) beobachtet werden.

Dagegen gibt es einen negativen Zusammenhang zur Ausstattung mit Sparkassenstellen (I_3). Möglicherweise werden durch die dauerhafte Generierung höherer Sachkosten die Betriebsergebnisse gedämpft, was in der Folge auch mit geringerer Eigenkapitalausstattung (O_1) einhergeht. Da es sich jedoch bei der Eigenkapitalausstattung (O_1) um eine Kennzahl mit hoher Stabilität handelt, ist ein solch direkter Zusammenhang jedoch eher unwahrscheinlich. Vermutlich schlägt hierbei der identifizierte Zusammenhang zwischen der Ausstattung mit Sparkassenstellen (I_3) und der Einwohnerdichte (I_5) durch, d. h., eher städtisch geprägte Institute zeigen eine geringere Ausstattung mit Sparkassenstellen und diese Institute besitzen eine stärkere Eigenkapitalausstattung (O_1)

Interessanterweise zeigt sich teilweise ein negativer Zusammenhang zwischen der Eigenkapitalausstattung (O_1) und dem Verbundpartnergeschäft (P_4 sowie P_5). Dies könnte darauf hindeuten, dass gerade Institute, die nicht auf eine überdurchschnittliche Eigenkapitalausstattung für die Zukunft bauen können (O_1), sich auf zusätzliche Ertragschancen durch eine Intensivierung des Verbundpartnergeschäfts fokussieren.

Überprüfung Korrelation zwischen O_1 sowie Einfluss- und Vergleichskennzahlen

O1 Korrel.ko.	2008	2009	2010	2011	2012	2013	2014	2015	2016	2017
E_1	-0,21	-0,14	-0,10	-0,10	-0,08	-0,11	-0,10	-0,07	-0,07	-0,10
E_2	0,14	0,19	0,24	0,26	0,26	0,23	0,23	0,25	0,24	0,20
E_3	***0,49***	***0,42***	***0,45***	***0,51***	***0,46***	***0,47***	***0,45***	***0,45***	***0,42***	***0,40***
E_4	-	-	-0,29	-0,30	-0,28	-0,29	-0,29	***-0,31***	***-0,37***	***-0,34***
E_5	-0,17	-0,14	-0,16	-0,11	-0,12	-0,01	-0,04	-0,10	-0,12	-0,22
I_1	0,07	0,13	0,11	0,14	0,14	0,14	0,11	0,16	0,19	0,22
I_2	-0,14	-0,27	-0,27	-0,28	-0,23	-0,15	-0,15	-0,20	-0,19	-0,20
I_3	***-0,38***	***-0,42***	***-0,46***	***-0,48***	***-0,41***	***-0,37***	***-0,38***	***-0,39***	-0,28	-0,30
I_4	***0,34***	***0,32***	***0,35***	***0,38***	0,28	0,18	0,17	0,12	0,07	0,06
P_1	0,07	-0,01	0,02	-0,02	-0,05	-0,04	-0,06	-0,06	-0,04	-0,05
P_2	-0,04	-0,09	-0,15	-0,15	-0,10	-0,09	-0,04	-0,08	-0,06	-0,01
P_3	0,11	0,06	0,19	0,13	0,10	0,15	0,12	0,15	0,17	0,08
P_4	***-0,34***	***-0,36***	-0,23	-	-	-	-	-	-	***-0,30***
P_5	-0,21	-0,22	***-0,48***	-	-	-	-	-	-	-0,11
P_6	-0,12	-0,06	-0,23	-	-	-	-	-	-	-0,12

Abbildung 5.32 Überprüfung Korrelation zwischen O_1 sowie Einfluss- und Vergleichskennzahlen

5.4.2 Betriebsergebnis vor Bewertung

Das Betriebsergebnis vor Bewertung nimmt als Ergebniskennzahl eine wichtige Rolle für die Sicherstellung des Geschäftsbetriebs sowie der langfristigen Stärkung der Eigenkapitalausstattung (O_1) der Institute ein. Zur Sicherstellung der Vergleichbarkeit erfolgt eine Korrektur des Betriebsergebnisses vor Bewertung um die dynamische Mindestverzinsung des Eigenkapitals der Institute. Die dynamische Mindestverzinsung des Eigenkapitals stellt dabei die absolute Untergrenze für die dauerhafte Existenzsicherung der Institute dar (siehe Abschnitt 4.1.1). Dabei wird das wirtschaftliche Eigenkapital jeweils mit dem Zinssatz der dynamischen Mindestverzinsung multipliziert und der ermittelte kalkulatorische Wert von den erzielten Betriebsergebnissen abgezogen. Dieses

Vorgehen ist erforderlich, um Verzerrungen auf die Betriebsergebnisse, die nicht im Zusammenhang mit dem Kundengeschäft stehen, zu isolieren.

Beim so ermittelten korrigierten BvB im Verhältnis zur DBS (O_2) zeigen sich deutliche Veränderungen und Verwerfungen in Folge der Finanzkrise. So gab es in 2008 – in Folge der Finanzkrise – eine Bandbreite von −0,20 % bis 0,70 % bei einem Median von 0,35 % und einem Mittel von 0,33 % bei den westfälisch-lippischen Instituten (siehe Abbildung 5.33). Werden zur Glättung der krisenbedingten Auswirkungen die ersten drei Jahre aggregiert betrachtet, zeigt sich im Mittel ein deutlich höheres korrigiertes BvB (O_2) von 0,53 %. Im Jahr 2017 lag die Bandbreite dagegen zwischen 0,17 bis 0,84. Im Median und im Mittel zeigt sich dabei ein Wert von 0,48. Gegenüber dem Jahr 2008 bedeutet dies eine Steigerung im Mittel um fast 45 %. Werden allerdings die ersten drei Jahre zu Beginn des Betrachtungszeitraums (2008 bis 2010) als Vergleichsmaßstab genutzt, ergibt sich beim Jahreswert 2017 sogar eine Reduktion von über 9 % im Mittel.

Sowohl im Median als auch im Mittel und bei der Betrachtung der Quantile gab es von 2008 bis 2010 eine starke Steigerung des korrigierten BvB (O_2). Seither sind die Betriebsergebnisse stark zurückgegangen, im Median von 0,69 (2010) auf 0,48 (2017), d. h. um über 30 %. Nur in 2013 und 2017 gab es gegenüber den Vorjahren leichte Steigerungen im Median sowie im Mittel. Der Abweichungskoeffizient ist dabei sehr deutlich von 0,53 in 2008 auf 0,30 in 2017 gesunken. Die Unterschiede sind allerdings im Vergleich zum wirtschaftlichen Eigenkapital (O_1) deutlich größer.

Analyse des korrigierten Betriebsergebnisses vor Bewertung im Verhältnis zur DBS

O_2	2008	2009	2010	2011	2012	2013	2014	2015	2016	2017
Stand.ab.	0,18	0,21	0,18	0,16	0,15	0,14	0,15	0,13	0,15	0,14
Min.	-0,20	0,07	0,13	0,25	0,20	0,25	0,22	0,22	0,10	0,17
Max.	0,70	1,40	1,03	0,96	0,91	0,87	0,87	0,86	0,73	0,84
25%Q.	0,22	0,46	0,57	0,54	0,43	0,48	0,39	0,40	0,33	0,37
75%Q.	0,44	0,71	0,81	0,73	0,66	0,64	0,61	0,58	0,55	0,57
Med.	0,35	0,59	0,69	0,64	0,56	0,57	0,53	0,49	0,46	0,48
Arith. Mitt.	0,33	0,59	0,67	0,62	0,55	0,56	0,52	0,49	0,45	0,48
Var.	0,03	0,04	0,03	0,02	0,02	0,02	0,02	0,02	0,02	0,02
Abw.ko.	0,53	0,36	0,27	0,26	0,28	0,25	0,29	0,27	0,33	0,30

Abbildung 5.33 Analyse des korrigierten Betriebsergebnisses vor Bewertung im Verhältnis zur DBS

Interessanterweise zeigt sich zum Ende des Betrachtungszeitraums ein positiver Zusammenhang zwischen den Betriebsergebnissen (O_2) und dem Verbundpartnergeschäft (siehe Abbildung 5.34). Dies ist ein weiteres Indiz, dass insbesondere Institute mit geringerer Eigenkapitalausstattung auf das Verbundpartnergeschäft setzen, um eine positive Wirkung auf die Betriebsergebnisse (O_2) zu erzielen. Ein positiver Zusammenhang zum Bestand der Kundenkredite (P_2) ist dagegen nur zu Beginn des Betrachtungszeitraums in den Jahren 2008 und 2009 erkennbar. Die positive Auswirkung vom Aktiv-Überschuss (P_3) zeigt sich ebenfalls nur zu Beginn (2008, 2009 sowie 2011). Dies deutet darauf hin, dass die Folgen der Zinspolitik sich immer deutlicher in den Betriebsergebnissen niederschlagen. Ein intensives Kreditgeschäft geht nicht mehr mit höheren Betriebsergebnissen (O_2) einher.

Überprüfung Korrelation zwischen O_2 sowie Einfluss- und Vergleichskennzahlen

O_2 Korrel.ko.	2008	2009	2010	2011	2012	2013	2014	2015	2016	2017
E_1	0,11	0,11	0,14	0,08	0,06	0,06	0,11	0,27	0,30	0,21
E_2	-0,01	-0,03	0,10	0,00	-0,01	0,03	0,19	0,24	0,23	0,13
E_3	-0,24	-0,26	-0,08	-0,07	-0,12	-0,06	-0,09	-0,11	-0,14	-0,24
E_4	-	-	0,03	0,13	0,23	0,13	0,08	0,05	0,11	0,22
E_5	-0,22	-0,23	-0,17	-0,23	-0,28	***-0,39***	-0,30	-0,19	-0,09	-0,12
I_1	-0,01	-0,02	-0,15	-0,09	-0,23	-0,22	-0,10	-0,11	-0,08	-0,10
I_2	0,03	0,04	-0,05	-0,01	-0,08	-0,14	-0,21	-0,19	***-0,36***	-0,24
I_3	-0,12	-0,02	-0,07	0,03	0,10	0,09	0,00	-0,07	-0,13	0,11
I_4	0,06	-0,02	0,04	-0,08	-0,19	-0,28	-0,24	-0,15	-0,07	-0,16
P_1	0,10	0,09	0,05	0,13	0,18	0,23	0,26	0,15	0,10	0,14
P_2	***0,47***	***0,32***	0,30	0,29	0,28	0,25	0,14	0,10	0,01	0,03
P_3	***-0,49***	-0,19	***-0,36***	***-0,34***	-0,10	-0,03	0,11	-0,08	0,00	0,01
P_4	***0,45***	0,15	0,29	-	-	-	-	-	-	***0,34***
P_5	***0,31***	0,22	0,03	-	-	-	-	-	-	***0,48***
P_6	0,29	0,16	0,23	-	-	-	-	-	-	***0,39***
O_1	0,04	0,01	0,17	0,17	0,09	0,04	-0,12	-0,11	-0,10	-0,22

Abbildung 5.34 Überprüfung Korrelation zwischen O_2 sowie Einfluss- und Vergleichskennzahlen

5.4.3 Giromarkt- und Kundenkontakt-Kennziffern

In den Bereich der Auftragsziele fällt die Anforderung, ein Bankangebot für breite Bevölkerungsschichten bereitzustellen (siehe Abschnitt 3.1.4). Giromarkt-Kennziffer sowie Kundenkontakt-Kennziffer im Geschäft mit privaten Kunden können Aufschluss darüber geben, in welchem Maß dies gelingt. Die Giromarkt-Kennziffer gibt dabei die Anzahl der Kunden mit Girokonto und Wohnsitz im Geschäftsgebiet im Verhältnis zu Einwohnern im Geschäftsgebiet an. Die Kundenkontakt-Kennziffer gibt dagegen die Anzahl von Kunden mit mind. einem Produkt im Verhältnis zu Einwohnern im Geschäftsgebiet an – dabei werden also neben dem Girokonto auch die anderen Produkte der Sparkasse mit berücksichtigt.

Die Anteilswerte für die Giromarkt-Kennziffer (O_3) lagen in 2008 zwischen 29 % und 66 %, wobei im Median und im Mittelwert etwas mehr als die Hälfte der Bevölkerung durch die Sparkassen in Westfalen-Lippe versorgt wurden (knapp 51 %) (siehe Abbildung 5.35). Zum Ende des Betrachtungszeitraums bewegte sich die Bandbreite dagegen zwischen 36 % und 71 % und lag im Median sowie im Mittelwert mit rund 54 % oberhalb der Ausgangswerte. Der Abweichungskoeffizient hat sich dabei im Zeitverlauf kaum geändert und lag sowohl 2008 als auch 2017 bei 0,14.

Analyse der Giromarkt-Kennziffer

O_3	2008	2009	2010	2011	2012	2013	2014	2015	2016	2017
Stand.ab.	7,08	7,20	7,13	7,15	7,25	7,24	7,23	7,29	7,17	7,34
Min.	29,27	29,67	30,28	30,88	31,91	33,35	34,52	35,39	35,65	36,04
Max.	65,95	66,44	66,75	66,99	67,57	68,25	69,35	69,89	70,11	71,30
25%Q.	46,14	46,41	46,42	46,76	47,31	47,67	49,14	49,91	49,71	49,59
75%Q.	54,80	55,80	55,47	56,03	56,75	57,12	58,63	59,26	58,91	58,71
Med.	50,78	51,16	51,54	52,03	52,84	53,26	54,26	54,84	54,00	53,53
Arith. Mitt.	50,53	51,22	51,32	51,90	52,62	52,97	54,03	54,54	54,06	54,11
Var.	50,18	51,90	50,78	51,11	52,51	52,45	52,32	53,11	51,41	53,81
Abw.ko.	0,14	0,14	0,14	0,14	0,14	0,14	0,13	0,13	0,13	0,14

Abbildung 5.35 Analyse der Giromarkt-Kennziffer

Erwartungsgemäß zeigt sich dabei zeitweise ein mittlerer negativer bzw. zeitweise sogar stärkerer negativer Zusammenhang zum Wettbewerbsdruck (E_5) (siehe Abbildung 5.36). Zusätzlich gibt es einen mittleren positiven Zusammenhang zum relativen Volumen der Kundeneinlagen (P_1), der im Zeitverlauf vergleichsweise stabil ist. Dagegen hat eine hohe Giromarkt-Kennziffer weder einen positiven Effekt im Bereich der Kundenkredite noch im Verbundpartnergeschäft. Bei Instituten mit hoher Giromarkt-Kennziffer (O_3) nutzen die erreichten Kundengruppen die Geschäftsbeziehung mit der Sparkasse überproportional für die Einlage von Geldern (P_1). Der Zusammenhang zur Verfolgung von *Cross-selling*-Ansätzen, z. B. im Verbundpartnergeschäft, kann bei einer hohen Marktdurchdringung nicht gesehen werden. Der zeitweise mittlere positive Zusammenhang zwischen der Höhe der Giromarkt-Kennziffer (O_3) und dem wirtschaftlichen Eigenkapital der Institute (O_1) ist seit 2011 rückläufig und lässt sich seit 2015 nicht mehr beobachten. Hinsichtlich der Betriebsergebnisse (O_2) ließ sich ein solcher Zusammenhang ohnehin nicht beobachten, d. h., eine hohe Marktdurchdringung zahlt sich hinsichtlich der Betriebsergebnisse für die Institute nicht zusätzlich aus.

Überprüfung Korrelation zwischen O_3 sowie Einfluss- und Vergleichskennzahlen

O_3 Korrel.ko.	2008	2009	2010	2011	2012	2013	2014	2015	2016	2017
E_1	-0,15	-0,14	-0,13	-0,12	-0,12	-0,12	-0,12	-0,12	-0,13	-0,11
E_2	0,00	-0,01	0,01	0,00	-0,01	-0,01	-0,01	-0,01	0,00	-0,01
E_3	0,09	0,08	0,09	0,07	0,05	0,05	0,06	0,05	0,07	0,04
E_4	-	-	-0,02	-0,02	0,01	0,08	0,08	0,06	0,02	0,04
E_5	***-0,46***	***-0,50***	***-0,51***	***-0,51***	***-0,52***	-0,27	-0,28	-0,27	-0,28	***-0,36***
I_1	-0,10	-0,10	-0,11	-0,15	-0,17	-0,11	-0,08	-0,05	-0,08	-0,12
I_2	0,13	0,17	0,15	0,12	0,12	0,10	0,07	0,07	0,06	0,03
I_3	-0,17	-0,19	-0,22	-0,21	-0,17	-0,14	-0,19	-0,18	-0,09	-0,02
I_4	***0,32***	***0,30***	***0,31***	***0,31***	0,27	0,18	0,19	0,20	0,16	0,09
P_1	***0,33***	***0,32***	***0,33***	***0,35***	***0,34***	***0,33***	***0,32***	***0,31***	0,29	***0,30***
P_2	0,26	0,22	0,21	0,24	0,23	0,18	0,18	0,16	0,10	0,09
P_3	-0,03	-0,05	-0,04	-0,06	-0,09	0,00	0,00	0,00	0,06	0,05
P_4	0,04	0,02	0,07	-	-	-	-	-	-	-0,04
P_5	0,11	0,04	-0,13	-	-	-	-	-	-	0,14
P_6	0,24	0,08	-0,01	-	-	-	-	-	-	0,20
O_1	***0,31***	0,29	***0,36***	***0,38***	***0,35***	***0,34***	***0,30***	0,27	0,27	0,24
O_2	0,27	0,20	0,20	0,27	0,08	0,16	0,25	0,22	0,17	0,12

Abbildung 5.36 Überprüfung Korrelation zwischen O_3 sowie Einfluss- und Vergleichskennzahlen

Die Kundenkontakt-Kennziffer steht als weitere Kennzahl für die Betrachtung der prozentualen Marktausschöpfung im Verhältnis zu den Einwohnern im Geschäftsgebiet zur Verfügung. Die Kennzahlen schwankten bei den Instituten in 2008 dabei zwischen 49 % und 104 %, d. h., im Maximum nutzten mehr Kunden mind. ein Produkt als es Einwohner im Geschäftsgebiet gibt (siehe Abbildung 5.37).[40] Der Median und der Mittelwert lagen 2008 bei knapp 80 %.

[40]Da die Sparkasse auch Kunden mit Wohnsitz außerhalb ihres Geschäftsgebiets haben kann, ist ein rechnerischer Wert über 100 % möglich. Zu den durch das Regionalitätsprinzips gesetzten Rahmenbedingungen siehe Abschnitt 3.3.1.

In 2017 bewegten sich die Werte in einer Bandbreite von 49 % und 97 %, wobei Median und Mittelwert mit 73 % klar unter der Reichweite von 2008 lagen. Im 25 %-Quantil sank die Kundenkontakt-Kennziffer in zehn Jahren um etwa 10 % und im 75 %-Quantil lag die Reduktion bei etwa 6 %. Der Abweichungskoeffizient gestaltete sich im gesamten Zeitverlauf stabil, in 2008 und 2017 lag der Wert bei 0,13.

Analyse der Kundenkontakt-Kennziffer

O_4	2008	2009	2010	2011	2012	2013	2014	2015	2016	2017
Stand.ab.	10,49	10,45	10,58	10,31	10,18	10,28	10,44	10,44	9,70	9,75
Min.	49,31	49,60	50,04	50,45	50,89	51,52	52,30	52,30	48,41	48,66
Max.	103,55	98,41	99,13	99,88	100,99	101,44	103,18	103,18	97,15	96,91
25%Q.	75,01	74,45	71,64	70,98	70,67	69,97	70,54	70,54	68,34	67,24
75%Q.	85,82	86,05	86,08	85,44	82,37	82,43	82,47	82,47	81,20	80,87
Med.	79,77	79,98	77,48	77,79	77,88	75,88	76,26	76,26	73,64	72,77
Arith. Mitt.	79,97	79,72	78,67	77,78	77,05	76,26	76,65	76,65	74,16	73,26
Var.	110,01	109,14	111,89	106,34	103,62	105,68	109,00	109,00	94,12	95,10
Abw.ko.	0,13	0,13	0,13	0,13	0,13	0,13	0,14	0,14	0,13	0,13

Abbildung 5.37 Analyse der Kundenkontakt-Kennziffer

Erwartungsgemäß zeigt sich ein starker positiver Zusammenhang zur Giromarkt-Kennziffer (O_3) im gesamten Betrachtungszeitraum (siehe Abbildung 5.38). Aus diesem Grund fällt auch bei der Kundenkontakt-Kennziffer (O_4) ein mittlerer negativer Zusammenhang zum Wettbewerbsdruck auf, der von 2008 bis 2012 sowie in 2017 erkennbar ist.

Während bei der Giromarkt-Kennziffer (O_3) hinsichtlich der erstellten Leistungen nur ein zeitweiser Zusammenhang zu den Kundeneinlagen (P_1) identifiziert werden konnte, gibt es bei der Kundenkontakt-Kennziffer (O_4) in 2008 und 2012 einen mittleren positiven Zusammenhang zum relativen Volumen der Kundenkredite sowie in 2008 einen mittleren positiven Zusammenhang zum Volumen des Kompositgeschäfts. Dies ist plausibel, da anders als bei der Giromarkt-Kennziffer (O_3) bei der Kundenkontakt-Kennziffer (O_4) auch die weitere Produktnutzung berücksichtigt wird. Zum Ende des Betrachtungszeitraums sind entsprechende lineare Zusammenhänge nicht mehr erkennbar.

Dies gilt auch für den zeitweise erkennbaren Zusammenhang zur Eigenkapitalausstattung (O_1). Diese Korrelation ist dennoch interessant, zeigt sie doch, dass sich stabile Kundenverbindungen langfristig auf die ebenfalls nur langsam veränderbare Eigenkapitalausstattung (O_1) auswirken können – allerdings ist dieser Zusammenhang seit 2013 nicht mehr erkennbar. Und auch hinsichtlich der Kundenkontakt-Kennziffer (O_4) zeigt sich kein Zusammenhang zu den Betriebsergebnissen (O_2)

Überprüfung Korrelation zwischen O_4 sowie Einfluss- und Vergleichskennzahlen

O_4 Korrel.ko.	2008	2009	2010	2011	2012	2013	2014	2015	2016	2017
E_1	-0,24	-0,24	-0,23	-0,22	-0,20	-0,19	-0,22	-0,22	-0,24	-0,22
E_2	-0,06	-0,04	-0,01	-0,03	0,00	0,03	0,03	0,03	-0,10	-0,08
E_3	0,10	0,12	0,14	0,13	0,14	0,15	0,20	0,20	0,12	0,11
E_4	-	-	0,05	0,05	0,02	0,07	0,06	0,03	0,07	0,05
E_5	***-0,49***	***-0,50***	***-0,48***	***-0,47***	***-0,47***	-0,18	-0,19	-0,19	-0,29	***-0,34***
I_1	-0,21	-0,17	-0,20	-0,26	-0,27	-0,21	-0,14	-0,09	-0,13	-0,16
I_2	0,15	0,18	0,14	0,14	0,17	0,12	0,07	0,10	0,12	0,10
I_3	-0,17	-0,24	-0,25	-0,23	-0,16	-0,15	-0,22	-0,21	-0,07	0,00
I_4	***0,32***	***0,38***	***0,38***	***0,38***	***0,31***	0,25	0,27	0,28	0,18	0,13
P_1	0,23	0,22	0,25	0,29	0,28	0,26	0,28	0,25	0,28	0,29
P_2	***0,33***	0,25	0,24	0,28	***0,30***	0,21	0,22	0,21	0,20	0,20
P_3	-0,04	0,01	0,02	-0,02	-0,13	-0,04	-0,02	-0,06	-0,05	-0,06
P_4	-0,04	-0,04	0,02	-	-	-	-	-	-	0,06
P_5	0,20	0,00	-0,12	-	-	-	-	-	-	0,20
P_6	***0,36***	0,18	0,06	-	-	-	-	-	-	0,25
O_1	***0,34***	0,28	***0,32***	***0,36***	***0,33***	0,29	0,23	0,19	0,22	0,25
O_2	0,28	0,25	0,27	0,25	0,15	0,23	***0,33***	0,27	0,23	0,20
O_3	***0,84***	***0,85***	***0,84***	***0,83***	***0,83***	***0,84***	***0,83***	***0,83***	***0,88***	***0,89***

Abbildung 5.38 Überprüfung Korrelation zwischen O_4 sowie Einfluss- und Vergleichskennzahlen

5.4.4 Kundenzufriedenheit

Die Kundenzufriedenheitswerte können Aufschluss darüber geben, wie gut die Institute ihre Auftragsziele aus Kundensicht erfüllen. Hierbei sind insbesondere die Weiterempfehlungsquote sowie die Wiederwahlquote zu nennen, da diese Kennzahlen Auskunft über die Intensität der Kundenbindung geben. Die folgenden, alle zwei Jahre erhobenen Kundenzufriedenheitswerte privater Kunden werden bei der nachfolgenden Analyse berücksichtigt:[41]

[41] Für die Messung der Kundenzufriedenheit der Sparkassen werden die Kunden mit Hausbank- bzw. Hauptbankverbindung berücksichtigt. Kunden, bei denen die Sparkasse lediglich die Nebenbankverbindung ist, bleiben in der Befragung unberücksichtigt.

- Gesamtzufriedenheit (O_5)[42],
- Zufriedenheit mit Serviceleistungen (O_6)[43],
- Zufriedenheit mit Kundenberatung (O_7)[44],
- Zufriedenheit mit der Art und Weise, wie man informiert wird (O_8)[45],
- Weiterempfehlungsquote (O_9)[46],
- Wiederwahlquote (O_{10})[47] sowie
- Bewertung des generellen Preis-Leistungs-Verhältnisses im Vergleich zu anderen Kreditinstituten (O_{11}).[48]

[42]Fragestellung: „Wenn Sie einmal alles zusammenfassen: Wie zufrieden sind Sie insgesamt mit Ihrer Hausbank?". Bewertung von 1 (ausgezeichnet) bis 5 (schlecht) sowie keine Angaben. In O_5 Berücksichtigung des Anteils der Top-2-Boxes. Gesamtteilnehmer: n = 8.965 (2011), n = 10.937 (2013), n = 11.297 (2015), n = 9.653 (2017).

[43]Fragestellung: „Darf ich vielleicht noch etwas genauer fragen, wie Sie die Zusammenarbeit mit Ihrer Hausbank bewerten? Serviceleistungen allgemein". Bewertung von 1 (ausgezeichnet) bis 5 (schlecht) sowie keine Angaben. In O_6 Berücksichtigung des Anteils der *Top-2-Boxes*.

[44]Fragestellung: „Darf ich vielleicht noch etwas genauer fragen, wie Sie die Zusammenarbeit mit Ihrer Hausbank bewerten? Kundenberatung allgemein". Bewertung von 1 (ausgezeichnet) bis 5 (schlecht) sowie keine Angaben. In O_7 Berücksichtigung des Anteils der *Top-2-Boxes*.

[45]Fragestellung: „Darf ich vielleicht noch etwas genauer fragen, wie Sie die Zusammenarbeit mit Ihrer Hausbank bewerten? Art und Weise, wie man Sie informiert". Bewertung von 1 (ausgezeichnet) bis 5 (schlecht) sowie keine Angaben. In O_8 Berücksichtigung des Anteils der *Top-2-Boxes*.

[46]Fragestellung: „Würden Sie Ihre derzeitige Hausbank guten Freunden empfehlen? Würden Sie sagen ...". Antwortmöglichkeiten: „Ja, auf jeden Fall", „Ja, wahrscheinlich", „Vielleicht", „Wahrscheinlich nicht", „Bestimmt nicht" sowie „Keine Angaben". In O_9 Berücksichtigung des Anteils mit Antworten „Ja, auf jeden Fall" sowie „Ja, wahrscheinlich".

[47]Fragestellung: „Wenn Sie sich heute noch einmal entscheiden müssten: Würden Sie Ihre derzeitige Hausbank wieder als Geldinstitut wählen? Würden Sie sagen ...". Antwortmöglichkeiten: „Ja, auf jeden Fall", „Ja, wahrscheinlich", „Vielleicht", „Wahrscheinlich nicht", „Bestimmt nicht" sowie „Keine Angaben". In O_{10} Berücksichtigung des Anteils mit Antworten „Ja, auf jeden Fall" sowie „Ja, wahrscheinlich".

[48]Fragestellung: „Darf ich vielleicht noch etwas genauer fragen, wie Sie die Zusammenarbeit mit Ihrer Hausbank bewerten? das generelle Preis-Leistungs-Verhältnis im Vergleich zu anderen Kreditinstituten". Bewertung von 1 (ausgezeichnet) bis 5 (schlecht) sowie keine Angaben. In O_{11} Berücksichtigung des Anteils der *Top-2 Boxes*.

Die Befragungsergebnisse für den Bereich der privaten Kunden liegen für die Jahre 2011, 2013, 2015 sowie 2017 vor. Für die Auswertung werden dabei die *Top-2-Boxes* der Befragungsergebnisse genutzt, um den Anteil zustimmender Bewertung aufzuzeigen.

Die Gesamtzufriedenheit (O_5) ist im Median und bei Betrachtung des Mittelwertes in 2017 im Vergleich zu 2011 gesunken (von 61 % auf 55 %), allerdings seit 2015 stabil (siehe Abbildung 5.39). Die Reduktion fällt dabei bei Betrachtung des 25 %-Quantils sowie des 75 %-Quantils vergleichsweise ähnlich aus (−9 bzw. −10 %). Der Abweichungskoeffizient zeigt sich in 2017 gegenüber 2011 stabil (0,10).

Analyse der Gesamtzufriedenheit

O_5	2011	2013	2015	2017
Stand.ab.	0,06	0,07	0,06	0,06
Min.	0,41	0,44	0,43	0,41
Max.	0,71	0,75	0,69	0,67
25%Q.	0,56	0,59	0,50	0,51
75%Q.	0,66	0,68	0,59	0,59
Med.	0,61	0,63	0,55	0,55
Arith. Mitt.	0,61	0,63	0,55	0,55
Var.	0,00	0,00	0,00	0,00
Abw.ko.	0,10	0,11	0,10	0,10

Abbildung 5.39 Analyse der Gesamtzufriedenheit

Auch die Zufriedenheit mit Serviceleistungen (O_6) ist bei Betrachtung der *Top-2-Boxes* im Median und im Mittel leicht zurückgegangen (im Median von 61 % in 2011 auf 57 % in 2017) (siehe Abbildung 5.40). Die Bandbreite der Ergebnisse lag in 2017 zwischen 44 % und 72 %, während es im Jahr 2011 noch Zustimmungswerte zwischen 41 % und 76 % gab. Der Korrelationskoeffizient zeigt sich ebenfalls in 2017 gegenüber 2011 als stabil bei 0,11 und liegt dabei etwa auf dem Niveau der Gesamtzufriedenheit (O_5).

Analyse der Zufriedenheit mit Serviceleistungen

O_6	2011	2013	2015	2017
Stand.ab.	0,06	0,07	0,05	0,06
Min.	0,41	0,46	0,45	0,44
Max.	0,76	0,74	0,71	0,72
25%Q.	0,56	0,56	0,54	0,53
75%Q.	0,65	0,66	0,61	0,61
Med.	0,61	0,61	0,58	0,57
Arith. Mitt.	0,60	0,60	0,58	0,57
Var.	0,00	0,00	0,00	0,00
Abw.ko.	0,11	0,12	0,08	0,11

Abbildung 5.40 Analyse der Zufriedenheit mit Serviceleistungen

Die Zufriedenheit mit der Kundenberatung (O_7) ist im Median und im Mittel seit 2011 leicht gestiegen von 65 % auf 67 % in 2017 (siehe Abbildung 5.41). Im 25 %-Quantil gab es dabei eine deutliche Steigerung um knapp 7 %, während im 75 %-Quantil in 2017 wie im Jahr 2011 auch ein stabiler Wert von 70 % erreicht wurde. Der Abweichungskoeffizient hat sich im Jahr 2015 gegenüber den Befragungen zuvor deutlich reduziert (von 0,11 auf 0,06) und ist im Jahr 2017 wieder gestiegen (0,08), liegt damit aber noch immer deutlich unterhalb der Befragungen 2011 und 2013.

Die Zufriedenheit mit der Kundenberatung (O_7) entwickelt sich damit gegen den Trend positiv und liegt sowohl zu Beginn als auch zum Ende des Betrachtungszeitraums über den erzielten Zustimmungswerten der Gesamtzufriedenheit (O_5) als auch der Zufriedenheit mit Serviceleistungen (O_6). Eine Erklärung für die Zunahme der Zufriedenheit mit der Kundenberatung (O_7) sowie die Reduktion des Abweichungskoeffizienten könnte die Weiterentwicklung und Standardisierung von Beratungsinstrumenten und -prozessen bieten. Dafür spricht auch, dass gerade die Institute mit geringeren Zustimmungswerten in der Ausgangslage diese im Betrachtungszeitraum deutlich erhöhen konnten.

Analyse der Zufriedenheit mit Kundenberatung

O7	2011	2013	2015	2017
Stand.ab.	0,07	0,08	0,04	0,05
Min.	0,47	0,45	0,59	0,54
Max.	0,77	0,82	0,77	0,78
25%Q.	0,60	0,61	0,63	0,64
75%Q.	0,70	0,72	0,68	0,70
Med.	0,65	0,66	0,66	0,67
Arith. Mitt.	0,65	0,67	0,66	0,67
Var.	0,00	0,01	0,00	0,00
Abw.ko.	0,11	0,11	0,06	0,08

Abbildung 5.41 Analyse der Zufriedenheit mit Kundenberatung

Auch bei der Abfrage der Zufriedenheit mit der Art und Weise, wie man informiert wird, zeigt sich im Median eine geringfügige Steigerung der Befragungsergebnisse (siehe Abbildung 5.42). Die Zustimmung ist von 58 % in 2011 auf 59 % zum Ende des Betrachtungszeitraums angestiegen. Auch hier liegt die leichte Erhöhung bei den Instituten im 25 %-Quantil begründet (+2 %), während die Ergebnisse im 75 %-Quantil trotz Schwankungen in 2013 und 2015 im Jahr 2017 wieder auf dem Niveau von 2011 liegen. Analog zur Zufriedenheit mit der Kundenberatung (O_7) zeigt sich eine Reduktion des Abweichungskoeffizienten in 2015 gegenüber den Vorerhebungen und auch in 2017 liegt der Wert (0,09) noch unterhalb der Abweichungen in 2011 (0,11).

Die Weiterempfehlungsquote (O_9) hat sich im Median und im Mittel von 78 % in 2011 auf 75 % in 2017 leicht reduziert (siehe Abbildung 5.43). Dabei zeigt sich die Reduktion sowohl bei Betrachtung des 25 %-Quantils (−4 %) als auch des 75 %-Quantils (−6 %). Der Abweichungskoeffizient verhält sich im Zeitverlauf stabil und liegt wie 2011 auch im Jahr 2017 bei 0,07. Der trotzdem durchgängig sehr hohe Wert ist ein guter Indikator dafür, dass die Leistungserbringung der Sparkassen in Westfalen-Lippe auf eine hohe Zustimmung durch Kunden stößt.

Analyse der Zufriedenheit mit der Art und Weise, wie man informiert wird

O_8	2011	2013	2015	2017
Stand.ab.	0,06	0,08	0,04	0,05
Min.	0,35	0,38	0,48	0,46
Max.	0,69	0,71	0,65	0,71
25%Q.	0,54	0,53	0,55	0,55
75%Q.	0,62	0,65	0,60	0,62
Med.	0,58	0,58	0,57	0,59
Arith. Mitt.	0,58	0,58	0,57	0,59
Var.	0,00	0,01	0,00	0,00
Abw.ko.	0,11	0,13	0,07	0,09

Abbildung 5.42 Analyse der Zufriedenheit mit der Art und Weise, wie man informiert wird

Analyse der Weiterempfehlungsquote

O_9	2011	2013	2015	2017
Stand.ab.	0,06	0,05	0,05	0,06
Min.	0,63	0,64	0,67	0,64
Max.	0,88	0,88	0,85	0,95
25%Q.	0,74	0,75	0,72	0,71
75%Q.	0,83	0,83	0,79	0,78
Med.	0,78	0,79	0,76	0,75
Arith. Mitt.	0,78	0,79	0,76	0,75
Var.	0,00	0,00	0,00	0,00
Abw.ko.	0,07	0,06	0,06	0,07

Abbildung 5.43 Analyse der Weiterempfehlungsquote

Dafür spricht auch die Stabilität bei der Wiederwahlquote (O_{10}), die gegenüber 2011 (84 %) sowohl im Mittel als auch im Median nahezu stabil bei sehr hohen 84 % Zustimmung zum Ende des Betrachtungszeitraums verbleibt (siehe Abbildung 5.44). Sowohl im 25 %-Quantil als auch im 75 %-Quantil zeigt sich eine hohe Stabilität mit kaum geänderten Ergebnissen. Auch der sehr niedrige Abweichungskoeffizient ist mit 0,05 im Zeitverlauf stabil. Auffällig ist hierbei, dass der im Minimum erzielte Zustimmungswert, der im Jahr 2011 bei 69 % zum Ende des Betrachtungszeitraums lag, noch einmal auf 74 % gesteigert werden konnte. Die Wiederwahlquote (O_{10}) liegt damit teils deutlich über den weiteren gemessenen Zustimmungswerten.

Analyse der Wiederwahlquote

O_{10}	2011	2013	2015	2017
Stand.ab.	0,04	0,04	0,04	0,04
Min.	0,69	0,64	0,73	0,74
Max.	0,94	0,92	0,91	1,00
25%Q.	0,81	0,82	0,81	0,81
75%Q.	0,86	0,87	0,86	0,87
Med.	0,84	0,85	0,83	0,85
Arith. Mitt.	0,84	0,84	0,83	0,84
Var.	0,00	0,00	0,00	0,00
Abw.ko.	0,05	0,05	0,04	0,05

Abbildung 5.44 Analyse der Wiederwahlquote

Schließlich ist der Anteil der Befragten, die das Preis-Leistungs-Verhältnis (O_{11}) als ausgezeichnet oder sehr gut bewerten (*Top-2-Boxes*), im Median von 38 % in 2011 auf 34 % bzw. 35 % beim Mittelwert in 2017 zurückgegangen (siehe Abbildung 5.45). Hierbei fällt der Rückgang im 25 %-Quantil mit 9 % etwas stärker aus als im 75 %-Quantil (7 %). Der hierbei höhere Abweichungskoeffizient ist in 2017 gegenüber 2011 leicht gestiegen von 0,18 auf 0,19, nachdem dieser im Jahr 2015 gesunken war (0,16). Dieser Rückgang kann mit einer zunehmenden Bepreisung von Girokonten und im Zahlungsverkehr erklärt werden, der zur Kompensation des sich reduzierenden Zinskonditionenbeitrages zunehmend erforderlich wird. Die Bewertung des Preis-Leistungs-Verhältnisses (O_{11}) stellt außerdem den mit Abstand geringsten Wert dar, der im Rahmen der Zufriedenheitsbefragungen gemessen werden konnte. Selbst im Maximum werden hierbei geringere Zustimmungswerte erzielt, als sich bei Weiterempfehlungsquote (O_9) oder Wiederwahlquote (O_{10}) im

Minimum zeigen. Dies spricht allerdings dafür, dass die geringe Bewertung des Preis-Leistungs-Verhältnisses (O_{11}) bisher nicht mit zurückgehenden Werten hinsichtlich Weiterempfehlungsquote (O_9) oder Wiederwahlquote (O_{10}) einhergeht. Für die Zukunft liegt hier allerdings durchaus eine Gefahr, da die Spielräume für weitere Preisanpassungen begrenzt sind.

Analyse der Bewertung des Preis-Leistungs-Verhältnisses

O_{11}	2011	2013	2015	2017
Stand.ab.	0,07	0,07	0,05	0,07
Min.	0,23	0,23	0,24	0,24
Max.	0,61	0,68	0,53	0,59
25%Q.	0,34	0,34	0,31	0,31
75%Q.	0,42	0,42	0,36	0,39
Med.	0,38	0,38	0,33	0,34
Arith. Mitt.	0,38	0,39	0,34	0,35
Var.	0,00	0,01	0,00	0,00
Abw.ko.	0,18	0,19	0,16	0,19

Abbildung 5.45 Analyse der Bewertung des Preis-Leistungs-Verhältnisses

Erwartungsgemäß zeigt sich ein mittlerer bzw. starker positiver Zusammenhang der Gesamtzufriedenheit (O_5) mit allen weiteren Befragungsergebnissen sowohl in 2011 (siehe Abbildung 5.46) als auch zum Ende des Betrachtungszeitraums im Jahr 2017 (siehe Abbildung 5.47).

Einen starken Zusammenhang gibt es außerdem sowohl 2011 als auch 2017 zwischen der Zufriedenheit mit den Serviceleistungen (O_6) und der Zufriedenheit mit der Kundenberatung (O_7), wobei dieser leicht rückläufig ist.

Mit Ausnahme der Wiederwahlquote (O_{10}), zeigt sich in 2011 durchgängig ein mittlerer positiver Zusammenhang bei den Befragungsergebnissen zur Bewertung des Preis-Leistungs-Verhältnisses (O_{11}). Diese Zusammenhänge zeigen sich weitgehend auch zum Ende des Betrachtungszeitraums in 2017, diesmal sogar für die Wiederwahlquote (O_{10}). Für die Zukunft besteht also durchaus die Gefahr, dass bei einer weiteren Reduktion der Zustimmungswerte zum Preis-Leistungs-Verhältnis (O_{11}) auch mit negativen Auswirkungen im Bereich der weiteren Zufriedenheitswerte zu rechnen ist.

Anders als 2011 lässt sich in 2017 auch ein mittlerer oder sogar starker positiver Zusammenhang zwischen der Weiterempfehlungsquote (O_9) und der Wiederwahlquote (O_{10}) und der Zufriedenheit mit dem Serviceangebot (O_6), mit der Kundenberatung (O_7) sowie mit der Art und Weise, wie man informiert wird (O_8), erkennen.

Überprüfung Korrelation zwischen Parametern der Kundenzufriedenheitsbefragung 2011

Korrel.ko. 2011	O_5	O_6	O_7	O_8	O_9	O_{10}	O_{11}
O_5	-						
O_6	*0,71*	-					
O_7	*0,65*	*0,78*	-				
O_8	*0,68*	*0,76*	*0,76*	-			
O_9	*0,51*	0,17	0,18	0,20	-		
O_{10}	*0,43*	0,10	0,05	0,06	*0,73*	-	
O_{11}	*0,45*	*0,40*	*0,37*	*0,41*	*0,32*	0,20	-

Abbildung 5.46 Überprüfung Korrelation zwischen Parametern der Kundenzufriedenheitsbefragung 2011

Überprüfung Korrelation zwischen Parametern der Kundenzufriedenheitsbefragung 2017

Korrel.ko. 2017	O_5	O_6	O_7	O_8	O_9	O_{10}	O_{11}
O_5	-						
O_6	*0,73*	-					
O_7	*0,67*	*0,68*	-				
O_8	*0,65*	*0,66*	*0,77*	-			
O_9	*0,57*	*0,60*	*0,55*	*0,52*	-		
O_{10}	*0,39*	*0,39*	*0,44*	*0,37*	*0,72*	-	
O_{11}	*0,44*	*0,45*	*0,34*	0,25	*0,41*	*0,33*	-

Abbildung 5.47 Überprüfung Korrelation zwischen Parametern der Kundenzufriedenheitsbefragung 2017

Zwischen der Ausstattung mit Sparkassenstellen (I_3) und einer Zufriedenheit mit Service (O_6), der Zufriedenheit mit Beratung (O_7) sowie Weiterempfehlungsrate (O_9) zeigt sich teilweise ein mittlerer positiver Zusammenhang (siehe Abbildung 5.48 sowie Abbildung 5.49). Interessanterweise zeigt sich außerdem zum Ende des Betrachtungszeitraums ein negativer Zusammenhang zur Anzahl von Beschäftigtenintensität je Sparkassenstelle (I_4) und der Zufriedenheit mit Service (O_6), mit Beratung (O_7) sowie mit der Art und Weise, wie man informiert wird (O_8). Beide Zusammenhänge zeigen, dass in der Kundenwahrnehmung die Ausstattung mit Sparkassenstellen (I_3) eine wichtige Rolle einnimmt. Scheinbar spielt jedoch nicht nur die Ausstattung mit Sparkassenstellen (I3) eine Rolle, sondern auch die Organisationsstruktur: Institute, die durchschnittlich auf größere Einheiten – mit einer höheren Beschäftigtenintensität je Standort – setzen, erzielen geringere Zustimmungswerte, da sie ggf. aus Kundensicht als unpersönlicher wahrgenommen werden. Dies ist plausibel, da die Ausstattung mit Sparkassenstellen (I_3) auch wahrnehmbar ist, wenn man diese nicht aktiv oder nur selten nutzt. Gleichzeitig gibt es keinen Zusammenhang zwischen den Zufriedenheitswerten und der Beschäftigtenintensität (I_2).

Ab 2013 lässt sich schließlich ein positiver Zusammenhang zwischen dem Volumen der Kundenkredite (P_2) und der Bewertung des Preis-Leistungs-Verhältnisses (O_{11}) feststellen. Es ist plausibel, dass sich mehr Kunden für eine Finanzierung der Sparkasse entscheiden, wenn sie das Preis-Leistungs-Verhältnis

Überprüfung Korrelation zwischen O_5 – O_8 sowie Einfluss- und Vergleichskennzahlen

Befragung	O_5				O_6				O_7				O_8			
Korrel.ko.	2011	2013	2015	2017	2011	2013	2015	2017	2011	2013	2015	2017	2011	2013	2015	2017
E_1	0,11	0,03	0,07	-0,03	0,10	-0,01	-0,02	-0,07	-0,05	0,03	0,15	0,01	0,05	0,00	0,10	0,03
E_2	0,01	-0,22	-0,13	-0,29	0,08	-0,26	-0,20	-0,27	-0,01	-0,22	-0,14	-0,16	0,09	-0,25	-0,10	-0,21
E_3	***-0,32***	***-0,31***	-0,20	-0,21	-0,11	***-0,32***	-0,11	-0,21	0,03	***-0,32***	-0,27	-0,20	-0,01	***-0,33***	-0,18	***-0,30***
E_4	0,08	***0,36***	0,19	0,17	-0,08	***0,37***	0,25	0,13	-0,20	0,27	0,23	0,18	-0,22	0,29	0,24	0,26
E_5	-0,13	-0,09	-0,02	-0,27	-0,11	0,02	-0,26	***-0,33***	-0,08	0,03	-0,06	-0,28	-0,16	0,09	-0,06	***-0,36***
I_1	-0,02	***-0,33***	-0,04	-0,09	0,04	***-0,31***	-0,21	-0,19	0,07	-0,17	-0,21	0,01	0,10	-0,27	-0,01	-0,07
I_2	0,00	0,19	0,06	0,17	-0,08	0,13	0,06	0,09	-0,17	0,24	-0,01	0,16	-0,07	0,23	0,05	0,14
I_3	0,18	***0,39***	0,15	***0,33***	0,16	***0,39***	***0,32***	***0,49***	0,15	***0,31***	***0,33***	***0,39***	0,11	0,27	0,19	***0,47***
I_4	-0,14	-0,18	0,05	-0,13	-0,14	-0,09	-0,14	***-0,38***	-0,16	-0,08	-0,13	***-0,34***	-0,06	0,03	-0,09	***-0,35***
P_1	0,12	0,26	0,01	0,10	0,18	0,19	0,13	0,09	0,12	0,25	0,11	0,24	0,07	0,19	0,26	0,11
P_2	0,10	0,05	0,03	-0,08	0,11	0,01	0,00	-0,02	-0,13	0,11	-0,07	0,10	0,12	0,13	0,03	0,07
P_3	-0,05	0,13	0,02	0,25	-0,25	0,26	0,13	0,13	-0,07	0,12	0,09	0,09	-0,18	0,12	0,10	0,01
P_4	-	-	-	0,17	-	-	-	0,17	-	-	-	0,17	-	-	-	0,24
P_5	-	-	-	0,21	-	-	-	0,05	-	-	-	0,29	-	-	-	0,26
P_6	-	-	-	0,29	-	-	-	***0,34***	-	-	-	0,23	-	-	-	0,27
O_1	-0,13	-0,07	-0,25	-0,29	-0,19	-0,09	-0,28	-0,29	-0,12	0,00	***-0,38***	-0,17	-0,10	-0,09	-0,24	-0,23
O_2	0,08	-0,01	0,01	0,08	0,10	0,02	-0,05	0,11	-0,03	-0,07	-0,05	0,23	0,12	-0,10	0,08	0,18
O_3	0,09	0,14	-0,15	0,13	-0,09	0,24	-0,07	0,23	-0,12	0,28	-0,13	0,21	0,04	***0,30***	-0,07	0,05
O_4	0,01	-0,04	-0,13	0,05	-0,14	0,13	-0,13	0,17	-0,20	0,09	-0,19	0,20	-0,02	0,15	-0,08	0,00

Abbildung 5.48 Überprüfung Korrelation zwischen O_5 – O_8 sowie Einfluss- und Vergleichskennzahlen

(O_{11}) positiv bewerten. Andererseits werden selbst getroffene Finanzierungsentscheidungen im Nachgang durch Kunden ggf. positiver betrachtet, was sich ebenfalls in einer besseren Bewertung des Preis-Leistungs-Verhältnisses (O_{11}) der Institute niederschlagen kann.

Überprüfung Korrelation zwischen O_9 – O_{11} sowie Einfluss- und Vergleichskennzahlen

Befragung	O_9				O_{10}				O_{11}			
Korrel.ko.	2011	2013	2015	2017	2011	2013	2015	2017	2011	2013	2015	2017
E_1	0,24	-0,02	0,00	-0,02	0,13	-0,05	-0,13	-0,09	0,14	0,09	0,09	0,02
E_2	0,00	-0,19	-0,20	-0,26	0,02	-0,08	-0,26	-0,08	-0,01	-0,14	-0,03	-0,11
E_3	***-0,33***	-0,19	-0,29	-0,20	-0,24	-0,11	-0,07	0,13	-0,15	-0,30	-0,07	-0,13
E_4	0,22	0,13	***0,34***	0,08	0,30	0,10	***0,31***	-0,14	0,03	0,29	0,08	0,10
E_5	-0,10	-0,23	-0,18	-0,18	-0,15	-0,26	-0,04	-0,07	0,05	0,07	0,02	0,01
I_1	-0,07	-0,16	-0,29	-0,05	-0,17	-0,21	-0,17	0,15	-0,12	-0,27	0,07	-0,10
I_2	0,09	0,03	0,07	0,05	0,14	0,08	0,09	0,05	-0,08	0,00	-0,21	-0,11
I_3	***0,35***	***0,34***	***0,37***	***0,41***	0,19	0,28	0,15	0,15	0,13	0,27	-0,03	0,13
I_4	***-0,34***	-0,25	-0,11	-0,23	-0,13	-0,22	0,06	-0,08	-0,13	-0,02	-0,03	-0,15
P_1	0,19	0,10	0,10	0,03	0,29	0,19	0,21	0,07	***0,38***	0,28	0,25	0,15
P_2	0,08	-0,10	0,04	-0,16	0,21	-0,01	-0,08	-0,05	0,17	-0,04	-0,14	-0,06
P_3	0,10	0,16	0,14	0,18	0,11	0,09	0,23	0,16	-0,07	***0,33***	***0,34***	***0,37***
P_4	-	-	-	0,26	-	-	-	0,03	-	-	-	-0,09
P_5	-	-	-	0,24	-	-	-	0,14	-	-	-	0,03
P_6	-	-	-	***0,35***	-	-	-	0,13	-	-	-	0,12
O_1	-0,19	-0,08	-0,17	-0,26	-0,04	0,00	-0,10	0,00	-0,29	-0,01	-0,10	-0,10
O_2	0,13	0,09	-0,01	0,23	0,13	0,10	-0,04	0,14	0,03	0,11	0,12	0,16
O_3	0,05	0,03	-0,06	0,02	0,28	0,22	0,00	0,03	0,04	0,26	-0,08	0,11
O_4	-0,04	-0,11	-0,15	-0,01	0,22	0,10	-0,07	0,02	-0,12	0,11	-0,11	-0,02

Abbildung 5.49 Überprüfung Korrelation zwischen O_9 – O_{11} sowie Einfluss- und Vergleichskennzahlen

5.5 Zwischenfazit

Im vorangegangenen Kapitel wurde der Prozess der Leistungserstellung der Sparkassen in Westfalen-Lippe unter Berücksichtigung von Einflussfaktoren, *Inputs*, erstellten Leistungen sowie *Outputs* schrittweise auf Basis von Kennzahlen für den Betrachtungszeitraum nachvollzogen und lineare Zusammenhänge wurden analysiert. Hierbei zeigte sich zum einen, dass sich die Veränderungsintensität nach Kennzahl im Betrachtungszeitraum sehr unterschiedlich gestaltet. Darüber hinaus gibt es Kennzahlen, bei denen sich die institutsspezifischen Ausprägungen im Zeitverlauf ähnlicher wurden, und andere, bei denen die Unterschiede zunahmen. Insgesamt zeigt sich jedoch eine hohe Stabilität hinsichtlich des Geschäftsmodells der Institute im Betrachtungszeitraum.

Die Einflussfaktoren sowie die *Inputs* zeigen sich als vergleichsweise stabil, es gibt dagegen deutliche Steigerungen bei den erstellten Leistungen, während die *Outputs* weitgehend – und teils stark – im Zeitverlauf eine rückläufige Entwicklung zeigten (siehe Abbildung 5.50).[49]

[49]Die Ausgabe in der Spalte Median gibt die Veränderung zwischen dem Ende des Betrachtungszeitraums im Vergleich zum Anfang des Betrachtungszeitraums nach den einzelnen Kennzahlen aus. Je dunkler die Zelle eingefärbt ist, desto stärker fällt die Steigerung im Mittelwert aus (schwarz = mind. 10 % Steigerung im Betrachtungszeitraum). Je heller die Darstellung ist, desto stärker ist dagegen die Reduktion (weiß = mind. 10 % Reduktion). Um Ausschläge in einzelnen Jahren zu glätten, wurden für den Beginn des Betrachtungszeitraums in der Regel der Mittelwert aus den ersten drei Jahreswerten verwendet (regelmäßig 2008, 2009 sowie 2010) sowie für das Ende des Betrachtungszeitraums der Mittelwert aus den letzten drei Jahreswerten (regelmäßig 2015, 2016 sowie 2017). Bei der Kaufkraft (E_4) wurden für den Beginn des Betrachtungszeitraums abweichend die Kennzahlen für 2010, 2011 sowie 2012 benutzt. Für die Verbundkennzahlen (P_4, P_5 sowie P_6) wurden für das Ende des Betrachtungszeitraums ausschließlich die Jahreswerte für 2017 genutzt. Für die Befragungen (O_5, O_6, O_7, O_8, O_9, O_{10} sowie O_{11}) standen für den Beginn des Betrachtungszeitraums die Werte von 2011 und 2013 zur Verfügung sowie für das Ende des Betrachtungszeitraums die Werte von 2015 und 2017. Bei den Kennzahlen E_5 und I_4 wurden außerdem jeweils zwei Beobachtungen aus der Betrachtung entfernt, da diese aufgrund extremer Abweichungen die Ergebnisse insgesamt stark verzerrt hätten (gilt auch für die Berechnung der Werte für die Spalte Abweichungskoeffizient). In der Spalte Abweichungskoeffizient wurde für die analogen Werte die Veränderung des Abweichungskoeffizienten bei den Instituten ermittelt. Ein Wert über 1 gibt dabei an, dass die Abweichungen im Zeitverlauf gestiegen sind, ein Wert unter 1 gibt dagegen an, dass sich die Abweichungen verringert haben. Ein Pfeil nach unten gibt an, dass die Abweichungen sich um mind. rund 10 % im Zeitverlauf reduziert haben. Ein Pfeil nach oben signalisiert dagegen, dass sich der Abweichungskoeffizient um mind. rund 10 % erhöht hat. Sind die Veränderungen geringer, wird ein seitlicher Pfeil angezeigt. Die Spalte zum Status des Abweichungskoeffizienten gibt die Höhe des Koeffizienten jeweils zu Beginn des Betrachtungszeitraums an (Ermittlung analog der Beschreibung). Ein breiter Balken signalisiert große Unterschiede bei den Werten der Institute und ein dünnerer Balken geringere Unterschiede zu Beginn der Betrachtung.

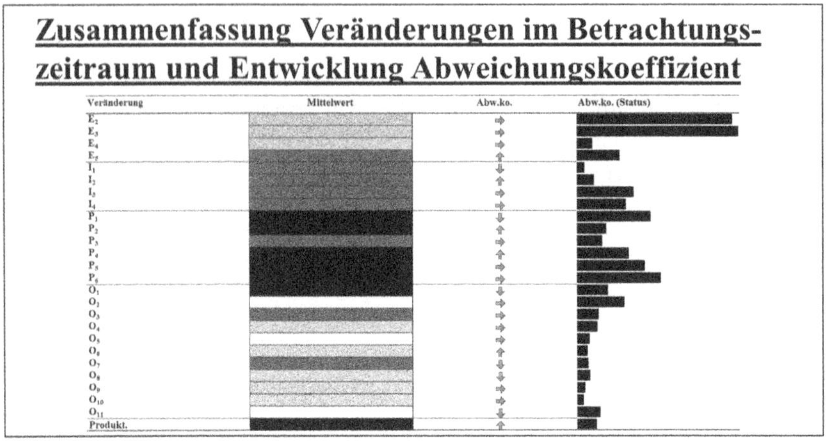

Abbildung 5.50 Zusammenfassung Veränderungen im Betrachtungszeitraum

Bei 46 von 60 Instituten hat sich der Anteil der bankspezifisch Beschäftigten an allen Beschäftigten (I_1) im Betrachtungszeitraum erhöht, was für eine stärkere Fokussierung auf das Kerngeschäft der Sparkassen spricht. In der absoluten Betrachtung ist bei den Inputfaktoren sowohl die Beschäftigtenanzahl als auch die Ausstattung mit Sparkassenstellen rückläufig. Während es bei der absoluten Anzahl der bankspezifisch Beschäftigten schrittweise Konsolidierungseffekte gibt, fallen diese bei den Sparkassenstellen stufenweise, dann aber deutlich stärker aus. Wenn Sparkassen das Standortnetz konzentrieren, reduzieren sie in 82 % der Fälle auch die Anzahl ihrer bankspezifisch Beschäftigten (in Jahren ohne Veränderung des Standortnetzes sinkt nur in 66 % der Fälle die Anzahl der bankspezifisch Beschäftigten).

Unter Berücksichtigung einer reduzierten Anzahl von Kundenkonten hat sich die Beschäftigtenintensität (I_2) im Betrachtungszeitraum im Mittel dagegen sogar um knapp 6 % erhöht. Der Zusammenhang mit einer geringeren Einwohnerzahl im Geschäftsgebiet zeigt, dass es sich bei Instituten mit einer höheren Beschäftigtenintensität demnach eher um kleinere Institute bzw. Sparkassen in ländlich geprägten Geschäftsgebieten handelt. Die Unterschiede hinsichtlich der Beschäftigtenintensität (I_2) der Institute haben sich im Betrachtungszeitraum deutlich erhöht. Es zeigt sich hierbei durchgängig ein mittlerer positiver Zusammenhang zur Kaufkraft der Einwohner im Geschäftsgebiet (E_4). Die relative Ausstattung mit Sparkassenstellen der Institute (I_3) bleibt dagegen im

Betrachtungszeitraum stabil. Gerade Institute mit ländlich geprägten Geschäftsgebieten mit einer geringen Einwohnerdichte (E_3) zeigen ein überproportional ausgestattetes Netz an Sparkassenstellen. Institute mit einer hohen Beschäftigtenintensität (I_2) zeigen tendenziell auch eine überproportionale Ausstattung mit Sparkassenstellen (I_3), wobei dieser Zusammenhang im Betrachtungszeitraum deutlich zurückgegangen ist.

Sowohl die Steigerung der Kundeneinlagen (P_1) als auch der Kundenkredite (P_2) fällt im Betrachtungszeitraum deutlich höher aus als die Steigerung der Wirtschaftsleistung in Westfalen-Lippe und die Steigerung der aggregierten Bilanzsumme der Institute. Hinsichtlich des Kundengeschäfts haben die westfälisch-lippischen Sparkassen demnach überdurchschnittlich von der Entwicklung nach der Finanzkrise profitiert. Bei den Kundeneinlagen (P_1) zeigen sich keinerlei Zusammenhänge zur Beschäftigtenintensität (I_2) oder der Ausstattung mit Sparkassenstellen (I_3). Dagegen gibt es bei den Kundenkrediten (P_2) einen mittleren und teilweise starken positiven Zusammenhang zur Beschäftigtenintensität der Institute (I_2), die wiederum auch mit der Höhe der Kaufkraft im Geschäftsgebiet korreliert ist (E_4). Die sparkassenspezifischen Unterschiede fallen bei den Kundenkrediten (P_2) deutlich höher aus als bei den Kundeneinlagen (P_1) und haben sich außerdem im Betrachtungszeitraum erhöht. Insgesamt lässt sich ein überwiegender Überhang von Kundeneinlagen gegenüber Kundenkrediten bei den westfälisch-lippischen Instituten feststellen, der im Betrachtungszeitraum von 4 % auf 6 % angestiegen ist. Bei Betrachtung nach Quantil konnten die Institute des 25 %-Quantils dabei jedoch sogar ihren vorhandenen Überhang an Kundenkrediten noch steigern, während sich beim 75 %-Quantil der Überhang an Kundenkrediten erhöht hat. Der Anteil der Institute mit Überhang von Kundeneinlagen hat sich von 58 % auf 65 % im Betrachtungszeitraum erhöht.

Im Verhältnis zu den Kundeneinlagen spielen die Vermittlungsleistung im Bauspargeschäft (2 %) sowie die bewerteten Beitragssummen im Lebensversicherungsgeschäft (<1 %) eine volumensmäßig untergeordnete Rolle. Die Vermittlungsleistung im Bauspargeschäft hat sich dabei im Betrachtungszeitraum leicht reduziert, bei der Betrachtung je Kundenkonto (P_4) gab es dagegen eine Erhöhung. Institute mit einer überdurchschnittlichen Vertriebsleistung zu Beginn des Betrachtungszeitraums (75 %-Quantil) zeigen eine deutlich stärkere Steigerung als Kunden mit einer in der Ausgangslage unterdurchschnittlichen Vertriebsleistung (25 %-Quantil) – die Unterschiede in der Vertriebsleistung zwischen den Instituten haben im Betrachtungszeitraum deutlich zugenommen. Durchgängig zeigt sich hierbei auch ein mittlerer negativer Zusammenhang zur Einwohnerdichte im Geschäftsgebiet (E_3), der möglicherweise mit einer höheren

Neigung zur Bildung von Wohneigentum in ländlich geprägten Gebieten erklärt werden kann. Das Volumen im Lebensversicherungs- und Kompositgeschäft hat sich im Betrachtungszeitraum dagegen jeweils deutlich erhöht: Bei 44 von 60 Instituten (Lebensversicherungsgeschäft) bzw. 41 von 60 Instituten (Kompositgeschäft) gab es hier absolute Volumenerhöhungen. Trotz dieser erheblichen Steigerungen ließen sich die Unterschiede zwischen den Instituten im Betrachtungszeitraum deutlich reduzieren. Im Kompositgeschäft zeigen sich allerdings gewisse Sättigungstendenzen bei denjenigen Instituten, die bereits zu Beginn des Betrachtungszeitraums eine hohe Vermittlungsleistung aufwiesen. Beim Kompositgeschäft gibt es sich sowohl zu Beginn als auch zum Ende des Betrachtungszeitraums einen stabilen positiven Zusammenhang zur Ausstattung mit Sparkassenstellen (I_3). Insgesamt zeigen sich deutlich positive Zusammenhänge in der Vertriebsleistung zwischen den einzelnen Bereichen des Verbundpartnergeschäfts, was darauf schließen lässt, dass einige Institute bewusst das Verbundpartnergeschäft forcieren.

Die Institute konnten ihre Beschäftigtenproduktivität im Betrachtungszeitraum deutlich zwischen 22 % und 110 % erhöhen, allerdings sind die diesbezüglichen Unterschiede zwischen den Instituten im Betrachtungszeitraum auch deutlich angestiegen. Hinsichtlich der Beschäftigtenproduktivität zeigt sich ein starker positiver Zusammenhang zum Volumen der Kundenkredite (P_2).

Aufgrund des spezifischen Geschäftsmodells der Sparkassen ist die Berücksichtigung unterschiedlicher Zielarten und Zieldimensionen hinsichtlich der *Outputs* erforderlich. Gegenüber 2008 konnte eine deutliche Steigerung der Betriebsergebnisse (O_2) als wesentliche Rentabilitätskennzahl beobachtet werden. Sofern die direkten Folgen der Wirtschafts- und Finanzkrise durch eine aggregierte Berücksichtigung der ersten drei Jahre des Betrachtungszeitraums jedoch geglättet werden, zeigt sich dagegen sogar eine Reduktion der mittleren Betriebsergebnisse (O_2) um 9 % in 2017. Auffällig ist, dass der zu Beginn des Betrachtungszeitraums vorhandene mittlere positive Zusammenhang zu den Kundenkrediten sowie der positive Zusammenhang zur Höhe des Überschusses und den Kundenkrediten gegenüber Kundeneinlagen im Verlauf nicht mehr erkennbar sind. In 2017 fällt dagegen der positive Zusammenhang zwischen den Betriebsergebnissen (O_2) und dem Verbundpartnergeschäft auf. Der Abweichungskoeffizient ist im Bereich der Betriebsergebnisse (O_2) sehr deutlich im Betrachtungszeitraum gesunken, wobei seit 2013 wieder wachsende Unterschiede wahrgenommen werden können.

Wesentlicher Parameter im Bereich der Sicherungsziele ist das wirtschaftliche Eigenkapital. Die stabile Ausstattung mit Eigenkapital ist notwendig, um auch kritische Marktphasen überstehen zu können. Die Eigenkapitalausstattung aller Institute hat sich im Betrachtungszeitraum verbessert und die Ausstattung zwischen den Instituten ist am Ende deutlich ähnlicher als zu Beginn. Auffällig sind hier der starke positive Einfluss der Einwohnerdichte (E_3) – d. h., die Institute mit eher städtisch geprägten Geschäftsgebieten zeigen eine höhere Eigenkapitalausstattung (O_1).

In den Bereich der Auftragsziele fallen die Giromarkt-Kennziffer (O_3) und die Kunden-Kontaktkennziffer (O_4), die Indizien dafür bieten, wie den Instituten die Bereitstellung eines Bankangebots für breite Bevölkerungsschichten gelingt. Die Giromarkt-Kennziffer (O_3) konnte im Zeitverlauf bei einer vergleichsweise konstanten Bevölkerungsanzahl gesteigert werden. Auch die festzustellende starke Reduktion der Kundenkonten hat sich somit nicht negativ auf die Giromarkt-Kennziffer ausgewirkt. Erklärbar ist hierbei der zeitweise messbare mittlere bzw. sogar starke negative Zusammenhang zur Wettbewerbsintensität (E_5). Bei einer hohen Wettbewerbsintensität teilt sich der Giromarkt auf mehrere Institute auf und die Anteile der Sparkasse fallen somit geringer aus. Interessant ist, dass sich eine hohe Giromarkt-Kennziffer (O_3) zwar auf die relative Höhe der Kundeneinlagen (P_1) positiv auswirkt, es aber keinen Zusammenhang zu den Kundenkrediten oder den anderen Produktfeldern gibt. Dies spricht dafür, dass *Cross-Selling*-Ansätze unzureichend genutzt werden.

Anders als die Giromarkt-Kennziffer (O_3) ist die Kundenkontakt-Kennziffer (O_4), bei der auch die Reichweite der weiteren Bankprodukte berücksichtigt wird, im Betrachtungszeitraum nicht rückläufig. Insgesamt gibt es erwartungsgemäß eine hohe Korrelation zwischen beiden Kontaktkennziffern. Bei der Kundenkontakt-Kennziffer (O_4) gibt es zusätzlich zu Beginn des Betrachtungszeitraums einen positiven Zusammenhang zu den Kundenkrediten bzw. zum Kompositgeschäft, der jedoch später nicht mehr erkennbar ist. Bei beiden Kontaktkennziffern bestehen die vorhandenen Unterschiede zwischen den Instituten nahezu unverändert fort.

Die zusätzliche Berücksichtigung der Kundenzufriedenheitswerte privater Kunden erscheint ebenfalls mit Blick auf die drei Zieldimensionen sinnvoll zu sein: Die allgemeine Zufriedenheit (O_5) sowie die Zufriedenheit mit Serviceleistungen (O_6) sind dabei rückläufig, bei der Zufriedenheit mit der Kundenberatung (O_7) gibt es dagegen eine leichte Steigerung im Betrachtungszeitraum. Aus Kundensicht scheint sich die Erbringung von Serviceleistungen etwas von der eigentlichen Kundenberatung abzukoppeln, was der rückläufige Zusammenhang zwischen beiden Kennzahlen im Betrachtungszeitraum indiziert. Eine Erklärung für die Zunahme der Zufriedenheit mit der Kundenberatung (O_7) sowie die Reduktion des Abweichungskoeffizienten könnte in der Weiterentwicklung und Standardisierung von Beratungsinstrumenten und -prozessenliegen. Dafür spricht auch, dass gerade die Institute mit geringeren Zustimmungswerten in der Ausgangslage diese im Betrachtungszeitraum erhöhen konnten. Diese Institute profitieren also von der Entwicklung besonders. Insgesamt zeigen sich bei den aufgeführten Bereichen allerdings stets hohe Zustimmungs- und Zufriedenheitswerte von deutlich über 50 %. Noch darüber liegen jedoch die Weiterempfehlungsrate (O_9) sowie die Wiederwahlquote (O_{10}), wobei insbesondere die hierbei erzielten Werte als gute Indikatoren dafür gesehen werden können, dass die Leistungserbringung der Sparkassen in Westfalen-Lippe auf eine große Zustimmung durch die Kunden stößt. Das Preis-Leistungs-Verhältnis (O_{11}) wird dagegen deutlich zurückhaltender bewertet. Die Zustimmungswerte sind hierbei im Betrachtungszeitraum noch einmal leicht von 38 % auf 35 % gesunken. Eine Ursache könnte die zunehmende Bepreisung im Girogeschäft sowie im Zahlungsverkehr sein. Berücksichtigt werden muss hierbei der fast durchgängige positive Zusammenhang zwischen der Bewertung des Preis-Leistungs-Verhältnisses (O_{11}) und den weiteren Zufriedenheitswerten. Eine künftige weitere Reduktion der Zustimmungswerte zum Preis-Leistungs-Verhältnis (O_{11}) (z. B. aufgrund Preisanpassungen zur Kompensation sich reduzierender Zinsergebnisse) könnte demnach auch mit negativen Auswirkungen auf die weiteren Zufriedenheitswerte verbunden sein. Andererseits könnte eine weitere Verbesserung der Bewertung von Kundenberatung (O_7) auch zu einer verbesserten Bewertung des Preis-Leistungs-Verhältnisses führen (O_{11}) – durch die bereits heute hohen Zufriedenheitswerte ist das Steigerungspotenzial im Bereich der Zufriedenheit mit der Kundenberatung (O_7) allerdings begrenzt. Nennenswert ist der mittlere positive Zusammenhang zwischen den Zustimmungswerten und der Ausstattung mit Sparkassenstellen (I_3), der sich seit 2013 bei der Zufriedenheit mit Service, der Zufriedenheit mit Beratung und über den gesamten Betrachtungszeitraum bei der Weiterempfehlungsrate zeigt. Dagegen gibt es zum Ende des Betrachtungszeitraumes einen negativen Zusammenhang zur durchschnittlichen Beschäftigtenintensität je Sparkassenstelle (I_4). Die Kunden schätzen demnach zwar eine intensive Ausstattung mit Sparkassenstellen (I_3), eine durch größere Standorte geprägte Sparkassenstelle wird dagegen eher kritisch bewertet. Ein messbarer Zusammenhang zwischen der Beschäftigtenintensität (I_2) und den Zufriedenheitswerten ist dagegen nicht erkennbar.

Zusammenfassend kann festgestellt werden, dass sich das grundsätzliche Geschäftsmodell der Sparkassen bei der Betrachtung des Zeitraums von zehn Jahren trotz erheblicher Veränderung des makroökonomischen Umfelds, namentlich durch die regulatorischen Anforderungen und durch die Zinspolitik, aber auch durch eine zunehmende Anpassung des Kundenverhaltens, durch eine insgesamt hohe Stabilität auszeichnet. Somit stehen die grundsätzlichen Wirkungszusammenhänge der Kennzahlen und deren Entwicklung im Betrachtungszeitraum zu Verfügung, um in Vorbereitung der institutionenökonomischen Analyse die Clusterbildung im nachfolgenden Kapitel vorzunehmen.

Ausgehend von der Darstellung der übergeordneten Organisations- und Entscheidungsstruktur in der Sparkassen-Finanzgruppe (Kapitel 3) wurden zunächst die wesentlichen Entwicklungen im Betrachtungszeitraum für die Sparkassen-Finanzgruppe sowie die westfälisch-lippischen Institute dargestellt (Kapitel 4). Mit der Analyse des Leistungserstellungsprozesses der westfälisch-lippischen Institute im Betrachtungszeitraum in diesem Kapitel wurde die Analyse auf die erforderliche Ebene der Institute gebracht. Nachfolgend wird nun auf dieser Basis die notwendige Aggregation vorgenommen, um schließlich organisationstheoretische Erkenntnisse (Kapitel 8) und institutionenökonomische Schlussfolgerungen (Kapitel 9) ableiten zu können. Zusätzlich werden für diesen Zweck eine Reihe von Zusatz- und Detailanalysen eingesetzt.

6 Bildung von Analyseclustern zur Dynamik und Performance

Im vorangegangenen Kapitel wurden die Entwicklungen sowie Zusammenhänge zwischen den wesentlichen Einfluss- und Vergleichskennzahlen entlang der Leistungserstellung der westfälisch-lippischen Institute betrachtet. Da für den vorliegenden institutionenökonomischen Fokus jedoch weniger die Entwicklung einzelner Institute im Mittelpunkt steht, soll nachfolgend eine sinnvolle Aggregation vorgenommen werden. In Vorbereitung der anschließend durchzuführenden institutionenökonomischen Untersuchung sollen in diesem Kapitel dafür Analysecluster gebildet und diese charakterisiert werden.

Dazu werden zunächst relevante theoretische Grundlagen für die Clusteranalyse zusammengetragen (Abschnitt 6.1). Anschließend erfolgt unter entsprechender Würdigung der theoretischen Grundlagen die eigentliche Bildung der Analysecluster (Abschnitt 6.2) und die Zuordnung der westfälisch-lippischen Institute entsprechend der jeweiligen Merkmalsausprägungen zu den Clustern (Abschnitt 6.3). Schließlich sollen Zusammenhänge zwischen der Zuordnung zu Analyseclustern und der Institutsgröße sowie Zusammenhänge zwischen der Zuordnung zu Analyseclustern und den bereits eingeführten Einflussfaktoren (Abschnitt 6.4) aufgezeigt werden.

Elektronisches Zusatzmaterial Die elektronische Version dieses Kapitels enthält Zusatzmaterial, das berechtigten Benutzern zur Verfügung steht.
https://doi.org/10.1007/978-3-658-30740-0_6

R. Conrad, *Performance, Dynamik und Konvergenz im Banking*,
https://doi.org/10.1007/978-3-658-30740-0_6

6.1 Grundlagen der Clusterbildung und Clusteranalyse

Durch die Bildung von Clustern und die damit verbundene Aggregation institutsspezifischer Merkmalsausprägungen soll die anschließende institutionenökonomische Untersuchung zielführend durchgeführt werden können. Dies erscheint im Hinblick auf die vorliegende Zielsetzung, der Ableitung von Empfehlungen für die Ausgestaltung der Entscheidungsstrukturen der Sparkassen-Finanzgruppe sinnvoll und erforderlich zu sein. Die alternative Vollerfassung und Einzelanalyse der Institute scheint dagegen für den vorliegenden Analysezweck nicht geeignet zu sein, um Muster in der Entwicklung und Wirkungszusammenhänge zu identifizieren.

Grundlage für die Bildung von Analyseclustern ist das „Auffinden einer empirischen Klassifikation" auf Grundlage der vorangegangen Veränderungs- und Korrelationsanalysen.[1] Es handelt sich dabei um eine objektorientierte Datenanalyse, in der die einzelnen Institute Gegenstand der Clusterbildung sind.[2] *Bacher et al.* listen eine Reihe von Kriterien auf, die „von einer guten Clusterlösung verlangt werden":[3]

- die Objekte im Cluster sollen einander ähnlich sein und Objekte in unterschiedlichen Clustern sollen sich voneinander unterscheiden,
- die Cluster sollen an Daten angepasst sein, d. h., die Einteilung soll die Unterschiede erklären können,
- die Daten sollen so stabil sein, dass geringfügige Änderungen in den Daten zu keiner erheblichen Veränderung in der Zuordnung führen,
- die Namen der Cluster sollen sinnvoll sein,
- die inhaltliche Validität soll gegeben sein, d. h., Cluster sollen „mit externen Variablen korrelieren, von denen bekannt ist, dass sie im Zusammenhang mit den Typen stehen, die aber nicht in die Bildung der Cluster eingehen",
- die Cluster sollen hinsichtlich ihrer Anzahl überschaubar bleiben und
- die Anzahl der Objekte innerhalb eines Clusters soll eine gewisse Mindestgröße besitzen.

Es lassen sich dabei drei größere Verfahrensgruppen für die Clusteranalyse unterscheiden (siehe Abbildung 6.1):[4]

[1] *Bacher* et al. (2010), 15.

[2] Vgl. *Bacher* et al. (2010), 16.

[3] *Bacher* et al. (2010), 18.

[4] Vgl. *Bacher* et al. (2010), 18.

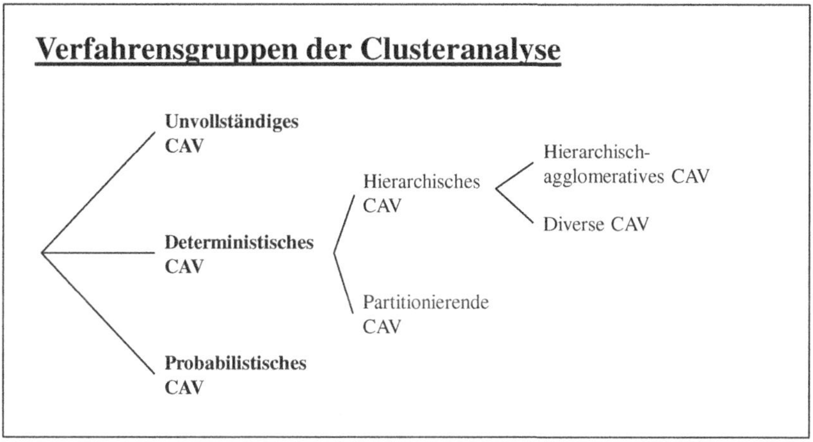

Abbildung 6.1 Verfahrensgruppen der Clusteranalyse (Eigene Darstellung in Anlehnung an Bacher et al. (2010), 18 f.)

- das unvollständige Clusteranalyseverfahren,
- das deterministische Clusteranalyseverfahren sowie
- das probabilistische Clusteranalyseverfahren.

Beim unvollständigen Clusteranalyseverfahren hängt die Zuordnung der Untersuchungsobjekte zu den Clustern insbesondere von der räumlichen Darstellung ab, die das Verfahren liefert.[5] Aufgrund dieser starken Verknüpfung zwischen Clusterzuordnung und der räumlichen Darstellung kann ein unvollständiges Clusterverfahren nur bis zu einem maximal dreidimensionalen Raum eingesetzt werden. Bei höherdimensionalen Betrachtungen ist aufgrund dann fehlender Darstellungsmöglichkeiten dagegen zwingend der Einsatz eines formalen Clusteranalyseverfahrens erforderlich.[6] Unvollständige Clusteranalyseverfahren folgen stets einem heuristischen Ansatz der Objektzuordnung, ohne den Bedarf für die Nutzung von modellbasierten Wahrscheinlichkeitsmodellen.[7]

Bei deterministischen Clusteranalyseverfahren können sowohl der heuristische Ansatz als auch Wahrscheinlichkeitsmodelle zur Anwendung kommen.[8] Dabei

---

[5]Vgl. *Bacher* et al. (2010), 18 f.

[6]Vgl. *Bacher* et al. (2010), 19.

[7]Vgl. *Bacher* et al. (2010), 21.

[8]*Ebd.*

lassen sich die Objekte mit einer Wahrscheinlichkeit von 1 einem oder mehreren Clustern zuordnen, wobei sich hierarchische Verfahren und partitionierende Verfahren hinsichtlich des Vorgehens unterscheiden lassen.[9] Bei einem hierarchischen Verfahren werden bei *n*-Objekten zu Beginn *n*-Cluster gebildet, wobei die Anzahl der Cluster anschließend schrittweise, z. B. aufgrund von ähnlichen Ausprägungen bei den Objekten, reduziert wird ($n-1$, $n-2$, ...) (*hierarchisch-agglomeratives Verfahren*). Alternativ kann bei hierarchischen Verfahren unabhängig von der Anzahl der Objekte mit nur einem Cluster begonnen und die Anzahl der Cluster dann entsprechend der unterschiedlichen Merkmalsausprägungen schrittweise erhöht werden (*divisives Verfahren*).[10] Bei den partitionierenden Verfahren existiert dagegen bereits zu Beginn eine feste Anzahl von Clustern und die Zuordnung der Objekte erfolgt über Maximierung bzw. Minimierung bestimmter Parameter.[11] Innerhalb der deterministischen Clusteranalyseverfahren lassen sich außerdem überlappungsfreie Verfahren (jedes Objekt gehört nur einem Cluster an) sowie überlappende Verfahren (Objekte können mehreren Clustern angehören) unterscheiden.[12]

Davon können schließlich probabilistische Clusteranalyseverfahren unter ausschließlicher Nutzung von Wahrscheinlichkeitsmodellen abgegrenzt werden, bei denen die Zuordnung zu den Clustern nach gewissen Wahrscheinlichkeiten zwischen Null und eins erfolgt, also z. B. 70 % Wahrscheinlichkeit für eine Zuordnung zu Cluster 1, 20 % Wahrscheinlichkeit für eine Zuordnung zu Cluster 2 und je 5 % Wahrscheinlichkeit für eine Zuordnung zu Cluster 3 oder 4.[13] Sofern die vor der durchzuführenden Clusteranalyse definierte Zielsetzung nicht erfolgreich absolviert werden kann, ist die Durchführung einer entsprechenden Fehlerbetrachtung erforderlich.[14]

In der vorliegenden Analyse haben sich zwei Dimensionen für die Clusterbildung als wesentlich herausgestellt: Zum einen zeigte bereits die Betrachtung der organisationstheoretischen Grundlagen, dass sich in den wesentlichen Theorien jeweils Ansätze zur Erklärung von Beharrungstendenzen und Entwicklungsanreizen in der Organisation finden lassen (siehe Abschnitt 2.6). Außerdem sprechen teils zunehmende und teils abnehmende Unterschiede hinsichtlich der

[9]Vgl. *Bacher* et al. (2010), 19.

[10]Vgl. *Bacher* et al. (2010), 19.

[11]*Ebd.*

[12]Vgl. *Bacher* et al. (2010), 147.

[13]Vgl. *Bacher* et al. (2010), 19.

[14]Für den Aufbau der Fehleranalyse und das entsprechende Vorgehen: vgl. *Bacher* et al. (2010), 28 ff.

Kennzahlen im Leistungserstellungsprozess zwischen den Instituten dafür, dass Beharrungstendenzen und Entwicklungsanreize sich in den einzelnen Instituten unterschiedlich äußern (siehe Abschnitt 5.5). Insofern bietet die Veränderungsintensität der Institute eine erste sinnvolle Dimension für die Bildung der Analysecluster. Zum anderen konnte gezeigt werden, dass die Entwicklung der *Outputs* der Institute nicht vollständig homogen verläuft, sondern durchaus Unterschiede in der institutsspezifischen Entwicklung zu vermuten sind (siehe Abschnitt 5.4). Durch die Existenz verschiedener Zielarten und Zieldimensionen bei den Sparkassen erscheint hier außerdem eine zusammenhängende Betrachtung der verschiedenen *Outputs* von Interesse zu sein. Somit bildet die Performance der Institute, d. h. der relativen Verbesserung der *Outputs* im Betrachtungszeitraum, eine zweite Dimension für die Bildung der Analysecluster. Vor diesem Hintergrund ist die Nutzung eines unvollständigen Clusteranalyseverfahrens möglich, der Einsatz eines probabilistischen Clusteranalyseverfahrens erscheint dagegen vorliegend nicht sinnvoll zu sein.

Bei der Bildung von Analyseclustern spielt die kennzahlenbasierte Ermittlung der Ähnlichkeit der betrachteten Objekte eine entscheidende Rolle, die sich über zwei grundsätzliche Wege abbilden lässt:[15]

- über die Ähnlichkeit in den Merkmalsausprägungen oder
- über die Ähnlichkeit hinsichtlich des Zusammenhangs zu den betrachteten Variablen (Merkmalszusammenhänge).

Die Merkmalszusammenhänge standen im Mittelpunkt der Analyse zur Leistungserstellung in Kapitel 5 und dienten damit als eine Quelle für die Kristallisation der relevanten Merkmale für die durchzuführende Clusterbildung. Insofern erscheint es sinnvoll zu sein, vorliegend auf die konkrete Anpassung einzelner Merkmale zu referenzieren.

Beim Clusteranalyseverfahren kann außerdem zwischen einer *explorativen* und *konfirmatorischen* Clusteranalyse unterschieden werden: Bei der *explorativen* Clusteranalyse sind die Anzahl von unterschiedlichen Clustern ebenso wie die relevanten Merkmalsausprägungen offen.[16] Bei einer *konfirmatorischen* Clusteranalyse sind die Anzahl der Cluster sowie die relevanten Merkmalsausprägungen dagegen bekannt und müssen nicht separat bestimmt werden, wodurch den Clustern bereits „vorab eine inhaltliche Bedeutung" zukommt.[17]

[15] Vgl. *Bacher* et al. (2010), 20 f.

[16] Vgl. *Bacher* et al. (2010), 22.

[17] *Bacher* et al. (2010), 23.

Da im vorliegenden Fall die Clusteranalyse auf dem zuvor schrittweise analysierten Leistungserstellungsprozess direkt aufbaut, soll ein *konfirmatorisches* Clusteranalyseverfahren genutzt werden. Der sich daraus ergebende wesentliche Nachteil, dass dabei „die Modellanpassung an die empirischen Daten […] im Regelfall geringer“ ist, sollte daher bei Interpretationsversuchen bzw. der sich anschließenden institutionenökonomischen Analyse berücksichtigt werden.[18]

6.2 Bildung der Analysecluster

Unter Berücksichtigung der Ausführungen von *Bacher et al.* wird folgende Schrittfolge bei der Clusterbildung nachfolgend genutzt:[19]

- Auswahl der relevanten Kennzahlen für die Datenmatrix,
- Durchführung notwendiger Transformationen von Daten,
- Auswahl und Berechnung eines Unähnlichkeits- oder Ähnlichkeitsmaßes für die Abgrenzung der Cluster,
- Clusterbildung und graphische Darstellung der Ergebnisse und schließlich
- inhaltliche Interpretation der Cluster.

Nachfolgend wird das Vorgehen in beiden berücksichtigten Dimensionen schrittweise beschrieben. Dazu erfolgt zunächst die Berücksichtigung der Dynamik (Abschnitt 6.2.1) mit der wesentlichen Fragestellung, ob im Vergleich zu den anderen westfälisch-lippischen Instituten eher Beharrungstendenzen oder eher Entwicklungsanreize im Betrachtungszeitraum überwiegen. Schließlich soll die Dimension der Performance (Abschnitt 6.2.2) dargestellt werden. Dabei geht es um das Unterscheidungsmerkmal, ob sich Institute im Vergleich zu allen westfälisch-lippischen Instituten durch eine über- oder unterproportionale Entwicklung ihrer *Outputs* im Betrachtungszeitraum auszeichnen.

6.2.1 Dynamik

Ziel ist die Bildung eines Index-Wertes (0 bis 1), der die Dynamik bzw. institutsspezifische Veränderungsintensität im Betrachtungszeitraum für jedes Institut

[18] *Bacher* et al. (2010), 23.

[19] Vgl. *Bacher* et al. (2010), 40 ff.

im Vergleich zu den weiteren westfälisch-lippischen Instituten abbildet. Dabei sollen relevante *Inputs* (siehe Abschnitt 5.1) sowie erstellte Leistungen (siehe Abschnitt 5.2) berücksichtigt werden. Im Einzelnen handelt es sich um folgende Parameter:[20]

- die Beschäftigtenintensität (I_2) sowie die Ausstattung mit Sparkassenstellen (I_3) im Bereich der *Inputs* sowie
- die Kundenkredite (P_2) sowie das Verbundpartnergeschäft (P_4, P_5 sowie P_6) im Bereich der erstellten Leistungen.

Zur Sicherstellung einer Vergleichbarkeit werden die einzelnen Jahreswerte dabei jeweils analog dem Vorgehen in Kapitel 5 – über die Anzahl der Kundenkonten – normiert. Die Veränderungen zum Vorjahr in der relativen Ausstattung der Inputfaktoren, d. h. der Beschäftigtenintensität (I_2) sowie der Ausstattung mit Sparkassenstellen (I_3), wird für den Betrachtungszeitraum wie folgt ermittelt:

- die relativen Veränderungswerte beider Faktoren werden dabei gleichgewichtet berücksichtigt,[21]
- von den einzelnen jährlichen Veränderungswerten (2009 zu 2008, [...], 2017 zu 2016) wird die Standardabweichung gebildet, um die Veränderungsintensität im Zeitverlauf zu erfassen und
- zwischen den beiden institutsspezifisch ermittelten Werten der Standardabweichung wird der Mittelwert gebildet.

[20]Aufgrund des festgestellten fehlenden Zusammenhangs zwischen den *Inputs* und den Kundeneinlagen (P_1) im Leistungserstellungsprozess wird hier bewusst auf eine Berücksichtigung im Rahmen der Bildung von Analyseclustern verzichtet. Es wird davon ausgegangen, dass die Höhe der Kundeneinlagen relativ autonom von den durch die Sparkassen bereitgestellten *Inputs* ist, d. h., in diesem Bereich stattfindende Veränderungen zumeist nicht bewusst intendiert sind. Da Aktiv- und Passiv-Geschäft jedoch nicht losgelöst voneinander betrachtet werden können, sind mittelbare Effekte aus Anpassungen im Passiv-Geschäft durch die nachfolgende Berücksichtigung des Aktiv-Geschäfts mittelbar berücksichtigt. Aufgrund des festgestellten Zusammenhangs zwischen der vertrieblichen Stärke in den einzelnen Bereichen des Verbundpartnergeschäfts sollen die erstellten Leistungen hierbei aggregiert betrachtet werden.

[21]Dies erscheint sinnvoll zu sein, da sich ein Zusammenhang in der Entwicklung der *Inputs* zeigt (siehe Abschnitt 5.1.2).

Im Detail erfolgt die Berücksichtigung der *Inputs* in folgenden Schritten:

- Ermittlung der standardisierten Jahreswerte je Institut für die Beschäftigtenintensität (I_2),[22]
- Ermittlung der standardisierten Jahreswerte je Institut für die Ausstattung mit Sparkassenstellen (I_3),
- Aufsummierung der standardisierten Jahreswerte je Institut hinsichtlich der Beschäftigtenintensität (I_2) sowie der Anzahl der Sparkassenstellen (I_3),
- Ermittlung des Absolutwertes der Veränderung der summierten standardisierten Jahreswerte (2009 zu 2008, 2010 zu 2009 usw.),
- institutsspezifisch wird die Standardabweichung der absoluten Veränderungswerte ermittelt (auf Basis von neun Einzelwerten zu Veränderungen gegenüber dem Vorjahr, 2009 bis 2017),
- zur Vergleichbarmachung erfolgt schließlich die Ausgabe als positiver Index-Wert von 0 (Minimum) bis 1 (Maximum).[23]

Für die Berücksichtigung der erstellten Leistungen wird analog vorgegangen. Herbei werden die Veränderungen in der relativen Ausstattung mit Kundenkrediten (P_2) sowie dem Verbundpartnergeschäft als Summe von Bausparen, Lebensversicherungs- und Kompositgeschäft (P_4, P_5 sowie P_6) ermittelt. Im Detail ergibt sich folgende Schrittfolge bei der Ermittlung:

- Ermittlung der standardisierten Jahreswerte je Institut für die Kundenkredite (P_2),
- Summierung der absoluten Volumenswerte im Bauspargeschäft, Lebensversicherungsgeschäft sowie Kompositgeschäft (P_4, P_5 sowie P_6) (Verbundpartnergeschäft),

[22]Ausgabe eines standardisierten Wertes einer Verteilung, die durch Mittelwert und Standardabweichung der Grundgesamtheit charakterisiert ist: (Einzelwert – Mittelwert)/Standardabweichung). Der standardisierte Jahreswert je Institut ist daher von der institutsspezifischen Entfernung vom Mittelwert aller Institute abhängig. Sofern ein Institut beispielsweise die Ausstattung mit Sparkassenstellen (I_3) nicht verändert, andere Institute hier aber eine Reduktion vornehmen (und der Mittelwert damit steigt), steigt der standardisierte Jahreswert des Instituts an. Es handelt sich demnach stets um eine relative Veränderung des Instituts im Vergleich zur mittleren Veränderung aller westfälisch-lippischen Institute. Analog wird bei den weiteren berücksichtigten Kennzahlen vorgegangen.

[23]Der Index-Wert wird dabei über folgende Formel ermittelt: $(X - \min(X)/(\max(X) - \min(X))$. Analog wird bei der Bildung weiterer Index-Werte vorgegangen.

- Ermittlung der standardisierten Jahreswerte je Institut für das Verbundpartnergeschäft (P_4, P_5 sowie P_6),
- Summierung und damit Gleichgewichtung der standardisierten Jahreswerte je Institut für den Bereich der Kundenkredite (P_2) sowie das Verbundpartnergeschäft (P_4, P_5 sowie P_6),[24]
- Ermittlung des Absolutwertes der Veränderung der summierten standardisierten Jahreswerte (2009 zu 2008, 2010 zu 2009 usw.),
- institutsspezifisch wird die Standardabweichung der absoluten Veränderungswerte ermittelt (auf Basis von neun Einzelwerten zu Veränderungen gegenüber dem Vorjahr, 2009 bis 2017),
- zur Vergleichbarmachung erfolgt schließlich die Ausgabe als positiver Index-Wert von 0 (Minimum) bis 1 (Maximum).

Zur Erfassung der Dynamik bzw. Veränderungsintensität in einer einheitlichen Kennzahl wird der Mittelwert zwischen der Veränderungsintensität im Bereich der *Inputs* (I_2 sowie I_3) und der Veränderungsintensität innerhalb der betrachteten erstellten Leistungen (P_2, P_4, P_5 sowie P_6) gebildet. Dies erfolgt in folgenden Schritten:

- Bildung des Mittelwerts zwischen dem Index-Wert zu den Faktoren der Leistungserstellung sowie dem Index-Wert zu den erstellten Leistungen je Institut,
- zur Vergleichbarmachung und folgenden Visualisierung erfolgt schließlich wiederum die Ausgabe eines aggregierten Index-Wertes von 0 (Minimum) bis 1 (Maximum).

Ein hoher Index-Wert bietet demnach ein Indiz für eine im Vergleich zu den weiteren westfälisch-lippischen Sparkassen hohe Dynamik bzw. Veränderungsintensität im Betrachtungszeitraum. Bei der Interpretation ist jedoch zu berücksichtigen, dass die Dynamik im Betrachtungszeitraum unabhängig von der Ausgangslage des jeweiligen Instituts ermittelt wird. Ein Institut, dessen Beschäftigtenintensität (I_2) bzw. Ausstattung mit Sparkassenstellen (I_3) in der Ausgangslage beispielsweise weit über den Durchschnittswerten

[24]Für das Verbundpartnergeschäft Berücksichtigung der Jahreswerte 2008 bis 2010 sowie 2017. Für den Zeitraum von 2011 bis 2016 erfolgt eine Linearisierung der Abweichung von 2017 zu 2010 für die Einzeljahre. Ansonsten erfolgt ein analoges Vorgehen.

der westfälisch-lippischen Institute liegt und das sich im Betrachtungszeitraum auf ein durchschnittliches Niveau anpasst, zeigt c. p. eine hohe Dynamik. Dagegen ergibt sich bei einem anderen Institut, das sich sowohl zu Beginn als auch zum Ende des Betrachtungszeitraums auf dem Durchschnittsniveau der Beschäftigtenintensität (I_2) bzw. Ausstattung mit Sparkassenstellen (I_3) befindet, keine oder eine sehr geringe Dynamik, obwohl sich beide Institute zum Ende des Betrachtungszeitraums hinsichtlich der Beschäftigtenintensität (I_2) bzw. der Ausstattung mit Sparkassenstellen (I_3) nicht unterscheiden. Außerdem ist zu berücksichtigen, dass die Veränderungsrichtung hierbei nicht hinsichtlich der Veränderungsrichtung spezifiziert ist, d. h., beispielsweise führt eine Erhöhung im Bereich der Kundenkredite (P_2) zu einer analogen Veränderungsintensität wie eine identische Reduktion. Dieses Vorgehen wurde jedoch gewählt, um bei der Ermittlung der Veränderungsintensität bzw. der Dynamik jede modellimmanente qualitative Bewertung zu vermeiden. So ist beispielsweise eine Reduktion von Sparkassenstellen (I_3) für sich genommen weder gut noch schlecht, sondern es sind damit verschiedene Wechselwirkungen verbunden – z. B. hinsichtlich des festgestellten möglichen positiven Zusammenhangs zur langfristigen Ausstattung mit Eigenkapital (O_1) (siehe Abschnitt 5.4.1) sowie negative Zusammenhänge zu verschiedenen Elementen der Kundenzufriedenheit, etwa Zufriedenheit mit Service (O_6) (siehe Abschnitt 5.4.4).

Ein weiteres Problem konnte durch das gewählte Vorgehen gelöst werden, das ansonsten bei der Berücksichtigung der Veränderungsrichtung auftreten würde: Durch eine unterschiedlich geartete Veränderungsrichtung könnte eine hohe Veränderungsintensität bzw. Dynamik verdeckt werden. Beispielsweise könnte eine starke Reduktion der Sparkassenstellen (I_3) durch eine starke Erhöhung der Kundenkredite (P_2) kompensiert werden. Tatsächlich handelt es sich für die Organisation aber sogar um eine noch größere Veränderungsintensität bzw. Dynamik.[25]

6.2.2 Performance

Für die Performance bzw. Positionsveränderungen werden die *Outputs* berücksichtigt. Für jede Kennzahl soll eine entsprechende Rangfolge für die

[25]Fragestellungen zur Veränderungsrichtung werden jedoch bei Detailanalysen zur stationären vertrieblichen Organisationsstruktur der Institute nachfolgend betrachtet (siehe Abschnitt 7.2.2).

westfälisch-lippischen Institute gebildet werden, in der Regel von 1 (geringste Performance) bis 60 (höchste Performance). Um die Positionsveränderung zu ermitteln, erfolgt die Analyse für den Beginn und für das Ende des Betrachtungszeitraums. Um Verzerrungen von einzelnen Jahreswerten zu vermeiden (z. B. unterschiedliche Dauer bei der Überwindung unmittelbarer Folgen der Finanzkrise je nach Institut), wird regelmäßig der Mittelwert der ersten drei Jahre zu Beginn des Betrachtungszeitraums und der Mittelwert der letzten drei Jahre zum Ende des Betrachtungszeitraums genutzt.

Anders als im Bereich der Dynamik wird für die Ermittlung der Performance auch die Veränderungsrichtung berücksichtigt. Dies erscheint sinnvoll zu sein, da höhere Ränge im Bereich der *Outputs* jeweils niedrigeren Rängen vorzuziehen sind.[26]

Für die Berücksichtigung der Performance im Rahmen der Clusterbildung werden die Beschäftigtenproduktivität sowie folgende fünf *Outputs* gleichgewichtet betrachtet:

- das wirtschaftliche Eigenkapital (O_1),
- das korrigierte Betriebsergebnis vor Bewertung (O_2),
- die Giromarkt-Kennziffer (O_3),[27]
- die allgemeine Kundenzufriedenheit (O_5),
- die Kundenbindung (dabei gleichgewichtete Betrachtung von Wiederwahlquote und Weiterempfehlungsquote) (O_9/O_{10}).

[26]Aus Gründen der Handhabbarkeit wird auf die Nutzung eines Nebenbedingungskonzepts für die Zielbildung im Rahmen der Clusterbildung verzichtet, sondern stattdessen der deutlich einfachere *more is better*-Ansatz über alle Einzelkennzahlen hinweg verfolgt (siehe Abschnitt 5.4). Für die Ableitung von Handlungsempfehlungen für einzelne Institute ist dies nicht ausreichend, da beispielsweise eine Unterschreitung einer Untergrenze bei den Sicherungszielen (z. B. Eigenkapital oder Betriebsergebnis) durch die Übererfüllung im Bereich der Auftragsziele (z. B. Kundenzufriedenheit) nicht überkompensiert werden kann. Mit Blick auf das wesentliche Analyseziel, nämlich die Ableitung von Empfehlungen für die Weiterentwicklung der Entscheidungsstrukturen in der Sparkassen-Finanzgruppe insgesamt, erscheint das gewählte Vorgehen allerdings passgenau zu sein. Außerdem konnte gezeigt werden, dass sich die Ausstattung mit wirtschaftlichem Eigenkapital (O_1) bei allen Instituten im Betrachtungszeitraum verbessert hat und alle Institute trotz einer rückläufigen Entwicklung positive Betriebsergebnisse (O_2) erzielen. Dies spricht dafür, dass die mögliche Unterschreitung im Bereich der Sicherungsziele ohnehin bislang nicht erfolgt ist.

[27]Aufgrund des durchgängig starken Zusammenhangs zur Kundenkontakt-Kennziffer wird auf die separate Nutzung dieser Kennzahl verzichtet. Die Giromarkt-Kennziffer steht in diesem Sinne repräsentativ für den Erfüllungsgrad der Auftragsziele.

Zur Sicherstellung der Vergleichbarkeit erfolgt wiederum eine Normierung der Kennzahlen wirtschaftliches Eigenkapital (O_1) sowie korrigiertes Betriebsergebnis vor Bewertung (O_2) über die DBS der Institute (siehe Abschnitt 5.4). Im Detail erfolgt die Bearbeitung folgender Schritte:

- Bildung einer Rangfolge pro Institut und für jeden Jahreswert im Betrachtungszeitraum hinsichtlich des niedrigsten Rangs bis zum höchsten Rang für das wirtschaftliche Eigenkapital (O_1), das Betriebsergebnis (O_2), die Giromarkt-Kennziffer (O_3), die allgemeine Kundenzufriedenheit (O_5), die Weiterempfehlungsquote (O_9), die Wiederwahlquote (O_{10})[28] sowie die Beschäftigtenproduktivität,
- zur Glättung von möglichen Verzerrungen in einzelnen Jahren wird jeweils der Mittelwert der Ränge in den Jahren zu Beginn des Betrachtungszeitraums (2008 bis 2010) betrachtet und der Mittelwert der jeweiligen Ränge in den Jahren zum Ende des Betrachtungszeitraums (2015 bis 2017),[29]
- für jede Kennzahl wird institutsspezifisch der ermittelte Wert in der Rangfolge am Ende des Betrachtungszeitraums vom ermittelten Wert in der Rangfolge zu Beginn des Betrachtungszeitraums abgezogen,
- die Veränderungen in der Rangfolge in den sechs Bereichen werden summiert (wenn sich ein Institut beispielsweise in einem Bereich verschlechtert, kann dies durch eine stärkere Verbesserung in einem anderen Bereich überkompensiert werden) und
- zur Sicherstellung einer Vergleichbarkeit erfolgt schließlich die indexierte Ausgabe der summierten Werte von 0 (Minimum gegenüber der mittleren Veränderung) bis 1 (Maximum gegenüber der mittleren Veränderung).

Analog der Ermittlung im Bereich der Dynamik erfolgt auch bei der Performance dabei keine Berücksichtigung der Positionierung von Instituten in der Ausgangslage: Sofern sich ein Institut am Anfang und Ende des Betrachtungszeitraums

[28] Sofern mehrere Institute ein identisches Ergebnis erzielen, wird ihnen der gleiche Rang zugeordnet. Es erfolgt die Bildung eines Mittelwerts der erzielten Rangfolge zwischen Weiterempfehlungsquote und Wiederwahlquote. Dieser mittlere Wert wird für die nachfolgenden Analysen verwendet.

[29] Da die Befragungsergebnisse für die Jahre 2011, 2013, 2015 sowie 2017 vorliegen, werden die ersten beiden vorliegenden Kennzahlen als Beginn des Betrachtungszeitraums gewertet (2011 und 2013) und die beiden letzten Jahre als Ende des Betrachtungszeitraumes (2015 und 2017).

von Rang 50 auf Rang 55 verbessert hat, beträgt die Verbesserung +5. Sofern eine Verbesserung bei einem zweiten Institut von Rang 5 auf Rang 15 im Zeitverlauf erfolgte, beträgt die Verbesserung dagegen +10. In diesem Sinne ist die Veränderung der Rangfolge beim zweiten Institut als höher zu bewerten – das Institut weist in diesem Sinne eine höhere Performance auf. Allerdings erzielt das zweite Institut sowohl zu Beginn als auch zum Ende des Betrachtungszeitraums die höheren *Outputs* gegenüber dem ersten Institut.

Betrachtet wird – ebenfalls analog zur Dynamik – ausschließlich die Veränderung in der Positionierung. Dies bedeutet, dass ein Institut, das in der Rangfolge im Betrachtungszeitraum einen hohen Wert und am Ende des Betrachtungszeitraums einen unverändert hohen Wert erzielt, in dieser Betrachtung keine Performance (in der Entwicklung) aufweist. Tatsächlich kann dies aber mit einer absoluten Erhöhung der Eigenkapitalausstattung einhergehen, da die Performance stets die relative Positionierung im Vergleich zur durchschnittlichen Entwicklung betrachtet.[30] Dies ist bei der Interpretation der Ergebnisse zu berücksichtigen. Im Rahmen der Clusterbildung scheint ein solches Vorgehen allerdings sinnvoll zu sein, denn die Positionsveränderung wird jeweils im Zusammenhang mit der Veränderungsintensität betrachtet. Mögliche Auffälligkeiten, die sich aus der Positionierung der Institute in der Ausgangslage ergeben, werden jedoch ebenfalls nachfolgend betrachtet (siehe Abschnitt 6.3).

Im Ergebnis zeigt sich, dass sich 32 Institute in ihrer Positionierung zum Ende im Vergleich zum Beginn des Betrachtungszeitraums verbessert haben (summierte Veränderung der Ränge >0). Es gibt demnach 28 Institute, die sich in ihrer Platzierung verschlechterten bzw. nicht veränderten (summierte Veränderung der Ränge ≤ 0).

6.3 Institutszuordnung und Charakterisierung der Analysecluster

Für die Clusterbildung wird zur Sicherstellung der Aussagefähigkeit der Cluster folgende Einteilung der Grenzwerte gewählt (Abbildung 6.2):

[30]Dieses Vorgehen nimmt Anleihe an den Ausführungen zur intraindustriellen Heterogenität in Innovationsprozessen („man muss so schnell wie möglich rennen, nur um am gleichen Platz zu bleiben"), *Woywode/Beck* (2014), 451 f., siehe Abschnitt 2.5.1. Übertragen auf das gewählte Vorgehen der Clusterbildung liegt Performance vor, wenn die Institute eine überproportionale Entwicklung zeigen und somit *schneller rennen als die anderen.*

- Hinsichtlich der Dynamik bzw. Veränderungsintensität (*X-Achse*) erfolgt die Teilung entlang des Median, um zwischen einer überproportionalen Veränderungsintensität (Index-Wert oberhalb des Median) sowie einer unterproportionalen Veränderungsintensität (Index-Wert auf bzw. unterhalb des Median) zu differenzieren (Abgrenzung zwischen Clustern A/C von Clustern B/D),
- bei der Performance bzw. Positionsveränderung gegenüber den anderen Instituten im Verbandsgebiet (*Y-Achse*) wird zwischen einer in Summe positiven und einer in Summe negativen Entwicklung in der Rangfolge unterschieden, d. h., Institute, die bei der summierten Veränderung der Rangfolge einen Wert > 0 erzielen, werden den Clustern A/B zugeordnet und Institute, die einen Wert von ≤ 0 erzielen, werden den Clustern C/D zugeordnet.

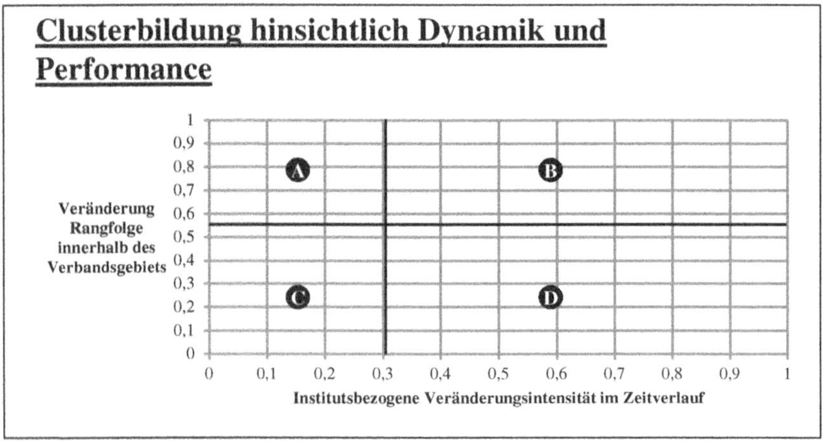

Abbildung 6.2 Clusterbildung hinsichtlich Dynamik und Performance in der Rangfolge

Die Einteilung der Cluster gemäß des beschriebenen Vorgehens ergibt folgendes Ergebnis (siehe Abbildung 6.3):

- Cluster A mit positiver Veränderung der Rangfolge entsprechend der betrachteten *Outputs* bei gleichzeitiger Veränderungsintensität im unteren Median: Zuordnung von 13 Instituten (*behutsame Performer*),
- Cluster B mit positiver Veränderung der Rangfolge entsprechend der betrachteten *Outputs* bei gleichzeitiger Veränderungsintensität oberhalb des Median: Zuordnung von 19 Instituten (*dynamische Performer*),

- Cluster C mit negativer bzw. keiner Veränderung der Rangfolge entsprechend der betrachteten *Outputs* bei gleichzeitiger Veränderungsintensität im unteren Median: 17 Institute (*behutsame Nicht-Performer*) sowie
- Cluster D mit negativer bzw. keiner Veränderung der Rangfolge entsprechend der betrachteten *Outputs* bei gleichzeitiger Veränderungsintensität oberhalb des Median: elf Institute (*dynamische Nicht-Performer*).

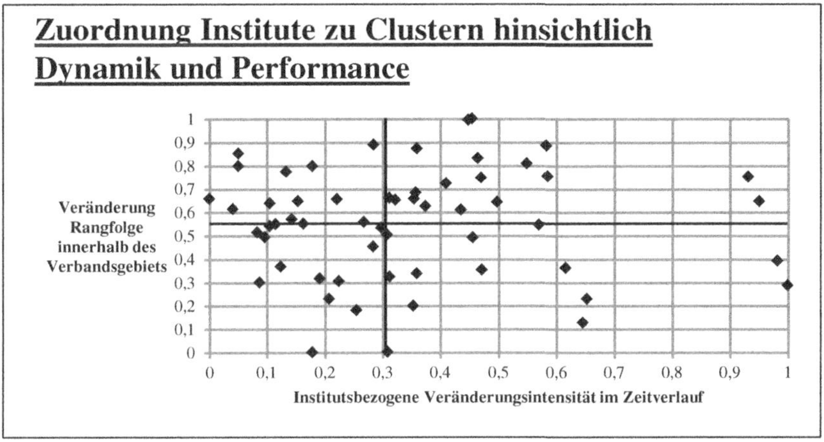

Abbildung 6.3 Zuordnung Institute zu Clustern hinsichtlich Dynamik und Performance

Dabei wird sichtbar, dass bis zu 1/6 aller Institute Index-Werte zugeordnet werden, die nah an den definierten Grenzwerten liegen (siehe Abbildung 6.3). Dies könnte den aufgeführten Anforderungen an die Clusterbildung widersprechen, nachdem sich Objekte in unterschiedlichen Clustern voneinander unterscheiden und geringfügige Änderungen in den Daten zu keiner erheblichen Veränderung der Ergebnisse führen sollen (siehe Abschnitt 6.1). Dem wird jedoch begegnet, indem die nachfolgenden Analysen nicht ausschließlich die einzelnen Cluster betreffen, sondern jeweils auch die Ebene der gebündelten Cluster mit berücksichtigt wird. Beispielsweise liegen einige Institute nahe am Grenzwert zwischen der Zuordnung zu Cluster A (*behutsame Performer*) und der Zuordnung zu Cluster C (*behutsame Nicht-Performer*). Das verbindende Charakteristikum dieser Institute ist jedoch die im Vergleich zu anderen Instituten geringer ausgeprägte Dynamik im Betrachtungszeitraum. Daher erfolgt zusätzlich zur Analyse der einzelnen Cluster etwa auch die Betrachtung des gebündelten Clusters

A/C (*behutsame Institute*). Mögliche Effekte aufgrund einer festen Zuordnung von Instituten mit Index-Werten nahe den definierten Grenzwerten werden somit sichtbar gemacht.[31]

Für die Bewertung der Veränderung in der Rangfolge der *Outputs* (Performance) erscheint es erforderlich zu sein, die durchschnittliche Rangfolge zu Beginn und zum Ende des Betrachtungszeitraums zu berücksichtigen. Diesbezüglich ergeben sich folgende durchschnittliche Ränge in den jeweiligen Clustern (siehe Abbildung 6.4):[32]

- in der Ausgangslage werden die höheren durchschnittlichen Ränge der *Outputs* bei den *behutsamen Nicht-Performern* (Clustern C) sowie den *dynamischen Nicht-Performern* (Cluster D) erzielt,
- bis zum Ende des Betrachtungszeitraums dreht sich dies allerdings und die *behutsamen Performer* (Cluster A) und die *dynamischen Performer* (Cluster B) erzielen im Durchschnitt die höheren Ränge und
- die geringste Bandbreite in der durchschnittlichen Rangfolge lässt sich bei den Instituten von *behutsamen Nicht-Performern* (Cluster C) beobachten, während sich die *behutsamen Performer* (Cluster A) und die *dynamischen Nicht-Performer* (Cluster D) durch eine hohe Bandbreite in der durchschnittlichen Rangfolge auszeichnen.

[31]Auf eine mögliche Zuordnung der Institute zu mehreren Clustern wird jedoch verzichtet, da hierbei zusätzliche Annahmen zu treffen sind, ab wann eine Zuordnung zu mehreren Clustern erfolgt. Wird die Bandbreite dieser Grenzbereiche beispielsweise zu hoch angesetzt, besteht die Gefahr, dass Unterschiede zwischen den Clustern verwischt werden. Auch auf eine zusätzliche Kontrollbetrachtung ohne die entsprechenden Grenzfälle wird verzichtet, da ansonsten teilweise nur noch eine sehr kleine Anzahl von Instituten in den Kontroll-Clustern verbleiben würde (z. B. verbleiben im Cluster D nur noch neun Institute, sofern die offensichtlichen Grenzfälle herausgerechnet werden). Auch hierbei besteht die Gefahr zunehmender Verzerrungen und ein Verstoß gegen die Anforderung einer hinreichenden Anzahl unterschiedlicher Objekte je Cluster. Vielmehr steht mit der zusätzlichen Betrachtung der gebündelten Cluster ein wirksames Instrument zur Verfügung, um die Effekte aus Grenzfällen sichtbar zu machen und gleichzeitig auf eine Mehrfachzuordnung zu verzichten.

[32]Da aufgrund der Analyse der Rangfolge eine potenzielle Verzerrung durch extreme Einzelwerte ausgeschlossen ist, erfolgt jeweils die Ermittlung von Durchschnittswerten anstatt der Betrachtung des Median.

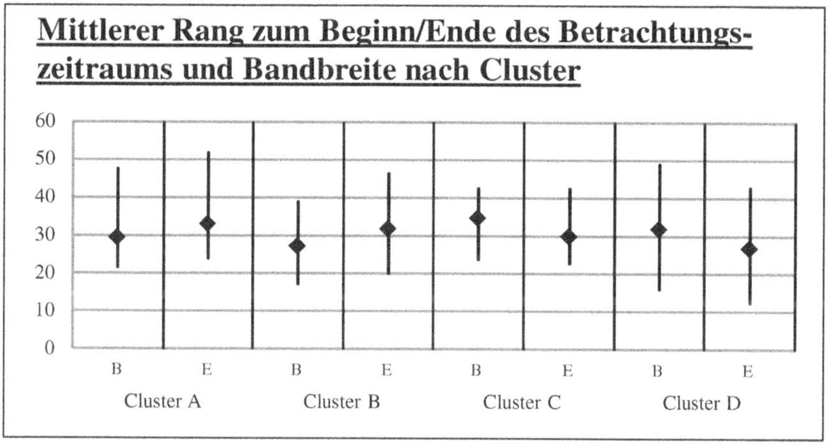

Abbildung 6.4 Mittlerer Rang zu Beginn/Ende des Betrachtungszeitraums nach Cluster

Bereits dieser Zusammenhang ist hoch interessant: Es zeigt sich, dass die *Performance* im Betrachtungszeitraum nicht nur zu marginalen Veränderungen führt, sondern vielmehr, dass die Entwicklung in Folge der Finanzkrise zu einer Umkehr der Verhältnisse bei den erzielten *Outputs* geführt hat. Die Institute mit relativ hohen *Outputs* in der Ausgangslage mussten ihren Platz nach der Entwicklung im Betrachtungszeitraum abgeben.

Dies zeigt sich auch aggregiert in der Betrachtung nach gebündelten Clustern (siehe Abbildung 6.5): Während die *Performer* (Cluster A/B) in der Ausgangssituation im Mittel geringere Werte gegenüber den *Nicht-Performern* (Cluster C/D) aufweisen, hat sich dieses Verhältnis zum Ende des Betrachtungszeitraums vollständig umgekehrt. In der Ausgangslage zeigten außerdem die *behutsamen Institute* (Cluster A/C) höhere *Outputs* als die *dynamischen Institute* (Cluster B/D). Im Betrachtungszeitraum konnten die *dynamischen Institute* (Cluster B/D) hier ebenfalls ihre Position gegenüber den *behutsamen Instituten* (Cluster A/C) verbessern. Anders als im oben aufgeführten Schnitt der Cluster gelang es den *dynamischen Instituten* (Cluster B/D) allerdings nicht, die Verhältnisse vollständig umzukehren. Die *behutsamen Institute* (Cluster A/C) erzielen auch am Ende des Betrachtungszeitraums noch die höheren *Outputs*. Dies zeigt jedoch, dass ein hoher Zusammenhang zwischen Dynamik und der Performance der Institute besteht. Andererseits ist eine hohe Dynamik alleine jedoch nicht ausreichend, um die Positionierung umfassend zu verändern.

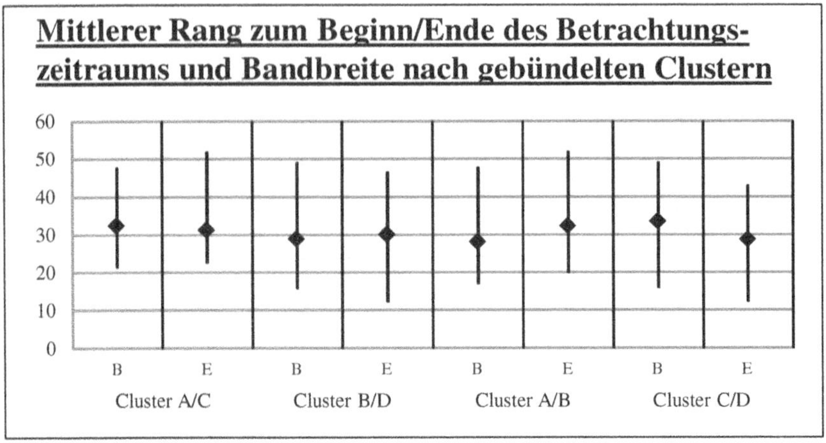

Abbildung 6.5 Mittlerer Rang zu Beginn/Ende des Betrachtungszeitraums nach gebündelten Clustern

Allerdings zeigt sich kein einheitliches Bild bei der Ausstattung einzelner *Outputs* zu Beginn und zum Ende des Betrachtungszeitraums:

Während sich die geringeren mittleren Rangwerte der *behutsamen Performer* (Cluster A) in der Ausgangslage insbesondere auf die Betriebsergebnisse (O_2) sowie die Kundenzufriedenheit (O_5) zurückführen lassen, zeigen sich bei den *dynamischen Performern* (Cluster B) dagegen insbesondere die Eigenkapitalausstattung (O_1) sowie die Giromarkt-Kennziffer (O_3) als verantwortliche Treibergrößen für die festgestellte Performance. Spiegelbildlich sind dagegen die Eigenkapitalausstattung (O_1) sowie die Giromarkt-Kennziffer (O_3) gerade Parameter, die die gute Ausgangslage der behutsamen *Nicht-Performer* (Cluster C) erklären. Schließlich hängt die positive Ausgangslage der *dynamischen Nicht-Performer* (Cluster D) in der Ausgangslage vom Betriebsergebnis (O_2) sowie der Beschäftigtenproduktivität ab.

Die *behutsamen Performer* (Cluster A) zeigen in der Ausgangslage gegenüber den *dynamischen Performern* (Cluster B) höhere *Outputs* bei der Eigenkapitalausstattung (O_1) sowie der Giromarkt-Kennziffer (O_3) und der Beschäftigtenproduktivität. Beim Betriebsergebnis (O_2) gibt dagegen der *dynamische Performer* (Cluster B) einen Vorsprung in der Ausgangslage. Dagegen zeigen sich in der Ausgangslage starke Vorteile der *behutsamen Nicht-Performer* (Cluster C) gegenüber den *dynamischen Nicht-Performern* (Cluster D) bei der Eigenkapitalausstattung (O_1) sowie der Giromarkt-Kennziffer (O_3). Die *dynamischen Nicht-Performer* (Cluster D) hatten dagegen Vorteile bei den Betriebsergebnissen (O_2) sowie der Beschäftigtenproduktivität.

Erwartungsgemäß zeigen sich deutliche Unterschiede in der Entwicklungsintensität zwischen den Clustern je nach Kennzahl (siehe Abbildung 6.6): Während die Veränderungen in der Rangfolge bei der Eigenkapitalausstattung (O_1) sowie der Giromarkt-Kennziffer (O_3) sehr gering ausfallen, zeigen sich sehr hohe Veränderungen bei den Betriebsergebnissen (O_2), der Kundenzufriedenheit (O_5) sowie der Kundenbindung (O_9/O_{10}).

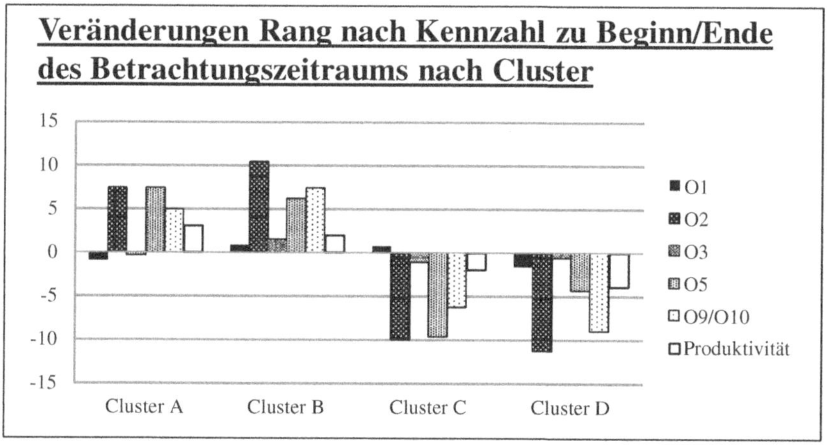

Abbildung 6.6 Veränderungen Rang nach Kennzahl zu Beginn/Ende des Betrachtungszeitraums

Insgesamt zeigt sich eine sehr hohe Stabilität in der Rangfolge bei der Eigenkapitalausstattung (O_1) der Institute im Betrachtungszeitraum, wobei die *behutsamen Nicht-Performer* (Cluster C) ihre sehr starke Position sogar nochmals ausbauen (siehe Abbildung 6.7).

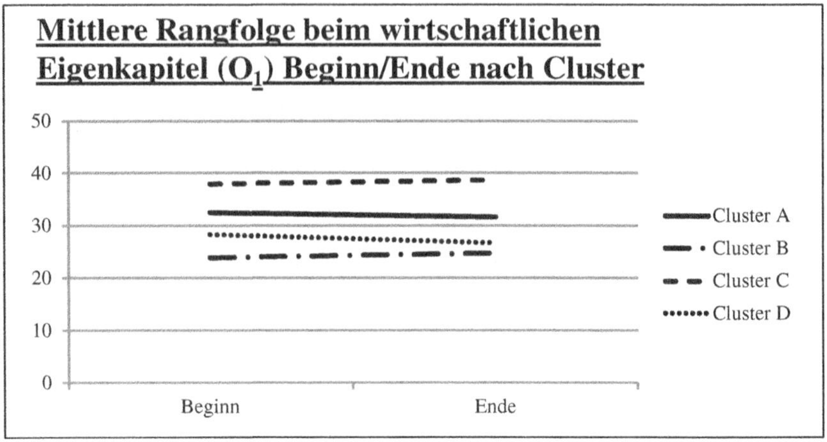

Abbildung 6.7 Rangfolge beim wirtschaftliches Eigenkapitel (O_1) Beginn/Ende

Dagegen zeigen sich sehr deutliche Veränderungen bei der Entwicklung der Betriebsergebnisse (O_2) (siehe Abbildung 6.8). Die *dynamischen Performer* (Cluster B) können ihre Position dabei noch deutlicher ausbauen als die *behutsamen Performer* (Cluster A), die *Nicht-Performer* (Cluster C/D) verlieren dagegen stark.

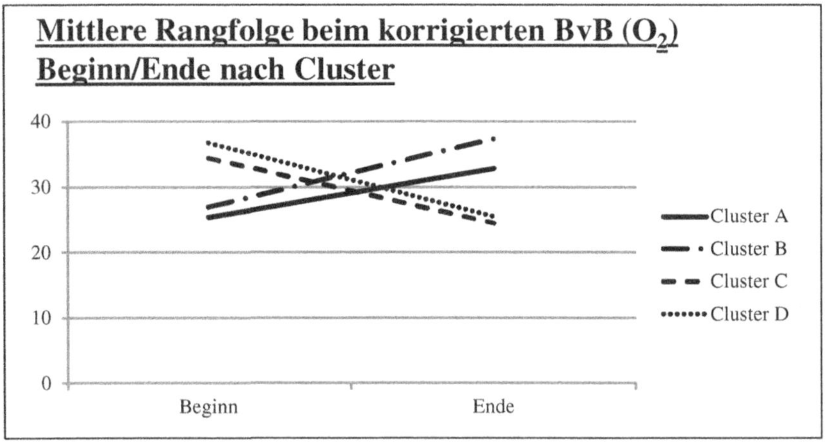

Abbildung 6.8 Rangfolge beim korrigierten BvB (O_2) Beginn/Ende

Die Entwicklung der Giromarkt-Kennziffer (O_3) zeigt dagegen wiederum eine hohe Stabilität (siehe Abbildung 6.9). Allerdings verlieren die *behutsamen Nicht-Performer* (Cluster C) trotz der Beibehaltung der höchsten Merkmalsausprägungen hier am stärksten. Einzig die *dynamischen Performer* (Cluster B) können sich hierbei steigern.

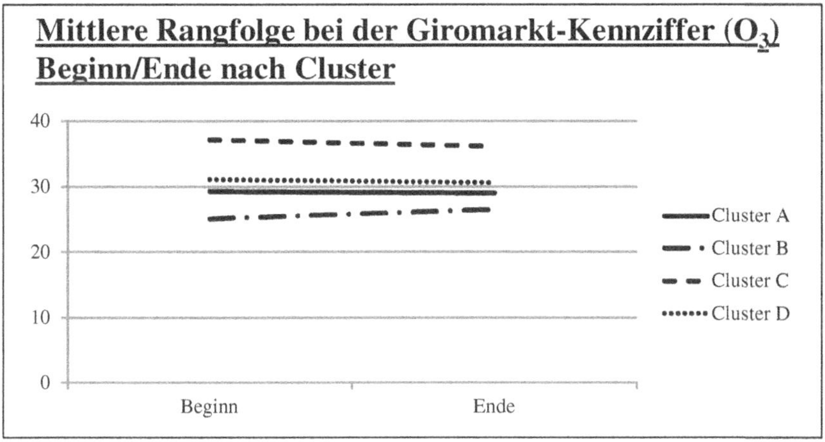

Abbildung 6.9 Rangfolge bei der Giromarkt-Kennziffer (O_3) Beginn/Ende

Starke Veränderungen gibt es dagegen wieder bei der Entwicklung der Kundenzufriedenheit (O_5) sowie der Kundenbindung (O_9/O_{10}) (siehe Abbildung 6.10 sowie Abbildung 6.11). Während die Unterschiede zwischen den Clustern in der Ausgangslage vergleichsweise gering sind, können sich die *Performer* (Cluster A/B) hierbei sehr deutlich von den *Nicht-Performern* (Cluster C/D) im Betrachtungszeitraum absetzen. Während die *behutsamen Nicht-Performer* (Cluster C) bei der Kundenzufriedenheit am stärksten verlieren, gibt es die stärkste Reduktion im Bereich der Kundenbindung bei den *dynamischen Nicht-Performern* (Cluster D).

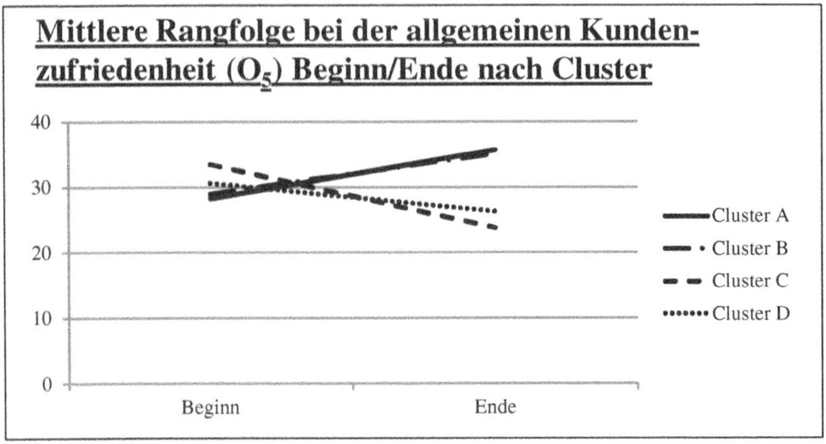

Abbildung 6.10 Rangfolge bei der allgemeinen Kundenzufriedenheit (O_5) Beginn/Ende

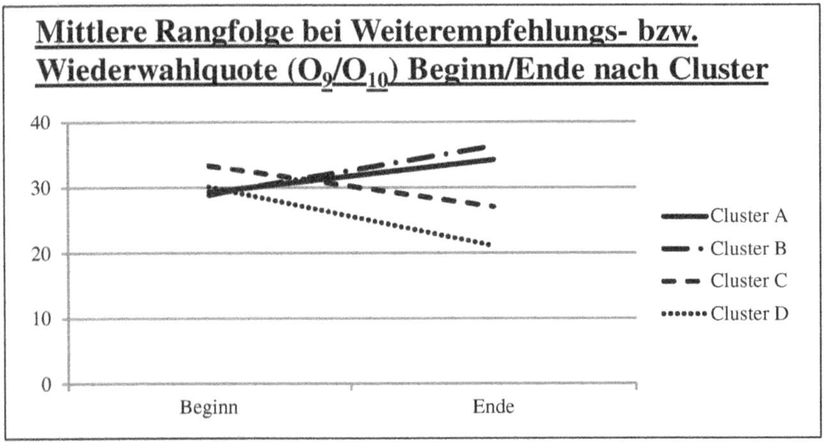

Abbildung 6.11 Rangfolge bei Weiterempfehlungs- bzw. Wiederwahlquote (O_9/O_{10}) Beginn/Ende

Dagegen fallen die Veränderungen bei der Beschäftigtenproduktivität deutlich geringer aus (siehe Abbildung 6.12). Die *Performer* (Cluster A/B) und dabei insbesondere die *behutsamen Performer* (Cluster A) könnten ihre Position jedoch im Betrachtungszeitraum verbessern. Diese Verbesserung geht insbesondere zulasten der *dynamischen Nicht-Performer* (Cluster D).

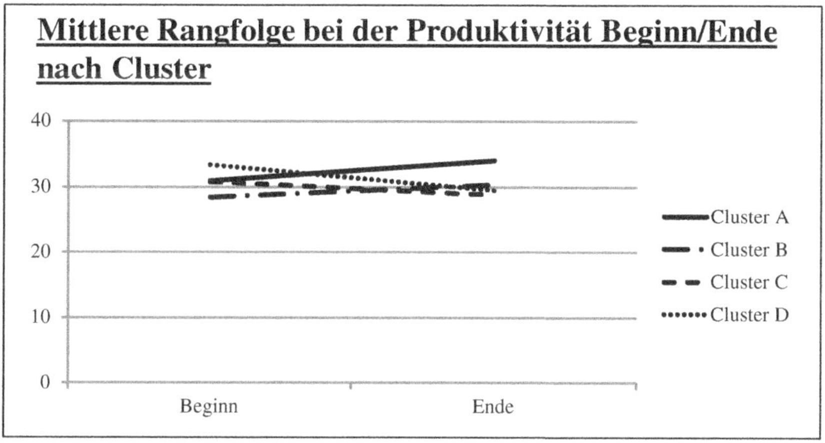

Abbildung 6.12 Rangfolge bei der Beschäftigtenproduktivität Beginn/Ende

Demnach lassen sich zusammenfassend folgende Bereiche charakterisieren, bei denen die *Performer* (Cluster A/B) ihre Position gegenüber den *Nicht-Performern* (Cluster C/D) im Betrachtungszeitraum deutlich verbessern könnten (siehe Abbildung 6.13):

- die Betriebsergebnisse (O_2),
- die Kundenzufriedenheit (O_5) sowie die Kundenbindung (O_9/O_{10}) und
- die Beschäftigtenproduktivität.

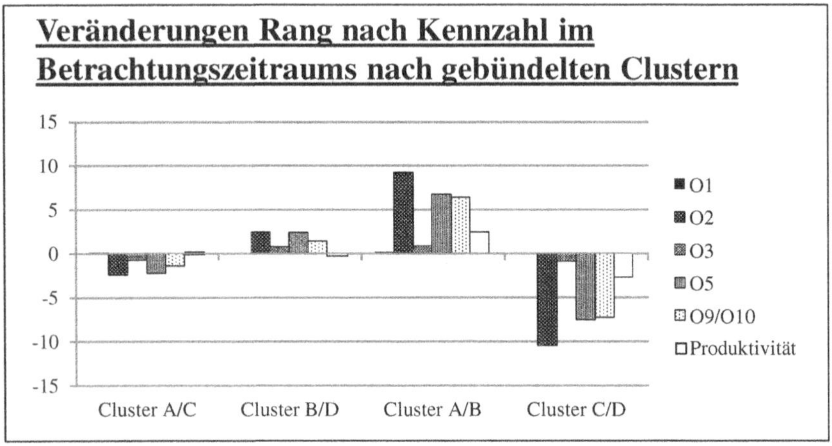

Abbildung 6.13 Veränderungen Rang nach Kennzahl zu Beginn/Ende des Betrachtungszeitraums

6.4 Zusammenhang von Institutsgröße sowie exogenen Einflussfaktoren

Die Betrachtung des Leistungserstellungsprozesses der westfälisch-lippischen Sparkassen hat bereits gezeigt, dass es eine Reihe von linearen Zusammenhängen zwischen den Merkmalsausprägungen von Kennzahlen sowie den exogenen Einflussfaktoren gibt (siehe Kapitel 5). Es ist dabei unstrittig, dass nicht alle kennzahlenbasierten Veränderungen durch Entscheidungen der Institute oder gar die institutionelle Konstitution der Sparkassen-Finanzgruppe erklärbar sind. Daher sollen auch clusterspezifische Auffälligkeiten hinsichtlich der Institutsgröße bzw. in Bezug auf die exogenen Einflussfaktoren nachfolgend untersucht werden.

Hinsichtlich des Geschäftsvolumens zum Ende des Betrachtungszeitraums zeigen die *behutsamen Institute* (Cluster A/C) dabei eine deutlich höhere Institutsgröße als die *dynamischen Institute* (Cluster B/D) (siehe Abbildung 6.14). Dies erscheint plausibel, da kleinere Organisationen schneller und weitgehender auf Veränderungen und Anpassungsbedarfe reagieren können. Gleichzeitig führen absolut gleiche Anpassungen bei kleineren Instituten zu relativ größeren

Veränderungen und damit zu einer höheren Veränderungsintensität bezogen auf die vorliegende Clusteranalyse.[33]

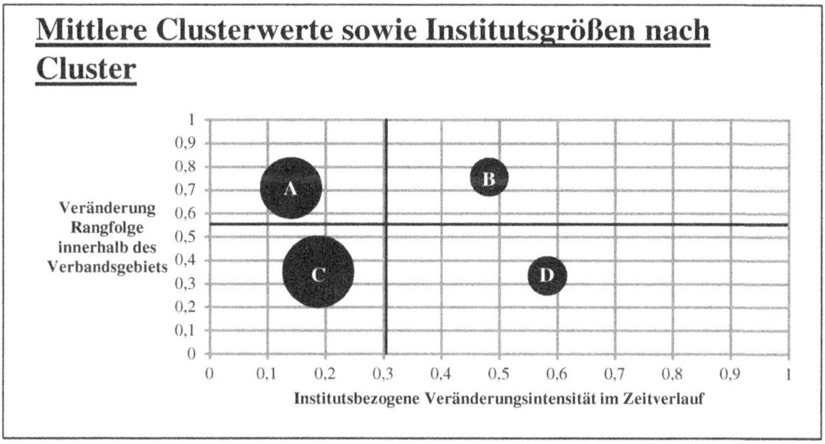

Abbildung 6.14 Clusterwerte sowie Institutsgrößen nach Cluster

Die Unterschiede hinsichtlich der Institutsgröße zeigen sich demgegenüber beim Abgleich zwischen den *Performern* (Cluster A/B) und den *Nicht-Performern* (Cluster C/D) in etwas geringerem Umfang (siehe Abbildung 6.15). Die *behutsamen Institute* (Cluster A/C) und die *Nicht-Performer* (Cluster C/D) zeichnen sich durch die höchste Institutsgröße und gleichzeitig den geringsten Abweichungskoeffizienten innerhalb des Clusters aus, der im Zeitverlauf leicht zurückgegangen ist. Dagegen sind die Unterschiede (25 %-Quantil, 75 %-Quantil, Median sowie Abweichungskoeffizient) zwischen den Instituten bei den *Performern* (Cluster A/B) sowie den *dynamischen Instituten* (Cluster B/D) deutlich stärker ausgeprägt.

---

[33]Beispiel: Zwei Institute reduzieren die Anzahl ihrer Sparkassenstellen um jeweils drei Sparkassenstellen. Das Netz an Sparkassenstellen besteht beim größeren Institut aus 60 Sparkassenstellen und beim kleineren Institut aus 15 Sparkassenstellen. Dies macht deutlich, dass die relative Anpassung und damit die Dynamik beim kleinen Institut (−20 %) deutlich höher ausfällt als beim größeren Institut (−5 %), obwohl es sich absolut um eine identische Anpassung handelte.

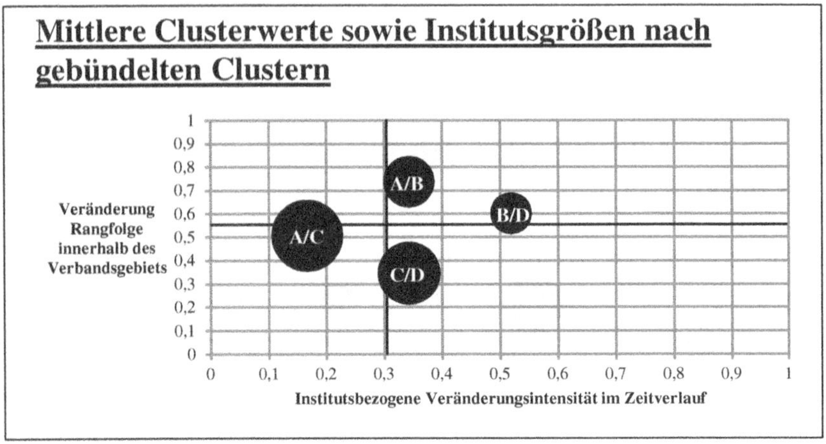

Abbildung 6.15 Clusterwerte sowie Institutsgrößen nach gebündelten Clustern

Im Betrachtungszeitraum fanden insgesamt 16 Zusammenschlüsse bei den westfälisch-lippischen Sparkassen statt (siehe Abschnitt 4.3), davon 15 Zusammenschlüsse mit Beteiligung der größeren *behutsamen Institute* (Cluster A/C). Konkret gab es davon neun Zusammenschlüsse bei den *behutsamen Performern* (Cluster A) (60 %) und sechs Zusammenschlüsse bei den *behutsamen Nicht-Performern* (Cluster C) (40 %). Darüber hinaus gab es einen Zusammenschluss unter Beteiligung eines *dynamischen Performers* (Cluster B). Die *dynamischen Nicht-Performer* (Cluster D) waren an keinem Zusammenschluss beteiligt. Demnach gab es knapp 63 % der Fusionen bei den *Performern* (Cluster A/B).

In Vorbereitung der institutionenökonomischen Analyse, soll nachfolgend außerdem überprüft werden, inwiefern sich Besonderheiten bei den exogenen Faktoren hinsichtlich der Clusterzuordnung zeigen. Dabei werden die Flächengröße des Geschäftsgebiets (E_1), die Einwohnerzahl (E_2), die Einwohnerdichte (E_3), die Kaufkraft im Geschäftsgebiet (E_4) sowie die Wettbewerbsintensität (E_5) betrachtet.[34]

[34]Für den Beginn des Betrachtungszeitraums wird dafür der Mittelwert der Merkmalsausprägungen nach Institut für die Jahre 2008 bis 2010 gebildet. Für das Ende des Betrachtungszeitraums wird wiederum bei allen Kennzahlen der Mittelwert der Merkmalsausprägungen aus den Jahren 2015 bis 2017 genutzt. Bei der Kaufkraft (E_4) handelt es sich dagegen um den Mittelwert der Jahreswerte für 2010 bis 2012 für den Beginn des Betrachtungszeitraums.

Die *behutsamen Institute* (Cluster A/C) mit der größeren Institutsgröße zeichnen sich auch durch größere Geschäftsgebiete (E_1) aus (siehe Abbildung 6.16). Bei den *behutsamen Instituten* (Cluster A/C) handelt es sich also nicht ausschließlich um Institute mit rein städtisch geprägten Geschäftsgebieten, bei denen eher mit einer kleineren Fläche des Geschäftsgebiets zu rechnen wäre. Außerdem zeigen sich bei den *behutsamen Instituten* (Cluster A/C) eine höhere Einwohnerzahl (E_2) sowie im Ergebnis eine höhere Einwohnerdichte (E_3).

Dagegen sind die Unterschiede zwischen den Clustern in der Ausgangslage in Bezug auf die Kaufkraft (E_4) deutlich geringer ausgeprägt, wobei diese bei den *dynamischen Instituten* (Cluster B/D) leicht über dem Durchschnitt liegt. Auch beim Wettbewerbsdruck (E_5) gibt es in der Ausgangslage eher geringe Unterschiede, wobei der Wettbewerbsdruck (E_5) bei den *behutsamen Performern* (Cluster A) überdurchschnittlich ausgeprägt ist.

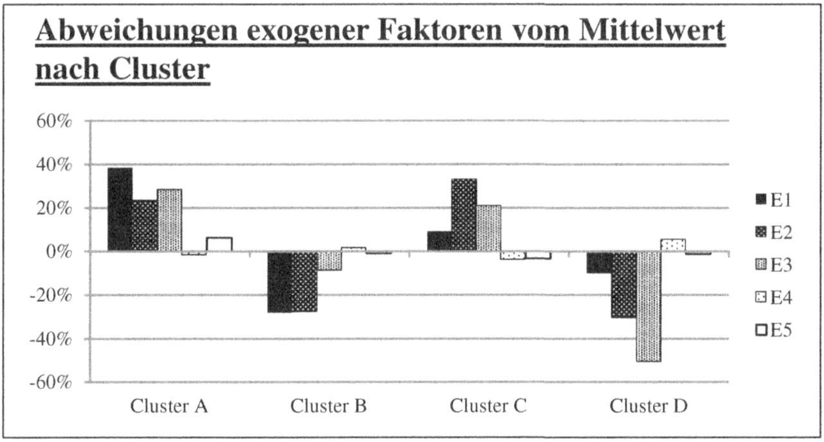

Abbildung 6.16 Abweichungen exogener Faktoren nach Cluster

In der aggregierten Betrachtung nach gebündelten Clustern sind die Unterscheide hinsichtlich der exogenen Faktoren zwischen den *Performern* (Cluster A/B) und den *Nicht-Performern* (Cluster C/D) ebenso vergleichsweise gering (siehe Abbildung 6.17). Die *Performer* (Cluster A/B) zeigen gegenüber den *Nicht-Performern* eine etwas geringere Einwohnerzahl (E_2) bei einer gleichzeitig leicht überdurchschnittlichen Einwohnerdichte (E_3). Mit Unterschieden bei den exogenen Einflussfaktoren in der Ausgangslage lässt sich die gute Performance der Institute demnach nicht erklären. Dagegen ist die Dynamik der Institute deutlich mit den exogenen Einflussfaktoren korreliert: *Behutsame Institute* (Cluster A/C) zeichnen sich durch ein größeres Geschäftsgebiet (E_1), mehr Einwohner auf dem Geschäftsgebiet (E_2) und eine höhere Einwohnerdichte (E_3) aus.

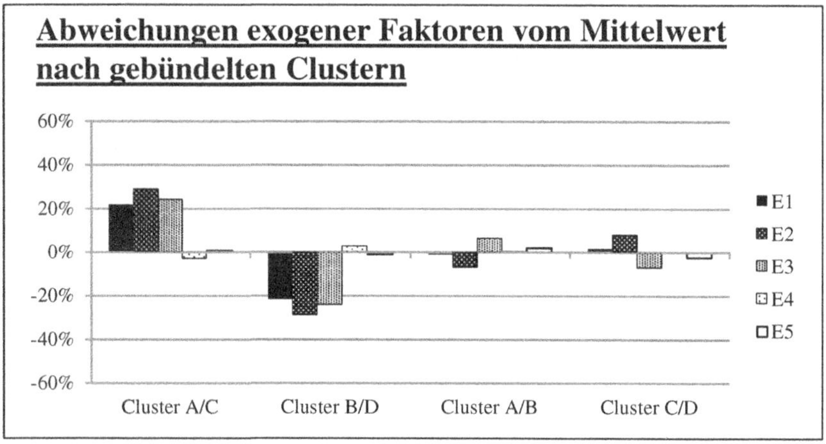

Abbildung 6.17 Abweichungen exogener Faktoren nach gebündelten Clustern

Zusätzlich soll die Veränderung im Bereich der exogenen Faktoren im Betrachtungszeitraum analysiert werden (siehe Abbildung 6.18). Die stärksten Unterschiede zeigen sich hier bei der Entwicklung der Wettbewerbsintensität (E_5): Während diese bei den *behutsamen Instituten* (Cluster A/C) deutlich zurückgegangen ist, hat sie sich bei den *dynamischen Instituten* (Cluster B/D) dagegen spürbar erhöht.[35]

[35]Bei der Interpretation ist die Ermittlung der Veränderungsintensität zu berücksichtigen: Ein Bestandteil für eine hohe Veränderungsintensität ist eine starke Anpassung bei der relevanten Ausstattung mit Sparkassenstellen. Wie bereits gezeigt, haben im Betrachtungszeitraum fast 87 % der Institute die absolute Anzahl ihrer Sparkassenstellen reduziert (siehe Abschnitt 5.1.2). Bei einer Reduktion der Sparkassenstellen und einer gleichbleibenden Anzahl der Standorte von Wettbewerbern auf dem Geschäftsgebiet eines Instituts führt dies c. p. zu einer Erhöhung der Wettbewerbsintensität, ohne eine Anpassung des Vertriebsnetzes durch Wettbewerber.

Die überdurchschnittliche Ausstattung mit Sparkassenstellen (I_3) bei den eher kleineren *dynamischen Instituten* (Cluster B/D) ist zurückgegangen (siehe Abschnitt 5.1.2). Zusätzlich sind in den eher ländlich geprägten Geschäftsgebieten mit einer geringeren Einwohnerdichte (E_3) die Genossenschaftsbanken die wesentlichen Wettbewerber der Sparkassen. Dass die Genossenschaftsbanken ihr Standortnetz im Betrachtungszeitraum in etwas geringerem Umfang als die Sparkassen reduzierten, spricht ebenfalls für eine Erhöhung der Wettbewerbsintensität (siehe Abschnitt 4.4.3). Interessanterweise ist es den *dynamischen Instituten* (Cluster B/D) trotzdem gelungen, die relative Positionierung bei der Giromarkt-Kennziffer (O_3) leicht gegenüber den *behutsamen Instituten* (Cluster A/C) zu verbessern. Es zeigt sich hierbei zwar ein negativer – wenngleich im Betrachtungszeitraum rückläufiger – Zusammenhang zwischen der Wettbewerbsintensität (E_5) und der Giromarkt-Kennziffer (O_3) (siehe Abschnitt 5.4.3). Die dynamischen Institute (Cluster B/D) konnten entgegen dieses Zusammenhangs trotz einer Erhöhung der Wettbewerbsintensität (E_5) ihre Positionierung bei der Giromarkt-Kennziffer (O_3) verbessern. Bei den weiteren exogenen Faktoren gibt es dagegen kaum clusterspezifische Unterschiede hinsichtlich der Veränderung im Betrachtungszeitraum.

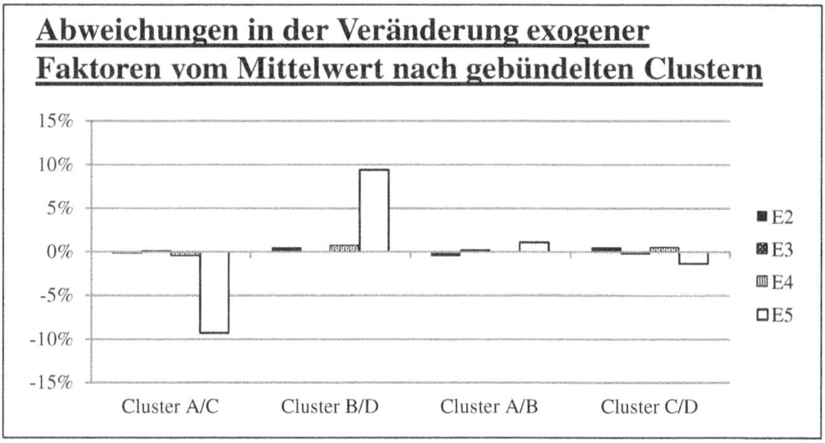

Abbildung 6.18 Abweichungen in der Veränderung exogener Faktoren nach gebündelten Clustern (Ermittlung der mittleren Veränderung zwischen Beginn des Betrachtungszeitraums (kennzahlenspezifischer Mittelwert 2008 bis 2010 bzw. 2010 bis 2012) und dem Ende des Betrachtungszeitraums (kennzahlenspezifischer Mittelwert 2015 bis 2017) hinsichtlich der exogenen Faktoren und Ermittlung der Abweichung dieser Veränderungen in den Clustern)

6.5 Zwischenfazit

Auch wenn sich das Geschäftsmodell der westfälisch-lippischen Institute durch eine hohe Stabilität im Betrachtungszeitraum auszeichnet (siehe Abschnitt 5.5), gab es im Bereich ihrer Performance entscheidende Veränderungen: Hinsichtlich der Betriebsergebnisse (O_2), der Kundenzufriedenheit (O_5), der Kundenbindung (O_9/O_{10}) als auch bei der Beschäftigtenproduktivität konnten sich die *Performer* (Cluster A/B) deutlich steigern. Dies ist nicht nur mit einer kleinen Verbesserung der Positionierung innerhalb der westfälisch-lippischen Institute verbunden. Die zu Beginn des Betrachtungszeitraums noch überall hinsichtlich ihrer *Outputs* teils deutlich stärkeren *Nicht-Performer* (Cluster C/D) haben diese Position zugunsten der *Performer* (Cluster A/B) klar verloren. Interessanterweise lässt sich diese Entwicklung nicht oder nur sehr eingeschränkt auf die Institutsgröße oder die externen Einflussfaktoren zurückführen. Allerdings liegen die *Performer* (Cluster A/B) bei den im Betrachtungszeitraum sehr stabilen *Outputs*, namentlich der Eigenkapitalausstattung (O_1) sowie der Giromarkt-Kennziffer (O_4), auch weiterhin hinter den *Nicht-Performern* (Cluster C/D).

Zwischen den *behutsamen Instituten* (Cluster A/C) und den *dynamischen Instituten* (Cluster B/D) zeigen sich dagegen erwartungsgemäß geringere Veränderungen hinsichtlich der *Outputs* im Betrachtungszeitraum. Insgesamt zeichnen sich die *behutsamen Institute* (Cluster A/C) durch eine stärkere und im Betrachtungszeitraum sehr stabile Eigenkapitalausstattung (O_1) aus, wobei die *dynamischen Institute* (Cluster B/D) ihre *Outputs* insgesamt zulasten der *behutsamen Institute* (Cluster A/C) leicht steigern konnten. Die Verschiebung zugunsten der *dynamischen Institute* (Cluster B/D) zeigt sich wiederum bei den Betriebsergebnissen (O_2), der Kundenzufriedenheit (O_5) sowie der Kundenbindung (O_9/O_{10}). Die *dynamischen Institute* (Cluster B/D) sind dabei im Durchschnitt deutlich kleiner als die *behutsamen Institute* (Cluster A/C) und zeichnen sich durch eine niedrigere Bevölkerungszahl (E_2) und eher ländlich geprägte Geschäftsgebiete (E_3) aus.

Diese Befunde zeigen zum einen die erwartungsgemäßen Unterschiede in der Veränderungsintensität zwischen den einzelnen *Outputs* im Betrachtungszeitraum (z. B. sehr hohe Stabilität der Ausstattung mit Eigenkapitel (O_1). Zum anderen wird deutlich, dass bei einem Teil der *Outputs* auch sehr deutliche Anpassungen im Betrachtungszeitraum nach der Finanzkrise möglich waren. Doch welche Organisationsstruktur und welche Entscheidungen haben im Betrachtungszeitraum zu einer hohen Performance beigetragen? Im nächsten Kapitel wird diesbezüglich analysiert, welche institutionenökonomischen Erklärungsansätze sich für die aufgeführten Befunde zeigen.

7 Institutionenökonomische Analyse

Mit der Erstellung von Analyseclustern wurde im letzten Kapitel die Voraussetzung für eine institutionenökonomische Analyse geschaffen. Hierbei soll im Wesentlichen geprüft werden, welchen Einfluss und Erklärungsgehalt die institutionelle vertriebliche Konstitution der Institute auf deren Entwicklung im Betrachtungszeitraum besitzt. Es wird dabei grundsätzlich von einem wechselseitigen Zusammenhang zwischen der institutionellen Konstitution sowie der gezeigten Dynamik und Performance der Institute ausgegangen. Die institutionenökonomische Analyse umfasst die drei nachfolgenden Elemente:

- Analyse des Grades an Zentralität in der vertrieblichen Organisationsstruktur der westfälisch-lippischen Institute (Abschnitt 7.1),
- Analyse der Veränderung in der vertrieblichen Organisationsstruktur der Institute im Betrachtungszeitraum (Abschnitt 7.2) sowie
- Analyse der vertriebsstrategischen Ausrichtung bzw. des diesbezüglichen Umsetzungsstandes bei den westfälisch-lippischen Instituten (Abschnitt 7.3).

Die Entscheidungen zur Ausgestaltung der vertrieblichen Organisationsstruktur bestimmen die Art und Weise des Leistungserstellungsprozesses der Institute im Kundengeschäft mit (siehe Kapitel 5). Für die Analyse der Zentralität in der vertrieblichen Organisationsstruktur zum Ende des Betrachtungszeitraumes wird eine entsprechende Rangfolge zwischen den Instituten gebildet (Abschnitt 7.1.1). Anschließend wird der diesbezügliche Zusammenhang zur institutsspezifischen Entwicklung im Betrachtungszeitraum hinsichtlich Dynamik und Performance untersucht (Abschnitt 7.1.2) und es werden dabei auch wieder die Zusammenhänge zu den exogenen Einflussfaktoren betrachtet (Abschnitt 7.1.3). Damit soll das Zusammenwirken zwischen der Entwicklung der Institute (Dynamik

R. Conrad, *Performance, Dynamik und Konvergenz im Banking*,
https://doi.org/10.1007/978-3-658-30740-0_7

und Performance) im Betrachtungszeitraum auf die vertriebliche Organisationsstruktur zum Ende des Betrachtungszeitraums hin untersucht werden.

Um auch wechselseitige Zusammenhänge zwischen der Entwicklung der Institute und ihrer Organisationsstruktur aufzeigen zu können, soll zusätzlich der Grad an Veränderung in der stationären vertrieblichen Organisationsstruktur im Betrachtungszeitraum Beachtung finden (Abschnitt 7.2). Dies betrifft zum einen die Veränderungsintensität (Abschnitt 7.2.1) und zum anderen die Veränderungsrichtung (Abschnitt 7.2.2) hinsichtlich der Zentralität in der stationären vertrieblichen Organisationsstruktur der Institute.

Außerdem ist die strategische Positionierung in der Ausrichtung der vertrieblichen Organisationsstruktur im Geschäft mit privaten Kunden sowie deren Status der Implementierung zu berücksichtigen. Hierzu entwickeln die Verbände strategische Konzeptionen in Zusammenarbeit mit den relevanten Akteuren in der Sparkassen-Finanzgruppe (siehe Abschnitt 3.1). Da es sich bei den Instituten allerdings um rechtlich eigenständige Organisationen handelt, steht es den Sparkassen frei, sich mit der Konzeption zu beschäftigten, die Konzeption umzusetzen bzw. von der Konzeption in der Umsetzung abzuweichen (siehe Abschnitt 3.1).

Diesbezüglich werden bereitgestellte Befragungsergebnisse des SVWL bei den westfälisch-lippischen Instituten aus den Jahren 2017 sowie 2018 für die Analyse genutzt. Dabei soll zunächst der clusterspezifische Beteiligungsgrad der Institute an den Befragungen betrachtet werden (Abschnitt 7.3.1). Es folgt die Einschätzung der beteiligten Institute zu deren Aktivität in relevanten konzeptionellen Bereichen (Abschnitt 7.3.2) und zum Anteil der festgestellten konzeptionellen Zielbildeignung durch die Institute (Abschnitt 7.3.3). Schließlich wird die Umsetzungsstringenz differenziert nach konzeptionellen Bereichen betrachtet (Abschnitt 7.3.4). Ziel ist es, dabei Zusammenhänge zwischen der Entwicklung der Institute im Betrachtungszeitraum über die Clusterzuordnung und der Ausrichtung der vertrieblichen Organisationsstruktur zu identifizieren. Außerdem können die Befragungsergebnisse Indizien dafür geben, wie passgenau die bereitgestellten Konzeptionen des Verbands aus Sicht der Institute sind und wie stark diese durch die Häuser angenommen werden.

7.1 Zentralität der vertrieblichen Organisationsstruktur

Nachfolgend soll überprüft werden, inwiefern sich ein Zusammenhang zwischen der institutsspezifischen Entwicklung hinsichtlich Dynamik bzw. Performance und dem Grad an Zentralität in der vertrieblichen Organisationsstruktur zeigt.

Die Clusterbildung berücksichtigt die Entwicklung der Institute im Betrachtungszeitraum und der zu ermittelnde Grad für die Zentralität der vertrieblichen Organisationsstruktur wird zunächst für das Ende des Betrachtungszeitraums ermittelt. Daher kann hierbei zunächst der Einfluss der Clusterzuordnung auf die Zentralität der vertrieblichen Organisationsstruktur überprüft werden.

Zur Bildung der mittleren Rangfolge für die Bewertung der Zentralität in der vertrieblichen Organisationsstruktur der Institute werden verschiedene Kennzahlen zur Struktur des stationären Vertriebsnetzes sowie des Online-/Mobile-Kanals genutzt (Abschnitt 7.1.1). Anschließend erfolgt eine Betrachtung der Zentralität der vertrieblichen Organisationsstruktur nach Clustern bzw. gebündelten Clustern (Abschnitt 7.1.2). Außerdem wird wiederum der Zusammenhang mit den exogenen Einflussfaktoren untersucht (Abschnitt 7.1.3).

7.1.1 Bildung Rangfolge

Die vertriebliche Organisationsstruktur berücksichtigt Kennzahlen zu den wesentlichen Vertriebswegen, die durch die Bank für das Kundengeschäft vorgehalten werden. Das Geschäftsmodell der Sparkassen zeichnet sich traditionell durch eine Fokussierung auf das stationäre Vertriebsnetz aus (siehe Abschnitt 3.1.4), wobei es zu einer deutlichen Reduktion im Bereich der Sparkassenstellen im Betrachtungszeitraum kam (siehe Abschnitt 5.1.2). In den bisherigen Betrachtungen wurde allerdings – abgesehen von der Beschäftigtenintensität je Sparkassenstelle (I_4), d. h. der durchschnittlichen Größe der Sparkassenstellen – auf die Ausstattung mit Sparkassenstellen und nicht auf deren Größenstruktur abgestellt.

Nachfolgend steht mit Blick auf die spezifischen institutionenökonomischen Fragestellungen dagegen deren vertriebliche Organisationsstruktur im Mittelpunkt, d. h. zum einen die Größe der mitarbeiterbesetzten Standorte (über die Anzahl der am jeweiligen Standort zugeordneten Mitarbeiter) und zum anderen die Art der Sparkassenstellen (Anteil von mitarbeiterbesetzten Standorten und nicht-mitarbeiterbesetzten SB-Standorten).

Es konnte außerdem gezeigt werden, dass der Online-/Mobile-Kanal erheblich an Bedeutung gewonnen hat (siehe Abschnitt 4.5). Dementsprechend erscheint es sinnvoll zu sein, neben dem stationären Vertriebsnetz auch die relevanten Kennzahlen des Online-/Mobile-Kanals zu berücksichtigen. Hierbei wird zum einen der Anteil der Konten privater Kunden, die online geführt werden, betrachtet (Nutzung). Zum anderen soll auch betrachtet werden, wie hoch davon der Anteil der aktiven Nutzer unter denjenigen ist, deren Konto online geführt wird (Aktivität).

Zur Bildung einer Rangfolge der Zentralität in der vertrieblichen Organisationsstruktur der westfälisch-lippischen Institute sollen konkret folgende Kennzahlen genutzt werden:[1]

- Anteil mittelgroßer und großer Sparkassenstellen (Standorte mit mind. elf Mitarbeitern) von allen mitarbeiterbesetzten Standorten (Z_1),[2]
- Anteil aller mitarbeiterbesetzter Standorte ohne Einpersonenstellen (keine Kleinststandorte) (Z_2),
- Anteil von SB-Standorten an allen Sparkassenstellen (Z_3),
- Anteil Online-Banking-Nutzer (Z_4)[3] sowie
- Anteil Online-Banking-Aktivität (Z_5).[4]

Die jeweilige Ausprägung der Kennzahl (niedrig/hoch) dient als Indikator für die Bemessung der Zentralität in der vertrieblichen Organisationsstruktur der Institute. Dabei deutet ein hoher Anteilswert bzw. Rang jeweils auf ein hohes Maß an Zentralität hin und ein geringer Anteilswert bzw. Rang auf eine überwiegenden Dezentralität. Diese Vorabbewertung der Merkmalsausprägung lässt sich kennzahlenspezifisch begründen.

Ein hoher Anteil mittelgroßer und großer Standorte (Z_1), d. h. ein hoher Anteil von Standorten mit einer größer Anzahl von zugeordneten Mitarbeitern, spricht eher für eine zentrale Ausrichtung in der vertrieblichen Organisationsstruktur, da:

- an einem solchen größeren Standort in der Regel absolut mehr Kundenkonten/Kunden zugeordnet sind, die sich ansonsten auf mehrere kleine Standorte, d. h. dezentraler aufteilen würden und
- durch die höhere Anzahl von Mitarbeitern ist eine stärkere vertriebliche Arbeitsteilung in der Sparkassenstelle durch Spezialisierung möglich (z. B. Vorhalten von Produktexperten).

[1] Jeweils Verwendung der Jahreswerte 2017. Die Bereitstellung der jeweiligen Kennzahlen für die institutionenökonomische Analyse erfolgte im Rahmen der Kooperation mit dem Sparkassenverband Westfalen-Lippe und bezieht sich wesentlich auf die Daten der *Geschäftsstellen-Statistik* zu jeweiligen Stichtagen im Betrachtungszeitraum.

[2] Hierbei ist zu berücksichtigen, dass es sich um die Personenanzahl handelt und nicht um vorgehaltene Mitarbeiterkapazitäten. Aufgrund von Teilzeitquoten kann die tatsächliche Mitarbeiterkapazität geringer als die Personenanzahl am Standort sein. Außerdem kann die gleiche Personenzahl daher mit einer unterschiedlichen Mitarbeiterkapazität einhergehen.

[3] Anteil der privaten Kunden, deren Konto mit OBV-Personenvertrag ausgestattet ist.

[4] Anteil der privaten Kunden mit mind. einem OBV-Teilnehmervertrag, die in den vergangenen drei Monaten Online-Banking nutzten.

Sofern alle mitarbeiterbesetzten Standorte mind. durch zwei Personen dauerhaft besetzt sind, d. h., keine Einpersonenstellen vorgehalten werden, spricht dies ebenfalls für eine tendenziell zentral ausgerichtete vertriebliche Organisationsstruktur, da:

- der Anteil von Standorten ohne erzielte Mindestbetriebsgröße voraussichtlich geringer ist, was für eine zentrale Steigerung der Standortgrößen spricht, und
- eine stärkere Ausdifferenzierung des Produkt- und Leistungsangebots und Vorhalten kundenspezifischer Angebote möglich wird, was tendenziell mit einer geringeren dezentralen Flächenpräsenz einhergeht.

Aufgrund der fehlenden Größe bei Kleinststandorten ist eine Spezialisierung entweder nicht möglich (Einpersonenstellen) bzw. gering ausgeprägt (kleine Standorte) und es muss daher voraussichtlich eine stärkere Konzentration auf das Basisangebot erfolgen (d. h. gewisse Leistungen, insbesondere komplexere, können nicht angeboten werden).[5] Aufgrund zu berücksichtigender Mindestbetriebsgrößen ergibt sich ein deutlicher Unterschied in der vertrieblichen Organisationsstruktur zwischen einem (fiktiven) Institut, das ausschließlich Einpersonenstellen vorhält, und einem zweiten Institut, das ausschließlich mittelgroße und große Standorte besitzt. Da die Mindestbetriebsgröße von einer Reihe von Kriterien abhängig ist (z. B. Sicherstellung Vertretungsregeln, Kundenanforderungen, Differenzierungsgrad im Produkt- und Leistungsangebot, …), kann auf Basis der vorliegenden Daten keine feste Grenze für eine Mindestbetriebsgröße abgeleitet werden. Es ist allerdings leicht ersichtlich, dass eine Mindestbetriebsgröße bei einer Einpersonenstelle (Z_2) nicht erreicht sein kann (z. B. keine standortspezifische Möglichkeit für eine Vertretung).

[5]Dafür gibt es zwei Gründe: Zum einen umfasst die Kompetenz von einzelnen Beratern im Kundengeschäft regelmäßig nicht die gesamte Bandbreite des Produktangebots (z. B. Spezialfragen im Versicherungsgeschäft) und ist aufgrund unterschiedlicher Schwerpunktsetzungen nicht auf alle Kundengruppen hin ausgerichtet (z. B. private Kunden oder gewerbliche Kunden). Zum anderen geht eine höhere Komplexität in der Kundenberatung (z. B. komplexes Versicherungsprodukt) in der Regel auch mit einem erhöhten Beratungsbedarf – und damit einer längeren Vorbereitung- bzw. Beratungsdauer – einher. Diese ist aber nicht oder nur eingeschränkt zu erbringen, wenn ein Beschäftigter oder wenige Beschäftigte einen Standort betreuen und auch entsprechende Serviceanliegen von Kunden umgehend erledigen müssen.

Bei mittelgroßen und großen Standorten (Z_1) ist dagegen davon auszugehen, dass die Mindestbetriebsgröße der einzelnen Sparkassenstellen in jedem Fall erfüllt ist.

Beim Anteil von SB-Standorten an allen Standorten (Z_3) wird der Zusammenhang zur Zentralität in der vertrieblichen Organisationsstruktur noch deutlicher. Hierbei handelt es sich um Sparkassenstellen, in denen Kunden ausschließlich das Selbstbedienungsangebot nutzen können, insbesondere für Bargeldservices (z. B. Abhebungen) bzw. für unbare Serviceanliegen (z. B. Überweisungen). Diese Standorte sind nicht dauerhaft mitarbeiterbesetzt: Ausstattung und Betreuung dieser Standorte ist Gegenstand zentraler Planung und unterscheidet sich zwischen den einzelnen SB-Standorten zumeist nur geringfügig (beispielsweise wenn SB-Geräte mit unterschiedlichen Funktionalitäten an den Standorten vorgehalten werden). Je höher der Anteil von SB-Standorten an allen Sparkassenstellen ist, desto höher ist der Anteil von Standorten mit rein zentraler Steuerung.

Über die Nutzung des stationären Vertriebsnetzes hinaus hat der Anteil der Kundenkonten, die online/mobile geführt werden, in den vergangenen Jahren stark zugenommen. Diese zunehmende Nutzung zeigt sich zunächst in der OBV-Quote (Z_4):

- das mediale Angebot in diesem Kanal ist stets Gegenstand zentraler Planung und Bereitstellung und
- das mediale Angebot wird außerdem in einer *einheitlichen* Version durch die Sparkasse zur Verfügung gestellt, d. h., es gibt keinerlei dezentrale Differenzierungsmöglichkeiten, wie dies beispielsweise bei den unterschiedlichen Standortgrößen über die Beschäftigtenzahl möglich oder sogar erforderlich ist.

Eine im Vergleich zu anderen Instituten hohe Quote kann zum einen ein Indikator dafür sein, dass Kunden den Online-/Mobile-Kanal im Vergleich zu den Kunden von anderen Instituten stärker präferieren. Andererseits kann eine höhere OBV-Quote auch mit einer verstärkten Lenkung dieser Kunden durch die Sparkasse in Zusammenhang stehen (z. B. indem Vertriebsmitarbeiter Kunden verstärkt auf die Nutzung des Kanals ansprechen).

Zusätzlich dient die OBV-Aktivität privater Kunden (Z_5) als komplementärer Indikator für die tatsächliche Nutzung des Online-/Mobile-Kanals: Eine hohe OBV-Aktivität spricht für eine regelmäßige Nutzung des zentral bereitgestellten Online-/Mobile-Kanals durch Kunden und gleichzeitig für ein Angebot, das den Kundenanforderungen entspricht.

Insofern kann zusammenfassend eine hohe Zentralität in der vertrieblichen Organisationsstruktur wie folgt charakterisiert werden:

- ein hoher Anteil mittelgroßer und großer Standorte an allen mitarbeiterbesetzten Standorten (Z_1) und keine Einpersonenstellen (Z_2),
- ein hoher Anteil von SB-Standorten (Z_3) an allen Sparkassenstellen und
- eine hohe OBV-Quote (Z_4) sowie eine hohe OBV-Aktivität (Z_5) der privaten Kunden.

Hohe Zentralität in der vertrieblichen Organisationsstruktur meint, dass von einem höheren Maß an zentraler Steuerung z. B. in Form von Arbeitsteilung und Spezialisierung oder Betreuung von SB-Standorten ausgegangen werden kann. Ein niedriger Rang deutet dagegen darauf hin, dass tendenziell eine geringere Zentralität in der vertrieblichen Organisationsstruktur zum Ende des Betrachtungszeitraums vorliegt. Diese Institute sind geprägt durch eine dezentralere Ausstattung mit (kleineren) Standorten, haben eine hohen Anteil mitarbeiterbesetzter Sparkassenstellen und sind insgesamt stark auf den stationären Vertrieb fokussiert.

Für die Ableitung des institutsspezifischen mittleren Rangs wird zunächst für jede der betrachteten Kennzahlen (Z_1 bis Z_5) ein institutsspezifischer Rang gebildet (niedrigster Rang 1 und höchster Wert ist Rang 60). Schließlich wird für jedes Institut der Mittelwert in den erzielten Rängen der Einzelkennzahlen (Z_1 bis Z_5) errechnet.[6] Hierbei ergibt sich im Minimum ein mittlerer Rang von 11,6 (geringste Zentralität in der vertrieblichen Organisationsstruktur) und im Maximum ein mittlerer Rang von 42,6 (höchste Zentralität in der vertrieblichen Organisationsstruktur).

7.1.2 Clusterspezifische Betrachtung

Es konnte gezeigt werden, dass sich die *dynamischen Institute* (Cluster B/D), die *Performer* (Cluster A/B) sowie die *behutsamen Performer* (Cluster A) und

[6]Aufgrund identischer Anteilswerte von mehreren Instituten ergeben sich bei Z_1 die Ränge 1 bis 57, bei Z_2 die Ränge 1 bis 25, da einige Institute keine entsprechenden mitarbeiterbesetzten Kleinststandorte vorhalten, bei Z_3, Z_4 und Z_5 existieren jeweils die Ränge 1 bis 60.

die *dynamischen Performer* (Cluster B) im Betrachtungszeitraum durch eine relative Verbesserung ihrer *Outputs* im Betrachtungszeitraum auszeichnen, auch wenn es sich hierbei clusterspezifisch um sehr unterschiedliche Steigerungsintensitäten handelt (siehe Abschnitt 6.3). Dementsprechend wird nachfolgend analysiert, welche Besonderheiten sich hinsichtlich der Zentralität in der vertrieblichen Organisationsstruktur bei den Instituten dieser Cluster bzw. gebündelten Cluster gegenüber dem Durchschnitt der westfälisch-lippischen ergeben (siehe Abbildung 7.1). Es erfolgt dabei zumeist die Betrachtung des mittleren Rangs nach Clustern bzw. gebündelten Clustern bei der aggregierten Berücksichtigung des Mittelwertes aller verwendeter Kennzahlen (Z_1 bis Z_5). Hierbei gibt es keinen eindeutigen Zusammenhang zwischen Instituten, die ihre Positionierung im Bereich der *Outputs* im Betrachtungszeitraum verbessern konnten, und der Zentralität in der vertrieblichen Organisationsstruktur.

Die höchste Dezentralität in der vertrieblichen Organisationsstruktur zum Ende des Betrachtungszeitraums zeigt sich sogar bei den *behutsamen Performern* (Cluster A). Dies gilt auch für die jeweils gezeigten Rangwerte bei der Betrachtung vom 25 %- bzw. 75 %-Quantil. Der Wert der *behutsamen Performer* (Cluster A) liegt damit deutlich unter dem Durchschnitt der westfälisch-lippischen Institute. Das höchste Maß an Zentralität in der vertrieblichen Organisationsstruktur gab es zum Ende des Betrachtungszeitraums dagegen bei den *dynamischen Instituten* (Cluster B/D), die ihre Positionierung im Bereich der *Outputs* ebenfalls verbessern konnten. In Verbindung mit der eher dezentralen Ausrichtung bei den *Performern* (Cluster A/B) weist dies allerdings auf drei grundsätzliche Zusammenhänge hin:

- eine höhere Dynamik im Betrachtungszeitraum geht tendenziell mit einer höheren Zentralität in der vertrieblichen Organisationsstruktur einher, eine eher behutsame Entwicklung dagegen mit einer höheren Dezentralität,
- Institute, die sich im Betrachtungszeitraum durch eine hohe Performance auszeichnen, zeigen tendenziell einer stärkere Dezentralität in ihrer vertrieblichen Organisationsstruktur,
- insgesamt scheint eine Erhöhung der *Outputs* im Betrachtungszeitraum damit weder zwangsläufig mit einer überdurchschnittlichen Zentralität in der vertrieblichen Organisationsstruktur zum Ende des Betrachtungszeitraums einherzugehen noch mit einer auffällig hohen Dezentralität.

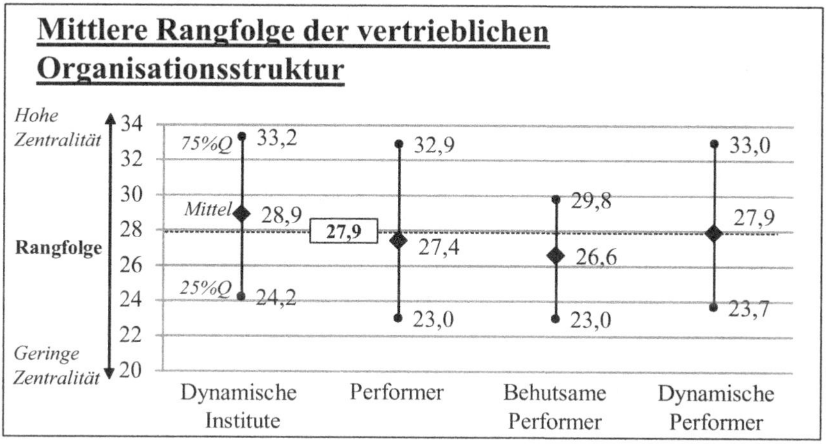

Abbildung 7.1 Rangfolge bei der Zentralität in der vertrieblichen Organisationsstruktur

Die Betrachtung des Zentralitätsgrades nach den betrachteten Parametern zeigt deutliche Unterschiede in der Schwerpunktsetzung und Ausrichtung der Institute mit einer Verbesserung ihrer *Outputs* im Betrachtungszeitraum (siehe Abbildung 7.2), die jeweils mit eher zentralen und eher dezentralen Elementen einhergeht. So zeigen die *dynamischen Institute* (Cluster B/D) außer im Bereich der Einpersonenstellen (Z_2) jeweils ein überdurchschnittliches Maß an Zentralität, bei drei von fünf Kennzahlen sogar die höchste Zentralität unter den Instituten, die ihre *Outputs* im Betrachtungszeitraum verbessern konnten. Auffällig sind die deutlich höheren Ränge bei der OBV-Quote (Z_4) sowie der OBV-Nutzung (Z_5).

Spiegelbildlich verhält es sich dagegen bei den *behutsamen Performern* (Cluster A), die eine unterdurchschnittliche Zentralität hinsichtlich der Ausstattung mit mittelgroßen und großen Standorten (Z_1) sowie in den Bereichen der OBV-Quote (Z_4) und der OBV-Aktivität (Z_5) aufweisen. Dagegen gibt es einen stark unterdurchschnittlichen Anteil von Einpersonenstellen und hierbei den höchsten Wert von Z_2 unter den Instituten mit einer Verbesserung der *Outputs*. Darüber hinaus existieren Parameter, bei denen alle Institute mit einer Verbesserung ihrer *Outputs* im Betrachtungszeitraum eine überdurchschnittliche Zentralität zeigen: Die Ausstattung mit SB-Standorten (Z_3). Die höchsten Werte werden hierbei von den *Performern* (Cluster A/B) und spezifisch bei den *dynamischen Performern* (Cluster B) erzielt.

Mittlerer Rang je Kennzahl nach Cluster bzw. gebündelten Clustern

Zentralität Niedrigster Wert Höchster Wert

	Dynamische Institute	Performer	Behutsame Performer	Dynamische Performer	Mittelwert
Z_1	31	28	25	29	29,4
Z_2	18	19	23	17	19,9
Z_3	30	32	31	32	29,1
Z_4	32	28	26	29	30,5
Z_5	33	31	29	32	30,5
Ø	29	27	27	28	27,9

Abbildung 7.2 Rang je Kennzahl nach Clustern bzw. gebündelten Clustern

Es zeigt sich zusammenfassend auch bei der Betrachtung der Einzelkennzahlen kein eindeutiges Bild hinsichtlich der Zentralität in der vertrieblichen Organisationsstruktur der Institute. Einzig eine überdurchschnittliche Ausstattung mit SB-Standorten verbindet die Institute mit einer Verbesserung ihrer Positionierung im Bereich der *Outputs* bei der vertrieblichen Organisationsstruktur. Das Zwischenfazit muss daher erneut lauten: Die positive Entwicklung der *Outputs* führt zu verschiedenen Schwerpunktsetzungen im Bereich der vertrieblichen Organisationsstruktur der Institute, aber – mit Ausnahme des Anteils von SB-Standorten (Z_3) – weder zu einer eindeutig zentralen oder dezentralen Ausstattung.

7.1.3 Berücksichtigung exogener Faktoren

Um zu berücksichtigen, dass auch exogene Faktoren einen Einfluss auf den Grad der Zentralität in der vertrieblichen Organisationsstruktur der Institute besitzen können, sollen nachfolgend wieder die entsprechenden Korrelationen betrachtet werden. Hinsichtlich der Korrelation zwischen dem aggregierten mittleren Rang an Zentralität in der vertrieblichen Organisationsstruktur und den exogenen Faktoren ergeben sich folgende Zusammenhänge (siehe Abbildung 7.3):

- kein nennenswerter linearer Zusammenhang zwischen den exogenen Einflussfaktoren und dem Rang der Zentralität bei der Betrachtung für alle Institute über alle Cluster bzw. gebündelten Cluster hinweg, sondern nur innerhalb der Cluster,
- bei den *behutsamen Performern* (Cluster A) zeigt sich ein mittlerer negativer Zusammenhang zwischen dem Rang und der Fläche im Geschäftsgebiet (E_1), der bei den *dynamischen Performern* (Cluster B) dagegen positiv ausfällt,
- die *behutsamen Performer* (Cluster A) zeigen darüber hinaus einen mittleren negativen Zusammenhang zur Einwohnerzahl (E_2), der bei den anderen Clustern bzw. gebündelten Clustern nicht erkennbar ist,
- außerdem ergibt sich ein hoher positiver Zusammenhang zwischen der Wettbewerbsintensität (E_5) und der Zentralität in der vertrieblichen Organisationsstruktur, der sich bei den *behutsamen Performern* (Cluster A), den *Performern* (Cluster A/B), den *behutsamen Instituten* (Cluster A/C) sowie den *dynamischen Nicht-Performern* (Cluster D) zeigt.

Innerhalb der insgesamt eher dezentral geprägten *behutsamen Performer* (Cluster A) zeigen demnach die größeren Institute (größeres Geschäftsgebiet, höhere Einwohnerzahl) das stärkere Maß an Dezentralität. Auch die exogenen Einflussfaktoren bieten allerdings insgesamt keine eindeutigen Erklärungsmuster hinsichtlich der Zentralität in der vertrieblichen Organisationsstruktur.

Überprüfung Korrelation Rang nach Cluster bzw. gebündelten Clustern und exogenen Einflussfaktoren

Cluster Korrel.ko.	Cluster A - D	Cluster A	Cluster B	Cluster C	Cluster D
E_1	-0,11	***-0,41***	***0,34***	-0,08	0,15
E_2	-0,06	***-0,43***	0,05	0,08	0,20
E_3	-0,07	-0,24	-0,09	0,17	***0,54***
E_4	0,07	0,12	-0,02	-0,04	-0,15
E_5	0,26	***0,58***	0,25	-0,03	***0,34***

Cluster Korrel.ko.	Cluster A - D	Cluster A/C	Cluster B/D	Cluster A/B	Cluster C/D
E_1	-0,11	-0,27	0,26	-0,17	-0,02
E_2	-0,06	-0,15	0,10	-0,16	0,04
E_3	-0,07	-0,03	-0,06	-0,17	0,09
E_4	0,07	0,05	-0,01	0,06	0,08
E_5	0,26	***0,32***	0,28	***0,34***	0,24

Abbildung 7.3 Korrelation Rang und exogener Einflussfaktoren

Bei der Analyse der Zusammenhänge nach Parametern zeigen sich dagegen teilweise clusterübergreifend Indizien für Zusammenhänge zu den exogenen Einflussfaktoren: Hinsichtlich des Anteils mittlerer und großer Standorte (Z_1) zeigt sich ein positiver Zusammenhang zur Wettbewerbsintensität (E_5). Dieser Effekt kann einerseits mit der Berechnungslogik der Wettbewerbsintensität und dem damit verbundenen Einfluss der Anzahl der Sparkassenstellen erklärt werden (siehe Abschnitt 6.4). Andererseits spricht er dafür, dass Institute mit einer hohen Wettbewerbsintensität (E_5) möglicherweise bewusst auf größere und damit vermeintlich leistungsstärkere Standorte setzen, um im Wettbewerb besser bestehen zu können. In diesem Zusammenhang ist auch interessant, dass sich bei den *dynamischen Performern* (Cluster B) zusätzlich ein positiver Zusammenhang zwischen der Wettbewerbsintensität (E_5) und dem Anteil mitarbeiterbesetzter Standorte ohne Einpersonenstellen (Z_2) zeigt. Dies spricht dafür, dass einige Performer bei einer hohen Wettbewerbsintensität (E_5) verstärkt auf Standorte setzen, die eine Mindestbetriebsgröße erfüllen Erwartungsgemäß zeigt sich außerdem ein negativer Zusammenhang zwischen der Einwohnerdichte (E_3) und dem Anteil von Einpersonenstellen (Z_2). Zur Sicherstellung einer flächendeckenden Präsenz halten Institute, deren Geschäftsgebiete eher dünn besiedelt sind, demnach häufiger Einpersonenstellen (Z_2) vor. Dies sind daher auch diejenigen Institute mit einer höheren Ausstattung mit Sparkassenstellen (I_3) (siehe Abschnitt 5.1.2).

Während die *dynamischen Performer* (Cluster B) bei einer hohen Wettbewerbsintensität (E_5) eher auf Einpersonenstellen (Z_2) verzichten sowie ein höherer Anteil an mittleren und großen Standorten (Z_1) vorhanden ist, setzen die anderen Institute, insbesondere die *behutsamen Performer* (Cluster A), in diesem Fall verstärkt auf SB-Standorte (Z_3).

Als sehr interessant erweisen sich die Zusammenhänge zwischen der OBV-Quote (Z_4) und der Einwohnerdichte (E_3) sowie der Kaufkraft (E_4): Die OBV-Quote ist dabei bei Instituten höher, die eine geringere Einwohnerdichte (E_3) im Geschäftsgebiet aufweisen. Eine mögliche Erklärung hierfür könnten die höheren Entfernungen zwischen den stationären Einheiten gegenüber den Instituten mit dichter besiedelten Geschäftsgebieten sein. Daher wird möglicherweise durch Kunden bei höheren Entfernungen verstärkt auf das mediale und ortsungebunden verfügbare Angebot zurückgegriffen. Die OBV-Aktivität (Z_5) ist dagegen bei den Instituten mit einer geringeren Einwohnerdichte (E_3) im Geschäftsgebiet weniger stark ausgeprägt, was mit einer höheren OBV-Quote (Z_4) einhergeht.

7.2 Veränderung der vertrieblichen Organisationsstruktur

Neben der betrachteten Zentralität in der vertrieblichen Organisationsstruktur, die für das Ende des Betrachtungszeitraums ermittelt wurde, soll auch die Veränderung in der stationären vertrieblichen Organisationsstruktur im Betrachtungszeitraum untersucht werden.[7]

Zunächst werden die Anteilswerte für die Kennzahlen der stationären Vertriebsstruktur, namentlich der Ausstattung mit mittleren und großen Standorten (Z_1), dem Anteil von mitarbeiterbesetzten Standorten ohne Einpersonenstellen (Z_2) sowie dem Anteil von SB-Standorten an allen Standorten (Z_3) für den Beginn des Betrachtungszeitraums (2008) sowie für das Ende des Betrachtungszeitraums ermittelt (2017).

Im nächsten Schritt wird das Delta für die einzelnen Anteilswerte von Z_1, Z_2 sowie Z_3 zwischen Ende und Beginn des Betrachtungszeitraums gebildet. Die absoluten Betragswerte der prozentualen Abweichung vom Ende des Betrachtungszeitraums gegenüber dem Beginn des Betrachtungszeitraums werden anschließend summiert.[8] Für die Auswertung wird aus dem ermittelten Summenwert die Rangfolge für die Institute gebildet, von Rang 1 (geringste Veränderungsintensität) bis Rang 60 (höchste Veränderungsintensität).

Nachfolgend erfolgt die Analyse der Veränderungsintensität in der stationären vertrieblichen Organisationsstruktur unter Berücksichtigung der Cluster bzw. gebündelten Cluster (Abschnitt 7.2.1). Daran anknüpfend soll auch betrachtet werden, ob die Veränderung in Richtung einer höheren oder geringeren Zentralität verläuft (Abschnitt 7.2.2).

---

[7]Für die OBV-Quote (Z_4) sowie die OBV-Aktivität (Z_5) erfolgt aufgrund fehlender Datenverfügbarkeit hierbei keine Betrachtung.

[8]Dieses Vorgehen erscheint sinnvoll, da sowohl eine starke prozentuale Erhöhung als auch starke prozentuale Reduktion des Anteils von SB-Standorten an allen Sparkassenstellen für eine starke Veränderung der vertrieblichen Organisationsstruktur im Zeitverlauf sprechen. Die Berücksichtigung der Veränderungsrichtigung (Anteilserhöhung/Anteilsreduktion) sollte bei der aggregierten Betrachtung der drei aufgeführten Kennzahlen (Z_1, Z_2 sowie Z_3) erst im nächsten Schritt erfolgen, denn ansonsten können Verzerrungen durch eine unterschiedlich gerichtete Entwicklung nicht hinreichend aufgezeigt werden (z. B. Erhöhung des Anteils von mittelgroßen und großen Standorten wird durch eine Reduktion des Anteils von SB-Standorten ausgeglichen; tatsächlich liegt aber sogar eine noch stärkere Veränderung der vertrieblichen Organisationsstruktur vor).

7.2.1 Veränderungsintensität

Hinsichtlich der Veränderungsintensität erzielen die *dynamischen Performer* (Cluster B) sowie die *dynamischen Nicht-Performer* (Cluster D) erwartungsgemäß einen deutlich höheren mittleren Rang als die Institute der anderen Cluster (siehe Abbildung 7.4).

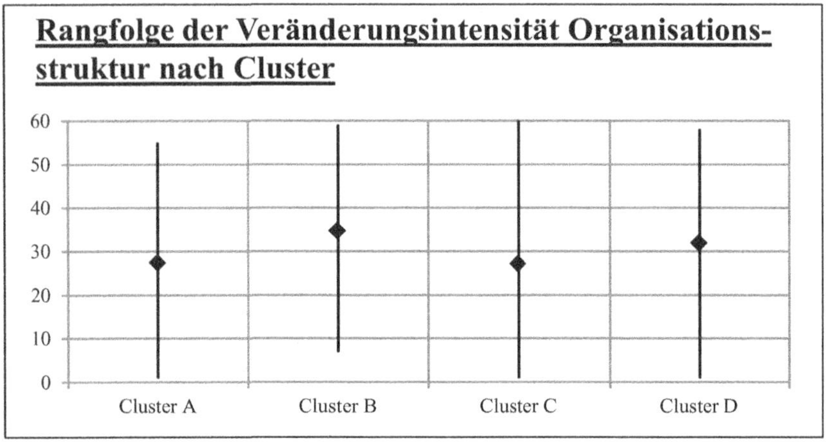

Abbildung 7.4 Rangfolge bei der Veränderungsintensität nach Cluster

Bei der aggregierten Betrachtung der Rangfolge nach gebündelten Clustern kann dementsprechend eine höhere Veränderungsintensität in der stationären vertrieblichen Organisationsstruktur bei den *dynamischen Instituten* (Cluster B/D) gegenüber den *behutsamen Instituten* (Cluster A/C) sowie bei den *Performern* (Cluster A/B) gegenüber den *Nicht-Performern* (Cluster C/D) festgestellt werden (siehe Abbildung 7.5). Mit Ausnahme der *behutsamen Performer* (Cluster A) zeigen die Institute in Clustern bzw. gebündelten Clustern, deren *Outputs* sich im Betrachtungszeitraum verbessern konnten, eine höhere Veränderungsintensität.

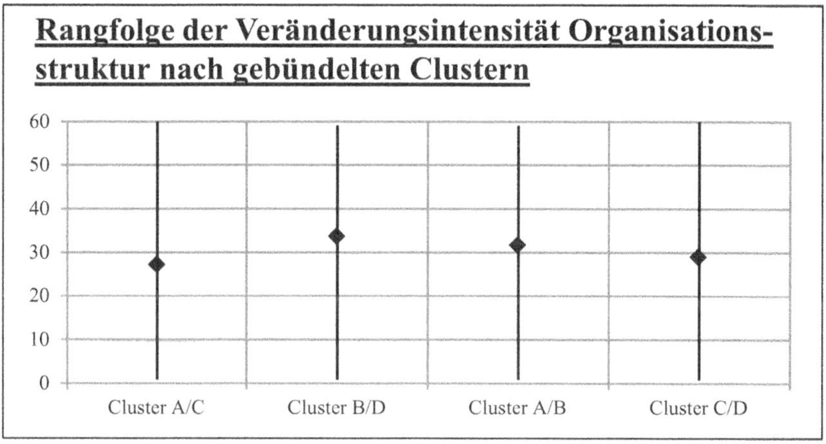

Abbildung 7.5 Rangfolge bei der Veränderungsintensität nach gebündelten Clustern

Die Veränderungsintensität zeigt wiederum übergreifend – außer bei den *behutsamen Nicht-Performern* (Cluster C) feststellbar – einen positiven Zusammenhang zur Wettbewerbsintensität (E_5) (siehe Abbildung 7.6). Dieser Zusammenhang ist bei den *behutsamen Performern* (Cluster A) besonders stark ausgeprägt. Auffällig ist außerdem durchgängig ein positiver linearer Zusammenhang (E_1, E_2, E_3, E_5) bzw. negativer linearer Zusammenhang (E_4) zur hohen Veränderungsintensität bei den *dynamischen Nicht-Performern* (Cluster D) sowie in einem geringeren Umfang bei den *dynamischen Performern* (Cluster B).[9]

[9]Eine höhere Veränderungsintensität liegt bei Instituten mit einer höheren Einwohnerzahl auf dem Geschäftsgebiet (E_2) und einer hohen Einwohnerdicht (E_3) vor. Je niedriger die Kaufkraft im Geschäftsgebiet (E_4) ist, desto höher ist die Veränderungsintensität.

Überprüfung Korrelation Rang Veränderung nach Cluster und exogenen Einflussfaktoren

Cluster Korrel.ko.	Cluster A - D	Cluster A	Cluster B	Cluster C	Cluster D
E_1	0,15	0,08	-0,03	0,27	***0,50***
E_2	0,24	0,14	***0,32***	0,28	***0,50***
E_3	-0,03	-0,18	***0,33***	-0,22	***0,44***
E_4	-0,10	-0,16	***-0,32***	0,14	***-0,38***
E_5	***0,36***	***0,77***	***0,43***	0,01	***0,50***

Cluster Korrel.ko.	Cluster A - D	Cluster A/C	Cluster B/D	Cluster A/B	Cluster C/D
E_1	0,15	0,17	0,25	-0,02	***0,34***
E_2	0,24	0,23	***0,40***	0,17	***0,31***
E_3	-0,03	-0,20	***0,31***	0,06	-0,15
E_4	-0,10	-0,02	***-0,34***	-0,20	0,02
E_5	***0,36***	***0,37***	***0,43***	***0,51***	***0,31***

Abbildung 7.6 Korrelation Veränderung vertriebliche Organisationsstruktur und exogenen Einflussfaktoren

Folgende Erkenntnisse ergibt die Betrachtung des Zusammenhangs zwischen der Veränderungsintensität und der Zentralität in der vertrieblichen Organisationsstruktur nach Clustern bzw. gebündelten Clustern (Abbildung 7.7): Die *Performer* (Cluster A/B) zeigen eine etwas überdurchschnittliche Veränderungsintensität bei einer gleichzeitig minimal überwiegenden Dezentralität in der vertrieblichen Organisationsstruktur, allerdings mit sehr großen Unterschieden im Bereich der Veränderungsintensität bei den repräsentierten Einzelclustern. Bei den *behutsamen Performern* (Cluster A) ist dabei einerseits eine deutlich niedrigere Veränderungsintensität im Betrachtungszeitraum im Vergleich zu den *dynamischen Performern* (Cluster B) zu beobachten. Gleichzeitig zeigen die *behutsamen Performer* (Cluster A) eine etwas geringere Zentralität in ihrer vertrieblichen Organisationsstruktur. Jedoch befindet sich das Maß an Zentralität in der vertrieblichen Organisationsstruktur auch bei den *dynamischen Performern* (Cluster B) nur auf einem durchschnittlichen Niveau. Ein überdurchschnittliches Maß an Veränderungsintensität und Zentralität zeigen dagegen nur die *dynamischen Nicht-Performer* (Cluster D) sowie in Kombination die *dynamischen Institute* (Cluster B/D) insgesamt.

Kaum Unterschiede lassen sich dagegen zwischen den *behutsamen Performern* (Cluster A) und den *behutsamen Nicht-Performern* (Cluster C) feststellen. Die Institute dieser Cluster – und in der aggregierten Betrachtung auch die *behutsamen Institute* (Cluster A/C) insgesamt – zeichnen sich sowohl durch eine geringe Zentralität als auch eine unterdurchschnittliche Veränderungsintensität aus.

Dabei zeigen sich zwei Zusammenhänge: Zum einen gibt es Indizien für einen Zusammenhang zwischen der Veränderungsintensität und der Zentralität in der vertrieblichen Organisationsstruktur. Zum anderen lässt sich allerdings kein Zusammenhang zwischen der Veränderungsintensität und der Performance der Institute ableiten, im Gegenteil. Gerade die *behutsamen Performer* (Cluster A) und die *dynamischen Performer* (Cluster B) beweisen, dass sowohl eine niedrige Veränderungsintensität (Cluster A) als auch eine hohe Veränderungsintensität (Cluster B) mit einer hohen Performance einhergehen können. Nachfolgend wir nun noch die Veränderungsrichtung zu prüfen sein.

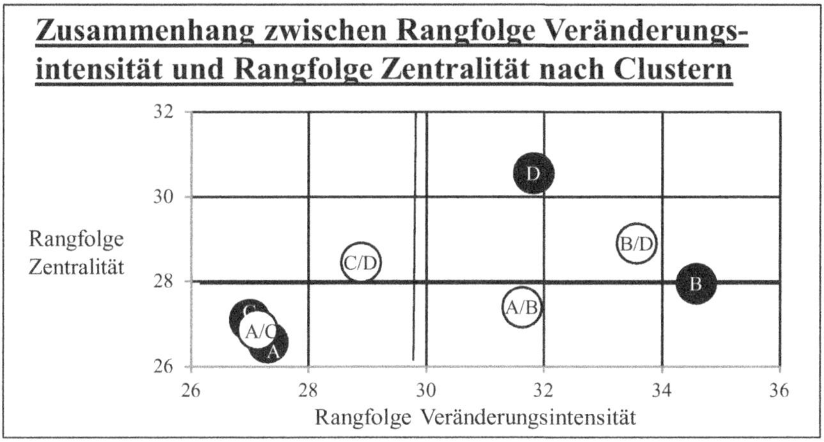

Abbildung 7.7 Mittlere Rangfolge Zentralität sowie Rangfolge Veränderungsintensität nach Clustern (Umfasst die Veränderungsintensität in der stationären vertrieblichen Organisationsstruktur (Z_1, Z_2 sowie Z_3))

Der positive Zusammenhang zwischen Veränderungsintensität in der stationären vertrieblichen Organisationsstruktur und der Zentralität zeigt sich auch bei der Betrachtung nach den einzelnen Merkmalsausprägungen bei einzelnen Instituten (siehe Abbildung 7.8).[10]

[10]Positiver Korrelationskoeffizient zwischen beiden Rangfolgen erkennbar ($r = 0{,}36$).

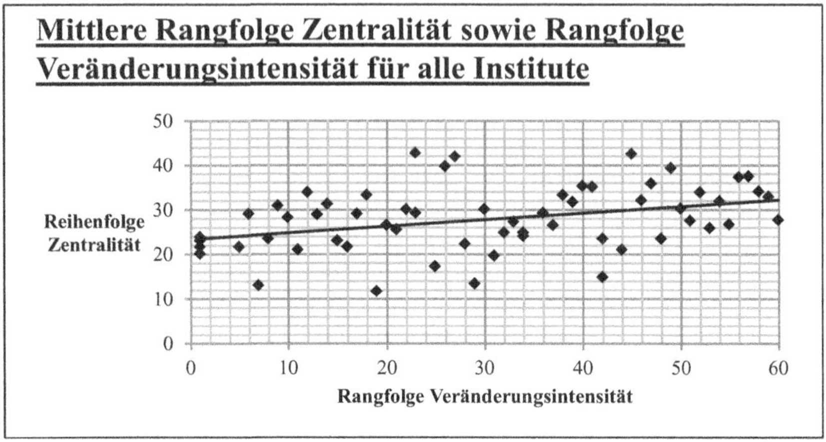

Abbildung 7.8 Mittlere Rangfolge Zentralität sowie Rangfolge Veränderungsintensität für alle Institute (Umfasst ebenfalls die Veränderungsintensität in der stationären vertrieblichen Organisationsstruktur (Z_1, Z_2 sowie Z_3))

7.2.2 Veränderungsrichtung

Nachdem bereits Indizien aufgezeigt wurden, wonach eine hohe Veränderungsintensität in Richtung einer stärkeren Zentralität in der vertrieblichen Organisationsstruktur führt, soll nachfolgend eine Detailbetrachtung der Veränderungsrichtung erfolgen. Diese wird zunächst aggregiert für alle Kennzahlen der vertrieblichen Organisationsstruktur (Z_1, Z_2 sowie Z_3) und anschließend differenziert nach Einzelkennzahlen durchgeführt.

Für die Kennzahlen (Z_1, Z_2 sowie Z_3) wird entsprechend des beschriebenen Vorgehens jeweils ein Rang je Institut ermittelt (siehe Abschnitt 7.2.1). Hierbei werden jedoch – anders als bei der Betrachtung der Veränderungsintensität – nicht die absoluten Betragswerte zugrunde gelegt, sondern die tatsächlichen Werte unter Berücksichtigung der Veränderungsrichtung. Ein negativer Wert spricht demnach für die Veränderung in Richtung einer stärkeren Dezentralität und ein positiver Wert für eine Veränderung in Richtung einer stärkeren Zentralität der stationären vertrieblichen Organisationsstruktur.

Die Ermittlung des Rangs erfolgt differenziert nach Einzelkennzahlen aufsteigend, d. h., ein hoher Rang bei der Auswertung der jeweiligen Einzelkennzahl deutet wiederum auf eine Entwicklung in Richtung einer stärkeren Zentralität hin, ein geringerer Rang dagegen auf eine Entwicklung in Richtung einer geringeren Zentralität.

Zur besseren Einordnung der nachfolgenden Betrachtung erfolgt zunächst die Ermittlung des Grades an Zentralität in der stationären vertrieblichen Organisationsstruktur zu Beginn des Betrachtungszeitraums (siehe Abbildung 7.9):

- Insgesamt zeigen sich in der Ausgangslage nur sehr geringe Unterschiede zwischen der Zentralität der stationären vertrieblichen Organisationsstruktur zwischen den Clustern,
- der höchste Grad an Zentralität in der stationären vertrieblichen Organisationsstruktur zeigt sich zu Beginn des Betrachtungszeitraums bei den *behutsamen Performern* (Cluster A) gefolgt von den *dynamischen Performern* (Cluster B),
- den geringsten Wert an Zentralität gibt es dagegen bei den *dynamischen Nicht-Performern* (Cluster D),
- die *behutsamen Institute* (Cluster A/C) sind sich zu Beginn des Betrachtungszeitraums sowohl hinsichtlich Bandbreite der mittleren Ränge als auch Abweichungskoeffizient deutlich ähnlicher als die *dynamischen Institute* (Cluster B/D).

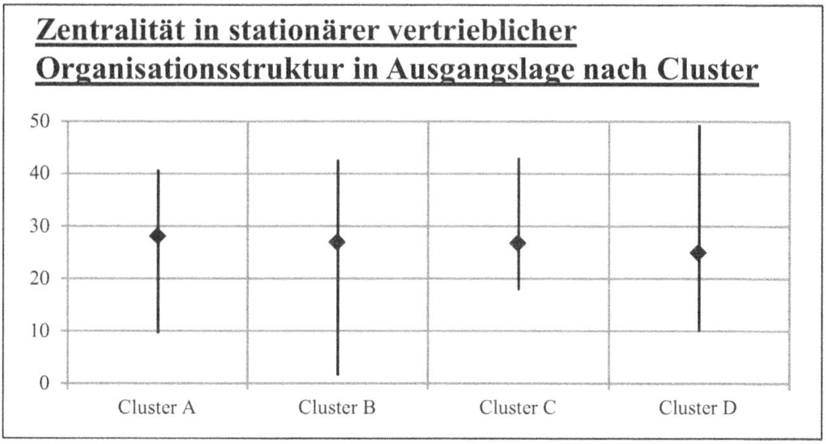

Abbildung 7.9 Zentralität in Organisationsstruktur zu Beginn des Betrachtungszeitraums

Hinsichtlich der mittleren Rangfolge in der Veränderungsrichtung im Betrachtungszeitraum zeigen sich nun folgende Auffälligkeiten nach Clustern (siehe Abbildung 7.10):

- die höchste Zunahme der Zentralität bei den *dynamischen Nicht-Performern* (Cluster D), gefolgt von den *dynamischen Performern* (Cluster B),
- eine geringere Entwicklung in Richtung Zentralität zeigt sich dagegen bei den *behutsamen Instituten* (Cluster A/C) gegenüber den *dynamischen Instituten* (Cluster B/D),
- die *Nicht-Performer* (Cluster C/D) zeichnen sich im Vergleich zu den *Performern* (Cluster A/B) durch eine etwas stärkere Entwicklung in Richtung Zentralität ihrer vertrieblichen Organisationsstruktur aus.

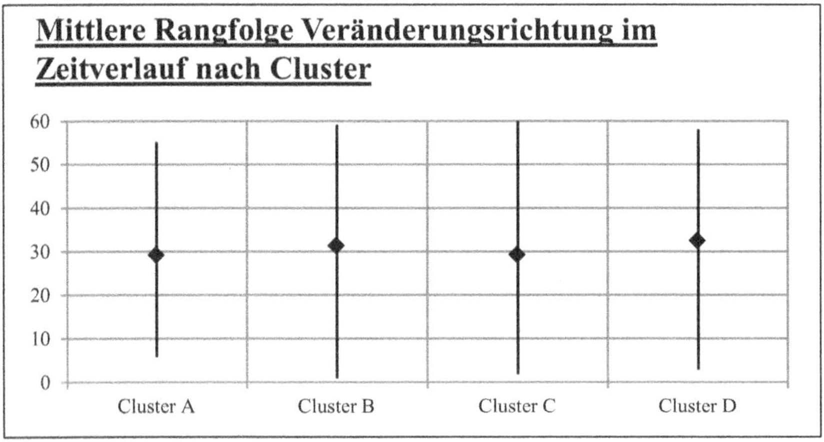

Abbildung 7.10 Rangfolge Veränderungsrichtung im Betrachtungszeitraums nach Clustern

Im Ergebnis zeigen sich hinsichtlich der Zentralität in der stationären vertrieblichen Organisationsstruktur zum Ende des Betrachtungszeitraums faktisch keinerlei Unterschiede zwischen den Clustern, die zu Beginn des Betrachtungszeitraums noch geringfügig erkennbar waren (siehe Abbildung 7.11). Unter Berücksichtigung der vorangegangen Auswertungen kann demnach davon ausgegangen werden, dass sich jeweils verschiedene dezentrale bzw. zentrale Schwerpunktsetzungen gegenseitig ausgleichen (z. B. Fokussierung auf mittlere und große Standorte (Z_1) und geringerer Anteil von SB-Standorten (Z_3)).

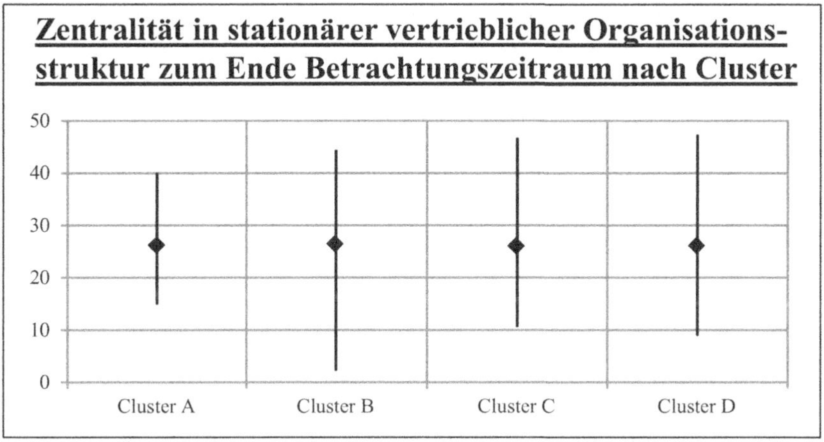

Abbildung 7.11 Zentralität zum Ende des Betrachtungszeitraums nach Cluster

Zu berücksichtigen ist bei der Interpretation, dass die vorangegangen Analysen jeweils die mittlere Rangfolge betrafen. Daher handelt es sich bei einem überdurchschnittlich hohen Rang nicht zwangsläufig um eine Entwicklung in Richtung Zentralität und bei einem unterdurchschnittlichen Rang nicht um eine Entwicklung in Richtung Dezentralität. Vielmehr wird auch hierbei die Entwicklung des einzelnen Instituts relativ zur Veränderung der westfälisch-lippischen Sparkassen betrachtet. Sofern beispielsweise alle Institute den Anteil mittelgroßer und großer Standorte im Betrachtungszeitraum erhöhen – sich insofern alle Institute im Verbandsgebiet in Richtung einer stärkeren Zentralität entwickeln –, gibt ein hoher Rang an, dass diese Entwicklung beim betreffenden Institut noch deutlicher ausfällt. Daher kann die nachfolgende Betrachtung der stationären vertrieblichen Parameter hilfreich sein, um die tatsächliche Entwicklungsrichtung besser zu verstehen. Bei der Analyse der Veränderungsrichtung nach den betrachteten Einzelkennzahlen zeigen sich zunächst hinsichtlich des Anteils mittelgroßer und großer Standorte (Z_1) folgende Aspekte (siehe Abbildung 7.12):[11]

[11]Die Erhöhung des Anteils von mittelgroßen und großen Standorten muss nicht durch die tatsächliche Schaffung dieser Standorte erfolgen, sondern kann sich auch schlicht durch eine Reduktion kleinerer Standorte ergeben, durch die sich der Anteil der dann verbliebenen mittelgroßen und großen Standorte (Z_1) steigert. So erfolgte eine absolute Erhöhung von mittelgroßen und großen Standorten nur bei zehn Instituten (17 %), bei 32 Instituten blieb die Anzahl dagegen stabil (53 %) und bei 18 Instituten (30 %) gab es sogar eine Reduktion der absoluten Anzahl an Standorten dieser Größe.

- in allen Clustern entwickelt sich die Mehrheit der Institute in Richtung einer stärkeren Zentralität, d. h., diese Institute steigern den Anteil mittelgroßer und großer Standorte (Z_1) an allen mitarbeiterbesetzten Sparkassenstellen,
- im Mittel den höchsten Anteil an Instituten (>80 %) mit Steigerung des Anteils mittelgroßer und großer Standorte (Z_1) an allen mitarbeiterbesetzten Standorten gibt es im Betrachtungszeitraum bei den *dynamischen Nicht-Performern* (Cluster D),
- der geringste Anteil zeigt sich dagegen bei den *behutsamen Performern* (Cluster A) im Betrachtungszeitraum,
- unter den *behutsamen Performern* (Cluster A) befinden sich zunächst auch die meisten Institute, die den Anteil der mittelgroßen und großen Standorte an allen mitarbeiterbesetzten Standorten im Zeitverlauf sogar reduziert haben.

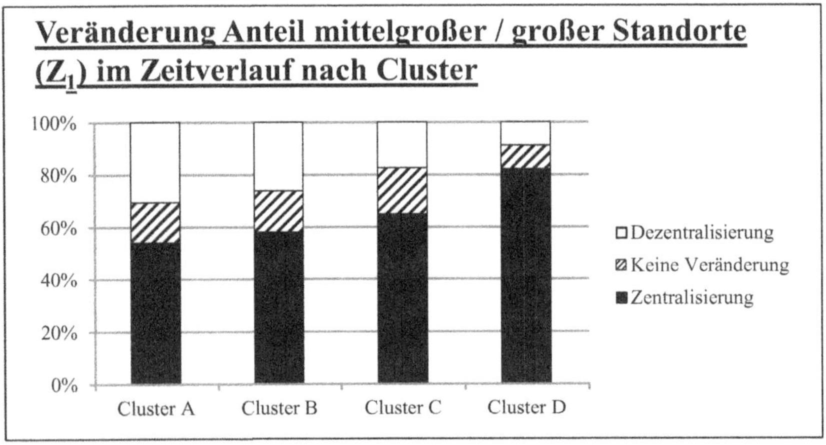

Abbildung 7.12 Veränderung Anteil mittelgroßer und großer Standorte (Z_1)

Ein etwas anderes Bild ergibt sich dagegen bei der Veränderung des Anteils der mitarbeiterbesetzten Standorte ohne Einpersonenstellen (Z_2) (siehe Abbildung 7.13):

- zwar sind auch hier die Zentralisierungseffekte jeweils stärker ausgeprägt als die Dezentralisierungseffekte, allerdings gibt es auch einen hohen Anteil von Instituten, bei denen keinen Veränderungen sichtbar waren, insbesondere weil weder zu Beginn noch zum Ende des Betrachtungszeitraums überhaupt Einpersonenstellen bei der Sparkasse existierten,

- die höchste relative Steigerungsquote des Anteils von Standorten ohne Einpersonenstellen (Z_2), d. h. die deutlichste Entwicklung in Richtung einer stärkeren Zentralität, lässt sich im Zeitverlauf bei den *Performern* (Cluster A/B) beobachten, gefolgt von den *dynamischen Nicht-Performern* (Cluster D),
- bei den *behutsamen Nicht-Performern* (Cluster C) hat die große Mehrheit der Institute keine Änderung ihrer Anteilswerte vorgenommen und
- die höchste Steigerung des Anteils von Einpersonenstellen (Z_2) gibt es dagegen überraschenderweise bei den *dynamischen Performern* (Cluster B).

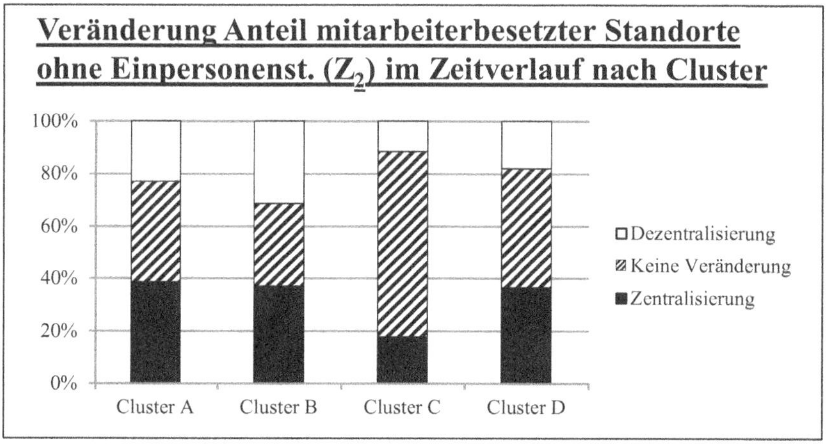

Abbildung 7.13 Veränderung Anteil mitarbeiterbesetzter Standorte ohne Einpersonenstellen (Z_2)

Zu Beginn des Betrachtungszeitraums hatte eine Minderheit von 45 % der Institute in Westfalen-Lippe überhaupt Einpersonenstellen, im Jahr 2017 waren es noch 40 % der Institute.[12] Mit Ausnahme der *behutsamen Nicht-Performer* (Cluster C) hat sich der Anteil von Instituten mit Einpersonenstellen

[12]Bei der Interpretation der Daten ist jedoch zu berücksichtigen, dass diese Anteilswerte die aggregierte Betrachtung des Fusionsstandes zum Ende des Betrachtungszeitraums betreffen. Aufgrund der tatsächlich größeren Anzahl von Instituten zu Beginn des Betrachtungszeitraums kann der tatsächliche Anteilswert zu Beginn des Betrachtungszeitraums davon abweichen (insbesondere bei den *behutsamen Performern* (Cluster A), unter deren Beteiligung 56 % der Fusionen im Betrachtungszeitraum stattfanden).

im Betrachtungszeitraum in allen Clustern reduziert (siehe Abbildung 7.14). Während sich die Anteile der Institute, die überhaupt Einpersonenstellen vorhalten, bei den *behutsamen Performern* (Cluster A) sowie den *dynamischen Nicht-Performern* (Cluster D) nahezu identisch reduziert, liegt der Anteilswert von Instituten mit Einpersonenstellen bei den *dynamischen Performern* (Cluster B) sowohl zu Beginn als auch zum Ende des Betrachtungszeitraums jeweils am höchsten und liegt jeweils bei über 50 %. Dies bietet einen weiteren Erklärungsansatz für den geringen Zentralitätsgrads der *dynamischen Performer* (Cluster B) bei dieser Kennzahl (siehe Abschnitt 7.1.2), die zwar ihr Netz an Sparkassenstellen reduzierten, dabei aber zum Großteil nicht auf Einpersonenstellen (Z_2) verzichteten.

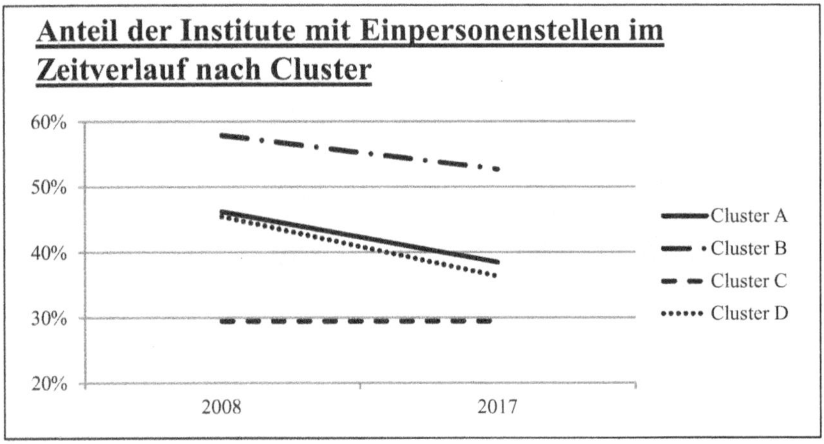

Abbildung 7.14 Anteil der Institute mit Einpersonenstellen

Auch die Entwicklung des Anteils der SB-Standorte an allen Sparkassenstellen (Z_3) gestaltet sich zwischen den Instituten recht unterschiedlich (siehe Abbildung 7.15):

- bei den *behutsamen Performern* (Cluster A) hat sich der Anteil vom SB-Standorten (Z_3) im Betrachtungszeitraum bei über 80 % der Institute erhöht und bei keinem Institut gab es eine Reduktion ihres Anteils,
- der geringste Anteil von Instituten, die eine Erhöhung des Anteils von SB-Standorten (Z_3) vorgenommen haben (45 %), zeigt sich dagegen bei den *dynamischen Nicht-Performern* (Cluster D) und

- bei den *dynamischen Performern* (Cluster B) stieg der Anteil von SB-Standorten (Z_3) im Zeitverlauf bei >60 % der Institute, allerdings hat sich der Anteil auch bei fast 20 % der Institute dieses Clusters reduziert.

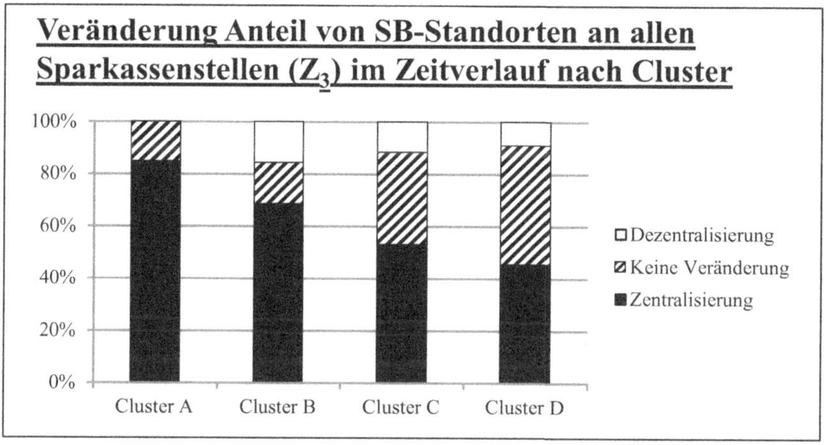

Abbildung 7.15 Veränderung Anteil von SB-Standorten an allen Sparkassenstellen (Z_3)

Zu berücksichtigen ist auch hierbei, dass nicht alle Institute überhaupt SB-Standorte vorhalten, auch wenn ihr Anteil in allen Clustern bei >50 % liegt und zum Ende des Betrachtungszeitraums mit Ausnahme der *dynamischen Nicht-Performer* (Cluster D) in allen Clustern sogar jeweils über 80 % betrug. Ein stabiler Anteil von 45 % der *dynamischen Nicht-Performer* (Cluster D) hält allerdings weder zu Beginn noch zum Ende des Betrachtungszeitraums SB-Standorte vor (siehe Abbildung 7.16). Bei den *behutsamen Nicht-Performern* (Cluster C) steigt im Betrachtungszeitraum der Anteil von Instituten sogar, die SB-Standorte vorhalten.[13] Trotzdem zeigten die *behutsamen Nicht-Performer*

[13]Auch bei der Interpretation dieser Daten ist zu berücksichtigen, dass diese Anteilswerte die aggregierte Sicht des Fusionsstandes zum Ende des Betrachtungszeitraums betreffen. Unter Berücksichtigung der tatsächlichen Anzahl von Einzelsparkassen können die Anteilswerte zu Beginn des Betrachtungszeitraums abweichen. Zur Verdeutlichung wird nachfolgendes Beispiel aufgeführt: Es gibt zehn Institute, von denen fünf Institute SB-Standorte vorhalten (50 %). Fusionieren in der Folge zwei Institute miteinander, die jeweils keine SB-Standorte vorhielten, halten nun fünf von neun Instituten SB-Standorte vor (56 %). Ohne eine tatsächliche Veränderung der vertrieblichen Organisationsstruktur haben sich alleine durch einen Zusammenschluss die Anteilswerte verändert.

(Cluster C) hinsichtlich dieses Merkmals zum Ende des Betrachtungszeitraums ein unterdurchschnittliches Maß an Zentralität (siehe Abschnitt 7.1.2).

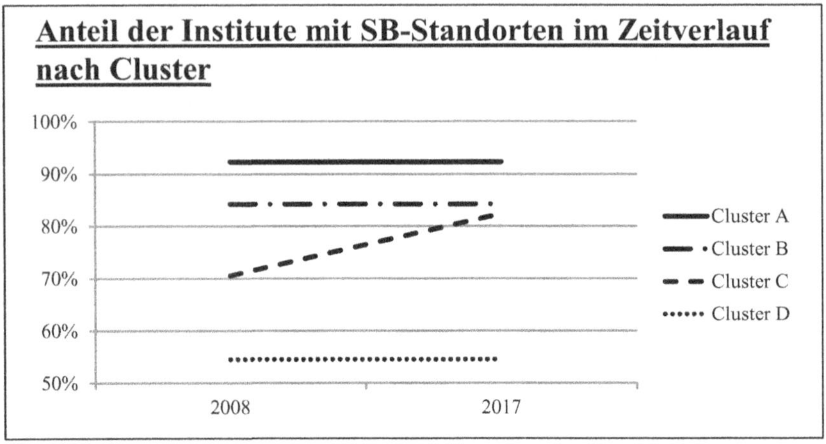

Abbildung 7.16 Anteil der Institute mit SB-Standorten

Die Erkenntnisse dieses Kapitels müssen nach Betrachtung der vorangegangenen Auswertungen nun präzisiert werden: Im Betrachtungszeitraum kann bei den Instituten aller Cluster eine deutliche Entwicklung in Richtung einer stärkeren Zentralität in der stationären vertrieblichen Organisationsstruktur beobachtet werden. Hinsichtlich der Reduktion des Anteils von Einpersonenstellen (Z_2) sowie einer Erhöhung des Anteils von SB-Standorten (Z_3) zeigen die *Performer* (Cluster A/B) hierbei auch die stärkste Entwicklung in Richtung einer stärkeren Zentralität in der stationären vertrieblichen Organisationsstruktur. Beim Anteil der mittelgroßen und großen Standorte (Z_1) weisen die *Nicht-Performer* (Cluster C/D) dagegen eine noch deutlichere Erhöhung der entsprechenden Anteilswerte auf als die *Performer* (Cluster A/B).

7.3 Konzeptionelle Ausrichtung

Wie in Abschnitt 3.1.4 gesehen, ist das Geschäft mit privaten Kunden wesentlich für die Erfüllung des normierten Auftrags der Sparkassen. Die Giromarkt-Kennziffer (O_3) signalisiert mit durchschnittlich 54 % zum Ende des Betrachtungszeitraums außerdem, dass die Mehrheit der Bevölkerung in

Westfalen-Lippe eine Geschäftsbeziehung zu einer Sparkasse unterhält (siehe Abschnitt 5.4.3). Insofern besitzt die strategische und konzeptionelle Ausrichtung der vertrieblichen Organisationsstruktur für das Geschäft mit privaten Kunden für die Institute eine geschäftspolitisch hohe Relevanz.

Das durch die Verbände der Sparkassen-Finanzgruppe initiierte Projekt zur Neuausrichtung der konzeptionellen vertrieblichen Ausrichtung verfolgt dabei den Ansatz, das Geschäftsfeld der privaten Kunden zu überprüfen und zukunftsfest auszurichten.[14] Durch die Regionalverbände wurden diesbezüglich jeweils in den Jahren 2017 und 2018 Befragungen bei den im jeweiligen Verbandsgebiet ansässigen Sparkassen durchgeführt.[15] Dabei wurde in den einzelnen konzeptionellen Bereichen abgefragt, ob sich das jeweilige Institut mit den betreffenden konzeptionellen Fragestellungen beschäftigt hat und ob eine Zielbildeignung der Konzeption im Rahmen dieses Bearbeitungsprozesses festgestellt wurde. Darüber hinaus wurde der Umsetzungsstatus ermittelt. Dies betrifft die Auswahlmöglichkeiten, ob mit der Umsetzung bereits begonnen wurde, ob es sich um eine laufende Umsetzung handelt bzw. die Umsetzung bereits abgeschlossen werden konnte.

Insgesamt wurden dabei die folgenden Themenbereiche hinsichtlich der Konzeption des Geschäfts mit privaten Kunden unterschieden, die Gegenstand der Befragung waren:

- Kundensegmentierung (Bereich 1),
- Multikanalangebot (Bereich 2),
- Leistungsangebot (Bereich 3) sowie
- Managementkonzeption (Bereich 4).

Die nachfolgend insgesamt 25 berücksichtigten Fragestellungen betreffen die relevanten Themen in diesen vier aufgeführten Bereichen.[16] Nachfolgend wird

---

[14]Vgl. *Deeken/Specht* (2017), 26 ff.

[15]Dabei handelte es sich jeweils um Online-Befragungen mit einem Umfang von insgesamt 45 Fragestellungen, wobei der Zugang zur Befragung über einen institutsspezifischen Link ermöglicht wurde. Die Befragungsergebnisse wurden durch den SVWL zur Verfügung gestellt.

[16]Die Antwortmöglichkeiten bei den berücksichtigten Fragestellungen gestalten sich wie folgt: „Im Sinne der Empfehlungen und konzeptgetreuer bzw. konzeptnaher Umsetzung hat unser Institut… sich noch nicht damit beschäftigt" (A1); „Zielbildeignung grundsätzlich festgestellt, jedoch bisher ohne Umsetzungsentscheidung" (A2); „die Umsetzung beschlossen (demnächst beginnend)" (A3); „die Umsetzung in Bearbeitung" (A4); „die Umsetzung abgeschlossen" (A5); „bewusst abweichende bzw. keine Umsetzung beschlossen" (A6). Je Fragestellung konnte das Institut jeweils eine Antwort auswählen.

zunächst der Grad der Beteiligung der Institute nach Clustern in den beiden Jahren betrachtet (Abschnitt 7.3.1). Schließlich werden die Befragungsergebnisse der teilnehmenden Institute nach Clustern ausgewertet, indem zunächst die Einschätzung zur Aktivität nach Bereichen analysiert wird (Abschnitt 7.3.2). Anschließend wird die Einschätzung zur Zielbildeignung durch die Institute nach Clustern sowie Themenbereich aufgeführt (Abschnitt 7.3.3). Danach soll schließlich der Umsetzungsstatus, ebenfalls differenziert nach Clustern bzw. gebündelten Clustern, betrachtet werden (Abschnitt 7.3.4).

7.3.1 Beteiligung

30 der betrachteten westfälisch-lippischen Institute (50 %) nahmen sowohl im Jahr 2017 als auch 2018 an der Befragung teil.[17] Zwölf Institute (20 %) beteiligten sich nur an der Befragung in 2017, 16 Institute dagegen nur in 2018 (27 %) und zwei Institute nahmen gar nicht teil (3 %). In den Clustern lag der Anteil der Institute, die sich in beiden Jahren beteiligten, zwischen 45 % bei den *dynamischen Nicht-Performern* (Cluster D) und 54 % bei den *dynamischen Performern* (Cluster B).

Von den 42 Teilnehmern in 2017 gaben 36 Institute vollständige Antworten zu den insgesamt 25 berücksichtigten Fragestellungen ab, für sechs Institute liegen dagegen nicht für alle Fragestellungen vollständige Antworten vor. Jeweils zwei Institute gaben zu einer, zu zwei bzw. zu drei Fragen keine Rückmeldung.[18]

[17]Zur Sicherstellung der identischen Analysebasis mit dem identischen Fusionsstand zum 01.01.2018 wird im Fall von separaten Befragungsergebnissen von später zusammengeschlossenen Instituten der gerundete Mittelwert beider Ergebnisse in der Untersuchung verwendet. Dies erscheint sinnvoll zu sein, denn im Fall von zwei sehr unterschiedlichen Befragungsergebnissen könnte sowohl die Berücksichtigung des Wertes der höchsten Umsetzungsstringenz (einige Fragestellungen werden möglicherweise im Zuge oder nach der Fusion erneut aufgeworfen) als auch des Wertes der geringsten Umsetzungsstringenz (das Institut profitiert im Zuge des Zusammenschlusses möglicherweise von Vorarbeiten des Partners) verzerrend wirken.

[18]Für die Analyse wird davon ausgegangen, dass sich die Institute mit den entsprechenden Fragestellungen noch nicht beschäftigt haben.

Im folgenden Jahr 2018 waren die Rückmeldungen bei insgesamt zehn Instituten unvollständig, wobei bei sieben Instituten eine Frage unbeantwortet blieb und jeweils bei einem Institut zwei bzw. drei sowie in einem Fall sechs Fragen unbeantwortet blieben. Insgesamt können die Befragungsergebnisse jedoch aufgrund des vergleichsweise homogenen clusterspezifischen Beteiligungsgrades durch die Institute für die nachfolgende Analyse verwendet werden.

7.3.2 Aktivität

Eine Aktivität liegt vor, wenn die Institute angeben, sich mit den strategischen und konzeptionellen Empfehlungen beschäftigt zu haben. Zur Einschätzung der Aktivität der Institute für 2017 und 2018 erfolgt dabei die Zählung der Summe der Antworten A2 bis A6 im Verhältnis zu allen Antworten. [19] Um Verzerrungen durch die Teilnahme von einzelnen Instituten in nur einem Jahr auszuschließen, werden dazu zunächst die 30 Institute betrachtet, die sich an beiden Befragungen beteiligten. Hierbei ergeben sich bei Mitteilung der Befragungsergebnisse von 2017 und 2018 folgende Erkenntnisse (siehe Abbildung 7.17):

- insgesamt zeigt sich im Mittel eine vergleichsweise hohe Aktivität über alle Cluster hinweg, die zwischen 86 % bei den *dynamischen Performern* (Cluster B) sowie 94 % bei den *behutsamen Nicht-Performern* (Cluster C) liegt,
- sowohl im Mittel als auch im 75 %-Quantil zeigt sich die höchste Aktivität bei den *behutsamen Nicht-Performern* (Cluster C) und gleichzeitig der geringste Abweichungskoeffizient und
- die *dynamischen Performer* (Cluster B) zeigen dagegen die geringste Aktivität sowohl im Mittel als auch im 25 %- sowie 75 %-Quantil.

[19]Anzahl der betrachteten Institute nach Clustern: Cluster A (acht Institute), Cluster B (elf Institute), Cluster C (sieben Institute) sowie Cluster D (vier Institute).

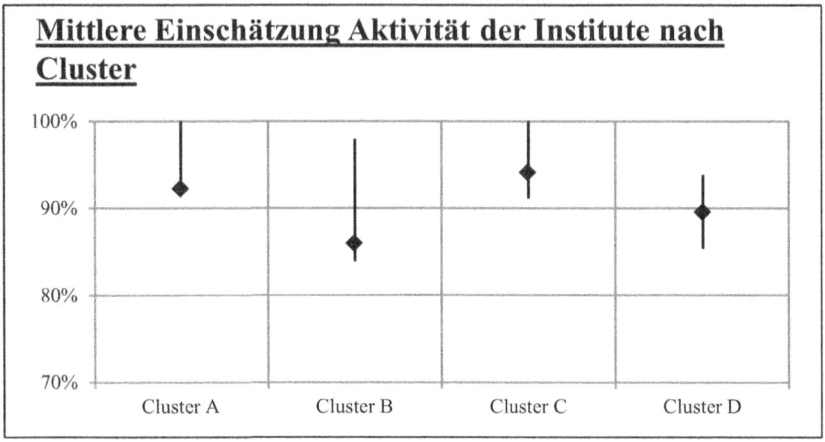

Abbildung 7.17 Aktivität der Institute nach Clustern (Unteres Ende der Bandbreite in Abbildung gibt jeweils 25 %-Quantil an und oberes Ende der Bandbreite jeweils 75 %-Quantil)

Bei der Betrachtung nach gebündelten Clustern lassen sich folgende Einschätzungen ableiten (siehe Abbildung 7.18):

- überraschenderweise sowohl im 25 %-/75 %-Quantil als auch im Mittel deutlich höherer Aktivitätsgrad bei den *behutsamen Instituten* (Cluster A/C) im Vergleich zu den *dynamischen Instituten* (Cluster B/D) sowie
- geringfügig höhere Aktivität bei den *Nicht-Performern* (Cluster C/D) gegenüber den *Performern* (Cluster A/B).

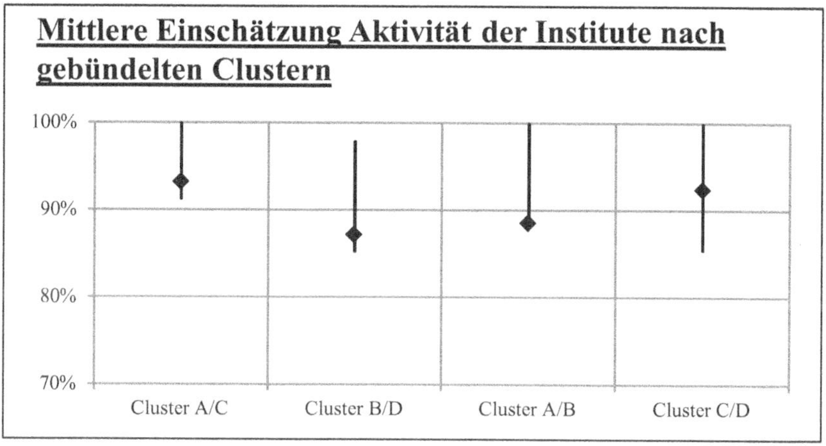

Abbildung 7.18 Aktivität der Institute nach gebündelten Clustern

Schließlich soll nachfolgend die aggregierte Betrachtung aller Befragungsergebnisse nach Clustern bzw. gebündelten Clustern für 2017 und 2018 erfolgen. Sofern sich ein Institut nur in 2017 oder 2018 beteiligt hat, wird dieses Befragungsergebnis für die Auswertung genutzt. Bei Instituten, die an beiden Befragungen teilgenommen haben, wird der Mittelwert der Befragungsergebnisse von 2017 und 2018 gebildet und dieser als Basis verwendet.

Hierbei zeigen sich tendenziell ähnliche Ergebnisse im Vergleich zur ausschließlichen Betrachtung der Institute, die sich in beiden Jahren an der Befragung beteiligten. Die Betrachtung der Cluster ergibt dabei folgende Erkenntnisse (siehe Abbildung 7.19):

- höchster Wert zeigt sich im Median, im Mittel sowie im 25 %-Quantil wiederum bei den *behutsamen Nicht-Performern* (Cluster C),
- die geringste Aktivität zeigen allerdings in dieser Betrachtung die *dynamischen Nicht-Performer* (Cluster D), während die *Performer* (Cluster A/B) mit knapp 90 % darüber liegen,
- der geringste Abweichungskoeffizient zeigt sich bei den *behutsamen Nicht-Performern* (Cluster C) und der höchste Wert bei den *dynamischen Performern* (Cluster B).

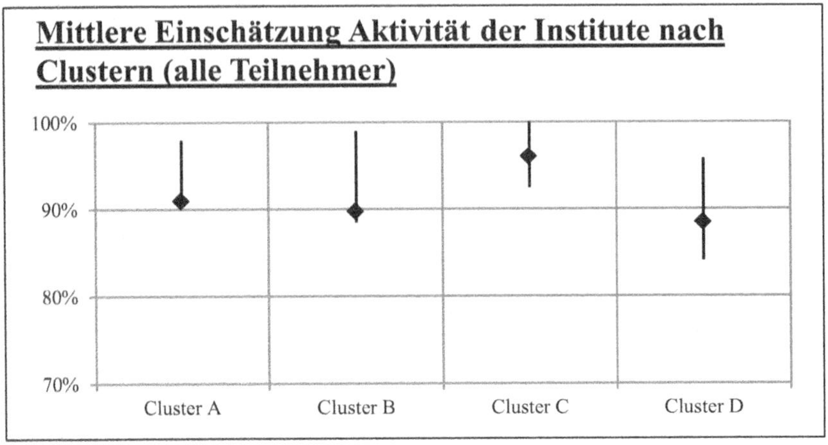

Abbildung 7.19 Aktivität der Institute nach Cluster (alle Teilnehmer)

Schließlich erfolgt wiederum für die Institute mit Teilnahme an den Befragungen in beiden Jahren die Betrachtung der bereichsspezifischen Aktivität nach Clustern (siehe Abbildung 7.20):

- eine vollständige Beschäftigung mit dem Thema Kundensegmentierung (Bereich 1) gibt es mit Ausnahme der *dynamischen Performer* (Cluster B) bei den Instituten in allen Clustern,
- im Themenfeld Multikanalangebot (Bereich 2) gibt es einen höheren Aktivitätsgrad bei den *Nicht-Performern* (Cluster C/D) gegenüber den *Performern* (Cluster A/B),
- eine sehr ähnliche mittlere Aktivität zeigt sich jeweils mit Aktivitätsquoten von knapp 90 % im Bereich Leistungsangebot (Bereich 3),
- eine insgesamt geringere mittlere Aktivität bei den Instituten aller Cluster gibt es beim Thema Managementkonzeption (Bereich 4), wobei die Aktivitätsquote bei den *behutsamen Instituten* (Cluster A/C) höher ist als die der *dynamischen Institute* (Cluster B/D), die mit knapp 70 % hier den geringsten Aktivitätswert überhaupt zeigen.

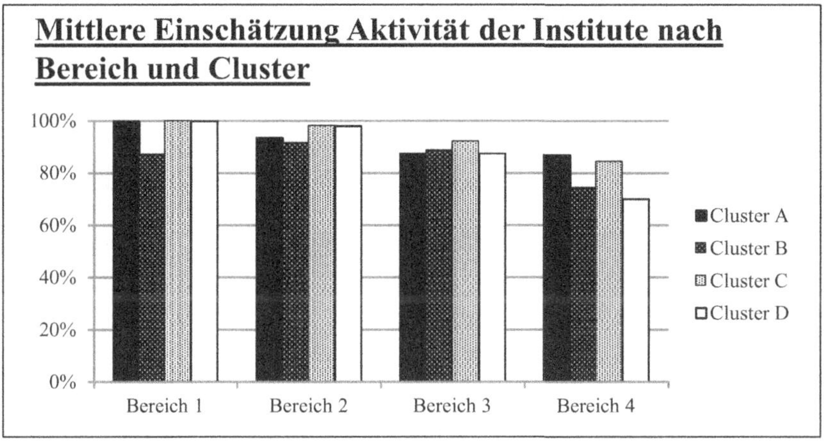

Abbildung 7.20 Einschätzung Aktivität der Institute nach Bereich und Cluster

7.3.3 Zielbildeignung

Für die nachfolgende Betrachtung der Befragungsergebnisse zur Zielbildeignung werden die Befragungsergebnisse aller teilnehmenden Institute aus den Jahren 2017 sowie 2018 verwendet.[20] Bei einer Beteiligung in den Jahren 2017 und 2018 werden die Einzelantworten dabei aggregiert berücksichtigt. Hinsichtlich der mittleren festgestellten Zielbildeignung für alle Bereiche nach Clustern zeigen sich folgende Anteilswerte (siehe Abbildung 7.21):

- höchste mittlere Zielbildeignung bei den *behutsamen Performern* (Cluster A), gefolgt von den *behutsamen Nicht-Performern* (Cluster C) sowie den *dynamischen Performern* (Cluster B),
- die *behutsamen Institute* (Cluster A/C) stellten häufiger eine Zielbildeignung fest als die *dynamischen Institute* (Cluster B/D),
- darüber hinaus gibt es eine etwas höhere Zielbildeignung bei den *Performern* (Cluster A/B) gegenüber den *Nicht-Performern* (Cluster C/D).

[20]Von einer Zielbildeignung wird ausgegangen, sofern die Fragen mit A2, A3, A4 oder A5 beantwortet wurden. Die Summe der entsprechenden Antworten wird ins Verhältnis zu allen entsprechenden Antworten gesetzt, um einen Anteilswert zu ermitteln. Keine Zielbildeignung liegt vor, wenn mit A6 geantwortet wurde.

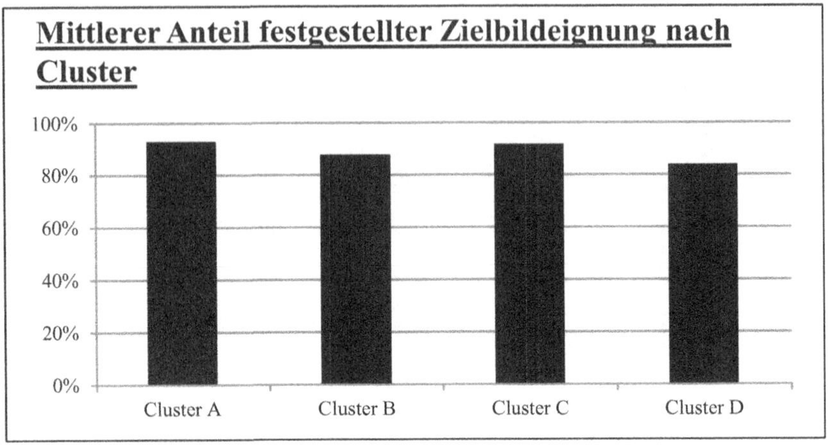

Abbildung 7.21 Anteil festgestellter Zielbildeignung nach Clustern

Unter zusätzlicher Berücksichtigung der einzelnen Themenbereiche zeigen sich hinsichtlich der Zielbildeignung nach den Clustern folgende Ergebnisse (siehe Abbildung 7.22):

- Bestätigung einer durchgängig höheren Zielbildeignung in allen Bereichen bei den *behutsamen Instituten* (Cluster A/C) gegenüber den *dynamischen Instituten* (Cluster B/D), wobei der Abstand im Bereich 4 (Managementkonzeption) am höchsten ausgeprägt ist,
- einzig im Bereich 1 (Kundensegmentierung) liegen die Zustimmungswerte aller Cluster bei über 90 % bzw. die Ablehnungsquoten zur Zielbildeignung bei unter 10 %, wobei es unter den *behutsamen Instituten* (Clustern A/C) wieder die höchste Zustimmungsrate gibt,
- die stärksten Schwankungen zwischen den Clustern gibt es im Bereich 4 (Managementkonzeption), wobei die Zustimmungsquote bei den *behutsamen Performern* (Cluster A) sowie den *behutsamen Nicht-Performern* (Cluster C) auch hier jeweils bei über 90 % liegt und bei den *dynamischen Nicht-Performern* (Cluster D) mit 74 % deutlich darunter,
- auch im Bereich 2 (Multikanalangebot) sowie im Bereich 3 (Leistungsangebot) liegt die Zustimmungsquote bei den *behutsamen Instituten* (Cluster A/C) am höchsten, bei den *dynamischen Nicht-Performern* (Cluster D) dagegen mit Abstand am niedrigsten,

- im Bereich 3 (Leistungsangebot) ist die Zustimmung bei den *dynamischen Performern* (Cluster B) dagegen noch etwas geringer als bei den *dynamischen Nicht-Performern* (Cluster D),
- die Zustimmungsrate im Bereich 2 (Multikanalangebot) und im Bereich 4 (Managementkonzeption) fällt bei den *Performern* (Cluster A/B) höher aus, im Bereich 3 (Leistungsangebot) dagegen bei den *Nicht-Performern* (Cluster C/D), während es im Bereich 1 (Kundensegmentierung) keine nennenswerten Abweichungen gibt.

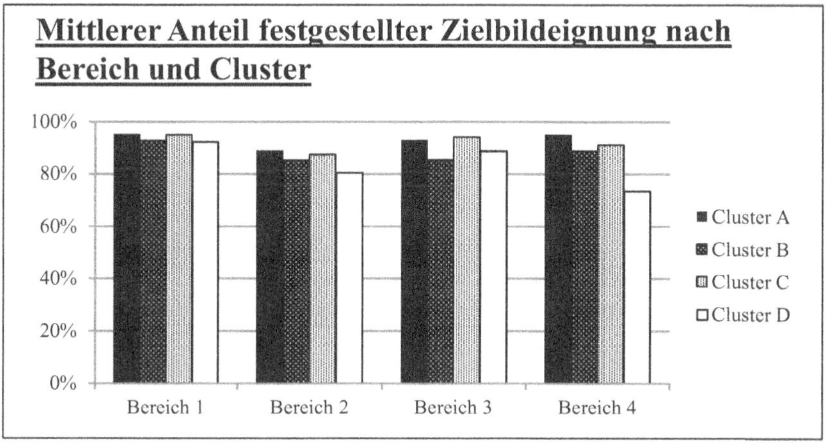

Abbildung 7.22 Anteil festgestellter Zielbildeignung nach Bereich und Clustern

7.3.4 Umsetzungsstringenz

Bei der Analyse des Umsetzungsstatus werden zur Vermeidung von Verzerrungen wiederum nur die Institute in der Auswertung berücksichtigt, für die sowohl im Jahr 2017 und als auch im Jahr 2018 Befragungsergebnisse vorliegen.[21]

[21]Die Grundgesamtheit stellen dabei die Antworten A2 bis A5 dar. Für die Auswertung wird jeweils der Mittelwert zwischen beiden Befragungsergebnissen gebildet. Ein Beispiel macht deutlich, warum die Berücksichtigung aller teilnehmenden Sparkassen nachfolgend zu starken Verzerrungen führen könnte: Ausschließlich in Jahr 1 beteiligt sich ein Institut mit einer geringen Umsetzungsstringenz an der Befragung. Im Jahr 2 beteiligt sich ein anderes Institut mit einer geringen Umsetzungsstringenz. Werden beide Institute berücksichtigt, zeigt sich c. p. im Zeitverlauf ein niedriger Berarbeitungsstand, der jedoch aufgrund der einmaligen Beteiligung der Institute tatsächlich ggf. nicht besteht.

Hinsichtlich des Anteils noch ausstehender Entscheidungen (A2) zeigt sich kein eindeutiges Bild bei den Clustern, die ihre *Outputs* im Betrachtungszeitraum verbessern konnten (Abbildung 7.23): Einen klar überdurchschnittlichen Anteil bereits getroffener Umsetzungsentscheidungen gibt es bei den *behutsamen Performern* (Cluster A), während die *Performer* (Cluster A/B) hierbei nahezu auf dem Durchschnittsniveau liegen. Demnach zeigen sowohl die *dynamischen Performer* (Cluster B) als auch die *dynamischen Institute* (Cluster B/D) einen überdurchschnittlich hohen Anteil noch ausstehender Umsetzungsentscheidungen. Es scheint demnach einen Zusammenhang zwischen der Dynamik der Institute und der Geschwindigkeit der Entscheidungsfindung zu geben, wobei sich die *behutsamen Institute* (Cluster A/C) insgesamt durch eine stringentere Entscheidungsfindung auszeichnen. Andererseits könnten die durchaus größeren Abweichungen auch darauf hindeuten, dass die konzeptionellen Empfehlungen eine unterschiedliche Passgenauigkeit für die Institute aufweisen (z. B. höhere Eignung für *behutsame Performer* (Cluster A) und es deshalb Unterschiede in der Schnelligkeit der Entscheidungsfindung gibt).

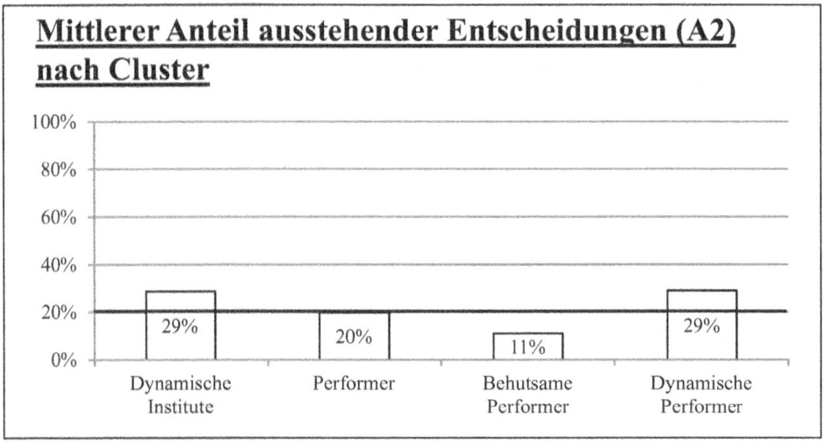

Abbildung 7.23 Anteil ausstehender Entscheidungen (A2) nach Clustern

Aufschlussreich ist in diesem Zusammenhang auch die Berücksichtigung der Anteile von Themen mit avisiertem Umsetzungsbeginn (A3) bzw. mit laufender Umsetzung (A4) sowie bereits abgeschlossener Umsetzung (A5)

nach Cluster (siehe Abbildung 7.24): Hinsichtlich des Anteils an Themen mit avisiertem Umsetzungsbeginn (A3) bzw. mit laufender Umsetzung (A4) zeigen sich geringere Unterschiede zwischen den Clustern, wobei die *dynamischen Performer* (Cluster B) hier sogar den höchsten Anteil und die *behutsamen Performer* (Cluster A) den geringsten Anteilswert zeigen. Diese Abweichungen in der Umsetzungsstringenz zeigen sich auch beim Anteil der Themen mit einer bereits abgeschlossenen Umsetzung (A5). Die *behutsamen Performer* (Cluster A) haben dabei die Umsetzung bei mehr als doppelt so vielen Aufgaben bereits abgeschlossen als die *dynamischen Performer* (Cluster B). Dies deutet darauf hin, dass die Entscheidungen bei den *behutsamen Performern* (Cluster A) im Vergleich zu den *dynamischen Performern* (Cluster B) nicht nur schneller getroffen werden, sondern die Institute möglicherweise auch weniger Zeit bei deren Umsetzung benötigen.

Die Unterschiede zwischen den *dynamischen Instituten* (Cluster B/D) und den *Performern* (Cluster A/B) sind dagegen deutlich geringer ausgeprägt. Die *dynamischen Institute* (Cluster B/D) zeigen dabei einen etwas unterdurchschnittlichen Anteil von Themen mit bereits abgeschlossener Umsetzung, während die *Performer* (Cluster A/B) sich in der aggregierten Betrachtung nahezu exakt auf dem durchschnittlichen Niveau über alle Institute hinweg bewegen.

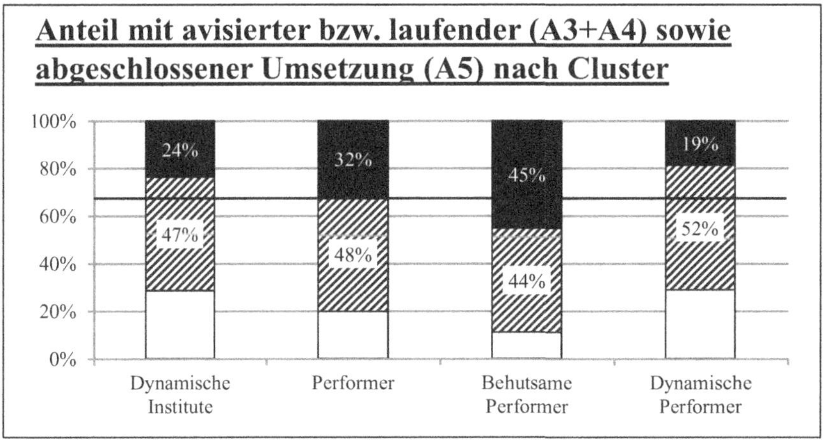

Abbildung 7.24 Anteil mit avisierter bzw. laufender (A3+A4) sowie abgeschlossener Umsetzung (A5)

Dieser Zusammenhang bestätigt sich auch bei der Betrachtung des Umsetzungsstatus im Themenfeld Kundensegmentierung (Bereich 1) (siehe Abbildung 7.25): Während die Unterschiede zwischen dem Anteil nach ausstehenden Entscheidungen (A2) zwischen den *behutsamen Performern* (Cluster A) und den *dynamischen Performern* (Cluster B) hierbei deutlich geringer ausfallen, ist der Anteil von Aufgaben, deren Umsetzung avisiert ist bzw. die sich in der laufenden Umsetzung befinden, bei den *dynamischen Performern* (Cluster B) doppelt so hoch ausgeprägt. Während bei diesen Instituten die Umsetzung nicht einmal bei jeder vierten Aufgabe abgeschlossen wurde, liegt der Anteil bei den *behutsamen Performern* (Cluster A) bei fast 60 %. Auch hierbei fallen die Unterschiede zwischen den *dynamischen Instituten* (Cluster B/D) und den *Performern* (Cluster A/B) insgesamt geringer aus, wobei die Umsetzungsstringenz jeweils etwas geringer ausgeprägt ist als im Durchschnitt der Institute.

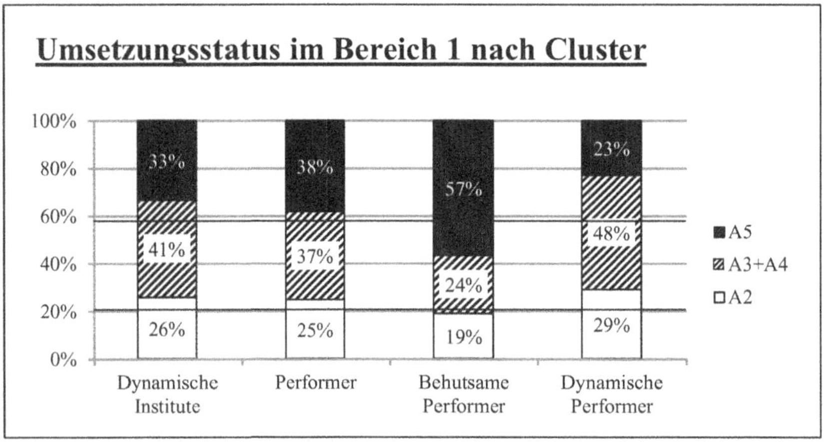

Abbildung 7.25 Umsetzungsstatus im Bereich 1 nach Clustern

Da die Umsetzung der Kundensegmentierung (Bereich 1) die Basis für die Umsetzung der nachfolgenden Themenbereiche bietet, setzen sich die aufgezeigten Unterschiede und Zusammenhänge dort fort. Beim Multikanalangebot

(Bereich 2) liegt der Anteil noch ausstehender Umsetzungsentscheidungen (A2) bei den *dynamischen Performern* (Cluster B) mehr als dreimal so hoch wie bei den *behutsamen Performern* (Cluster A) (siehe Abbildung 7.26). Noch größere relative Unterschiede gibt es sogar beim Leistungsangebot (Bereich 3), wobei die Anteilswerte hier 5 % bzw. 21 % betragen (siehe Abbildung 7.27) und auch bei der Managementkonzeption (Bereich 4) mit Anteilswerten an ausstehenden Umsetzungsentscheidungen von 10 % bzw. 35 % (siehe Abbildung 7.28). Der Anteil von Aufgaben mit einer abgeschlossenen Umsetzung ist dagegen in allen Bereichen bei den *dynamischen Performern* (Cluster B) unterdurchschnittlich ausgeprägt und liegt bei den *behutsamen Performern* (Cluster A) stets über dem Durchschnitt.

Beim Leistungsangebot (Bereich 3) zeigt sich bei der aggregierten Betrachtung der *Performer* (Cluster A/B) eine überdurchschnittliche Umsetzungsstringenz, während die *dynamischen Institute* (Cluster B/D) hier einen überdurchschnittlichen Anteil von noch ausstehenden Umsetzungsentscheidungen zeigen und es jeweils einen geringeren Anteil von Aufgaben gibt, bei denen die Umsetzung bereits abgeschlossen wurde.

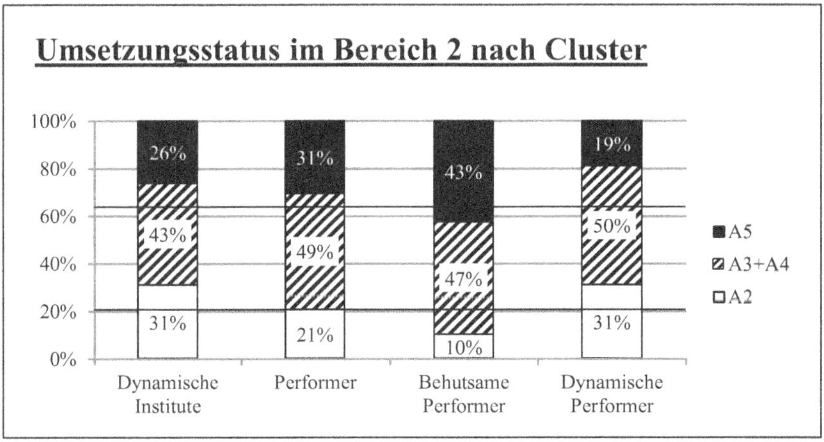

Abbildung 7.26 Umsetzungsstatus im Bereich 2 nach Clustern

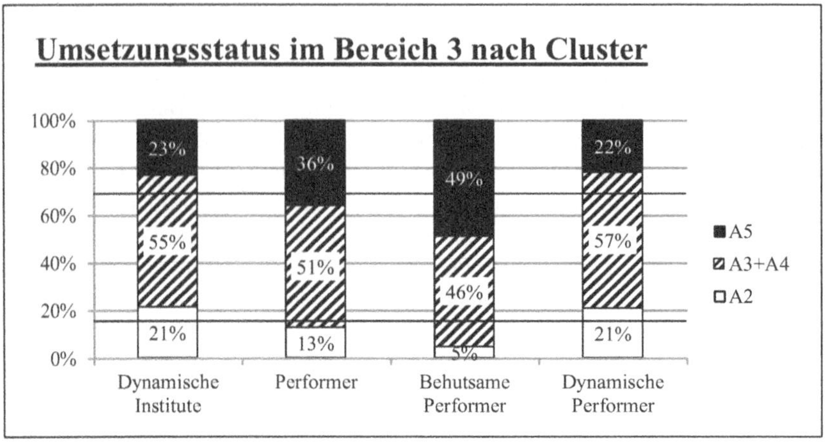

Abbildung 7.27 Umsetzungsstatus im Bereich 3 nach Clustern

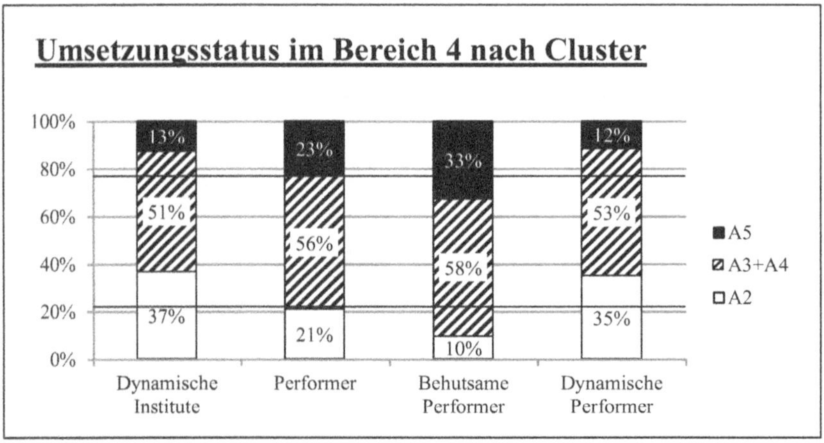

Abbildung 7.28 Umsetzungsstatus im Bereich 4 nach Clustern

7.4 Zwischenfazit

Institute mit einer Verbesserung ihrer Positionierung bei den *Outputs* im Betrachtungszeitraum zeigen sehr verschiedene Schwerpunktsetzungen in ihrer institutionellen Organisationsstruktur und Entwicklung sowie der Umsetzungsstringenz bei den strategischen sowie konzeptionellen Empfehlungen.

So ist die vertriebliche Organisationsstruktur der *behutsamen Performer* (Cluster A) vergleichsweise dezentral ausgerichtet, während sich die *dynamischen Performer* (Cluster B) hierbei exakt auf Durchschnittsniveau der westfälisch-lippischen Institute befinden. Demnach geht eine höhere Dynamik im Betrachtungszeitraum tendenziell mit einer höheren Zentralität in der vertrieblichen Organisationsstruktur einher, dagegen zeigen die Unterschiede zwischen den *behutsamen Performern* (Cluster A) und den *dynamischen Performern* (Cluster B), dass unterschiedliche Grade der Zentralität erfolgversprechend sein können. In der aggregierten Betrachtung der *Performer* (Cluster A/B) zeigt sich eine leicht überdurchschnittliche Dezentralität in der Ausrichtung ihrer vertrieblichen Organisationsstruktur.

Allerdings gibt es erhebliche Unterschiede in der Schwerpunktsetzung bei einzelnen Parametern, die teilweise auf eine stärkere Zentralität und teilweise auf eine stärkere Dezentralität hindeuten: Während die *behutsamen Performer* (Cluster A) einerseits einen geringeren Anteil mittelgroßer und großer Sparkassenstellen (Z_1) vorhalten und andererseits einen höheren Anteil von Sparkassenstellen ohne Einpersonenstellen (Z_2) besitzen, zeigt sich bei den *dynamischen Performern* (Cluster B) ein fast umgekehrtes Bild. Dagegen zeigen die Institute in beiden Clustern eine überdurchschnittliche Ausstattung mit SB-Standorten (Z_3), die bei den *dynamischen Performern* (Cluster B) sogar noch etwas stärker ausgeprägt ist. Während sich sowohl die OBV-Quote (Z_4) als auch die OBV-Aktivität (Z_5) bei den *behutsamen Performern* (Cluster A) als unterdurchschnittlich erweist, können die *dynamischen Performer* (Cluster B) zumindest eine etwas überdurchschnittliche OBV-Aktivität (Z_5) aufweisen.

Die *dynamischen Performer* (Cluster B) zeigen im Vergleich zu den *behutsamen Performern* (Cluster A) im Betrachtungszeitraum eine deutlich höhere Veränderungsintensität hinsichtlich der stationären vertrieblichen Organisationsstruktur, die aggregiert betrachtet bei den *Performern* (Cluster A/B) auch stärker ausfällt als bei den *Nicht-Performern* (Cluster C/D). Allerdings ergibt gerade die Betrachtung nach Einzelclustern, dass sowohl eine niedrige Veränderungsintensität (Cluster A) als auch eine hohe Veränderungsintensität (Cluster B) mit einer hohen Performance im Betrachtungszeitraum einhergehen können.

Über diese relative Betrachtung hinaus gibt es hinsichtlich der Entwicklung der stationären vertrieblichen Organisationsstruktur bei allen Instituten eine deutliche Veränderung in Richtung einer stärkeren Zentralität: So wurde der Anteil von mittelgroßen und großen Standorten (Z_1) an allen Sparkassenstellen jeweils bei mehr als 50 % der Institute je Cluster im Betrachtungszeitraum erhöht, wobei der Anteil bei den *dynamischen Nicht-Performern* (Cluster D) sogar bei über 80 % der Institute anstieg. Bei über 60 % der Institute erhöhte sich der Anteil von Sparkassenstellen von Einpersonenstellen (Z_2) oder sank zumindest nicht. Mit Ausnahme der *dynamischen Performer* (Cluster B) liegt der Anteil von Instituten, die überhaupt Einpersonenstellen vorhalten, bei unter 40 %. Schließlich erhöhte sich der Anteil von SB-Standorten an allen Sparkassenstellen (Z_3) in allen Clustern bei über 80 % der Institute oder blieb zumindest stabil, wobei es die stärkste Erhöhung bei den *behutsamen Performern* (Cluster A) gab. Hier stieg der Anteil von SB-Standorten bei über 80 % der Häuser tatsächlich an und bei keinem Institut ging der Anteil zurück. Mit Ausnahme der *dynamischen Nicht-Performer* (Cluster D) halten jeweils über 80 % der Institute in allen Clustern zum Ende des Betrachtungszeitraums SB-Standorte vor. Bei den *dynamischen Nicht-Performern* (Cluster D) war dies dagegen nur knapp die Hälfte der Häuser.

Hinsichtlich der konzeptionellen Ausrichtung der Vertriebsstruktur im Geschäft mit privaten Kunden zeigen sich insgesamt über alle Cluster hinweg ein hoher Beschäftigungsgrad und eine sehr hohe festgestellte Zielbildeignung. In der Detailbetrachtung wird dennoch deutlich, dass sich *die behutsamen Performer* (Cluster A) im Vergleich zu den *dynamischen Performern* (Cluster B) überdurchschnittlich stark mit den strategischen und konzeptionellen Empfehlungen beschäftigt haben und auch eine höhere Zielbildeignung feststellten. Hinsichtlich der Umsetzung weisen die *behutsamen Performer* (Cluster A) ebenfalls durchgängig ein überdurchschnittliches Maß an Umsetzungsstringenz aus, während diese bei den *dynamischen Performern* (Cluster B) in allen Bereichen unterdurchschnittlich ausgeprägt ist. Dies zeigt sich sowohl am geringeren Anteil noch ausstehender Umsetzungsentscheidungen als auch beim höheren Anteil von Aufgaben, bei denen die Umsetzung durch die *behutsamen Performer* (Cluster A) bereits abgeschlossen ist.

Doch welche Gründe gibt es für derartige Unterschiede gerade bei den Instituten, die sich im Betrachtungszeitraum durch eine hohe Performance auszeichneten? Dieser Frage soll im nächsten Kapitel nachgegangen werden.

Organisationstheoretische Erkenntnisse

8

Ein Zwischenfazit der vorangegangenen Betrachtungen könnte lauten: Performer sind nicht gleich Performer. Diejenigen Institute, die ihre *Outputs* im Betrachtungszeitraum am deutlichsten verbessern konnten, verfolgen durchaus unterschiedliche Strategien hinsichtlich ihrer vertrieblichen Organisationsstruktur. Nachfolgend soll unter Bezugnahme auf die organisationstheoretischen Grundlagen zunächst betrachtet werden, welche Unterschiede an welchen Stellen des Leistungserstellungsprozesses clusterspezifisch die Entwicklungsanreize begründen (Abschnitt 8.1). Daran schließen sich die Erkenntnisse zur clusterspezifischen Entwicklungsrichtung bei den Faktoren der Leistungserstellung, d. h. der Divergenz bzw. Konvergenz, an (Abschnitt 8.3). Schließlich sollen die clusterspezifischen Erkenntnisse zusammengetragen werden.

8.1 Entwicklungsanreize und Beharrungstendenzen in der Leistungserstellung

Es konnte bereits gezeigt werden, dass es über alle Institute hinweg große Unterschiede hinsichtlich der Entwicklung einzelner Kennzahlen im Betrachtungszeitraum gibt (siehe Abschnitt 5.5 sowie Abschnitt 6.3). Beispielsweise zeigten sich starke Beharrungstendenzen in der Veränderung des wirtschaftlichen Eigenkapitals (O_1) sowie der Giromarkt-Kennziffer (O_3) sowie der Kundenkontakt-Kennziffer (O_4). Deutlich stärkere Veränderungen und damit

R. Conrad, *Performance, Dynamik und Konvergenz im Banking*,
https://doi.org/10.1007/978-3-658-30740-0_8

höhere Entwicklungsanreize zeigten sich dagegen bei den Betriebsergebnissen (O_2) und der Beschäftigtenproduktivität. Aus organisationstheoretischer Sicht ist jedoch nicht nur von Interesse, welche Veränderungsintensität sich bei der Betrachtung einzelner Bereiche bzw. sogar einzelner Kennzahlen im Leistungserstellungsprozess zeigt, sondern auch die Frage nach clusterspezifischen Besonderheiten hinsichtlich der Entwicklungsanreize.

Zur Identifikation wird für die gebündelten Cluster daher für jede der betrachteten Kennzahlen ein Rang ermittelt (z. B. gebündeltes Cluster mit dem niedrigsten Wert an Kundenkrediten (P_2) erhält den zugeordneten Rang 1 und gebündeltes Cluster mit dem höchsten Wert an Kundenkrediten (P_2) erhält Rang 4 zugeordnet). Dieser für die gebündelten Cluster ermittelte Rang wird zu Beginn und zum Ende des Betrachtungszeitraums für jede Kennzahl ermittelt. Im nächsten Schritt wird berechnet, ob sich zwischen den gebündelten Clustern Veränderungen in der Rangfolge im Betrachtungszeitraum ergeben. Sofern es viele Veränderungen in der Rangfolge gibt, spricht dies für starke Entwicklungsanreize, gibt es keine Veränderungen in der Rangfolge, überwiegen dagegen die Beharrungstendenzen.

Erwartungsgemäß zeigen sich im Vergleich zwischen *Performern* (Cluster A/B) und *Nicht-Performern* (Cluster C/D) die stärksten mittleren Rangveränderungen im Betrachtungszeitraum bei den *Outputs* (siehe Abbildung 8.1). Außerdem gibt es zwischen *Performern* (Cluster A/B) und *Nicht-Performern* (Cluster C/D) auch stärkere Rangveränderungen im Bereich der erstellten Leistungen. Die Veränderungen im Bereich der Produktivität sind dagegen sowohl im Abgleich von *Performern* (Cluster A/B) und *Nicht-Performern* (Cluster C/D) als auch zwischen *dynamischen Instituten* (Cluster B/D) und *behutsamen Instituten* (Cluster A/C) gleich stark ausgeprägt.

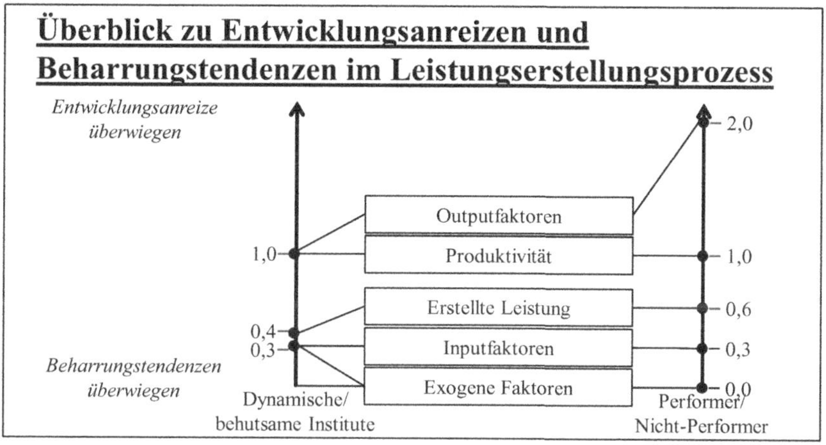

Abbildung 8.1 Überblick zu Entwicklungsanreizen und Beharrungstendenzen im Leistungserstellungsprozess (Bildung einer Rangfolge nach Kennzahl zwischen den gebündelten Clustern von 1 (geringster mittlerer Wert) bis 4 (höchster mittlerer Wert). Anschließend Ermittlung Kennzahlen für Beginn und Ende des Betrachtungszeitraums und Bildung Absolutwert der Veränderung im Rang nach Kennzahl. Schließlich Ermittlung mittlere Veränderung nach Bereich. Wert von 2,0 bei den Outputfaktoren meint beispielsweise, dass es eine Verschiebung von zwei Rängen zwischen den *Performern* (Cluster A/B) und den *Nicht-Performern* (Cluster C/D) gab und damit eine starke Verschiebung)

Die vergleichsweise hohe Stabilität der Institute bei den Inputfaktoren spricht für starke Beharrungstendenzen. So gehen eine hohe Performance im Betrachtungszeitraum oder eine hohe Dynamik nicht mit einer abweichenden Anpassung der Inputfaktoren einher, was sich ansonsten in einer stärkeren Veränderung der Rangfolge niederschlagen würde. Gründe hierfür können zum einen die umfassende tarifliche Bindung der Beschäftigten (I_2) mit starken Schutzrechten sein. Zum anderen kann die Besetzung der Verwaltungsräte der Institute mit regionalen Repräsentanten dazu führen, dass grundlegende Anpassungen der Anzahl von Sparkassenstellen (I_3) (z. B. Zusammenlegung aller Zweigstellen) kaum durchsetzbar sind.

Auch bei den erstellten Leistungen zeigt das Geschäftsmodell der Sparkassen eine vergleichsweise hohe Stabilität. Als Gründe dafür können die hohe Marktreichweite sowie die stabile Kundenbindung genannt werden, die sich insbesondere in der Kundenkontakt-Kennziffer (O_4) sowie der Wiederwahlquote (O_{10}) widerspiegeln. Selbst wenn sich insgesamt im Betrachtungszeitraum ein Rückgang bei der Kundenkontakt-Kennziffer (O_4) bei 53 von 60 Instituten zeigt, scheinen die Beharrungstendenzen hierbei im Betrachtungszeitraum deutlich zu überwiegen. Auch bei den exogenen Faktoren zeigt sich eine sehr hohe Stabilität. Hierbei zeigen sich nur zwischen den *dynamischen Instituten* (Cluster B/D) und den *behutsamen Instituten* (Cluster A/C) leichte Verschiebungen.

Insofern deutete die Analyse der Entwicklung der westfälisch-lippischen Institute im Betrachtungszeitraum auf die Existenz von Bereichen mit hoher Trägheit und anderen Bereichen mit hoher Dynamik hin (siehe Abschnitt 2.5.1). Für zusätzliche Beharrungstendenzen kann dabei der normierte Auftrag der öffentlich-rechtlichen Institute (siehe Abschnitt 3.1.1 sowie Abschnitt 3.1.4) und die Einbindung in den Verbund der Sparkassen-Finanzgruppe inkl. der damit verbundenen Prinzipien für die Entscheidungsprozesse (siehe Abschnitt 3.3.3) sorgen. Dabei ist der Auftrag der Sparkassen festgeschrieben und schränkt den Entscheidungsspielraum der Institute ein. Die Einbindung in den Verbund der Sparkassen-Finanzgruppe führt dazu, dass die Entscheidungsautonomie in einigen relevanten Bereichen eingeschränkt sein kann. Dies alleine führt allerdings noch nicht zu Beharrungstendenzen. Vielmehr können komplexe Entscheidungsstrukturen zu langsamen Entscheidungen führen und dadurch Trägheit befördern.

8.2 Clusterspezifische Erklärungen

Hinsichtlich der Dynamik konnte ein deutlicher Zusammenhang zur Institutsgröße gezeigt werden (siehe Abschnitt 6.4): Die *dynamischen Institute* (Cluster B/D) und auch die *dynamischen Performer* (Cluster B) umfassen eine Gruppe von eher kleineren Instituten. Der Anreiz für Veränderungen kann bei diesen Instituten insbesondere in einer vergleichsweise geringen Eigenkapitalausstattung (O_1) in der Ausgangslage gesehen werden. Hierbei handelt es sich um ein wesentliches Sicherungsziel für die dauerhafte Überlebensfähigkeit der Institute.[1] Gleichzeitig kann die Kombination von Institutsgröße und der exogenen Herausforderungen (z. B. Zinsentwicklung oder regulatorische und aufsichtsrechtliche Anforderungen) (siehe Abschnitt 4.1) auch zu zusätzlichen Entwicklungsanreizen führen: Es muss dabei stets berücksichtigt werden, dass die Ressourcen kleinerer Institute in geringerem Umfang zur Verfügung stehen. Eine hohe Dynamik kann dabei helfen, diesen vermeintlichen Nachteil auszugleichen.

[1]Die Eigenkapitalausstattung (O_1) ist eine Kennzahl mit einer vergleichsweise hohen Stabilität im Zeitverlauf, die bei allen Instituten im Betrachtungszeitraum verbessert werden konnte.

Bei Betrachtung des absoluten wirtschaftlichen Eigenkapitals ergibt sich eine mittlere Steigerung von 41 % bei den *dynamischen Performern* (Cluster B), bei den *behutsamen Performern* (Cluster A) fällt die Steigerung mit 50 % sogar noch höher aus.[2] Interessanterweise kann jedoch bei den *behutsamen Performern* (Cluster A) – den Instituten mit der höchsten mittleren Steigerung bei der Eigenkapitalausstattung – diese Kennzahl nicht als primäre Erklärung für einen Anpassungsdruck am Beginn des Betrachtungszeitraums dienen. Die *behutsamen Performer* (Cluster A) zeigen nämlich bereits zu Beginn des Betrachtungszeitraums eine vergleichsweise hohe Eigenkapitalausstattung.

Ein möglicher Anreiz bei den *behutsamen Performern* (Cluster A), könnte jedoch die Generierung von Wachstum darstellen: Bei den *Performern* (Cluster A/B) beträgt das mittlere Wachstum der DBS im Betrachtungszeitraum 14 % und liegt damit leicht über dem Durchschnitt von 12 % (siehe Abschnitt 4.3). Bei den *behutsamen Performern* (Cluster A) liegt die Steigerung dagegen bei 22 %. Die *Nicht-Performer* (Cluster C/D) liegen mit durchschnittlich 11 % Wachstum unter dem Durchschnitt. Dabei ist zu berücksichtigen, dass 56 % der Fusionen im Betrachtungszeitraum unter Beteiligung der *behutsamen Performer* (Cluster A) stattfanden, obwohl diese nur knapp ⅕ der westfälisch-lippischen Institute repräsentieren. Sowohl bei der Beschäftigtenintensität (I_2) als auch bei der Ausstattung mit Sparkassenstellen (I_3) zeichnen sich die *behutsamen Performer* (Cluster A) bereits zu Beginn des Betrachtungszeitraums durch eine vergleichsweise effiziente Aufstellung aus. Diese Strategie wird auch im Betrachtungszeitraum fortgesetzt. Ihre Stringenz äußert sich auch in der überdurchschnittlichen Zielbildeignung hinsichtlich der innerhalb der Sparkassen-Finanzgruppe entwickelten Vertriebskonzeption sowie die hohe Geschwindigkeit in der Umsetzung (siehe Abschnitt 7.3.3 sowie Abschnitt 7.3.4). Bei den *dynamischen Performern* (Cluster B) liegt die Zielbildeignung dagegen leicht unter dem Durchschnitt und die Institute zeigen eine deutlich geringere Umsetzungsstringenz. Werden die *dynamischen Institute* (Cluster B/D) insgesamt betrachtet, zeigen sich sogar die geringste Zielbildeignung sowie ein sehr hoher Anteil noch ausstehender Umsetzungsentscheidungen. Mit Blick auf deren festgestellte Dynamik in der Leistungserstellung der Institute überrascht dieser Zusammenhang.

Interessanterweise gehen Zusammenschlüsse von Instituten nicht mit einer höheren Dynamik in der Entwicklung einher (94 % der Fusionen im Betrachtungszeitraum fanden unter Beteiligung der *behutsamen Institute* (Cluster

[2]Bei den *Nicht-Performern* (Cluster C/D) fällt die mittlere Steigerungsrate dagegen mit 40 % niedriger aus.

A/C) statt). Dass jedoch 60 % der Zusammenschlüsse mit Beteiligung der *behutsamen Institute* (Cluster A/C) unter Berücksichtigung der *behutsamen Performer* (Cluster A) erfolgte, könnte darauf hindeuten, dass Zusammenschlüsse tendenziell positive Auswirkungen auf die Performance besitzen.

8.3 Divergenz und Konvergenz in der Leistungserstellung

Nachdem nun dargestellt wurde, dass es im Leistungserstellungsprozess Unterschiede in der Veränderungsneigung gibt, sich zusätzlich clusterspezifische Unterschiede hinsichtlich Beharrungstendenzen und Entwicklungsanreizen zeigen und die clusterspezifischen Ursachen für Entwicklungsanreize sich durchaus unterscheiden, soll nun überprüft werden, wohin diese Veränderungen führen. Gehen die Veränderungen clusterspezifisch und nach Bereich der Leistungserstellung mit einer zunehmenden Konvergenz oder Divergenz einher? Diese Betrachtung ist insbesondere mit Blick auf die Konzepte eines zunehmenden Isomorphismus im Entwicklungszyklus der Organisation interessant (siehe Abschnitt 2.5.3). Die entsprechenden Veränderungen werden dabei in den einzelnen Bereichen der Leistungserstellung, den *Inputs* (Abschnitt 8.3.1), den erstellten Leistungen (Abschnitt 8.3.2), der Beschäftigtenproduktivität (Abschnitt 8.3.3) sowie der *Outputs* (Abschnitt 8.3.4) betrachtet.

Für die clusterspezifische Auswertung wird zunächst die Differenz des Abweichungskoeffizienten für die betrachteten Kennzahlen nach Cluster zwischen Ende und dem Beginn des Betrachtungszeitraumes gebildet.[3] Diese Differenz kann entweder positiv (Entwicklung Richtung Divergenz), unverändert (keine Veränderung der institutsspezifischen Unterschiede im betrachtungszeitraum) oder negativ (Entwicklung Richtung Konvergenz) sein.

Hierbei zeigen sich deutliche Unterschiede zwischen der Entwicklung in den Clustern bzw. gebündelten Clustern (siehe Abbildung 8.2). Schwarz oder

[3]Zur Glättung von möglichen Verzerrungen bei Werten einzelner Jahre werden hier wiederum regelmäßig die Mittelwerte für die Jahre 2008 bis 2010 für den Beginn des Betrachtungszeitraums sowie die Mittelwerte für die Jahre 2015 bis 2017 für das Ende des Betrachtungszeitraums genutzt (siehe Abschnitt 6.2).

grau eingezeichnet sind jeweils Kennzahlen, bei denen sich der Abweichungskoeffizient im Zeitverlauf erhöht hat, wobei die höchsten 10 % der erzielten Werte in der Abweichungsbetrachtung schwarz eingefärbt sind. Hell eingefärbte Felder geben an, dass der Abweichungskoeffizient im Betrachtungszeitraum abgenommen hat.

Auf den ersten Blick wird ersichtlich, dass die hellen Felder bei den *Performern* (Cluster A/B) überwiegen und die *behutsamen Nicht-Performer* (Cluster C) bzw. die *dynamischen Nicht-Performer* (Cluster D) teilweise eine starke Entwicklung in Richtung Divergenz zeigen. Bei den *dynamischen Performern* (Cluster B) gibt es beispielsweise bei keinem Parameter eine starke Zunahme der Divergenz, während dies bei den *behutsamen Nicht-Performern* (Cluster C) bei immerhin sechs Kennzahlen im Betrachtungszeitraum der Fall ist.

Abbildung 8.2 Veränderung Abweichungskoeffizient im Betrachtungszeitraum

8.3.1 Inputs

Bei den *Inputs* fällt über alle Institute hinweg eine konvergierende Entwicklung beim Anteil der bankspezifisch Beschäftigten (I_1) auf, die sich stärker bei den *dynamischen Instituten* (Cluster B/D) zeigt, aber in etwas schwächerer Form auch bei den *Performern* (Cluster A/B) stattfindet (siehe Abbildung 8.3). Dagegen gibt es eine wachsende Divergenz bei der Beschäftigtenintensität (I_2), die bei den *dynamischen Instituten* (Cluster B/D) stärker ausgeprägt ist, sich bei den *Performern* (Cluster A/B) allerdings nicht zeigt

Die Unterschiede bei der mittleren Anzahl von Beschäftigten je Sparkassenstelle (I_4) sind sowohl zu Beginn als auch zum Ende des Betrachtungszeitraums bei den *Performern* (Cluster A/B) geringer ausgeprägt, während es eine zunehmende Divergenz bei den *dynamischen Instituten* (Cluster B/D) gibt.

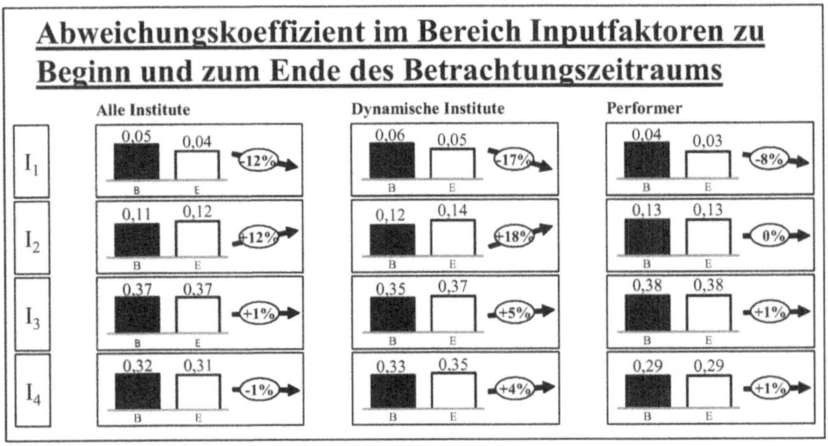

Abbildung 8.3 Abweichungskoeffizient einzelner *Inputs*

In der aggregierten Betrachtung für die *Inputs* zeigt sich einzig bei den *dynamischen Performern* (Cluster B) eine Verringerung der Unterschiede (siehe Abbildung 8.4). Bei den *dynamischen Nicht-Performern* (Cluster D) nehmen die Unterschiede im Betrachtungszeitraum dagegen deutlich zu. Dies gilt auch für die *behutsamen Performer* (Cluster A), die sich jedoch insgesamt sowohl zu Beginn als auch zum Ende des Betrachtungszeitraums durch eine stärkere Ähnlichkeit zwischen den Instituten im Bereich der *Inputs* auszeichnen.

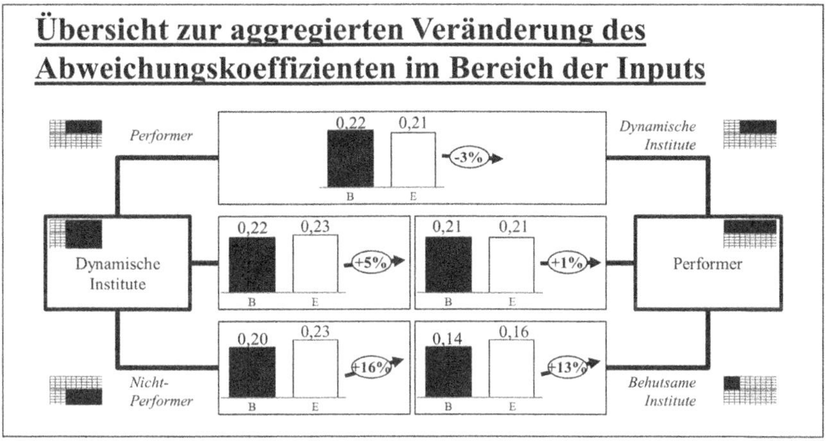

Abbildung 8.4 Veränderung des Abweichungskoeffizienten im Bereich der *Inputs*

8.3.2 Erstellte Leistungen

Bei den Kundeneinlagen (P_1) konnten die Institute Unterschiede teils stark abbauen, wobei hier insbesondere die deutlich konvergierende Entwicklung bei den *Performern* (Cluster A/B) auffällt (siehe Abbildung 8.5). Allerdings zeigen sich bei den *dynamischen Instituten* (Cluster B/D) sowohl zu Beginn als auch zum Ende des Betrachtungszeitraums deutlich geringere Unterschiede als bei der Betrachtung über alle Institute hinweg.[4] Bei den Kundenkrediten (P_2) nehmen die Unterschiede dagegen insgesamt deutlich zu, auch wenn sich diese im Vergleich zu den Kundeneinlagen (P_1) auf einem geringeren Niveau befinden. Allerdings fällt hierbei auf, dass die divergierende Entwicklung bei den *Performern* (Cluster A/B) deutlich mäßiger ausfällt und sich die Merkmalsausprägungen dieser gegenüber den *dynamischen Instituten* (Cluster B/D) oder bei der Betrachtung über

[4]Unterschiede zu Ergebnissen in Kapitel 5 ergeben sich aufgrund einer abweichenden Ermittlung. Einerseits werden hier jeweils mehrere Jahre für den Beginn und das Ende des Betrachtungszeitraums verwendet und andererseits umfasst die Betrachtung der Einzelcluster jeweils eine geringere Grundgesamtheit.

alle Institute hinweg deutlich ähnlicher sind. Dagegen ist es den *dynamischen Instituten* (Cluster B/D) gelungen, die Unterschiede beim Verhältnis von Kundeneinlagen zu Kundenkrediten (P_3) im Betrachtungszeitraum gegen den Trend deutlich zu senken.

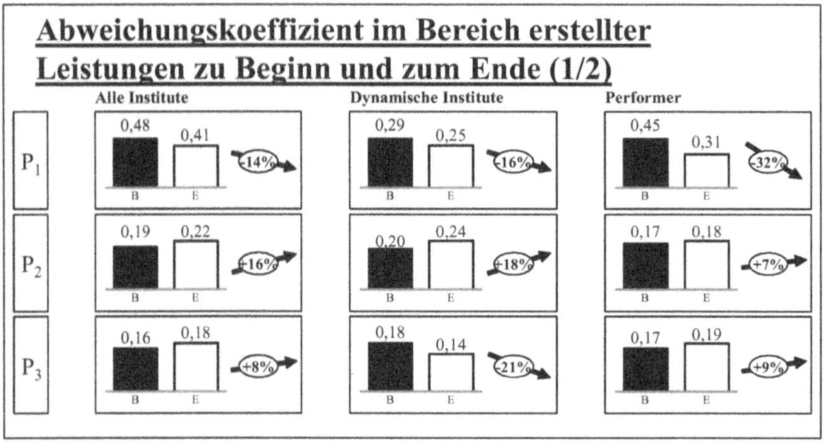

Abbildung 8.5 Abweichungskoeffizient einzelner erstellter Leistungen (1/2)

Im Verbundpartnergeschäft nehmen die Unterschiede bei den *Performern* (Cluster A/B) entweder weniger stark zu (P_4) oder sogar stärker ab (P_5 sowie P_6) als in der durchschnittlichen Entwicklung der westfälisch-lippischen Institute im Betrachtungszeitraum. Es zeigen sich zum Ende des Betrachtungszeitraums bei den *Performern* (Cluster A/B) auch jeweils geringere Abweichungen zwischen den Häusern als bei der Betrachtung über alle Institute hinweg. Dies gilt im Versicherungsgeschäft – und dabei insbesondere im Kompositgeschäft (P_6) – auch im Vergleich zu den *dynamischen Instituten* (Cluster B/D), die hier größere Unterschiede aufweisen (siehe Abbildung 8.6).

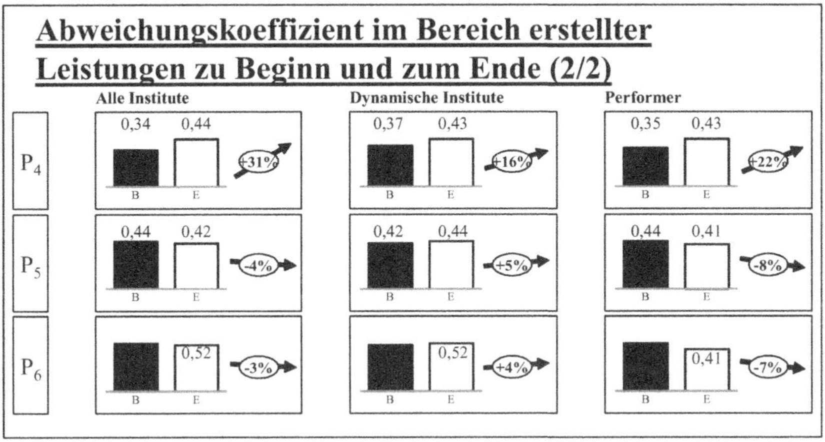

Abbildung 8.6 Abweichungskoeffizient einzelner erstellter Leistungen (2/2)

In der aggregierten Betrachtung zeigen die *dynamischen Performer* (Cluster B) wiederum die deutlichste Entwicklung in Richtung zunehmender Konvergenz (siehe Abbildung 8.7). Bei den *dynamischen Nicht-Performern* (Cluster D) nehmen die Unterschiede dagegen deutlich zu.

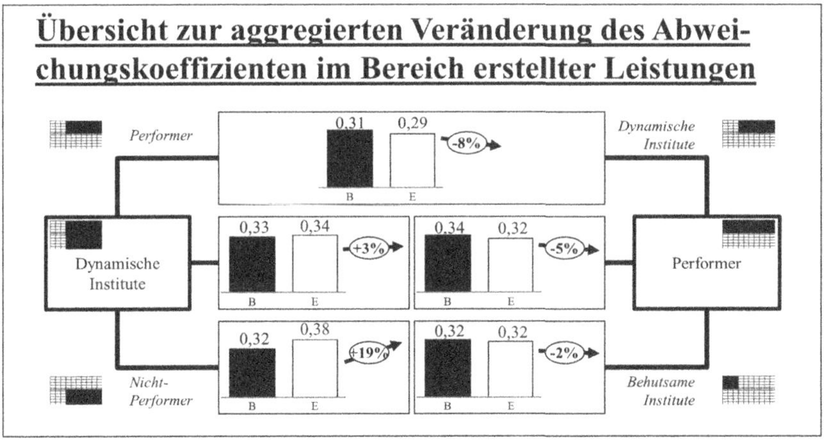

Abbildung 8.7 Veränderung des Abweichungskoeffizienten im Bereich der erstellten Leistungen

8.3.3 Beschäftigtenproduktivität

Bei der Beschäftigtenproduktivität nehmen die Unterschiede zwischen den Instituten im Betrachtungszeitraum im Durchschnitt stark zu (siehe Abbildung 8.8). Allerdings erhöhen sich die Unterschiede bei den *Performern* (Cluster A/B) in einem deutlich geringeren Umfang und zeigen zum Ende des Betrachtungszeitraums das mit Abstand höchste Maß an Konvergenz. Bei den *dynamischen Instituten* (Cluster B/D) gibt es dagegen eine überdurchschnittlich starke Entwicklung in Richtung einer stärkeren Divergenz zwischen den Instituten.

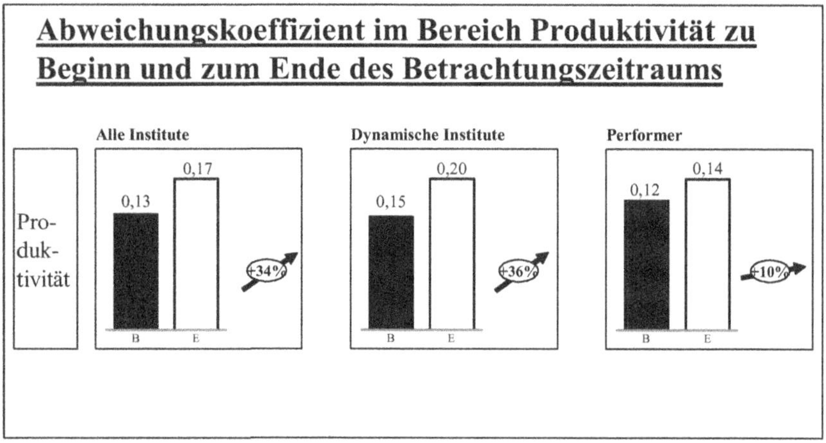

Abbildung 8.8 Abweichungskoeffizient im Bereich Produktivität

Von dieser allgemeinen Entwicklung absetzen konnten sich sogar die *dynamischen Performer* (Cluster B), die im Betrachtungszeitraum bezüglich der Beschäftigtenproduktivität sogar noch ähnlicher wurden (siehe Abbildung 8.9). Die mit Abstand stärkste divergierende Entwicklung gibt es im Betrachtungszeitraum dagegen wieder bei den *dynamischen Nicht-Performern* (Cluster D).

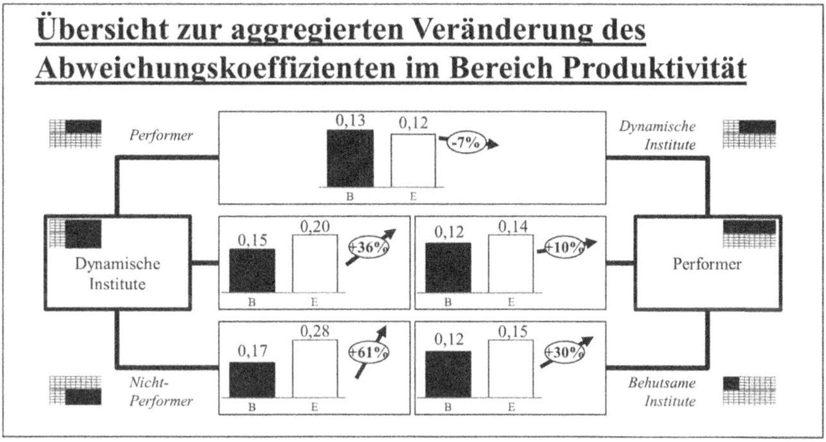

Abbildung 8.9 Veränderung des Abweichungskoeffizienten im Bereich Beschäftigtenproduktivität

8.3.4 Outputs

Hinsichtlich ihrer Eigenkapitalausstattung (O_1) werden sich die Institute im Betrachtungszeitraum ähnlicher, was u. a. auch mit veränderten regulatorischen Anforderungen in Folge der Finanzkrise erklärt werden kann, die grundsätzlich für alle Institute gelten (siehe Abbildung 8.10). Die *dynamischen Institute* (Cluster B/D) sowie die *Performer* (Cluster A/B) zeigen dabei eine überdurchschnittlich konvergierende Entwicklung im Betrachtungszeitraum. Auch bei den Betriebsergebnissen (O_2) nehmen die Unterschiede ab, wobei sich hier insbesondere die *Performer* (Cluster A/B) durch eine deutlich stärkere Konvergenz in ihrer Entwicklung auszeichnen. Im Kontrast dazu stehen die *dynamischen Institute* (Cluster B/D), die durch eine stärkere Divergenz geprägt sind, die im Betrachtungszeitraum noch zunimmt. Bei der Giromarkt-Kennziffer (O_3) nehmen die Unterschiede in allen betrachteten Institutsschnitten leicht ab.

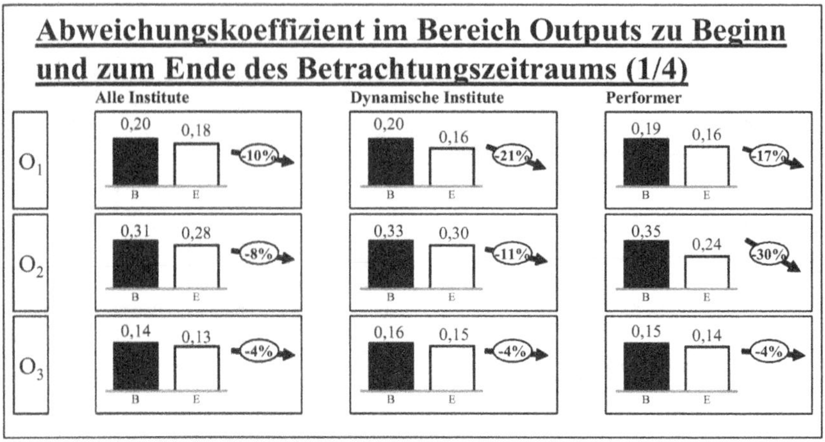

Abbildung 8.10 Abweichungskoeffizient im Bereich einzelner *Outputs* (1/4)

Bei den Kundenzufriedenheitsbefragungen fallen die Unterschiede zwischen den Instituten im Vergleich zu den weiteren *Outputs* insgesamt deutlich geringer aus. Trotzdem gelingt es den *Performern* (Cluster A/B), bei der allgemeinen Kundenzufriedenheit (O_5) wiederum eine stärker konvergierende Entwicklung zu zeigen (siehe Abbildung 8.11).

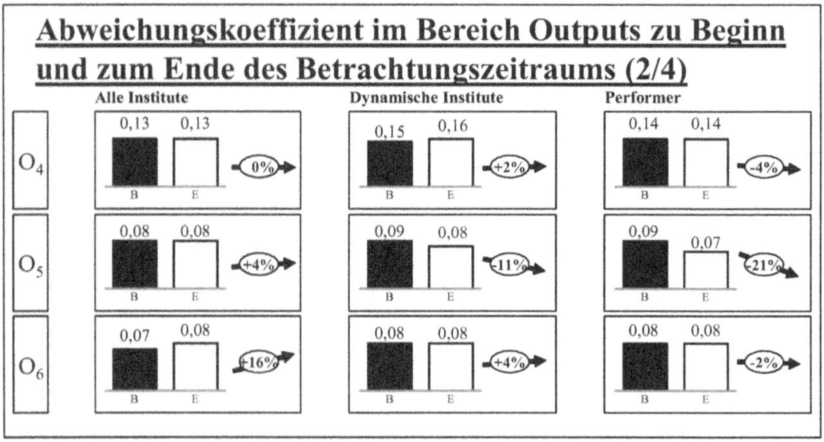

Abbildung 8.11 Abweichungskoeffizient im Bereich einzelner *Outputs* (2/4)

Auch bei den weiteren Zufriedenheitskennzahlen sind die Unterschiede zwischen den Instituten vergleichsweise gering ausgeprägt (siehe Abbildung 8.12). Bei der Weiterempfehlungsbereitschaft (O_9) zeigt sich bei den *dynamischen Instituten* (Cluster B/D) sowie den *Performern* (Cluster A/B) gegen den Trend eine Entwicklung in Richtung stärkerer Konvergenz.

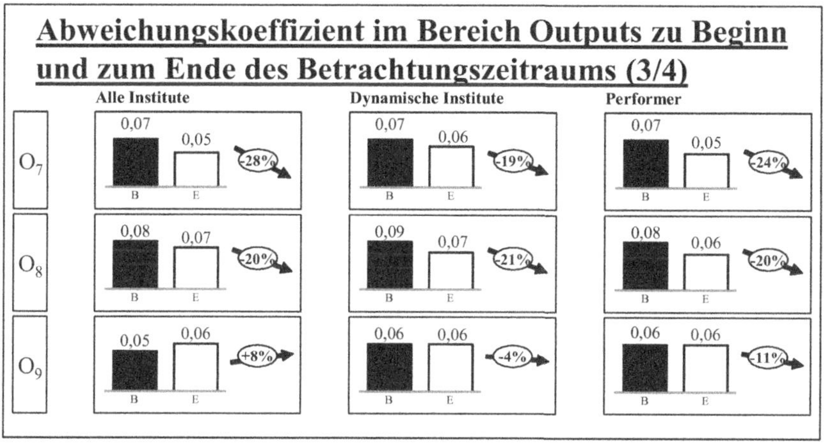

Abbildung 8.12 Abweichungskoeffizient im Bereich einzelner *Outputs* (3/4)

Selbst bei der Wiederwahlbereitschaft (O_{10}) sowie der Bewertung des Preis-Leistungs-Verhältnisses (O_{11}) fällt die konvergierende Entwicklung bei den *Performern* (Cluster A/B) deutlicher aus als im Vergleich über alle Institute hinweg (siehe Abbildung 8.13). Die insgesamt im Vergleich zu den weiteren Befragungsergebnissen etwas größeren Unterschiede zwischen den Instituten bei der Bewertung des Preis-Leistungs-Verhältnisses (O_{11}) konnten sowohl bei den *dynamischen Instituten* (Cluster B/D) als auch bei den *Performern* (Cluster A/B) überdurchschnittlich stark reduziert werden. Die *dynamischen Institute* (Cluster B/D) zeigen hierbei sowohl zu Beginn als auch zum Ende des Betrachtungszeitraums eine stärkere Konvergenz bei der Bewertung.

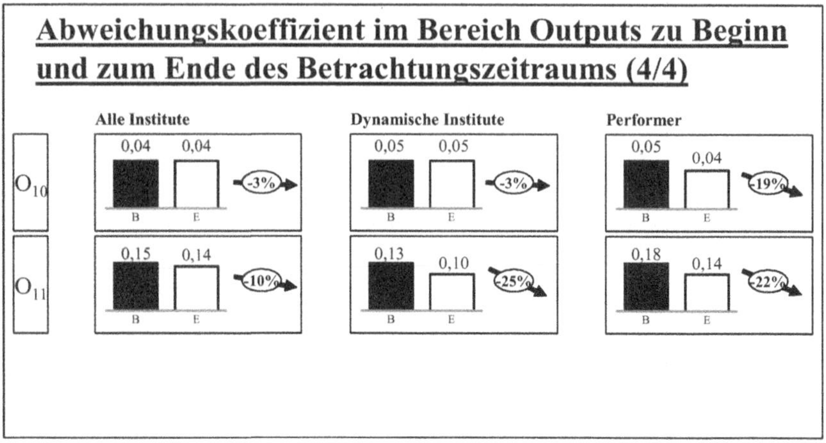

Abbildung 8.13 Abweichungskoeffizient im Bereich einzelner *Outputs* (4/4)

In der aggregierten Betrachtung der *Outputs* zeigt sich dann auch, dass die Entwicklung in Richtung Konvergenz bei den *dynamischen Performern* (Cluster B) am stärksten ausgeprägt ist (siehe Abbildung 8.13). Während auch die weiteren Institute mit steigenden *Outputs* eine konvergierende Entwicklung zeigen, nehmen die Unterschiede unter den *dynamischen Nicht-Performern* (Cluster D) im Betrachtungszeitraum sogar leicht zu (siehe Abbildung 8.14).

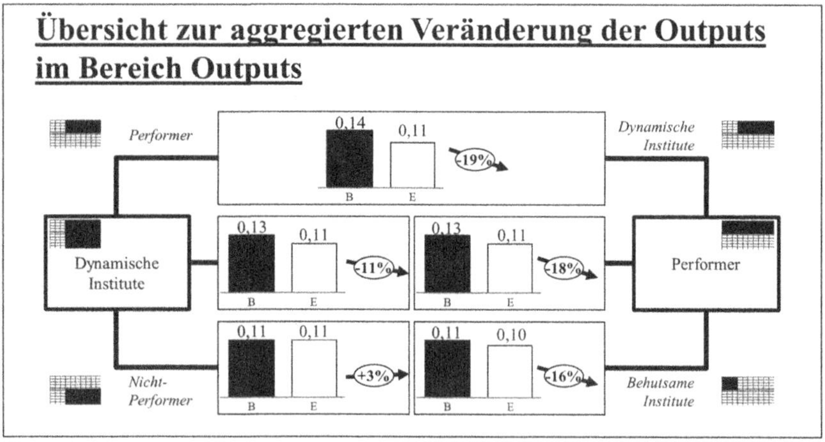

Abbildung 8.14 Veränderung der *Outputs* im Bereich *Outputs*

8.4 Clusterspezifische Erkenntnisse

Die Tendenz, die sich bei der Betrachtung der einzelnen Bereiche des Leistungserstellungsprozesses nach Clustern bzw. gebündelten Clustern zeigte, bestätigt sich auch in der aggregierten Betrachtung: Alle Cluster bzw. gebündelten Cluster mit einer Verbesserung ihrer Position im Bereich der *Outputs* im Betrachtungszeitraum zeigen eine konvergierende Entwicklung, allerdings in unterschiedlicher Intensität (siehe Abbildung 8.15). Ermittelt wurde dabei für jede Kennzahl, ob der Abweichungskoeffizient im Cluster bzw. gebündelten Cluster über dem mittleren Abweichungskoeffizienten (stärkere Divergenz) oder unter dem mittleren Abweichungskoeffizienten (stärkere Konvergenz) im Durchschnitt der Institute liegt.[5]

Bei den *dynamischen Instituten* (Cluster B/D), den *Performern* (Cluster A/B) sowie den *dynamischen Performern* (Cluster B) überwiegen zu Beginn des Betrachtungszeitraums die Unterschiede teils deutlich. Es gelingt in allen aufgeführten Clustern bzw. gebündelten Clustern, eine Entwicklung in Richtung stärkerer Konvergenz zu nehmen, bei den *Performern* (Cluster A/B) und den *dynamischen Performern* (Cluster B) gelingt es sogar, die Positionierung im Betrachtungszeitraum zu drehen: Die überwiegende Divergenz wandelt sich im Betrachtungszeitraum zu einer überwiegenden Konvergenz. Bei den *dynamischen Instituten* (Cluster B/D) überwiegen trotz einer konvergierenden Entwicklung die Unterschiede zwischen den Instituten auch zum Ende der Betrachtung.

Bei den *behutsamen Performern* (Cluster A) gibt es sowohl zu Beginn als auch zum Ende des Betrachtungszeitraums eine überdurchschnittliche Konvergenz. Die *behutsamen Performer* (Cluster A) können diese überwiegende Konvergenz im Betrachtungszeitraum sogar noch ausbauen: Zum Ende des Betrachtungszeitraums liegt der Abweichungskoeffizient bei den *behutsamen Performern* (Cluster A) bei 86 % der Kennzahlen unterhalb des mittleren Abweichungskoeffizienten über alle westfälisch-lippischen Institute hinweg.

[5]Ein Anteilswert von 68 % gibt also beispielsweise an, dass bei 68 % der Kennzahlen der Abweichungskoeffizient oberhalb des mittleren Abweichungskoeffizienten über alle Institute hinweg lag.

Anteil Kennzahlen mit Divergenz bzw. Konvergenz zum Beginn sowie zum Ende der Betrachtung

		Dynamische Institute		Performer		Behutsame Performer		Dynamische Performer	
Stärkere Divergenz	B	**68%**	→	**59%**	↘	27%	→	**68%**	↘
	E	**59%**		32%		14%		41%	
Stärkere Konvergenz	B	32%	→	41%	↗	**73%**	→	32%	↗
	E	41%		**68%**		**86%**		**59%**	

Abbildung 8.15 Anteil Kennzahlen mit überwiegender Divergenz sowie Konvergenz (Bei allen Clustern bzw. gebündelten Clustern mit einer relativen Verschlechterung dieser im Bereich der *Outputs* zeigt sich eine divergierende Entwicklung, wobei bei den *behutsamen Instituten* (Cluster A/C) und auch den *behutsamen Nicht-Performern* (Cluster C) die Konvergenz mit 77 % auch zum Ende des Betrachtungszeitraums noch deutlich überwiegt. Bei den *dynamischen Nicht-Performern* (Cluster D) überwiegt dagegen auch zum Ende des Betrachtungszeitraums die Divergenz deutlich)

8.5 Zwischenfazit

Bei Instituten, die ihre *Outputs* im Betrachtungszeitraum verbessern konnten, lässt sich eine Konvergenz zwischen den Instituten feststellen. Die deutlichste diesbezügliche Entwicklung zeigen dabei die *dynamischen Performer* (Cluster B), die sich zu Beginn des Betrachtungszeitraums noch durch überdurchschnittlich ausgeprägte Unterschiede zwischen den Instituten auszeichneten. Den *dynamischen Performern* (Cluster B) ist es jedoch nicht nur gelungen, eine deutliche Verschiebung der *Outputs* zu ihren Gunsten im Betrachtungszeitraum zu erreichen, sondern sie haben auch eine konvergierende Entwicklung im Leistungserstellungsprozess genommen: So zeigen die *dynamischen Performer* (Cluster B) zum Ende des Betrachtungszeitraums eine überdurchschnittlich ausgeprägte Konvergenz im Vergleich zu allen westfälisch-lippischen Instituten.

Auch bei den anderen Clustern, die ihre Position im Bereich der *Outputs* im Betrachtungszeitraum verbesserten, zeigt sich eine Entwicklung in Richtung stärkerer Konvergenz, allerdings in unterschiedlicher Intensität. Einzig die *behutsamen Performer* (Cluster A) zeigen sowohl zu Beginn als auch zum Ende des Betrachtungszeitraums das stärkste Maß an Konvergenz zwischen den Instituten des Clusters, konnten hier allerdings nochmal die Ähnlichkeit erhöhen.

Das Geschäftsmodell der Sparkassen ist durch starke Beharrungstendenzen geprägt, die sich zum ersten aus dem öffentlichen Auftrag der Institute (siehe Abschnitt 3.1.4), zum zweiten aus den Strukturen und Entscheidungsprozessen der Sparkassen-Finanzgruppe ergeben und schließlich zum dritten auch in der Fixierung von Elementen im Leistungserstellungsprozess begründet sind (z. B. sehr hohe Sicherheiten für die im öffentlichen Tarifvertrag gebundenen Beschäftigten oder hohe Bedeutung der umfassenden Abdeckung des Geschäftsgebietes mit Sparkassenstellen aufgrund der Beteiligung kommunaler Verantwortungsträger im mitbestimmungspflichtigen Verwaltungsrat).

Trotzdem ergeben sich clusterspezifisch unterschiedliche Entwicklungsanreize und abweichende Erklärungsansätze dafür. Bei den *dynamischen Performern* (Cluster B) kann hier insbesondere die unterdurchschnittliche Eigenkapitalausstattung (O_1) zu Beginn des Betrachtungszeitraums genannt werden. Bei den *behutsamen Performern* (Cluster A) zeigt sich dagegen sowohl zu Beginn als auch zum Ende des Betrachtungszeitraums eine deutlich höhere Eigenkapitalausstattung (O_1), während die Betriebsergebnisse (O_2) dagegen sogar leicht unterhalb der Werte bei den *dynamischen Performern* (Cluster B) zu Beginn des Betrachtungszeitraums lagen. Der Veränderungsimpuls bei den *behutsamen Performern* (Cluster A) könnte daher im Bereich einer Wachstumsstrategie liegen, wofür zum einen die überdurchschnittliche Entwicklung der DBS bei diesen Instituten im Betrachtungszeitraum spricht. Zusätzlich fanden 56 % aller Fusionen im Betrachtungszeitraum unter Beteiligung der *dynamischen Performer* (Cluster A) statt, obwohl diese nur etwa ⅕ der westfälisch-lippischen Institute repräsentieren.

Aus organisationstheoretischer Perspektive sind insbesondere zwei wesentliche Erkenntnisse zu benennen: Erstens, dass eine hohe Dynamik in der Entwicklung mit einer zunehmenden und schneller verlaufenden Konvergenz in der Leistungserstellung einhergeht. Zweitens, dass Institute mit einer hohen Performance sich tendenziell auch durch eine überdurchschnittlich konvergierende Entwicklung im Leistungserstellungsprozess auszeichnen.

9 Institutionenökonomische Schlussfolgerungen und Handlungsempfehlungen

Die vorangegangenen Analysen haben insgesamt deutliche Konzentrationseffekte sowohl auf Ebene der Sparkassen als auch der Verbundpartner im Betrachtungszeitraum gezeigt (siehe Kapitel 4). Im Betrachtungszeitraum konnte das Volumen der erstellten Leistungen der Sparkassen (z. B. Kundenkredite (P_2)) deutlich gesteigert werden, bei gleichzeitig tendenziell rückläufigen *Outputs* (insbesondere Betriebsergebnisse (O_2)) (siehe Abschnitt 5.2 sowie Abschnitt 5.4). Die *Performer* (Cluster A/B) zeigten bei dieser Entwicklung der *Outputs* relativ gesehen jedoch eine deutliche Verbesserung ihrer Positionierung innerhalb der westfälisch-lippischen Institute im Betrachtungszeitraum. Die zu Beginn des Betrachtungszeitraums hinsichtlich der erzielten *Outputs* noch deutlich stärkeren *Nicht-Performer* (Cluster C/D), haben diese Position zugunsten der *Performer* (Cluster A/B) klar im Betrachtungszeitrau verloren – die diesbezüglichen Verhältnisse haben sich umgekehrt (siehe Abschnitt 6.3). Gleichzeitig konnte dargestellt werden, dass die Institute, die ihre Position im Bereich der *Outputs* im Betrachtungszeitraum verbessern konnten, teils sehr unterschiedliche Ansätze bei der Ausgestaltung der vertrieblichen Organisationsstruktur zeigen (siehe Abschnitt 7.1 sowie Abschnitt 7.2). Tendenziell geht dabei eine hohe Dynamik mit einer stärker zentral ausgerichteten Vertriebsstruktur einher, allerdings gibt es keinen Zusammenhang zwischen einer gezeigten Performance und dem Grad an Zentralität in der vertrieblichen Organisationsstruktur. Trotz dieser unterschiedlichen Schwerpunktsetzungen zeigen die Institute, deren *Outputs* sich im Betrachtungszeitraum verbesserten, hinsichtlich ihres Leistungserstellungsprozesses eine konvergierende Entwicklung – sie werden einander ähnlicher (siehe Kapitel 8). Gerade bei den *dynamischen Performern* (Cluster B) gab es eine deutliche Entwicklung in Richtung einer überwiegenden Konvergenz, während sich diese Institute zu Beginn des Betrachtungszeitraumes

R. Conrad, *Performance, Dynamik und Konvergenz im Banking*,
https://doi.org/10.1007/978-3-658-30740-0_9

noch durch überdurchschnittlich große Unterschiede aufzeichneten. Welche institutionenökonomischen Schlussfolgerungen und Handlungsempfehlungen lassen sich aus diesen zentralen Erkenntnissen ableiten?

Gemäß der in der Sparkassen-Finanzgruppe verwirklichten Prinzipien, insbesondere dem Subsidiaritätsprinzip (siehe Abschnitt 3.3.2) sowie dem Verbundprinzip (siehe Abschnitt 3.3.3), kommt den einzelnen Sparkassen eine zentrale Rolle im Leistungserstellungsprozess des Verbunds zu. Diese Funktion nehmen die Institute zunächst im Kundengeschäft, aber auch über deren Repräsentation in den Gremien und Ausschüssen des Regionalverbandes (Abschnitt 9.1) sowie den überregionalen Gremien und Ausschüssen der Verbundpartner (Abschnitt 9.2) wahr.

Die Beteiligung der Institute in den Gremien und Ausschüssen kann wiederum wechselseitig wirken:

- es kann für die beteiligten Institute von einem Mehrwert an Informationen sowie einem Informationsvorsprung ausgegangen werden und
- die Beteiligung in Gremien und Ausschüssen kann zu stärkeren Einflussmöglichkeiten der Institute führen, mit mittelbaren Rückwirkungen auf die Institute selbst (z. B. hinsichtlich zentraler Konzeptionen oder der Unterstützungsleistung des Verbandes).

Hinsichtlich der institutionellen Entwicklung der Sparkassen-Finanzgruppe, kann ebenfalls von einem zweiseitigen Zusammenhang ausgegangen werden:

- einerseits bestimmt die Sparkasse die Entwicklung der Organisationen in der Sparkassen-Finanzgruppe, namentlich der Verbände, der Verbundpartner aber auch die der anderen Institute mit und
- andererseits bestimmt die Entwicklung der anderen Organisationen in der Sparkassen-Finanzgruppe auch die Entwicklung der einzelnen Sparkasse.

9.1 Repräsentation gemäß Dynamik und Performance

Während der Regionalproporz (siehe Abschnitt 4.6.1) sowie die Institutsgröße (siehe Abschnitt 4.6.2) typische und sehr einfache Kriterien für die Überprüfung des Repräsentationsgrades der Institute darstellen, kann die vorliegende Analyse einen darüber hinausgehenden Mehrwert bieten. Dies betrifft die Betrachtung der Repräsentation in den Gremien und Ausschüssen entlang der gebildeten Cluster nach Dynamik und Performance.

Warum kann die Berücksichtigung beider Kriterien sinnvoll sein? Unter Berücksichtigung des Ziels, eine Unterstützung für alle Institute im Verbandsgebiet sicherzustellen, erscheint es grundsätzlich notwendig zu sein, dass Vertreter aller Cluster in den Ausschüssen und Gremien des SVWL gleichberechtigt vertreten sind, um ihre Interessen wahrnehmen zu können.[1] Die abgeleiteten Parameter der Dynamik und der Performance erscheinen aus folgenden Gründen dafür geeignet zu sein:

- bei der Clusterbildung wurde die Kombination einer Vielzahl ausgewählter Parameter entlang des Leistungserstellungsprozesses der Institute berücksichtigt, was zu einer höheren Passgenauigkeit hinsichtlich der institutionsspezifischen Bedürfnisse führen kann (beispielsweise gegenüber der ausschließlichen Berücksichtigung der Institutsgröße als Kriterium),
- eine ausschließliche Fokussierung auf den Regionalproporz (siehe Abschnitt 4.6.1) ist dagegen stark abhängig vom Zuschnitt der Bezirks-Arbeitsgemeinschaften und abhängig davon, ob sich die Bedürfnisse der Institute innerhalb der definierten Regionen tatsächlich stark unterscheiden,[2]
- auch eine ausschließliche Fokussierung auf die Institutsgröße (siehe Abschnitt 4.6.2) könnte weitere relevante Faktoren vernachlässigen – beispielsweise zeichnen sich die eher kleineren Institute zwar durch eine höhere

[1]Gleichzeitig kommt der institutsspezifischen Bearbeitung und Bewertung der Analyseergebnisse eine wichtige Bedeutung zu, die hier nicht weiter vertieft werden soll. Auf Grundlage der Clusterzuordnung könnten Detailanalysen je Institut durchgeführt werden, um spezifische Handlungsfelder für die Institute ableiten zu können. Eine wesentliche Grundvoraussetzung für ein solches Vorgehen ist, dass die Institute ihre individuelle Clusterzuordnung kennen und die methodische Herleitung nachvollziehen können. In diesem Zusammenhang kann auch die Frage vertieft werden, inwieweit clusterspezifische Differenzierungsbedarfe bezüglich der Unterstützung bzw. Beratung von Instituten (z. B. Performer/Nicht-Performer) durch den Regionalverband vorhanden oder zukünftig sinnvoll sind.

[2]Bei einer Betrachtung nach Regionalproporz sind derzeit in vier von sieben Bezirks-Arbeitsgemeinschaften Institute aller Cluster vertreten und in drei BAG ist jeweils ein Cluster aktuell nicht vertreten. Zusätzlich ist zu berücksichtigen, dass der Zweck der Bezirks-Arbeitsgemeinschaften verstärkt in einem Informationstransfer zwischen den beteiligten Instituten liegt, der aufgrund der kleineren Gruppengröße sowie verbreiteter *nachbarschaftlicher* Beziehungen zwischen den Instituten einfacher als ausschließlich über den Regionalverband gelingen kann.

Dynamik in ihrer Entwicklung aus, es kann sich aber hier sowohl um *Performer* (Cluster B) als auch *Nicht-Performer* (Cluster D) handeln, was zu unterschiedlichen Interessen und Unterstützungsbedarfen führen kann.[3]

Hinsichtlich der relativen Beteiligung der Cluster bzw. gebündelten Cluster zeigen sich folgende Auffälligkeiten (siehe Abbildung 9.1):[4]

- über alle Gremien und Ausschüsse hinweg zeigt sich aktuell die stärkste Beteiligung bei den *behutsamen Performern* (Cluster A), mit einer überproportionalen Beteiligung insbesondere im Obleute-Ausschuss,
- dagegen belegen die *dynamischen Performer* (Cluster B) insgesamt im geringeren Umfang Plätze in den Gremien und Ausschüssen des Verbandes, was auf die unterdurchschnittliche Beteiligung im Verbandsverwaltungsrat, im Obleute-Ausschuss sowie im Fachausschuss Vertrieb/Markt zurückzuführen ist,
- die *dynamischen Nicht-Performer* (Cluster D) sind dagegen insgesamt überrepräsentiert, was insbesondere auf die deutlich überproportionale Beteiligung im Fachausschuss Vertrieb/Markt zurückzuführen ist und
- nach gebündelten Clustern zeigen sich bei Betrachtung aller Ausschüsse dagegen geringere Unterschiede; einzig bei den *behutsamen Instituten* (Cluster A/C) ist im Vergleich zu den *dynamischen Instituten* (Cluster B/D) eine insgesamt leicht überproportionale Beteiligung erkennbar – im Fachausschuss Vertrieb/Markt sind dagegen die *Nicht-Performer* (Cluster C/D) klar überrepräsentiert.

[3]Bei der Betrachtung der aktuellen Besetzung von Gremien und Ausschüssen nach Institutsgröße sind in drei der fünf Größenkategorien Institute aller Cluster vertreten. In einer Größenkategorie ist ein Cluster sowie in einer weiteren Größenkategorie sind Institute aus zwei Clustern nicht vertreten.

[4]Vgl. *SVWL* (2018a), eigene Berechnungen. Hinsichtlich der absoluten Verteilung zeigt sich eine weitgehende Gleichverteilung, da die Institute jedes Clusters mit 15 Plätzen (Cluster D) oder 19 Plätzen (Cluster A, Cluster B, Cluster C) in den Ausschüssen und Gremien des Regionalverbandes vertreten sind. Außerdem sind die Institute jedes Clusters auch in jedem Gremium mit mind. zwei Plätzen vertreten. Allerdings zeigt sich gerade in den Fachausschüssen absolut eine sehr unterschiedliche Beteiligung nach Clustern (zwischen zwei und sieben Plätzen), die sich jedoch in der Betrachtung über alle Gremien und Ausschüsse hinweg weitgehend wieder ausgleicht. Dies ist auch bei der Validierung des Bedarfs für die Ergänzung bestehender Beratungsfelder bzw. Schaffung neuer Beratungsfelder des Verbandes (z. B. Restrukturierungsprogramme, Fusionsberatung, Dynamisierungsunterstützung) zu berücksichtigen.

Anteil der Über- oder Unterrepräsentation in Gremien oder Ausschüssen des SVWL nach Clustern

Zus. Cluster Abw	Cluster A	Cluster B	Cluster C	Cluster D	Cluster A/C	Cluster B/D	Cluster A/B	Cluster C/D
Alle Räte/Ausschüsse	22%	-17%	-7%	14%	6%	-6%	-1%	1%
Verbandsverwaltungsrat	38%	-37%	6%	9%	20%	-20%	-6%	7%
Obleute-Ausschuss	65%	-55%	1%	17%	29%	-29%	-6%	7%
FA Vertrieb/Markt	44%	-61%	-12%	70%	13%	-13%	-18%	21%
FA Banksteuerung	15%	18%	-34%	2%	-13%	13%	17%	-20%
FA Organisation/Prozesse	-42%	38%	10%	-32%	-13%	13%	5%	-6%

Abbildung 9.1 Über- oder Unterrepräsentation in Gremien und Ausschüssen des SVWL

Schließlich zeigen sich auch hinsichtlich der gehäuften Beteiligung von Instituten in den Gremien und Ausschüssen des Verbandes Abweichungen zwischen den Clustern (siehe Abbildung 9.2):

- die Mehrheit (54 %) der *behutsamen Performer* (Cluster A) ist in mind. zwei Gremien und Ausschüssen vertreten – dies entspricht dem höchsten Wert unter den Clustern,
- bei den *dynamischen Performern* (Cluster B) sind dagegen nur 16 % der Institute in mind. zwei Gremien und Ausschüssen vertreten und 53 % der Institute nur einmal,
- während bei den *Performern* (Cluster A/B) jeweils etwa jedes dritte Institut nicht in den Gremien und Ausschüssen beteiligt ist, liegt dieser Anteil bei den *behutsamen Nicht-Performern* (Cluster C) mit fast 50 % deutlich höher,
- bei den *dynamischen Nicht-Performern* (Cluster D) sind dagegen vier von fünf Instituten in Gremien oder Ausschüssen des Verbandes vertreten, 45 % der Häuser allerdings nur in einem Gremium oder Ausschuss und etwa jedes dritte Institut in zwei oder mehr und
- die *behutsamen Institute* (Cluster A/C) sind zwar gegenüber den *dynamischen Instituten* (Cluster B/D) häufiger gar nicht in Gremien und Ausschüssen beteiligt (43 % gegenüber 27 %), bei einer Beteiligung dann aber häufiger in zwei oder mehr Gremien und Ausschüssen (37 % gegenüber 23 %).

Häufung Mitgliedschaft in Gremien und Ausschüssen nach Cluster und gebündelten Clustern

Häufigkeit	Cluster A	Cluster B	Cluster C	Cluster D
0	38%	32%	47%	18%
1	8%	53%	29%	45%
2	31%	5%	6%	18%
>2	23%	11%	18%	18%
Häufigkeit	**Cluster A/C**	**Cluster B/D**	**Cluster A/B**	**Cluster C/D**
0	43%	27%	34%	36%
1	20%	50%	34%	36%
2	17%	10%	16%	11%
>2	20%	13%	16%	18%

Abbildung 9.2 Häufigkeit der Mitgliedschaft in Gremien und Ausschüssen

Folgende Indizien sprechen dafür, dass eine Partizipation in den relevanten Gremien und Ausschüssen mit Effekten auf die Institute verbunden ist:[5] Die bei der Betrachtung aller Ausschüsse und Gremien des Verbandes sowie im Fachausschuss Markt/Vertrieb überproportional vertretenen *behutsamen Performer* (Cluster A) zeigten die höchste Zielbildeignung hinsichtlich der Konzeption zur vertrieblichen Ausrichtung (siehe Abschnitt 7.3.3) sowie die mit Abstand höchste Umsetzungsstringenz (siehe Abschnitt 7.3.4). Gleichzeitig handelt es sich bei den *behutsamen Performern* (Cluster A) um diejenigen Institute, die sich durch die höchste Konvergenz im Leistungserstellungsprozess sowohl zu Beginn als auch zum Ende des Betrachtungszeitraums auszeichneten (siehe Abschnitt 8.4). Die insbesondere im Fachausschuss Markt/Vertrieb unterdurchschnittlich vertretenen *dynamischen Performer* (Cluster B) haben zwar eine ähnlich hohe Zielbildeignung hinsichtlich der Konzeption zur vertrieblichen Ausrichtung festgestellt, zeigen aber eine deutlich geringere Umsetzungsstringenz. Das zeigt sich im

[5] Bei der Bewertung des Zusammenhangs zwischen der Besetzung in Gremien und Ausschüssen und den vorangegangenen Analysen ist zu berücksichtigen, dass es sich hierbei um die Besetzung im Jahr 2018 handelt, d. h., im Betrachtungszeitraum hat es hierbei möglicherweise Änderungen in der Besetzung gegeben. Außerdem kann es Verschiebungen aufgrund von vorangegangenen Zusammenschlüssen geben.

deutlich höheren Anteil noch ausstehender Umsetzungsentscheidungen sowie am geringeren Anteil von Aufgaben, deren Umsetzung bereits abgeschlossen wurde. Trotz der deutlichen Entwicklung in Richtung einer zunehmenden Konvergenz zwischen den *dynamischen Performern* (Cluster B) im Betrachtungszeitraum zeigen sich hier im Vergleich zu den *behutsamen Performern* (Cluster A) deutlich größere Unterschiede zwischen den Häusern.

Die im Fachausschuss Markt/Vertrieb sogar noch stärker ausgeprägte Überrepräsentation der dynamischen *Nicht-Performer* (Cluster D), führt allerdings weder zur Feststellung eine höheren Zielbildeignung bei diesen Instituten, noch zu einer höheren Umsetzungsstringenz (im Mittel gibt es einen überdurchschnittlichen Anteil von noch ausstehenden Umsetzungsentscheidungen). Außerdem zeigt sich bei den *dynamischen Nicht-Performern* (Cluster D) im Betrachtungszeitraum eine deutliche Zunahme der Unterschiede zwischen den Häusern, d. h. eine wachsende Divergenz. Interessant ist hierbei der Kontrast zu den *behutsamen Nicht-Performern* (Cluster C). Die Institute dieses Clusters sind im Fachausschuss Vertrieb/Markt sowie über alle Gremien und Ausschüsse hinweg im Vergleich zu den *dynamischen Nicht-Performern* (Cluster D) relativ seltener repräsentiert. Die *behutsamen Nicht-Performer* (Cluster C) zeigen trotzdem im Vergleich zu den *dynamischen Nicht-Performern* (Cluster D) eine höhere Zielbildeignung hinsichtlich der vertrieblichen Konzeption, eine etwas höhere Umsetzungsstringenz in Form eines vergleichsweise geringeren Anteils noch ausstehender Entscheidungen sowie eine stärker ausgeprägte Konvergenz zwischen den Instituten des Clusters. Gleichzeitig ist fast die Hälfte der *behutsamen Nicht-Performer* (Cluster C) nicht in den Gremien oder Ausschüssen des Verbandes vertreten. Dies spricht dafür, dass dem Repräsentationsgrad zwar ein Erklärungsgehalt zukommt, sich dieser aber clusterspezifisch unterschiedlich auswirken kann.

Einen Erklärungsansatz für die deutlichen Unterschiede zwischen den *behutsamen Performern* (Cluster A) und den *dynamischen Performern* (Cluster B) könnte die starke Häufung von Mitgliedschaften in Gremien und Ausschüssen einzelner Institute sowie die überproportionale Beteiligung der *behutsamen Performer* (Cluster A) im Obleute-Ausschuss bieten. Die überproportionale Vertretung im Obleute-Ausschuss signalisiert, dass die *behutsamen Performer* (Cluster A) vermehrt als Obleute der Bezirks-Arbeitsgemeinschaften agieren (siehe Abschnitt 3.2.1). Beides spricht für eine entsprechende Multiplikatorenwirkung, die durch die *behutsamen Performer* (Cluster A) eingenommen wird. Möglicherweise strahlt diese auch auf *behutsame Nicht-Performer* (Cluster C) aus, bei denen sich in der vorangegangenen Analyse einige Ähnlichkeiten zu den *behutsamen Performern* (Cluster A) gezeigt haben (z. B. hinsichtlich der Institutsgröße oder der Entwicklung der vertrieblichen Organisationsstruktur). Eine entsprechende Wirkung auf die *dynamischen Performer* (Cluster B) kann dagegen nicht festgestellt werden.

Wird nun das Ziel verfolgt, die Parameter Dynamik sowie Performance bei der Besetzung von Gremien und Ausschüssen zu berücksichtigen, ergeben sich hieraus auch Risiken, insbesondere:

- Legitimationsrisiken, beispielsweise wenn zur Sicherstellung einer Gleichverteilung der Cluster noch ein Platz zu vergeben ist und ein Institut eines anderen Clusters präferiert wird,
- Qualitätsrisiken, wenn die im Sinne aller Institute beste Besetzung von Gremien und Ausschüssen durch die zwingende Berücksichtigung der Clusterzuordnung nicht gewährleistet werden kann,
- Reputationsrisiken zumindest für *Nicht-Performer* (Cluster C/D) bei einer offenen Kommunikation und Nutzung der Clusterzuordnung als Kriterium,
- *Schneeballeffekt*, wenn beispielsweise bekannt ist, dass ein Institut zu den *Nicht-Performern* (Cluster C/D) zählt, könnte dies zu einem weiteren Rückgang bei den *Outputs* führen (z. B. Kundenzufriedenheit),
- Stigmatisierungsrisiken, beispielsweise wenn den bankfachlichen Positionen von *Performern* (Cluster A/B) ein höheres Gewicht zugemessen wird, allein weil diese Institute dem Cluster angehören,
- Zuordnungsrisiken, wenn für einzelne Institute eine Besetzung trotz der Berücksichtigung ihrer Clusterzuordnung nicht sinnvoll ist (z. B. mit Blick auf die institutsspezifische Ausgangslage wäre aufgrund der dort behandelten bankfachlichen Anforderungen eine Mitgliedschaft im Fachausschuss Markt/Vertrieb geeigneter als eine Mitgliedschaft im Fachausschuss Organisation/Prozesse) sowie
- Veränderungsrisiken, da sich die Kriterien Dynamik und Performance und die damit verbundene Clusterzuordnung ändern können, was mit häufigen Abweichungen zwischen Ist- und Soll-Besetzung in Gremien und Ausschüssen einhergeht.

Unter Berücksichtigung der aufgeführten Argumente könnten drei einfache Regeln abgeleitet werden, die zu einer passgenaueren Besetzung der regionalen Gremien und Ausschüsse führen könnten:

- Sicherstellung einer paritätischen Besetzung der Plätze nach Clustern (Hauptbedingung),
- Sicherstellung des Regionalproporzes, indem jede Bezirks-Arbeitsgemeinschaft in jedem Gremium mind. einmal vertreten ist (Nebenbedingung 1),[6]
- Sicherstellung einer Vertretung aller Institutsgrößen in allen Gremien und Ausschüssen (Nebenbedingung 2)[7].

Die Etablierung entsprechender formeller Berufungsregeln, insbesondere um die aufgeführte Hauptbedingung zu erfüllen, ist mit Blick auf die aufgeführten Risiken (insbesondere Reputationsrisiken und Stigmatisierungsrisiken) allerdings problematisch. Es wird daher vorgeschlagen, die Nutzung neuer Beteiligungsformate zu prüfen, um die Bedingungen erfüllen zu können:

- exklusive Beteiligung – ausgewählter Institute – per Video-Streaming bzw. Aufzeichnung der Sitzungen von Gremien und Ausschüssen,
- strukturierte Einholung von Feedback zu den Themen der Gremien und Ausschüsse sowie
- Einbringung von Feedback in die Gremien und Ausschüsse.

Eine zu weitgehende Öffnung von Gremien und Ausschüssen ist mit der Gefahr verbunden, dass sich informelle Strukturen herausbilden und die tatsächlichen Diskussionen sowie Entscheidungen damit aus den Gremien und Ausschüssen herausgehalten werden. Damit wäre zwar immer noch ein besserer Informationstransfer zu den Instituten sichergestellt, zu einer geeigneteren Verteilung der Einflussmöglichkeiten – auch von derzeit unterrepräsentierten Cluster – führen diese Maßnahmen allerdings nicht.

Die vorgefundene Konzentration bei der Beteiligung von *behutsamen Performern* (Cluster A), kann zwar zum einen zu Synergieeffekten führen, da Transferwissen angeeignet werden kann und zwischen den einzelnen Gremien

[6]Dabei sollte auch der Zuschnitt der Bezirks-Arbeitsgemeinschaften überprüft werden, die sich inzwischen durch eine sehr verschiedene Anzahl von zugeordneten Sparkassen auszeichnen (siehe Abschnitt 4.6.1). Es könnte geprüft werden, ob sich eine künftige Aufteilung an den drei relevanten Regierungsbezirken des Landes NRW, namentlich Münster, Amberg sowie Detmold orientieren könnte bzw. die Aufteilung regelmäßig aufgrund stattfindender Zusammenschlüsse überprüft und angepasst wird.

[7]Beide Nebenbedingungen werden bereits weitgehend durch eine Berücksichtigung von Dynamik und Performance gemäß der Clusterzuordnung erfüllt.

und Ausschüssen geringere Wissensverluste auftreten. Zum anderen führt eine solche Häufung aber bei einer festen Anzahl von Plätzen dazu, dass über 1/3 der westfälisch-lippischen Institute derzeit gar nicht in den entsprechenden Verbandsgremien vertretenist. Dies ist auch mit Blick auf ein anzustrebendes Gleichgewicht von Anreizen und Beiträgen in der Organisation kritisch zu bewerten (siehe Abschnitt 2.3.2). Denn fraglich ist einerseits, ob gänzlich unbeteiligte Institute ausreichende Beiträge für die Sparkassen-Finanzgruppe leisten. Andererseits ist jedoch auch die Anreizwirkung zu hinterfragen, ob die Besetzung eines Platzes in einem Gremium oder Ausschuss des Verbandes ausreichende Anreize für die Institute bietet. Im Zusammenhang mit dieser Debatte ist auch die Etablierung weiterer formeller Regeln denkbar, die jedoch über die Frage einer Beteiligung gemäß Dynamik und Performance hinausgehen:

- Sicherstellung des Prinzips der Amtszeitbegrenzung je Gremium oder Ausschuss und Institut,
- Festlegung einer Maximalzahl für die gleichzeitige Mitgliedschaft eines Instituts in Gremien,[8]
- Sicherstellung einer vollständigen Beteiligung der Institute in Westfalen-Lippe, d. h., jedes Institut besetzt mind. einen Platz in regionalen Gremien und Ausschüssen und erst anschließend sind Häufungen möglich sowie[9]
- Sicherstellung eines *Erfahrungsproporzes*, indem beispielsweise jeweils Vorstände mit längerer und kürzerer Amtsdauer in den Ausschüssen vertreten sein sollen.

9.2 Herausforderungen zunehmender Konzentration

Die Besetzung der überregionalen Gremien und Ausschüsse von Verbundpartnern richtet sich – wie gezeigt – weitgehend an den jeweiligen Beteiligungsstrukturen aus (siehe Abschnitt 4.7). Je stärker die Konzentration bei den Verbundpartnern

[8] Hierbei ist jedoch der mögliche Wegfall der Multiplikatorenwirkung der *behutsamen Performer* (Cluster A), die sich einerseits durch die häufige Mitgliedschaft in zwei oder mehr Gremien und Ausschüssen sowie in der Überrepräsentation im Obleute-Ausschuss zeigt, kritisch zu berücksichtigen.

[9] Dies wäre auch in der derzeitigen Struktur von Gremien und Ausschüssen möglich, da auf ein Institut rechnerisch 1,2 Plätze in Gremien und Ausschüssen kommen. Dies kommt der Definition von Mindestanforderungen für zu leistende Beiträge der Sparkassen gleich. Allerdings geht die Besetzung eines Platzes in einem Gremium oder Ausschuss noch nicht automatisch mit einer Aktivität einher.

fortgeschritten ist, desto deutlicher zeigt sich hierbei tendenziell eine überproportionale Beteiligung größerer Institute – insbesondere bei der FI (siehe Abschnitt 4.7.2).

Es könnte hierbei zunächst argumentiert werden, dass eine entsprechende Berücksichtigung der Kriterien Dynamik und Performance bei der Besetzung von überregionalen Gremien und Ausschüssen der Verbundpartner ungeeignet ist, da bei der Clusterzuordnung eine Reihe von Faktoren berücksichtigt wurden, die für das spezifische Verbundpartnergeschäft keine Rolle spielen. Stattdessen wäre auch die ausschließliche Berücksichtigung von Kennzahlen denkbar, die direkt mit dem spezifischen Verbundpartnergeschäft in Verbindung stehen (z. B. Vertriebsstärke im Versicherungsgeschäft). Gleichzeitig sind aufgrund der Betrachtung des Leistungserstellungsprozesses in den Sparkassen andere Parameter, die für das Geschäft mit Verbundpartnern relevant sind, gar nicht berücksichtigt (z. B. Intensität in der Nutzung der IT). Diese Argumentation ist jedoch mit Blick auf die Organisationsstruktur sowie die Prinzipien der Zusammenarbeit in der Sparkassen-Finanzgruppe (siehe Kapitel 3) zurückzuweisen. Zunächst halten Sparkassen ein *Allfinanz*-Angebot vor, das sich aus verschiedenen miteinander verbundenen Produkt- und Leistungskategorien zusammensetzt. Wird nun ein Geschäftsfeld isoliert betrachtet, sind damit möglicherweise (nicht intendierte) Wechselwirkungen für andere Bereiche verbunden. Und dies gilt auch hinsichtlich der Funktion der Verbundpartner: Der öffentliche Versicherer steht auch in einer Verbindung zur öffentlichen Bausparkasse – es handelt sich hierbei nicht um ein wettbewerbliches Verhältnis – wie es sich etwa im Vergleich zu Drittanbietern außerhalb der Sparkassen-Finanzgruppe zeigen könnte.[10] Und es gibt auch ein Zusammenwirken zwischen den Verbundpartnern, beispielsweise wenn die Produkte des Versicherers über die IT des Verbundpartners in der Sparkassen-Finanzgruppe gegenüber dem Kunden beraten und vertrieben werden. Aus diesen Gründen erscheint die Berücksichtigung der ganzheitlichen Entwicklung der Sparkassen – abgebildet über die Kriterien Dynamik und Performance – auch bei der Besetzung von Gremien und Ausschüssen der Verbundpartner sinnvoll zu sein.

[10]Auch wenn im Beispiel beide Verbundpartner das wirtschaftliche Interesse besitzen, das jeweils eigene Produkt zu vertreiben, so liegt doch das verbundpartnerübergreifende Interesse darin, möglichst beide Produkte, aber mind. ein Produkt zu vertreiben, um beispielsweise die Kundenbindung zu erhöhen. Durch das langfristige wirtschaftliche Interesse sowie die normierten Aufgaben ist daher stets der gesamte Verbund der Sparkassen-Finanzgruppe in die Betrachtung mit einzubeziehen.

Hinsichtlich einer diesbezüglichen Berücksichtigung von Dynamik und Performance zeigen sich allerdings gegenüber den regionalen Gremien und Ausschüssen spezifische Probleme:

- die vorliegend für die westfälisch-lippischen Institute vorgenommene Clusterzuordnung liegt bundesweit nicht vor und es ist unklar, ob die aus verschiedenen Datentöpfen erforderlichen Informationen für einen längeren Untersuchungszeitraum überhaupt für alle Institute bundesweit verfügbar sind,[11]
- außerdem ist unklar, über welche Stelle innerhalb der Sparkassen-Finanzgruppe eine solche Analyse überhaupt eingesetzt werden könnte, da die Besetzung bzw. die Auswahl von Instituten – in Abhängigkeit der Eigentumsstrukturen – regelmäßig über die regionale Ebene erfolgt, es sich hierbei allerdings um eine bundesweite Analyse handeln würde (siehe Abschnitt 3.2.1) und
- bei Beteiligungsstrukturen bundesweit agierender Verbundpartner, die nach dem Regionalproporz der Sparkassen-Finanzgruppe ausgerichtet sind, ist es bei einer regionalen Besetzung aufgrund einer beschränkten Gesamtanzahl an dort zu vergebenden Plätzen regelmäßig kaum möglich, den Proporz entlang von Dynamik und Performance in allen einzelnen Regionen gleichermaßen sicherzustellen.[12]

Es zeigen sich bereits heute ohne die Berücksichtigung von Dynamik und Performance bei den bundesweit agierenden Verbundpartnern (insbesondere FI) erhebliche größenspezifische Verzerrung bei der Besetzung von Gremien und Ausschüssen.[13] Kleinere Institute sind dabei teilweise gar nicht berücksichtigt oder deutlich unterrepräsentiert (siehe Abschnitt 4.7.2). Wenn beispielsweise

[11]Weitere mögliche Probleme (z. B. wettbewerbs- und kartellrechtliche Fragestellungen) werden hierbei nicht weiter berücksichtigt.

[12]Dies gilt erst recht, wenn das für die Besetzung der Gremien und Ausschüsse der Regionalverbände vorgeschlagenes Modell von Haupt- und Nebenbedingungen auf überregionaler Ebene verwirklicht werden sollte. Die alternativ deutliche Erhöhung der Anzahl verfügbarer Plätze in Gremien und Ausschüssen alleine zum Zweck einen Proporz sicherzustellen, ist aufgrund möglicher negativer Folgewirken kritisch zu bewerten (z. B. Arbeitsfähigkeit).

[13]Hinsichtlich des identifizierten Zusammenhangs zwischen Institutsgröße und Clusterzuordnung deutet dies darauf hin, dass die *behutsamen Institute* (Cluster A/C) hierbei deutlich überrepräsentiert sind (siehe Abschnitt 6.4).

durch jeden Regionalverband nur einzelne Plätze (z. B. zwei oder drei) besetzt werden können, werden diese derzeit scheinbar durch die größeren Institute im Regionalverband eingenommen. Zusätzlich zeigt sich, dass überproportional stark auch Institute vertreten sind, die bereits Plätze in Gremien oder Ausschüssen im Regionalverband besetzen. Die Wahrnehmung einer Multiplikatorenwirkung durch einige Institute zeigt sich demnach in Kombination einer Besetzung von regionalen und überregionalen Gremien und Ausschüssen (siehe Abschnitt 9.1).

Da gerade die Ausgestaltung der IT eine wesentliche Vorentscheidung auch für das Angebot im Bereich des Produkt- und Leistungsangebots darstellt (*Lock-in-Effekt*), könnten für einen Teil der Institute hohe Mehraufwände entstehen, sofern sich die IT vollständig oder teilweise als ungeeignet erweist (siehe Abschnitt 2.1.2).[14] Mit Blick auf die wachsende Bedeutung des Online-/Mobile-Kanals nimmt die Bedeutung der IT zu (siehe Abschnitt 4.5). Außerdem stehen kleineren Instituten geringere Ausweichmöglichkeiten zur Verfügung (z. B. durch Kompensation mit eigenen Ressourcen). Aufgrund der fehlenden Institutsgröße und der eingeschränkten wirtschaftlichen Möglichkeiten ist die separate Beauftragung von IT-Lösungen mit hohen Fixkosten für diese Institute nicht oder nur sehr eingeschränkt darstellbar. Es zeigt sich bei den Bereichen mit starkem IT-Bezug (Multikanalangebot (Bereich 2)) sowie Leistungsangebot (Bereich 3) bei den kleineren *dynamischen Instituten* (Cluster B/D) eine vergleichsweise geringere festgestellte konzeptionelle Zielbildeignung (siehe Abschnitt 7.3.3) sowie eine unterdurchschnittliche Umsetzungsstringenz (siehe Abschnitt 7.3.4). Dies könnte auf eine vermeintliche Unterrepräsentation dieser Häuser in den relevanten Gremien der FI zurückzuführen sein, in dessen Folge die spezifischen Bedürfnisse dieser Institute (z. B. hohe Detailtiefe von Anwendungen, geringer institutsspezifischer Implementierungs- und Pflegeaufwand) möglicherweise ungenügend berücksichtigt werden können.

Die beobachteten Konsolidierungseffekte bei den Verbundpartnern im Betrachtungszeitraum sind dagegen nicht neu (siehe Abschnitt 4.2). Beispielsweise gab es Vorschläge zur Verschmelzung aller Landesbanken zu einem bundesweiten Spitzeninstitut bereits Ende der 1980er Jahre.[15] Diesbezüglich meldeten insbesondere die Landesregierungen damals aufgrund ihres damit

[14]Unterschiedliche Anforderungen hinsichtlich der Institutsgröße ergeben sich insbesondere beim Detaillierungsgrad von Anwendungen sowie der Möglichkeiten zur institutsspezifischen Konfiguration.

[15]Vgl. *Langschied* (1993), 181.

schwindenden Einflusses auf die Geschäftsstrategie dieses Instituts Bedenken an.[16] Die aufgezeigten VVeränderungen (insbesondere deutlicher Rückgang der Betriebsergebnisse (O_2)) und die relevanten übergreifenden Entwicklungen (insbesondere Zinsentwicklung sowie wachsende regulatorische und aufsichtsrechtliche Anforderungen) deuten jedoch darauf hin, dass sich Konsolidierungseffekte fortsetzen oder sogar noch zunehmen bzw. sich beschleunigen werden. Je stärker diese Konsolidierungseffekte allerdings künftig bei den Verbundpartnern zum Tragen kommen, desto stärker könnten die aufgezeigten Repräsentationsprobleme bei einer regional gesteuerten Gremienbesetzung im *Governance*-Prozess zutage treten.

Erforderlich erscheint daher eine regionalverbandsübergreifende Verständigung zur Besetzung der überregionalen Gremien und Ausschüsse der Verbundpartner über die folgenden Schritte:

- Herstellung von Transparenz zur derzeitigen Repräsentation nach Institutsgröße bei allen relevanten Verbundpartnern,[17]
- Sensibilisierung für den Bedarf einer bundesweiten Überprüfung der Repräsentation nach Dynamik und Performance der Institute in den überregionalen Gremien und Ausschüssen sowie
- Verständigung zu Maßnahmen für die zukünftige Besetzung von Gremien und Ausschüssen der Verbundpartner.

Folgende konkrete Maßnahmen für die Besetzung der überregionalen Ausschüsse und Gremien der Verbundpartner könnten dabei geprüft und diskutiert werden:

- analog der aufgezeigten möglichen Maßnahmen bei den regionalen Gremien und Ausschüssen: Sicherstellung des Prinzips der Amtszeitbegrenzung je Gremium und Ausschuss und Institut sowie die Festlegung einer Maximalzahl für die gleichzeitige Mitgliedschaft eines Instituts in Gremien und Ausschüssen der Verbundpartner,
- Überprüfung des Bedarfs für eine Ergänzung der vorhandenen Gremien und Ausschüsse zur besseren Abbildung unterschiedlicher Institutsbedarfe (z. B. separater Beirat für Institute mit hoher Dynamik),

---

[16] Vgl. *Langschied* (1993), 182.

[17] Die Repräsentation des Regionalproporzes ist entsprechend der Beteiligungsstruktur sichergestellt (siehe Abschnitt 4.7.1).

- Etablierung von Rotationsverfahren, bei denen z. B. nach einem großen Institut ein hinsichtlich der Institutsgröße kleines Haus den jeweiligen Platz im Gremium oder Ausschuss einnimmt (hierbei sollte berücksichtigt werden, dass in der Ausgangslage die großen Institute teilweise stark überproportional vertreten sind und daher der ausschließliche Einsatz eines Rotationsverfahrens nicht ausreicht),[18]
- Zuteilen der Kriterien, die ein auf Ebene der Regionen bestimmtes Institut erfüllen sollte (z. B. ein Institut aus dem Cluster *dynamische Performer* (Cluster B)).

Zusätzlich könnten auch bei den überregionalen Gremien neue Formen der Partizipation (z. B. Video-Streaming bzw. Aufzeichnung) geprüft werden. Die bereits aufgeführten Einwände sind allerdings aufgrund der überregionalen Ausrichtung der Gremien und Ausschüsse und des damit verbundenen tendenziell höheren Koordinationsaufwands von noch größerer Relevanz (insbesondere Gefahr einer Bildung zusätzlicher informeller Strukturen) (siehe Abschnitt 9.1).

Bei einem fehlenden Proporz in den überregionalen Gremien und Ausschüssen besteht bei einer zunehmenden Konzentration der Verbundpartner ansonsten die Gefahr einer Sogwirkung: Das Angebot der Verbundpartner könnte bei einer fortgesetzten Überrepräsentation dieser Gruppen von Instituten (z. B. überproportionale oder ausschließliche Beteiligung von großen Instituten) die anderen Gruppen von Instituten nicht mehr erreichen. Die institutionenökonomischen Analysen haben gezeigt, dass sich die Schwerpunktsetzungen in der Vertriebsstruktur der Institute deutlich unterscheiden, was auch mit unterschiedlichen Unterstützungsbedarfen einhergeht (siehe Kapitel 7). Daraus könnte ein zusätzlicher mittelbarer Konsolidierungsdruck auf der Ebene der Sparkassen entstehen bzw. sich ein Anreiz ergeben, verstärkt auf Angebote und Dienstleistungen von Drittanbietern außerhalb der Sparkassen-Finanzgruppe zurückzugreifen. Da dies für kleinere Institute nur eingeschränkt möglich ist, könnte dies den Konsolidierungsdruck auf der Ebene der Institute noch verstärken. Da die Analysen jedoch zeigen, dass die Performance der Institute nicht primär im Zusammenhang mit der Institutsgröße steht, wäre ein solcher zusätzlicher Konsolidierungsdruck unnötig und ist aus institutionenökonomischer Sicht nicht zu befürworten.

[18]In gleicher Weise wäre auch eine Rotation nach den Parametern Performance/Dynamik denkbar. Allerdings sind hierbei die bereits aufgeführten Risiken zu berücksichtigen (siehe Abschnitt 9.1).

Fazit und Ausblick 10

In der vorliegenden Analyse konnte gezeigt werden, dass sich das Geschäftsmodell der Sparkassen im Betrachtungszeitraum durch eine hohe Stabilität auszeichnet, was mit Blick auf die enormen Herausforderungen in Folge der Finanzkrise (insbesondere Zinsentwicklung sowie wachsende regulatorische und aufsichtsrechtliche Anforderungen) durchaus bemerkenswert ist und für deren hohe Leistungsfähigkeit spricht.

Hierbei wurde bewusst der Weg gewählt, die institutionenökonomische Analysen – ganz im Sinne des Subsidiaritätsprinzips in der Sparkassen-Finanzgruppe – auf Grundlage der Entwicklung des Leistungserstellungsprozesses in den westfälisch-lippischen Sparkassen im Betrachtungszeitraums durchzuführen. Hierbei zeigte sich eine vergleichsweise hohe Stabilität bei den *Inputs*, eine deutliche Erhöhung der erstellten Leistungen und tendenziell eine leichte Reduktion bei den *Outputs* – wobei die wichtige Kennzahl der Eigenkapitalausstattung (O_1) bei allen Instituten gesteigert werden konnte.

Die Zuordnung der Institute zu Analyseclustern ergab, dass sich die hinsichtlich ihrer Institutsgröße eher kleineren Sparkassen durch eine höhere *Dynamik* (Cluster B/D) auszeichneten, während es hinsichtlich der *Performance* (Cluster A/B) sowohl größere Institute (Cluster A) als auch kleinere Institute (Cluster B) gibt. Diese Erkenntnis ist insbesondere mit Blick auf die Steuerung weiterer Konsolidierungseffekte in der Sparkassen-Finanzgruppe bedeutsam. Sowohl die Entwicklung im Betrachtungszeitraum, als auch die exogenen Herausforderungen für die Sparkassen sprechen dafür, dass sich die Konsolidierungseffekte in der Sparkassen-Finanzgruppe in Zukunft fortsetzen werden.

Die hinsichtlich der Institutsgröße eher kleineren *dynamischen Performer* (Cluster B) zeigten dabei nicht nur eine im Vergleich zu den *behutsamen Performern* (Cluster A) deutlichere Verbesserung im Bereich der *Outputs* im

R. Conrad, *Performance, Dynamik und Konvergenz im Banking*,
https://doi.org/10.1007/978-3-658-30740-0_10

Betrachtungszeitraum, sondern befinden sich – abgesehen von der Eigenkapitalausstattung (O_1) – hinsichtlich der *Outputs* zum Ende des Betrachtungszeitraums auch auf einem identischen Ausstattungsniveau. Die *Performer* (Cluster A/B) zeigen dabei jedoch eine durchaus unterschiedliche Schwerpunktsetzung hinsichtlich der Ausgestaltung ihrer vertrieblichen Organisationsstrukturen (siehe Abschnitt 7.1 sowie Abschnitt 7.2). Gleichzeitig konnte gezeigt werden, dass die Kombination aus Dynamik und Performance bei den *dynamischen Performern* (Cluster B) dazu geführt hat, dass sich die zu Beginn des Betrachtungszeitraums noch vorhandene überdurchschnittliche Divergenz in der Leistungserstellung zwischen den Instituten des Clusters zu einer überwiegenden Konvergenz gedreht hat – es scheint also durchaus ähnliche Entwicklungsmuster zwischen den Instituten der *dynamischen Performer* (Cluster B) zu geben.

Beachtenswert ist dabei über die *dynamischen Performer* (Cluster B) hinaus, dass sich die Institute der Cluster, die ihre Positionierung im Bereich der *Outputs* im Betrachtungszeitraum verbessern konnten, tendenziell durch eine konvergierende Entwicklung im Betrachtungszeitraum auszeichnen – sie wurden einander ähnlicher (siehe Abschnitt 8.4). Bei den anderen westfälisch-lippischen Instituten zeigte sich im Betrachtungszeitraum dagegen eine solche Entwicklung nicht. Man könnte also sagen: Verschiedene Wege führen zum Erfolg, aber die Pfade der Institute innerhalb der einzelnen Cluster werden einander ähnlicher.

Allerdings erfolgt eine ungleiche Einbeziehung der Institute nach Clustern innerhalb der *Governance*-Strukturen der Sparkassen-Finanzgruppe: Bei den *behutsamen Instituten* (Cluster A/C) sind gerade die *Performer* (Cluster A) in den Gremien und Ausschüssen des Verbandes deutlich überrepräsentiert (siehe Abschnitt 9.1). Unter den *dynamischen Instituten* (Cluster B/D) nehmen dagegen die *Nicht-Performer* (Cluster D) deutlich häufiger Plätze in den Gremien oder Ausschüssen des Verbandes ein. Aus den aufgeführten Zusammenhängen kann jedoch geschlussfolgert werden, dass gerade die stärkere Einbeziehung von *dynamischen Performern* (Cluster B) einen erheblichen Mehrwert für die Entwicklung der Sparkassen-Finanzgruppe insgesamt bieten kann:[1]

[1]Unter der Hypothese, dass sich entsprechende Zusammenhänge auch bei einer entsprechenden bundesweiten Betrachtung zeigen würden.

- Institute dieses Clusters zeigten zu Beginn des Betrachtungszeitraums keinerlei Vorteile im Bereich ihrer *Outputs*, auf die hätte aufgesetzt werden können (z. B. insbesondere hinsichtlich ihrer Eigenkapitalausstattung (O_1)),
- es handelt sich um Institute, die den Herausforderungen des Betrachtungszeitraums (z. B. Zinsentwicklung sowie wachsende regulatorische und aufsichtsrechtliche Anforderungen) mit einer hohen Dynamik in der Veränderung ihres Leistungserstellungsprozesses begegneten und
- die gezeigte hohe Dynamik konnte gleichzeitig genutzt werden, um die Positionierung im Bereich der *Outputs* in allen (!) betrachteten Positionen teils deutlich zu verbessern.

All dies sind Eigenschaften, die alle Sparkassen gerade bei einer zunehmenden Veränderungsintensität aufgrund von exogenen Faktoren gebrauchen können. Die in den Gremien und Ausschüssen unterrepräsentierten *dynamischen Performer* (Cluster B) zeigen allerdings hinsichtlich der vertrieblichen Konzeption eine im Vergleich zu den überrepräsentierten *behutsamen Performern* (Cluster A) geringere Aktivität, Zielbildeignung sowie Umsetzungsstringenz. Außerdem könnte die Tatsache, dass es sich bei den *dynamischen Performern* (Cluster B) um tendenziell kleinere Institute handelt, darauf hindeuten, dass Institute mit diesen Merkmalen auch in den überregionalen Gremien und Ausschüssen (z. B. FI) unterrepräsentiert sind.[2]

Die Sicherstellung einer Repräsentation entsprechend der gezeigten Dynamik und Performance bietet für die Gremien und Ausschüsse einen guten Indikator, dass Unterschiede in der Ausgangslage und Entwicklung der Institute bestmöglich berücksichtigt werden, um das Verbandsangebot entsprechend zu überprüfen und zu optimieren. Im Hinblick auf einen positiven Wettbewerb der Ideen erscheint insbesondere die stärkere Beteiligung der *dynamischen Performer* (Cluster B) daher sinnvoll zu sein.

Sofern die Zinsentwicklung, die zunehmenden regulatorischen und aufsichtsrechtlichen Anforderungen sowie die fortschreitende Veränderung des Nutzungsverhaltens der Kunden dazu führen, dass sich die Betriebsergebnisse der Institute in den kommenden Jahren spürbar reduzieren, sind deutliche Anpassungen der Organisationsstruktur in der Sparkassen-Finanzgruppe erforderlich und zu erwarten. Die dann erforderlichen Veränderungen müssen sich

[2]In den überregionalen Gremien und Ausschüssen der Verbundpartner sind kleinere Institute teilweise nicht bzw. unterproportional vertreten (siehe Abschnitt 4.7.2).

jedoch nicht zwangsläufig in einer Beschleunigung der beobachteten *klassischen* Konsolidierung (großes Institut schließt sich mit kleinem Institut zusammen) erschöpfen, sondern können sich auch in einer Vielzahl weiterer Maßnahmen (z. B. institutsgruppenspezifisches Unterstützungsangebot der Verbände bzw. der Verbundpartner) zeigen. Dazu zählt auch die Möglichkeit einer neuen Form von Zusammenschlüssen (z. B. *dynamischer Performer* (Cluster B) mit *dynamischem Nicht-Performer* (Cluster D)).

Gerade weil die Herausforderungen auf das Geschäftsmodell der Sparkassen in den kommenden Jahren voraussichtlich deutlich zunehmen werden, bietet die Aufrechterhaltung bzw. sogar die neue Etablierung von Innovationsansätzen die Chance, auch neue Erlösquellen zu identifizieren und zu erschließen. Im Sinne des Verbundprinzips sollten die damit verbundenen Innovationsprozesse jedoch schwerpunktmäßig dezentral in den Instituten ablaufen. Zumindest bestand hierin das Erfolgsrezept und auch das eindeutige Differenzierungsmerkmal der Sparkassen-Finanzgruppe in der Vergangenheit. Dies erscheint auch mit Blick auf eine grundsätzliche Risikobetrachtung geboten: Scheitern dezentrale Veränderungs- und Innovationsprozesse, sind die Auswirkungen auf die Sparkassen-Finanzgruppe insgesamt kaum spürbar. Gelingen diese dagegen, können die Vorteile auch für andere Organisationen innerhalb der Gruppe nutzbar gemacht werden. Gleichzeitig kann das Scheitern von rein zentral vorgegebenen Veränderungs- und Innovationsprozessen mit negativen Auswirkungen für die Sparkassen-Finanzgruppe insgesamt verbunden sein. Durch die Einbeziehung von Instituten entsprechend der Kriterien Dynamik und Performance lassen sich mögliche Informationsdefizite zu stattgefundenen Innovationen reduzieren.

Gerade aufgrund einer absehbaren weiteren Verdichtung im stationären Vertrieb müsste jedoch gefragt werde, wie ein dezentraler Innovationswettbewerb unter Berücksichtigung der aktuell zentral bereitgestellten medialen Vertriebskanäle (Online/Mobile) – die zusätzlich noch mit einem hohen IT-Aufwand verbunden sind – sinnvoll möglich wäre. Hierbei sollten insbesondere Institutsgruppen gleichberechtigt einbezogen werden, die aufgrund der Entwicklung ihrer *Outputs* zeigten, dass sie überdurchschnittlich erfolgreich innerhalb des Verbundes der Sparkassen-Finanzgruppe agieren konnten. Eine ausschließliche Fokussierung auf Konsolidierung und Konvergenz in der Entwicklung der Institute ist auf Grundlage der vorliegenden Analyse nicht notwendig. Vielmehr sollte möglichst im Leistungserstellungsprozess der Institute dezentral überprüft werden, an welchen Stellen Nischen im Geschäftsmodell entstehen, die durch die Organisationen der Sparkassen-Finanzgruppe selbst besetzt werden können.

Literaturverzeichnis

Adams, R. M./Johnson, R. L./Pilloff, S. J. (2009), Market Structure after Horizontal Mergers. Evidence from the Banking Industry, Review of Industrial Organization, 35. Jg., Nr. 3, S. 217.

Adler, P. S./Kwon, S.-W. (2002), Social Capital. Prospects for a New Concept, The Academy of Management Review, 27. Jg., Nr. 1, S. 17.

Aikman, D./Galesic, M./Gigerenzer G./Kapadia, S./Katsikopoulos, K. (2014), Taking uncertainty seriously: Simplicity versus complexity in financial regulation.

Antonelli, C. (1999), The evolution of the industrial organisation of the production of knowledge, Cambridge Journal of Economics, 23. Jg., Nr. 2, S. 243–260.

Argote, L. (2013), Organizational Learning. Creating, Retaining and Transferring Knowledge, 2. Aufl., Boston, MA.

Arnoldt, J. (2017), Die Sparkassenorganisation in Österreich, in: https://www.dsgv.de/_download_gallery/Laenderberichte/VE_Oesterreich.pdf, abgerufen am 18. 8. 2018.

Astley, W. G. (1985), The Two Ecologies. Population and Community Perspectives on Organizational Evolution, Administrative Science Quarterly, 30. Jg., Nr. 2, S. 224.

Bach, S./Borck, R. (2003), Föderalismusreform aus ökonomischer Sicht, Vierteljahrshefte zur Wirtschaftsforschung, 72. Jg., Nr. 3, S. 345–348.

Bacher, J./Pöge, A./Wenzig, K. (2010), Clusteranalyse. Anwendungsorientierte Einführung in Klassifikationsverfahren, 3. Aufl., München.

BaFin (2009), Jahresberichte der Bundesanstalt für Finanzdienstleistungsaufsicht 2008.

BaFin (2010), Jahresberichte der Bundesanstalt für Finanzdienstleistungsaufsicht 2009.

BaFin (2011), Jahresberichte der Bundesanstalt für Finanzdienstleistungsaufsicht 2010.

BaFin (2012), Jahresberichte der Bundesanstalt für Finanzdienstleistungsaufsicht 2011.

BaFin (2013), Jahresberichte der Bundesanstalt für Finanzdienstleistungsaufsicht 2012.

BaFin (2014), Jahresberichte der Bundesanstalt für Finanzdienstleistungsaufsicht 2013.

BaFin (2015), Jahresberichte der Bundesanstalt für Finanzdienstleistungsaufsicht 2014.

BaFin (2016), Jahresberichte der Bundesanstalt für Finanzdienstleistungsaufsicht 2015.

BaFin (2017), Jahresberichte der Bundesanstalt für Finanzdienstleistungsaufsicht 2016.

BaFin (2018), Jahresberichte der Bundesanstalt für Finanzdienstleistungsaufsicht 2017.

Bakir, C. (2013), Bank behaviour and resilience. The effect of structures, institutions and agents, Basingstoke.

R. Conrad, *Performance, Dynamik und Konvergenz im Banking*,
https://doi.org/10.1007/978-3-658-30740-0

Beck, T./Hesse, H./Kick, T./Westernhagen, N. von (2009), Bank ownership and stability: Evidence from Germany, in: http://voxeu.org/article/bank-ownership-and-stability-evidence-germany, abgerufen am 14. 9. 2018.

Berger, U./Bernhard-Mehlich, I./Oertel, S. (2014), Die Verhaltenswissenschaftliche Entscheidungstheorie. In: *Kieser, A./Ebers, M.* (Hrsg.), Organisationstheorien, 7. Aufl., Stuttgart.

Bierth, C./Friedrich, K./Linderkamp, T./Lohse, U./Schröder, M. (2018), Zukunft der Versicherung – Versicherung der Zukunft, Zeitschrift für die gesamte Versicherungswissenschaft, 107. Jg., Nr. 2, S. 127–141.

Blankart, C. B. (2017), Öffentliche Finanzen in der Demokratie. Eine Einführung in die Finanzwissenschaft, 9. Aufl., München.

Bodin, M. (2004), Öffentliche Aufgabe und Geschäftskreis der Landesbanken. In: *Ipsen, J.* (Hrsg.), Zukunft der Sparkassen – Sparkasse der Zukunft. 14. Bad Iburger Gespräche, Göttingen, S. 53–78.

Böhm, C./Froneberg, D./Schiereck, D. (2012), Zum offensichtlich erkennbaren bankwirtschaftlichen Sachverstand in den Kontrollorganen deutscher Genossenschaftsbanken und Sparkassen, ZögU, 35. Jg., Nr. 2, S. 138–186.

Botsis, D./Hansknecht, S./Hauke, C./Janssen, N./Kaiser, B./Rock, T. (2015), Kennzahlen und Kennzahlensysteme für Banken, Wiesbaden.

Bresler, N. (2007), Effizienz von Sparkassen und Sparkassenfusionen. Eine empirische Untersuchung, Hamburg.

Burghof, H.-P. (2018), Banken nach der Finanzkrise – einmal Überregulierung und zurück, Wirtschaftsdienst, 98. Jg., Nr. 8, S. 549–552.

BVR (2017), Jahresbericht 2017 des Bundesverbandes der Deutschen Volksbanken und Raiffeisenbanken. Was viele schaffen, in: https://www.bvr.de/p.nsf/0/4B0B6361FA50D9BEC125828F0026EF11/%24FILE/180423_BVR_Jahresbericht_RZ_ES.pdf, abgerufen am 27. 9. 2018.

Chrobok, R. (1998), Netzwerk, zfo, 67. Jg., S. 242–243.

Coase, R. H. (1937), The Nature of the Firm, Economica, 4. Jg., Nr. 16, S. 386–405.

Coase, R. H. (2013), The Problem of Social Cost, The Journal of Law and Economics, 56. Jg., Nr. 4, S. 837–877.

Cyert, R. M./March, J. G. (1963), A behavioral theory of the firm, Englewood Cliffs, N.J.

Dahlhoff, G. (2014), Banken in der Krise. Niedergang mit System, Marburg.

Deeg, J./Weibler, J. (2008), Die Integration von Individuum und Organisation, Wiesbaden.

Deeken, M./Specht, K. (2017), Zukunftsfähigkeit deutscher Sparkassen. Ansatzpunkte innovativer Unternehmensgestaltung, Wiesbaden.

Deistler, M. (2018), Modelle der Zeitreihenanalyse, Cham.

Detzer, D./Dodig, N./Evans, T./Hein, E./Herr, H./Prante, F. J. (2017), The German financial system and the financial and economic crisis, Cham.

Deutsche Bundesbank (2018a), Bankenstatistik Dezember 2018. Statistisches Beiheft 1 zum Monatsbericht.

Deutsche Bundesbank (2018b), Bankstellenstatistik 2017. Bestand an Kreditinstituten Ende des Jahres 2017, in: https://www.bundesbank.de/Redaktion/DE/Downloads/Aufgaben/Bankenaufsicht/Bankstellenstatistik/bankstellenstatistik_2017.pdf, abgerufen am 13. 9. 2018.

Deutsche Bundesbank (2018c), Die Ertragslage der deutschen Kreditinstitute im Jahr 2017, Monatsbericht September 2018, in: https://www.bundesbank.de/resource/blob/759806/73b1edc6d411dd1db2c079d26fb9c249/mL/2018-09-ertragslage-data.pdf, abgerufen am 27. 7. 2019.

Deutsche Bundesbank (2018d), EZB-Zinssätze, in: https://www.bundesbank.de/resource/blob/607806/3a278e03889f0c9aafc7e45c05bf5d6a/mL/s510ttezbzins-data.pdf, abgerufen am 13. 12. 2018.

Deutsche Bundesbank (2018e), Gesamtwirtschaftliche Rechenwerke. Bruttoinlandsprodukt, BBNZ1.A.DE.N.G.0000.A, in: https://www.bundesbank.de/Navigation/DE/Statistiken/Zeitreihen_Datenbanken/Gesamtwirtschaftliche_Rechenwerke/gesamtwirtschaftliche_rechenwerke_list_node.html?listId=www_v36_2014_bip, abgerufen am 7. 8. 2018.

Deutsche Bundesbank (2018f), Gesamtwirtschaftliche Rechenwerke. Preisentwicklung, BBNZ1.A.DE.N.I.0000.A, in: https://www.bundesbank.de/Navigation/DE/Statistiken/Zeitreihen_Datenbanken/Gesamtwirtschaftliche_Rechenwerke/gesamtwirtschaftliche_rechenwerke_list_node.html?listId=www_v36_2014_bip, abgerufen am 7. 8. 2018.

Deutsche Bundesbank (2018g), Realzinssätze auf Bankeinlagen, in: https://www.bundesbank.de/resource/blob/615586/40a6deded3d5104c4b5d455b21a87fd8/mL/realzinssaetze-auf-bankeinlagen-data.xlsx, abgerufen am 12. 12. 2018.

Deutsche Bundesbank (2018h), Statistiken. Banken und andere finanzielle Institute, Zinsen, in: https://www.bundesbank.de/Navigation/DE/Statistiken/Zeitreihen_Datenbanken/Banken_und_andere_finanzielle_Institute/banken_und_andere_finanzielle_institute_list_node.html?listId=www_sguv_zinsen_bs, abgerufen am 16. 10. 2018.

Deutsche Bundesbank (2018i), Zinserträge und Zinsaufwendungen, in: https://www.bundesbank.de/dynamic/action/de/statistiken/zeitreihen-datenbanken/zeitreihen-datenbank/759778/759778?listId=www_sguv_zinsen_bs, abgerufen am 12. 12. 2018.

Deutsche Bundesbank (2018j), Zinsspanne, in: https://www.bundesbank.de/dynamic/action/de/statistiken/zeitreihen-datenbanken/zeitreihen-datenbank/759778/759778?statisticType=BBK_ITS&listId=www_sguv_zinsspanne&treeAnchor=BANKEN, abgerufen am 12. 12. 2018.

Dietel, K.-G. (2003), Die Träger kommunaler Sparkassen und ihr Aktionskreis. In: Bitburger Gespräche. Jahrbuch 2002/I; [Kreditinstitute und Finanzdienstleistungen der öffentlichen Hand – öffentlicher Auftrag und Wettbewerb, München, S. 167–178.

DSGV (2008), Leitlinien der Sparkassen für eine nachhaltige Geschäftspolitik im Interesse der Kunden und der örtlichen Gemeinschaft, in: https://www.dsgv.de/_download_gallery/files/15_leitlinien.pdf, abgerufen am 19. 1. 2018.

DSGV (2009a), Finanzbericht der Sparkassen-Finanzgruppe 2008.

DSGV (2009b), Sparkassenfachbuch 2010, Stuttgart.

DSGV (2010a), Fakten, Analysen, Positionen, Zur Geschichte der Sparkassen in Deutschland.

DSGV (2010b), Finanzbericht der Sparkassen-Finanzgruppe 2009.

DSGV (2010c), Sparkassenfachbuch 2011, Stuttgart.

DSGV (2011a), Finanzbericht der Sparkassen-Finanzgruppe 2010.

DSGV (2011b), Sparkassenfachbuch 2012, Stuttgart.

DSGV (2012a), Finanzbericht der Sparkassen-Finanzgruppe 2011.

DSGV (2012b), Sparkassenfachbuch 2013, Stuttgart.
DSGV (2013a), Finanzbericht der Sparkassen-Finanzgruppe 2012.
DSGV (2013b), Sparkassenfachbuch 2014, Stuttgart.
DSGV (2014a), Finanzbericht der Sparkassen-Finanzgruppe 2013.
DSGV (2014b), Sparkassenfachbuch 2015, Stuttgart.
DSGV (2015a), Die Gemeinsame Geschäftsstrategie für die Sparkassen.
DSGV (2015b), Finanzbericht der Sparkassen-Finanzgruppe 2014.
DSGV (2015c), Sparkassenfachbuch 2016, Stuttgart.
DSGV (2016a), Finanzbericht der Sparkassen-Finanzgruppe 2015.
DSGV (2016b), Sparkassenfachbuch 2017, Stuttgart.
DSGV (2017a), Finanzbericht der Sparkassen-Finanzgruppe 2016.
DSGV (2017b), Sparkassenfachbuch 2018, Stuttgart.
DSGV (2018a), Aufgaben und Ziele des DSGV, in: https://www.dsgv.de/de/ueber-uns/aufgaben_und_ziele.html.
DSGV (2018b), DekaBank, in: https://www.dsgv.de/de/sparkassen-finanzgruppe/organisation/dekabank.html.
DSGV (2018c), Deutsche Leasing, in: https://www.dsgv.de/de/sparkassen-finanzgruppe/organisation/deutsche-leasing.html.
DSGV (2018d), Finanzbericht der Sparkassen-Finanzgruppe 2017.
DSGV (2018e), Finanzdienstleister, in: https://www.dsgv.de/de/sparkassen-finanzgruppe/organisation/finanzdienstleister.html.
DSGV (2018f), Landesbanken, in: https://www.dsgv.de/de/sparkassen-finanzgruppe/organisation/landesbanken.html.
DSGV (2018g), Landesbausparkassen, in: https://www.dsgv.de/de/sparkassen-finanzgruppe/organisation/landesbausparkassen.html.
DSGV (2018h), Öffentliche Versicherer, in: https://www.dsgv.de/de/sparkassen-finanzgruppe/organisation/oeffentliche-versicherer.html.
DSGV (2018i), Organigramm des DSGV e.V., in: https://www.dsgv.de/bin/servlets/sparkasse/download?path=%2Fcontent%2Fdam%2Fdsgv-de%2Fder-verband%2Fdownloads%2FOrganigramm-DSGV-e.V.pdf&name=Organigramm%20des%20DSGV%20e.V.pdf, abgerufen am 25. 9. 2018.
DSGV (2018j), Sparkassenfachbuch 2019, Stuttgart.
DSGV (2018k), Sparkassen-Finanzgruppe in Zahlen 2017, in: https://www.dsgv.de/_download_gallery/statistik/DSGV_FB_2017_SFG_in_Zahlen_DE.pdf, abgerufen am 16. 8. 2018.
DSGV (2018l), Sparkassenrangliste 2008 – 2017.
DSGV (2018m), Verbände auf einen Blick, in: https://www.dsgv.de/de/sparkassen-finanzgruppe/organisation/verbaende.html.
EBA (2012), Annual Report 2011.
EBA (2013), Annual Report 2012.
EBA (2014), Annual Report 2013.
EBA (2015), Annual Report 2014.
EBA (2016), Annual Report 2015.
EBA (2017), Annual Report 2016.
EBA (2018), Annual Report 2017.

Ebers, M./Gotsch, W. (2014), Institutionenökonomische Theorien der Organisation. In: *Kieser, A./Ebers, M.* (Hrsg.), Organisationstheorien, 7. Aufl., Stuttgart.

Ebers, M./Maurer, I. (2014), Netzwerktheorie. In: *Kieser, A./Ebers, M.* (Hrsg.), Organisationstheorien, 7. Aufl., Stuttgart.

Eekhoff, J./Arentz, C. (2013), Zur Zukunft der PKV: Probleme und Perspektiven, Gesundheitsökonomie & Qualitätsmanagement, 18. Jg., Nr. 03, S. 106–110.

Eim, A./Lamprecht, D./Wipprich, M. (2006), Die Netzwerke der Sparkassen-Finanzgruppe und des genossenschaftlichen FinanzVerbundes – Zukunftsperspektiven des Dreisäulensystems, Vierteljahrshefte zur Wirtschaftsforschung, 75. Jg., Nr. 4, S. 53–72.

Erlei, M./Leschke, M./Sauerland, D. (2016), Institutionenökonomik, 3. Aufl., Stuttgart.

Everding, M. (2013), Zukunft einer deutschen (Groß-) Sparkasse. In: *Pfingsten, A.* (Hrsg.), Zukunftsperspektiven der Bankwirtschaft. Münsteraner Bankentage 2012, Wiesbaden, S. 39–56.

Faber, M. (1996), Entwicklung einer allgemeinen Controlling-Konzeption und ihre Ausrichtung auf die öffentlich-rechtlichen Sparkassen, Würzburg.

Fahrmeir, L./Künstler, R./Pigeot, I./Tutz, G. (2007), Statistik. Der Weg zur Datenanalyse, 6. Aufl., Berlin, Heidelberg.

Feld, L. P./Zimmermann, H./Döring, T. (2003), Föderalismus, Dezentralität und Wirtschaftswachstum, Vierteljahrshefte zur Wirtschaftsforschung, 72. Jg., Nr. 3, S. 361–377.

Ferri, G. (2017), The Evolution of Banking Regulation in the Post-Crisis Period: Cooperative and Savings Banks' Perspective. In: *Miklaszewska, E.* (Hrsg.), Institutional Diversity in Banking. Small Country, Small Bank Perspectives, Cham, s.l., S. 1–32.

Finanz Informatik (2009), Geschäftsbericht 2008, in: https://www.f-i.de/content/download/22066/280818/file/FI_Geschaeftsbericht_2008.pdf, abgerufen am 18. 7. 2019.

Finanz Informatik (2010), Geschäftsbericht 2009, in: https://www.f-i.de/content/download/22060/280767/file/FI_Geschaeftsbericht_2009.pdf, abgerufen am 18. 7. 2019.

Finanz Informatik (2011), Geschäftsbericht 2010, in: https://www.f-i.de/content/download/22056/280740/file/FI-Geschaeftsbericht_2010.pdf, abgerufen am 18. 7. 2019.

Finanz Informatik (2012), Geschäftsbericht 2011, in: https://www.f-i.de/content/download/22051/280701/file/FI-Gesch%C3%A4ftsbericht_2011.pdf.

Finanz Informatik (2013), Geschäftsbericht 2012, in: https://www.f-i.de/content/download/22044/280659/file/fi_gb2012_Internet.pdf, abgerufen am 18. 7. 2019.

Finanz Informatik (2014), Geschäftsbericht 2013, in: https://www.f-i.de/content/download/22023/280505/file/fi_gb2013_Internet.pdf, abgerufen am 18. 7. 2019.

Finanz Informatik (2015), Geschäftsbericht 2014, in: https://www.f-i.de/content/download/22016/280448/file/FIGB+2014+Internet.pdf, abgerufen am 18. 7. 2019.

Finanz Informatik (2016), Geschäftsbericht 2015, in: https://www.f-i.de/content/download/21979/280180/file/GB+2015.pdf, abgerufen am 18. 7. 2019.

Finanz Informatik (2017), Jahresbericht 2016, in: https://www.f-i.de/jahresbericht2016, abgerufen am 10. 2. 2019.

Finanz Informatik (2018a), Bankanwendungen. OSPlus – Etablierte Gesamtbanklösung, in: https://www.f-i.de/Unsere-Kompetenzen/Bankanwendungen, abgerufen am 10. 2. 2018.

Finanz Informatik (2018b), Jahresbericht 2017, in: https://www.f-i.de/jahresbericht2017/downloads/fi-jahresbericht2017.pdf, abgerufen am 18. 7. 2019.

Gärtner, S./Flögel, F. (2017), Raum und Banken, Baden-Baden.

Gigerenzer, G./Gaissmaier, W. (2011), Heuristic decision making, Annual review of psychology, 62. Jg., S. 451–482.

Gigerenzer, G./Todd, P. M. (2001), Simple heuristics that make us smart, Oxford.

Gröner, H. (1983), Property Rights-Theorie und staatlich regulierte Industrien. In: *Schüller, A./Meyer, W.* (Hrsg.), Property rights und ökonomische Theorie, München, S. 219–240.

Gubitz, B. (2013), Das Ende des Landesbankensektors. Der Einfluss von Politik, Management und Sparkassen, Wiesbaden.

Gulati, R. (1999), Network location and learning: the influence of network resources and firm capabilities on alliance formation, Strategic Management Journal, 20. Jg., Nr. 5, S. 397–420.

Hackethal, A./Inderst, R. (2015), Auswirkungen der Regulatorik auf kleinere und mittlere Banken am Beispiel der deutschen Genossenschaftsbanken. Gutachten im Auftrag des Bundesverbandes der Deutschen Volksbanken und Raiffeisenbanken.

Hannan, M. T./Freeman, J. (1984), Structural Inertia and Organizational Change, American Sociological Review, 49. Jg., Nr. 2, S. 149.

Hannan, M. T./Freeman, J. (1989), Organizational ecology, Cambridge, Mass.

Hauser, H. (1981), Zur ökonomischen Theorie von Institutionen. In: *Timmermann, M.* (Hrsg.), Nationalökonomie morgen, Stuttgart, Berlin, Köln, Mainz, S. 59–84.

Helaba (2018), Geschäftsbericht 2017, in: https://www.helaba.com/media/docs/de/informationen-fuer/investoren/veroeffentlichungen/geschaeftsberichte/geschaeftsberichte-2017/geschaeftsbericht-2017-nach-ifrs.pdf, abgerufen am 26. 9. 2018.

Hellenkamp, D. (2018), Bankwirtschaft, 2. Aufl., Wiesbaden.

Hellwig, M. (2018), Zehn Jahre nach der Lehman-Pleite – Finanzmärkte stabil?, Wirtschaftsdienst, 98. Jg., Nr. 8, S. 539–543.

Henneke, H.-G. (2010), Kommunale Sparkassen. Verfassung und Organisation, Wiesbaden.

Jensen, M. C./Meckling, W. H. (1979), Theory of the Firm: Managerial Behavior, Agency Costs, and Ownership Structure. In: *Brunner, K.* (Hrsg.), Economics & social institutions. Insights from the Conferences on Analysis & Ideology, Boston, S. 163–232.

Kalmi, P. (2017), The Role of Stakeholder Banks in the European Banking Sector. In: *Miklaszewska, E.* (Hrsg.), Institutional Diversity in Banking. Small Country, Small Bank Perspectives, Cham, s.l., S. 33–50.

Kieser, A./Walgenbach, P. (2007), Organisation, 5. Aufl., Stuttgart.

Klaßmüller, S. (2015), Wettbewerb und Stabilität bei deutschen Regionalbanken, Dissertation.

Klose, J. (2017), Europäische Wirtschaftspolitik, Stuttgart.

Knight, F. H. (1964), Risk, uncertainty and profit, New York.

Krüger, W. (2015), Unternehmensführung. Grundlagen des Managements, Stuttgart.

Kuckartz, U./Rädiker, S./Ebert, T./Schehl, J. (2013), Statistik. Eine verständliche Einführung, 2. Aufl., Wiesbaden.

Langschied, J. (1993), Der Sparkassenverbund.

LBS Westdeutsche Landesbausparkasse (2018), Jahresbilanz 2017, in: https://www.unternehmensregister.de/ureg/result.html;jsessionid=5F49FC1409C78695D4A2962BF9D99868.web02-1?submitaction=showDocument&id=22345841, abgerufen am 18. 7. 2019.

Lienemeyer, M./Magnus, M. (2011), WestLB liquidation – the end of the saga, Competition policy newsletter, Nr. 3, S. 45–48.

Luhmann, N. (2011), Organisation und Entscheidung, 3. Aufl., Wiesbaden.
LWL (2018a), Bevölkerung in Westfalen-Lippe.
LWL (2018b), Bruttoinlandsprodukt, in: https://www.statistik.lwl.org/de/zahlen/bip/, abgerufen am 2. 10. 2018.
Mang, T. (2004), Verbund stärken – Markterfolg ausbauen. Die Sparkassen-Finanzgruppe im Aufbruch. In: *Ipsen, J.* (Hrsg.), Zukunft der Sparkassen – Sparkasse der Zukunft. 14. Bad Iburger Gespräche, Göttingen, S. 79–93.
Miklaszewska, E. (Hrsg.) (2017), Institutional Diversity in Banking. Small Country, Small Bank Perspectives, Cham, s.l.
Mintzberg, H. (1983), Structure in fives. Designing effective organizations, Englewood Cliffs, NJ.
Müller, H. (2005), Fortentwicklung des Sparkassensektors, ZögU, 28. Jg., Nr. 4, S. 327–357.
Nelson, R. R./Winter, S. G. (1982), An evolutionary theory of economic change, Cambridge, Mass.
Neubäumer, R. (2011), Eurokrise: Keine Staatsschuldenkrise, sondern Folge der Finanzkrise, Wirtschaftsdienst, 91. Jg., Nr. 12, S. 827–833.
Pepels, W. (2007), Vertriebsmanagement in Theorie und Praxis, München.
Pfister, H.-R./Jungermann, H./Fischer, K. (2017), Die Psychologie der Entscheidung. Eine Einführung, 4. Aufl., Berlin, Heidelberg.
Picot, A. (1991), Ökonomische Theorien der Organisation. Ein Überblick über neuere Ansätze und deren betriebswirtschaftliches Anwendungspotential. In: *Ordelheide, D./Rudolph, B./Büsselmann, E.* (Hrsg.), Betriebswirtschaftslehre und ökonomische Theorie, Stuttgart, S. 143–170.
Picot, A./Franck, E. (1993), Vertikale Integration. In: *Hauschildt, J.* (Hrsg.), Ergebnisse empirischer betriebswirtschaftlicher Forschung. Zu einer Realtheorie der Unternehmung, Festschrift für Eberhard Witte, Stuttgart, S. 179–220.
Picot, A./Schneider, D. (1988), Unternehmerisches Innovationsverhalten, Verfügungsrechte und Transaktionskosten. In: *Budäus, D./Gerum, E./Zimmermann, G.* (Hrsg.), Betriebswirtschaftslehre und Theorie der Verfügungsrechte, Wiesbaden, S. 91–118.
Pilz, F. (2018), Die Bewältigung der Finanz- und Staatsschuldenkrise, Wiesbaden.
Pommerehne, W. W. (1990), Genügt bloßes Reprivatisieren? In: *Aufderheide, D.* (Hrsg.), Deregulierung und Privatisierung, Stuttgart, S. 27–64.
Prinz, A./Beck, H. (2018), Geldpolitischer Aktionismus, Ersparnisbildung und Kapitalallokation – Einige ökonomische Überlegungen, Zeitschrift für Wirtschaftspolitik, 67. Jg., Nr. 1, S. 101–124.
Provinzial NordWest Holding (2019), Geschäftsbericht 2018, in: https://www.provinzial-nordwest.de/export/sites/pkp/_resources/download/konzern/geschaeftszahlen/2019/GB-PNWH-2018-finale-Fassung_s.pdf, abgerufen am 18. 7. 2019.
Provinzial NordWest Konzern (2019), Geschäftsbericht 2018, in: https://www.provinzial-nordwest.de/export/sites/pkp/_resources/download/konzern/geschaeftszahlen/2019/GB-PNW-Konzern-2018-finale-Fassung_s.pdf, abgerufen am 18. 7. 2019.
Pyka, A. (1999), Der kollektive Innovationsprozeß. Eine theoretische Analyse informeller Netzwerke und absorptiver Fähigkeiten, Berlin.
Rahmeyer, F. (2004), Auf dem Weg zu einer evolutorischen Theorie der Unternehmung. In: *Kerber, W.* (Hrsg.), Studien zur evolutorischen Ökonomik, Berlin, S. 211–242.

Reimer, E./Waldhoff, C./Bowitz, M. (2011), Verfassungsrechtliche Vorgaben für Sonderabgaben des Banken- und Versicherungssektors, Berlin, Heidelberg.

Renker, C. (2018), Business Model Innovation in Banken. Robustes Geschäftsmodell durch Kunden- und Mitarbeiterzentrierung, Wiesbaden.

Rickes, R. (2006), Leistungsfähigkeit des deutschen Bankenmarktes durch plurale Bankenstrukturen sichern, Vierteljahrshefte zur Wirtschaftsforschung, 75. Jg., Nr. 4, S. 151–166.

Rolvering, H.-S. (1997), Der wechselseitige Zusammenhang zwischen den kommunalen Sparkassen und dem kommunalen Raum am Beispiel der Sparkassen in Westfalen-Lippe in den Jahren von 1958 bis 1970, Münster.

Sahal, D. (1981), Patterns of technological innovation, Reading.

Schackmann-Fallis, K.-P./Weiß, M. (2017), Die Rolle der Sparkassen auf dem deutschen Bankenmarkt, List Forum für Wirtschafts- und Finanzpolitik, 43. Jg., Nr. 3, S. 343–359.

Scherer, A. G./Marti, E. (2014), Wissenschaftstheorie der Organisationstheorie. In: *Kieser, A./Ebers, M.* (Hrsg.), Organisationstheorien, 7. Aufl., Stuttgart.

Schumpeter, J. (1912), Theorie der wirtschaftlichen Entwicklung. Eine Untersuchung über Unternehmergewinn, Kapital, Kredit, Zins und den Konjunkturzyklus, Leipzig.

Simon, H. A. (1976a), Administrative behavior. A study of decision-making process in administrative organization, 3. Aufl., New York.

Simon, H. A. (1976b), How Complex are Complex Systems?, Proceedings of the Biennial Meeting of the Philosophy of Science Association, 1976. Jg., S. 507–522.

Simon, H. A. (1979), Rational Decision Making in Business Organizations, American Economic Review, 69. Jg., Nr. 4, S. 493–513.

Snook, B./Taylor, P. J./Bennell, C. (2004), Geographic profiling: the fast, frugal, and accurate way, Applied Cognitive Psychology, 18. Jg., Nr. 1, S. 105–121.

Sparkasse UnnaKamen (2017), Jahresabschluss zum 31. Dezember 2017. Lagebericht, Bilanz, Anhang, in: https://www.sparkasse-unnakamen.de/content/dam/myif/spk-unna-kamen/work/dokumente/pdf/allgemein/Jahresabschluss_2017.pdf, abgerufen am 14. 9. 2018.

Statistisches Bundesamt (2018), Bevölkerungsstand, in: https://www.destatis.de/DE/ZahlenFakten/GesellschaftStaat/Bevoelkerung/Bevoelkerungsstand/Tabellen_/lrbev03.html, abgerufen am 2. 10. 2018.

SVWL (2009), Geschäftsbericht 2008. Vertrauen ist das Ergebnis verwantwortungsvollen Handelns.

SVWL (2010), Geschäftsbericht 2009. In der Gemeinschaft fest verwurzelt.

SVWL (2011), Geschäftsbericht 2010. Eine starke Familie.

SVWL (2012), Geschäftsbericht 2011. Vom Wert einfacher Worte.

SVWL (2013), Geschäftsbericht 2012. Zum „Glück“ gibt es Sparkassen.

SVWL (2014), Geschäftsbericht 2013. Schlaglichter.

SVWL (2015), Geschäftsbericht 2014. Schlaglichter.

SVWL (2016), Geschäftsbericht 2015. Schlaglichter.

SVWL (2018a), Daten & Fakten. Geschäftsbericht 2017, in: https://www.geschaeftsbericht.svwl.eu/wp-content/uploads/2018/06/svwl_geschaeftsbericht_daten_fakten_2017.pdf, abgerufen am 5. 6. 2019.

SVWL (2018b), Geschäftsbericht 2017. Schlaglichter.

SVWL (2018c), Geschäftsstelle, in: https://www.svwl.eu/de/sparkassenverband/geschaeftsstelle/, abgerufen am 10. 8. 2018.

SVWL (2018d), Organe und Gremien, in: https://www.svwl.eu/de/sparkassenverband/organe-und-gremien/, abgerufen am 10. 8. 2018.

SVWL (2018e), Prüfungsstelle des SVWL, in: https://www.svwl.eu/de/sparkassenverband/pruefungsstelle/, abgerufen am 10. 8. 2018.

Sydow, J./van Well, B. (2010), Wissensintensiv durch Netzwerkorganisation – Strukturationstheoretische Analyse eines wissensintensiven Netzwerkes. In: *Sydow, J.* (Hrsg.), Management von Netzwerkorganisationen, Wiesbaden, S. 143–186.

Teece, D. J./Rumelt, R./Dosi, G./Winter, S. (1994), Understanding corporate coherence, Journal of Economic Behavior & Organization, 23. Jg., Nr. 1, S. 1–30.

Varmaz, A. (2006), Rentabilität im Bankensektor. Identifizierung, Quantifizierung und Operationalisierung werttreibender Faktoren, Wiesbaden.

Weber, M. (1989), Rationalisierung und entzauberte Welt. Schriften zu Geschichte und Soziologie, Leipzig.

Westfälische Provinzial Versicherung (2019), Geschäftsbericht 2018, in: https://www.provinzial-nordwest.de/export/sites/pkp/_resources/download/konzern/geschaeftszahlen/2019/GB-WPV-2018-finale-Fassung_s.pdf, abgerufen am 18. 7. 2019.

Williamson, O. E. (1990), Die ökonomischen Institutionen des Kapitalismus. Unternehmen, Märkte, Kooperationen, Tübingen.

Wilz, S. M. (2010), Entscheidungsprozesse in Organisationen. Eine Einführung, Wiesbaden.

Witt, C. (2006), Bewertung von öffentlich-rechtlichen Sparkassen im Rahmen einer Privatisierungsentscheidung, Wiesbaden.

Wöhler, J. (2015), Auswirkungen der Regulierung auf Bank-Geschäftsmodelle. In: *Everling, O./Goedeckemeyer, K.-H.* (Hrsg.), Bankenrating. Normative Bankenordnung in der Finanzmarktkrise, 2. Aufl., Wiesbaden, S. 55–72.

Wolff, B. (2000), Ronald Coase und die ökonomische Theorie der Organisation. In: *Pies, I.* (Hrsg.), Ronald Coase' Transaktionskosten-Ansatz, Tübingen, S. 31–57.

Woywode, M./Beck, N. (2014), Evolutionstheoretische Ansätze in der Organisationslehre – Die Population Ecology-Theorie. In: *Kieser, A./Ebers, M.* (Hrsg.), Organisationstheorien, 7. Aufl., Stuttgart.

Zanthier, U. von (2015), Analyse und Beurteilung von Geschäftsmodellen vor dem Hintergrund regulatorischer Anforderungen. In: *Everling, O./Goedeckemeyer, K.-H.* (Hrsg.), Bankenrating. Normative Bankenordnung in der Finanzmarktkrise, 2. Aufl., Wiesbaden, S. 39–54.

Zimmermann, J. (2018), Das Bankensystem im Euroraum – viel Bewegung, wenig Hoffnung, Wirtschaftsdienst, 98. Jg., Nr. 8, S. 543–546.